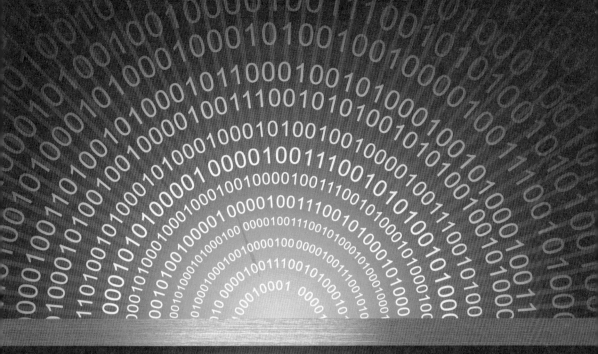

期市解碼與股市羔羊

FUTURES DECODING AND SECURITIES SCAPEGOATS

李伯岳　著

KISS MONEY 的五大守則

- 1. **重視理性(M)**：決策理性、依理而行、知行合一、嚴守紀律
- 2. **遵守紀律(O)**：避免從眾、反向操作、嚴格執行風險管控
- 3. **避免主觀(N)**：避免偏見、客觀分析、戒慎恐懼
- 4. **掌握本質(E)**：掌握投機市場、經濟供需、價格變化與人性行模的本質
- 5. **瞭解自我(Y)**：反思個人、修正錯誤、強化專業、減少本能反應

國家圖書館出版品預行編目資料

期市解碼與股市羔羊 / 李伯岳著. －－初版一刷. －－
臺北市：三民，2009
　　　面；　公分

ISBN 978–957–14–5275–3　(平裝)

1. 證券市場 2. 期貨市場 3. 臺灣

563.633　　　　　　　　　　　　　　　98019477

© 　期市解碼與股市羔羊

著 作 人	李伯岳
責任編輯	廖啟翔
美術設計	謝岱均
發 行 人	劉振強
著作財產權人	三民書局股份有限公司
發 行 所	三民書局股份有限公司
	地址　臺北市復興北路386號
	電話　(02)25006600
	郵撥帳號　0009998–5
門 市 部	(復北店) 臺北市復興北路386號
	(重南店) 臺北市重慶南路一段61號
出版日期	初版一刷　2009年11月
編　　號	S 552360

行政院新聞局登記證局版臺業字第○二○○號

有著作權・不准侵害

ISBN　978–957–14–5275–3　　(平裝)

http://www.sanmin.com.tw　三民網路書店
※本書如有缺頁、破損或裝訂錯誤，請寄回本公司更換。

謹以這十五年來的心血結晶表達對
先父
　　李靜一先生之永世緬懷
家母
　　白淑梅女士之無盡感恩
內子
　　潘茜瓊女士之萬縷情義
小女
　　大李小姐韻玟
　　李大小姐韵如之無悔關愛

一部刪繁就簡、領異標新的力作

李伯岳先生的《期市解碼與股市羔羊》一書終於付梓了，這是我翹首以待的。

和伯岳先生早在一九九三年香港「兩岸三地期貨與證券聯動研討會」上就相識了。有緣千里來相會，時值而立之年的他風流倜儻，躊躇滿志，給我留下了深刻印象。伯岳先生博深的學養、敏銳的思辨、風趣的言語和率真的性格使我們結下了不解之緣。身為「不露文章世已驚」的青年翹楚，憑藉其多年的教學經驗和市場實踐，成竹在胸，早該有大作問世，然僅見多篇專論，足見伯岳先生治學態度之嚴謹。

有幸在本書付梓前，拜讀了伯岳先生的這部新作，受益匪淺，感慨良多。他惜墨如金，區區二十幾萬字，卻縱橫捭闔，將一個偌大的金融衍生性商品市場詮釋得淋漓盡致。其以詳實的資料針砭時弊，以創新的思維挑戰傳統，形成了不落窠臼的期貨和證券市場觀。身為資深專家和投資主體的雙重身份，伯岳先生從演繹「維持生存」、「投機獲利」、「投資致富」三部曲，而領悟「理明、德行、利至」的理想，這大概是常人難以企及的境界。因此，本書不僅是一部重要的學術專著，更是難得一見的投資指引。

「寶劍鋒從磨礪出，梅花香自苦寒來」。二〇〇二年，具有豐富經歷的伯岳先生被中國第一家期貨市場——鄭州商品交易所特聘為期權顧問，為中國期貨市場的發展作出了重要貢獻。正如作者所言，作為一位長期致力於「期貨管理政策」和「期貨法規基建」的學者，他將「社會學科的衝突理論和批判理論與金融市場的價格分析相互結合」，這是一種開拓性的創舉；而試圖在「投機市場理論領域建立起學術界和實務界的溝通橋樑」，則是一個有益的探索。

「刪繁就簡三秋樹，領異標新二月花」。用鄭板橋的這副對聯來形容伯岳先生的這部大作，再恰當不過。與當今林林總總的證券期貨宏篇巨著相比，此作可謂獨闢蹊徑，令人耳目一新。更值得一提的是，作者以凝練的語言和生花的

妙筆,把原本索然無味的理論說教妝點得妙趣橫生,使我深切體會到「書當快意讀易盡」的興奮與喜悅。作為一個不時還要「爬格子」的老人,我已對此作面世後的「洛陽紙貴」充滿了憧憬。

世界金融危機的浪潮,毫不留情地衝擊著人們的傳統思想和價值觀念,多年來許多大國所固守的思想陣地已不攻自破。本書所涉及的市場失靈、資訊失衡、政府失察等諸多問題,其實早已存在於自由市場經濟制度中,只是在不同的時期、不同的地區,有不盡相同的表現形式而已。而造成上述問題的諸多因素中,壟斷、寡占、黑金勢力、政治博弈等,有的早已成為國際市場的「潛規則」,有的則隨著政治經濟格局的重新劃分愈演愈烈,使得衍生性商品市場變得更加撲朔迷離,難以駕馭。有鑒於此,伯岳先生的這部大作更具現實意義,理當成為市場研究者和廣大投資者,特別是中小投資者在市場浪潮中趨利避險的解碼寶典。

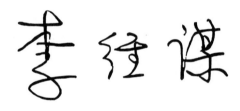

自　序

　　政治經濟學是探討政治與經濟間互動關係的學門，政府在何時、應如何介入自由市場的運作，是政治經濟學中的一個核心議題。一般而言，在民主政治之下，對於能夠充分發揮自由競爭的市場機制，政府除了善盡提供安全保障、完善法律制度、充實基礎建設及確保基本需求的根本職責外，應當尊重市場的自由運作，並且進一步做到積極地不干預。可惜在真實的世界中存在了許多難以避免的因素，阻礙了自由市場的功能發揮，破壞了競爭效率，導致市場失靈 (market failures)，反而使政府的干預變成了維護市場效率的次佳方案 (second best choice)。造成市場失靈的因素很多，其主要形式包括市場中的壟斷、寡占及破壞自由競爭的黑金勢力，因平均成本的遞減而產生的自然壟斷，不具排他性及競爭性的公共財 (public goods)，未納入個人損益考量的社會成本或社會利益 (externalities) 之外部效果，市場存在過高的進出障礙或交易成本，市場條件不具備或規模不完備及受困於資訊失衡或資訊不對稱 (information asymmetry)。針對這諸多妨礙自由市場競爭效率的因素，按照理論來說，應當由政府積極介入，以平衡市場失靈，回復經濟效率。遺憾的是，政府的干預未必適切，並可能造成政府失能 (government failure)，而使原來因市場失靈所導致的問題在兩面夾擊之下，更形惡化。二〇〇七年年中以來的世界金融風暴，應是在這樣的背景下所產生的問題，而問題的核心，就是金融市場中所存在的資訊不對稱。

　　就臺灣而言，受媒體報導影響而更形惡化的資訊失衡，長期以來即存在於臺灣股市交易環境之中，並造成了臺灣富者愈富、貧者愈貧的逆向財富重分配，但可能因為金權勢力的影響，始終未見政府單位採取有效的因應措施。有時甚至為了政黨的競選利益，不乏政治人物對股市未來的走向輕率發言，再經媒體的報導放大效果，進而引發了投資大眾的錯誤預期。在此先天不良的投機市場中，許多股民因疏於研究和從眾行為，經常買高賣低、破財傷身，終不免於淪為資訊失衡下的股市羔羊。而意圖對此一社會病象有所針砭，實為本書之重要成因。

　　作者緣於人生際遇，過去二十餘年間致力於期貨管理政策和期貨市場行為之研究。十五年前，因無法深入瞭解市場價格變動的道理，故將大部分心力置

於期貨市場之法規基建。十五年後，基於持續的挫折學習，在漫長累積智慧的過程中，總結教訓，終能形成一個足以自我說服的理論架構，以分析投機市場的價量關係和從眾行為。本書的撰述即為此一理論的具體應用。

　　成長的歷程中，該感激的人很多，其中讓作者留下生命刻痕的包括，前成大政治經濟學研究所所長李士崇教授、前立法委員劉碧良先生、前財政部次長張昌邦學長、中國文化大學行政管理系姚立明教授、成功大學政治系彭堅汶教授、成功大學EMBA執行長蔡明田教授、成功大學管理學院前院長吳萬益教授、成功大學管理學院副院長潘浙楠教授、鄭州商品交易所理事長王獻立先生、鄭州商品交易所王學勤博士、前證券暨期貨市場發展基金會主任秘書曾常暉先生、農業金融局局長詹庭禎博士、臺灣期貨交易所總經理王中愷先生、前臺灣期貨交易所總經理何富雄博士、中華民國期貨業商業同業公會理事長賀鳴珩先生、中華民國證券商業同業公會理事長黃敏助博士及金融家資訊網路股份有限公司總經理林為棟先生。

　　再者，為了理論架構之充實和研究素材之蒐集，有幸得以結識亦師亦友，在作者心目中可被視為「中國期貨之父」的李教授經謀先生。李教授為鄭州商品交易所（中國第一個期貨交易所）的創所總裁，對中國大陸農產品現貨和期貨市場之效率提升和成熟發展具有實質性的重大貢獻，專論著作逾五百萬字，可謂集實務專家與理論大師於一身。本書之撰寫時逾三年，間中幾經擱置，其後終得成書，實與作者受其言行之啟發關係密切。

　　十五年前，完成《我國期貨管理政策之研究與評析》一書時，曾在書中首頁表示撰寫的誘因之一是來自於對長女韻玟的責任感，及今次女韻如亦快小學畢業。為了讓她瞭解，在父親的心目中，她的地位絕不次於姐姐，作者特於序中表明對子女的同等關愛，是本書完稿的主要動機。

　　序尾，特別對三民書局董事長劉振強先生表達萬分感激之意。如非其本於獎掖學術創作之原始初衷，以及長期以來對作者之諒解、鼓勵和支持，本書之實體很可能仍處於「只聞樓梯響，不見人下來」之違約困境。

國立成功大學政治經濟學研究所暨政治系教授

李伯岳謹序

民國九十八年十月三日

期市 解碼與股市羔羊

———————— 目 次 ————————

推薦序

自 序

第一章　緒　論　*1*

　　第一節　金融市場與資訊失衡　*3*

　　第二節　本書之論述架構和重點內容　*5*

　　第三節　本書的特色與侷限　*8*

第二章　衍生性商品之內涵與市場　*11*

　　第一節　衍生性商品之主要樣態　*14*

　　第二節　衍生性商品市場之源起與現狀　*26*

　　第三節　衍生性商品集中市場之發展趨勢　*33*

第三章　臺灣的衍生性商品市場與臺指期貨　*45*

第一節　臺灣衍生性商品市場的沿革與發展　*48*

第二節　臺灣期貨交易所之運作機制與重點契約　*60*

第三節　臺股加權指數與臺指期貨契約　*72*

第四章　臺灣證券集中交易市場與報章資訊分配　*85*

第一節　臺灣證券交易所發行量加權指數之歷史價量演變　*88*

第二節　臺灣股市的資訊分配與指數漲跌　*107*

第三節　臺股投機市場之理論分析與印證　*142*

第五章　臺灣期貨交易所與資訊分配　*171*

第一節　臺灣期貨交易所的交易資訊　*174*

第二節　臺灣期貨交易所資訊解碼的邏輯基礎　*196*

第三節　臺灣期貨交易所之資訊解碼與實例印證　*243*

第六章　結　論　*281*

第一節　股市羔羊　*283*

第二節　期市解碼　*288*

第三節　金錢之吻——理明、德行、利至　*296*

第一章
緒　論

第一節　金融市場與資訊失衡

第二節　本書之論述架構和重點內容

第三節　本書的特色與侷限

🕮 第一節　金融市場與資訊失衡

　　起始於二〇〇七年中的全球金融風暴，其近因為在二〇〇五年至二〇〇六年間到頂的美國房市泡沫的破滅。二〇〇六年起美國房地產價格由於利率的調升，超出多數人的意料，使得許多原本在極其寬鬆的條件下，借錢購置房產的貸款人，因後續還款要求的提高而無法清償，終致其房產被強制收回拍賣。類此困境在美國逐漸擴散，終於對美國及世界的金融和經濟造成了百年一見的巨大衝擊。

　　事後檢討，美國政府在金融風暴之前數年間的低利率政策，美國證券管理委員會 (Securities and Exchange Commission, SEC) 改採較為寬鬆的淨資本規定 (net capital rule)，貸款銀行為了衝刺業績在放寬審查標準和未充分揭露風險的情況下向經濟條件欠缺的貸款人大肆推銷與浮動利率 (adjustable rate) 掛勾的次級抵押貸款，以及由美國政府資助的兩大不動產貸款機構「美國聯邦國民抵押貸款協會」(Federal National Mortgage Association, Fannie Mae) 與「美國聯邦住宅貸款抵押公司」(Federal Home Loan Mortgage Corporation, Freddie Mac) 因競爭的壓力而不當地擴張高風險貸款，固然是問題的主要前因，但是情況的急劇惡化乃致難以收拾，實際上是由於許多美國主要的金融機構（如 Bear Stearns、Lehman Brothers、American International Group）等錯估了市場風險和信用風險，乃致於無法履行他們所承擔的，與次級抵押貸款相關的衍生性商品上的契約義務，以及後續一連串世界金融機構間的連鎖反應所造成的。這些被美國政府視為屬於店頭市場而刻意不予規範，並在全球金融機構及投資大眾間大行其道的衍生性商品包括規模龐大的信用違約交換 (Credit Default Swap, CDS)、抵押資產證券 (Mortgage-backed Security, MBS)、債務抵押債券 (Collateralized Debt Obligation, CDO)、結構性投資工具 (structured investment vehicles) 以及其他名目、內容未盡相同的各種複合性衍生性商品❶。這些極其複雜的衍生性商品原

---

❶　請參考維基百科網站上的英文專論，"Financial Crisis of 2007–2009"。

本只應在備具專業知識的市場參與者間互相流通，然而為了轉移風險、投機獲利、擴展業績和爭取酬傭，經過了重新分割、包裝和槓桿化 (leveraging) 之後，他們被販售給對於潛在風險所知不多的一般公眾，遂使此次金融海嘯大為擴散了它的打擊面和破壞力。在此過程中，因複雜難解的契約設計所導致的資訊失衡，普遍見於發行金融機構、保證金融機構、投資金融機構、承銷金融機構、信用評等機構和一般投資大眾之間，之後更由於無法預料的市場互動及難以評估的風險盲點，使得整個世界的金融情勢急轉直下。

正當衍生性商品在隸屬於全世界銀行體系的店頭市場弄得烏煙瘴氣、貽禍世人、聲名掃地之際，全球集中交易的衍生性商品市場在金融風暴的衝擊下，不但未聞任何機構性的違約倒閉，於二〇〇八年間整體之交易規模更持續成長❷。就臺灣而言，情況亦頗為類似，銀行體系、證券市場都曾因國際金融海嘯而致資產貶值、交易萎縮、債信吃緊、人心惶惶。反觀臺灣期貨交易所，雖然在零和遊戲的規則下，有人賺、有人賠，整個的機構在此期間如常運作，一方面鞏固維護了市場參與者的契約權益，另一方面穩健發展，使其民國九十七年年度交易量的成長率達到了 18.73%❸。

臺灣期貨交易所和全世界其他的集中交易衍生市場，能夠免於全球金融風暴的牽連拖累，其實並不令人意外。依標準化、規格化的原則設計契約，明確地規範市場參與者的權利與義務，藉保證金交易增加市場流通性和施行風險管控，以結算機制計算資產的淨值和確保契約的履行，即時地揭露市場的交易價格和交易部位，迅速、確實、公開地提供衍生性商品交易市場的相關資訊等等，使得所有的市場參與者在相對充分且公平的資訊基礎上評估風險、決定策略、參與交易和承擔損益，進而一則促進了衍生性商品集中交易市場本身的運作效益，另則產生了持續性的正面外部利益 (positive externalities)，為社會整體福祉

---

❷ 資料來源請見 *Futures Industry* (March/April 2009)。

❸ 資料來源請見臺灣期貨交易所中文網站首頁上「統計資料」下之「各商品年成交量統計表」。

的增進作出貢獻。

　　與臺灣期貨交易所資訊的充分揭露相比較，臺灣證券交易所歷年來所公布的各種與上市公司和交易市場相關的公開資訊，亦是深受學術界、實務界及市場交易者之肯定。只是緣於臺灣證券交易市場外在大環境所存在的資訊失衡，使得臺灣證券交易市場所發揮的社會功能受到限制。臺灣證券交易大環境中的資訊失衡問題，在世界金融海嘯風雨欲來之際固然是非常明顯，但實際上卻是臺灣股市交易環境中長期以來的老問題。此一妨礙經濟效率和分配正義的市場失靈，形成的主因為大眾媒體的報導傾向和投機大眾的從眾行為。為了說明原委，本書特別詳細解釋分析，作者所觀察出的過去二十年間臺灣股市交易環境中所存在的資訊失衡現象以及這種現象的可能成因和影響。

　　臺灣股市的資訊失衡是市場失靈的結果，但同一問題的重複出現卻與政府失能關係密切。在此雙重困境之下，臺灣證券市場交易的投機大眾唯有自求多福，才能免於成為任人宰割的股市羔羊。所幸，在臺灣期貨交易所成立之後，其所推出的臺股期貨與臺指選擇權的價格變化與臺股加權指數的走勢關係密切，其所公布的各種交易資訊，經適切判讀解碼後，對於推測臺股大盤未來的漲跌亦頗有助益。本書作者本於己溺人溺之心理，特將多年來基於各種慘痛教訓而累積之生存法則，於此提出分享。並盼能藉此野人獻曝之舉，拋磚引玉，以便同時提升作者之理性素養和預測績效。

❧ 第二節　本書之論述架構和重點內容

　　本書共分為六章。第一章為緒論，共分三節。第一節闡述本書的環境背景、核心概念、立論方向和撰寫動機。第二節介紹本書各章之論述架構與重點內容，希望因此而有助於讀者對本書之全盤瞭解。第三節說明本書的特色與侷限，期以文會友，邀約批判，修補不足。

　　本書第二章之主旨在於探討衍生性商品之內涵與市場，俾使讀者得以知曉衍生性商品之意義與範圍，區分衍生性商品之樣態與特性，並明瞭衍生性商品

店頭市場和集中市場的重大差別。第二章第一節說明衍生性商品之主要樣態及各類衍生性商品間的共通性或差異性，所論述之衍生性商品包括：期貨、遠期契約、槓桿交易契約、選擇權、認購（售）權證、期貨選擇權、交換交易、複合性衍生性商品等八種。第二節介紹衍生性商品市場之源起與現狀，其內容重點如期貨契約的初始樣態、選擇權的歷史成因及兩者近世之發展，五十二個衍生性商品集中交易市場在北美洲、南美洲、歐洲、亞洲、中東、非洲和大洋洲等三十一個國家或地區的分布現況，及世界各衍生性商品交易市場之規模、評比順序和契約種類。第三節則分析衍生性商品集中市場的三個主要發展趨勢：市場規模持續成長而個別產品不斷創新，商品種類漸趨成熟而交易項目傾向集中及交易疆界逐日消除而市場競爭益形激烈。

第三章的論述重點置於臺灣的衍生性商品市場與臺指期貨，亦分三節。第一節陳明臺灣衍生性商品市場的沿革與發展，從未經法律規範期間的臺灣地下期貨市場，到將臺灣地下國外期貨交易的納入規範，乃至我國衍生性商品市場之建立與開放，順序說明，並同時將目前我國期貨交易管理的法規依據和主管機關、國外期貨開放的項目種類和個別契約、臺灣期貨交易所的發展歷程和交易現況一併詳述。第二節側重臺灣期貨交易所之運作機制與重點契約等制度面的討論，相關主題如臺灣期貨交易所之市場架構、臺灣本土期貨市場之交易規範及臺灣期貨交易所的重點契約，如臺股期貨和臺指選擇權。第三節介紹臺股加權指數與臺指期貨契約間之關係，舉凡臺灣證券交易所發行量加權指數之基值、計算與調整，除權和除息對於加權指數數值的影響及臺股加權指數重點成分股於判斷臺指期貨指數之作用等均予解說。

第四章之標題為臺灣證券集中交易市場與報章資訊分配。於第一節詳述臺灣證券交易所自成立以來之交易概況及變化，並以民國七十九年一月至民國九十七年十一月間特定期間臺股大盤之價量變化為討論重心。第二節則蒐集分析臺股加權指數分別處於各個高價區及低價區時，臺灣專業財經媒體，如《經濟日報》和《工商時報》的相關報導，以使讀者意識到臺灣股市交易環境中所存

在之資訊失衡與交易陷阱。第三節中則提出系統性之邏輯論辯，試圖解釋臺灣股市中之所以存在資訊失衡的主因，並將資訊失衡下的報紙報導予以分類，再和臺股大盤或五個重量級個股（如台積電、友達、鴻海、國泰金、聯發科等）的歷史價量變化相互印證。

第五章為本書之核心段落，標題為臺灣期貨交易所與資訊分配，討論臺灣期貨交易所對臺灣股市大環境中資訊分配之影響，計分三個小節。第一節介紹臺灣期貨交易所對外公布的交易資訊，包括臺股期貨和臺指選擇權的盤後資訊，自營商、投信、外資和陸資等三大法人交易統計情形，及大額交易人之未沖銷部位結構表等。第二節解釋臺灣期貨交易所資訊解碼的重要邏輯基礎，要點如商品價格及市場供需與移動平均線的形成及變化間的因果關係，臺股期貨、臺指選擇權及專業投資人等的交易量及未平倉量的資訊解碼，以及運用艾利特波浪理論從時間和空間的觀點解讀臺股投機市場的價量資訊與資訊失衡。第三節運用本書中舉出之分析臺灣期貨交易所價量資訊的三個簡要邏輯（找出專業族群的相對偏好，避免與多數散戶同一陣線及觀察移動平均線、趨勢線或艾利特波浪理論），選擇三個期間並就其中的臺股期貨和臺指選擇權的價量變化，回溯性地加以印證並檢驗其績效，所涉及之期間分別為：(1)民國九十六年四月十九日至民國九十六年八月十五日。(2)民國九十六年八月十六日至民國九十七年七月十六日。(3)民國九十七年七月十七日至民國九十八年七月十四日。

第六章為結論，本章中將全書之研究、討論、發現和主張環繞在「股市羔羊」、「期市解碼」、「金錢之吻」等三個主軸，為本書之觀點做一總結。第一節股市羔羊綜論臺灣股市之資訊失衡與投機市場之關係，兼及指出在思考投機市場中之效率概念時，目前為人所熟知之「邊際成本＝邊際利益＝交易價格＝市場效率」的系列等式及柏拉圖最適境界 (Pareto Optimality) 的定義，似乎不適合加以運用。本節中並將作者經長期研究所觀察出之臺灣股市中資訊失衡、價量變化、從眾行為間互動之特性加以重點性的敘述和分析。第二節期市解碼再次強調臺灣期貨交易所公布之交易資訊的用途，解析這些交易資訊的邏輯基礎以

及實際運用解碼邏輯後的研究發現，同時據此對隨機漫步理論在臺灣股市的適用性提出質疑。第三節金錢之吻是用兩個英文字的縮寫系列 "KISS MONEY" 翻譯而來，反映了作者個人多年研究投機市場的學習心得，並盼有助於讀者於反思本章之內容時，不需強記。KISS 強調在投機市場交易時宜遵守「化繁為簡」的哲學準則；MONEY 則分別指重視理性、遵守紀律、避免主觀、掌握本質及瞭解自我。金錢之吻綜合了「投機之道」的哲學思維、理性認知及操作方法。依作者之見，如能知行合一，終將達到「理明、德行、利至」的自然境界。

❧ 第三節　本書的特色與侷限

本書作者因機緣之故，十餘年來曾先後在成功大學企業管理系所及國際經營管理研究所 (IMBA) 分別以中文或英文教授與股票市場、外匯市場及衍生性商品市場相關之課程。上課期間，由於本身並未接受專業財務之學術訓練，與學生互動時便一直以基於研究金融市場時所累積之經驗法則為授課重點，並於課間用之於分析相關金融商品之可能走勢。多年來，凡以「局外人」之角度判斷市場時，尚能切中要點，故使部分同仁及學生對作者之實際學能產生高估，並得以在過去持續受命擔任前述之教學任務。就作者而言，教授一個無法以個人博士學位（公共行政）說服受教者的課程，最大的壓力不是來自於學生，而是源於自身不能有負「知己者」之信賴及委託的自我要求。是以，每當作者發現上課之見解，在下課後經不起市場之考驗時，便反覆思索，重新論證，直到個人所持之觀點不再因外在商品價格之變化而有更動之必要為止。本書中之邏輯論證即是基於作者長期以來在嚴酷的市場考驗下，經不時自我反省批判而累積的理性通則。因此之故，本書的第一個特點為本書的論據是從投機市場中實際淬礪而成的，是以其結論與純粹由價格數據之統計分析所得之見解理當有所差異。

本書的第二個特色是將社會學科的衝突理論和批判理論與金融市場的價格分析相互結合。在衝突理論之下，投機市場中的買方和賣方具有相反的判斷和

利害，乃為社會中之常態現象，在此一本體論之認知下去分析投機市場參與者之心理誘因及行為模式，才比較可能發現具重複性的市場法則及符合實情的理論解析。類似本書之嘗試，在當前金融領域之研究上相當罕見。批判理論之涵義甚廣，反向思考為其要義之一。以反向思考為基礎去觀察臺股加權指數和臺股期貨指數之價量變化，對於臺股市場趨勢維持和趨勢轉向之判斷，頗有助益。反向思考能力之難以培養，是因其與一般大眾的本能思維習慣相互違背，必須藉後天在理性和紀律上之長期訓練才能加以強化。本書中將「從眾本能」與「專業本能」加以區分，並指出此二者在進行投機時所可能造成的重大差別。此一觀點，無論在目前之學術界或實務界均非屬「通說」，故具有新意。

　　本書的第三個特點是試圖在投機市場的理論領域中建立起學術界和實務界的溝通橋樑。就作者所知，目前有關金融市場之投資研究，學術界比較偏向於基本分析和統計分析，而實務界則偏好技術分析和行為分析。作者長期以來一則因本身學術專業之訓練，對於學術界之理論要求深有所知，另則基於跨行下藉經驗法則所獲致之實務心得，深覺學術界之理論典範與實務界之操作工具間頗有整合之可能，是故在本書中不揣淺陋，本於所學，試圖為技術分析中經常使用的價格判斷工具如價格趨勢、均線交叉、艾利特波浪理論等尋找「知其所以然」的合理邏輯解釋，並為進階的理論形成做初步試探。另一方面，本書以衝突理論為依據對投機市場中買、賣雙方成交價格的涵義所作的詮釋，突顯了傳統功能學派下對經濟效率和柏拉圖最適境界所作的定義，在邏輯上的未盡完善之處。此一認知觀點之形成，事出偶然，亦非屬作者研究之本意，但若能因之激盪出一些後續的討論，對於社會學科中不同理論典範的相互驗證應有幫助。

　　至於本書之侷限，其實不勝枚舉。作者於此僅就個中最為明顯者，據實陳述，以略盡財貨提供者之告知義務。第一、本書討論之內容涉及法律、政策、財務、心理、經濟及哲學等面向，性質上屬於以議題為中心的整合性研究，然以個人之有限智識及能力而為此大膽之嘗試，必然有備多力分，廣而不深的結構性缺陷。尚望各專業領域之先進，誨人不倦，惠予指導。第二、就深度而言，

雖然作者有關投機市場之邏輯論證和價格分析係基於逾二十年的研究和學習所獲致之心得，可是長時間的定向思考，也限制了作者接受新觀點和發覺新事實的能力。是以，特此懇請讀者瞭解，本書的內容反映了作者不可避免的主觀性，故請以批判懷疑的態度不時指正。第三、本書的撰寫前後逾時三年，遂致在所用資料的時點上未能同步。第四章中所引用的報紙資料，僅係本書所觀察期間相關報紙報導的一部分，固然在採用時，作者已力求謹慎地選擇其中足以代表當時相關媒體報導整體氣氛的素材納入書中，本書仍在此建議，讀者可自行查閱並親身體會。再者，本書中使用相當分量之網路資料，其缺點為在時空轉移後，原有的搜尋路徑未必暢達，恐因此而造成讀者查證上的困難，特此致歉。

第二章
衍生性商品之內涵與市場

第一節　衍生性商品之主要樣態

第二節　衍生性商品市場之源起與現狀

第三節　衍生性商品集中市場之發展趨勢

衍生性商品 (derivatives) 指的是從石油、黃豆、金屬、豬肉等實體財貨，或利率、股票、外幣等金融資產和以其他非實體之標的物如股價指數、匯率指數、物價指數、房地產指數等等為基礎所發展出來的一種近數十年來在國際市場上規模愈來愈大、產品日新月異、內容性質複雜且影響力無遠弗屆的交易工具。衍生性商品的樣態係基於市場需要的變化而發展，因此新興產品的推出勢將持續不斷。以目前市場發展的現況而言，衍生性商品主要的種類包括期貨 (futures)、遠期契約 (forwards)、槓桿交易契約 (leverage transactions)、選擇權 (options)、認購（售）權證 (warrants)、期貨選擇權 (futures options)、交換交易 (swaps) 及複合性衍生性商品 (hybrid products) 等等。

衍生性商品有的在集中市場交易，有的則在店頭市場交易。集中交易市場中的衍生性商品是經過標準化和規格化的定型契約，由交易所設計推出。集中交易市場中的買方和賣方經交易所撮合成交後，兩者間並不產生直接的契約關係，其雙方間的權利義務是由負責替交易所擔保結算的結算機構來承受，對於確保契約的履行具有強大的作用。集中交易的衍生市場由於具有標準化產品，交易流程相對透明，而且各種交易記錄齊全，因此在探討市場參與者行為時，比較適合作為分析的對象。相對地，店頭市場是非集中交易市場，泛指分散世界各地的金融機構，如銀行、券商等。店頭市場的衍生性商品本來是便利有特別需求的使用者為了投資、避險、套利等目的，而由金融機構為其量身製作符合使用者個別需要的衍生性商品。但近年來，由於金融創新和金融國際化的影響，金融產業發達國家設計了大量複雜的衍生性商品，並由其世界各地分銷機構販售給一般不具金融專業知識的社會大眾。在這種對應關係中，金融機構和一般公眾間普遍存在資訊不對稱 (information asymmetry) 的情形，致使店頭市場中推出的衍生性商品是否存在著隱藏性的問題或對投資大眾不公平的設計，實在值得相關主管機構適切關注，以促進金融市場中的效率和公平。

然則，店頭衍生性商品內容五花八門，交易場所分散各地，產品規格各不相同，交易記錄缺乏彙集，乃使市場參與者的行為樣態各異其趣，加以產品變

化週期較短而市場規模又極其龐大,故而不僅對於各國主管機關形成強大壓力和挑戰,對於有關店頭衍生性商品參與者行為模式之研究而言,亦形成了難以跨越的障礙。這也是本書選擇屬於衍生性商品集中交易市場的臺灣期貨交易所為研究場所的主因之一。以次,本章將就衍生性商品交易契約之內涵、衍生性商品集中市場之源起與現狀及衍生性商品市場之發展趨勢分別說明。

第一節 衍生性商品之主要樣態

衍生性商品市場規模極其龐大,產品種類難以盡舉。許多新生的複合性衍生性商品更是財務工程 (financial engineering) 的產物❶。這類衍生性商品內容複雜多樣,不僅一般投資人不明所以,即便是素有研究的學者專家也難用簡潔的文字或語言說明清楚。近十年來衍生性商品市場在全世界大行其道、成長迅速,如果將以保證金交易的國際外匯市場一併計入,衍生性商品市場的日成交量可以「兆美元」為單位。如此驚人的市場資金能量,往往使衍生性商品市場成為各種政經勢力的較勁場所,而衍生性商品市場的運行和發展是否健全,影響所及的不僅是衍生性商品市場中的參與者,更可能會衝擊各國整體的政經環境。一九九七年起所爆發的亞洲金融風暴和二○○七年以降,因美國房地產市場次級抵押貸款所引起的全世界金融和經濟的劇烈動盪,都是直接或間接導因於店頭市場所推出的複合性衍生性商品。由此可知衍生性商品市場雖不是人人都會參與,卻會對每一個人的生活產生影響。基於衍生性商品市場的重要性,在進入本書探討主題之前,本書於此一章節將就衍生性商品幾個主要的類別擇要說明,以作為讀者欲進一步瞭解前的參考基礎。

一、期 貨

期貨是期貨契約的一種簡稱,其特質在於為標準化、定型化之契約。舉凡每一合約所涉及交易標的之數量和品質、合約到期日、交易方式、交割條件、

---

❶ 李存修 (1996),《金融創新與操作策略》,商周文化事業股份有限公司,臺北,頁次 19–22。

交割日期、最小價格變動、每日漲跌幅度及交易之時間等事項均由交易所統一規定，交易人僅得自行決定買賣期貨契約之數量及買賣之價格❷。

　　保證金交易是期貨交易的基礎。期貨交易時繳交的保證金數額可能低至僅為期貨契約總值之 5%❸。此一比率會因市場價格波動和商品性質而彈性調整。期貨交易因採保證金制度，故等於借數以十倍計的錢來進行交易，因此具有極高的風險。為控制風險，期貨交易市場要求投資人繳交原始保證金 (initial margin)，若市場行情發生不利於投資人之變化並使其保證金之淨值跌至低於期貨市場所定之維持保證金 (maintenance margin) 之數額以下時，該投資人就必須補足原始保證金和其所有的保證金資產淨值的差額。此一應補足的差額稱為追加保證金 (variation margin)。假如有期貨交易人未能依期貨市場所訂期限繳交追加保證金時，期貨市場的結算機構將會主動了結該期貨交易人的投資部位，並令其承擔損失，藉以控制市場風險和保障交易安全❹。

　　如有期貨交易人在產生投資損失而不願負責時，期貨交易所和結算機構可採取一系列的保全措施來確保期貨交易的履行。這些保全措施包括：責成替違約客戶進行交易的結算會員以該會員之營業保證金、交易保證金、該會員之資產來清償因其客戶違約所產生之損失，若有不足時由全體結算會員共同負責賠償，亦有另行從期貨交易中收取費用而設立賠償基金的。總之，由於設計有完善的交易財務保全制度，在集中交易市場進行期貨交易時，期貨交易人所面臨的信用風險會大為降低❺。

---

❷　Daniel R. Siegel and Diane F. Siegel, *The Futures Markets* (Chicago: Probus Publishing Co., 1990), pp. 12–13.

❸　Nick Battley, *Commodity Futures and Options* (London: McGraw-Hill Book Company, 1989), pp. 20–21.

❹　林進富 (2000)，《衍生性金融商品的法律、實務、風險》，永然文化出版股份有限公司，臺北，頁次 95–97。

❺　李伯岳 (1994)，《我國期貨管理政策之研究與評析》，財團法人中華民國證券暨期貨市場發展基金會，臺北，頁次 28–29, 184–188。

二、遠期契約

遠期契約簡單地說就是買賣雙方現在簽約，並在將來雙方依契約所訂條件由買方給付價款，賣方交割契約標的物的契約。從另一個面向來看，只要不是「一手交錢，一手交貨」的契約，就具有遠期契約的性質。這樣的例子在我們的生活中實在是不勝枚舉。有論者將遠期契約概括分為遠期商品契約、遠期外匯契約及遠期利率協定等三種❻。其中談到遠期契約時，最易為人所聯想到的是遠期外匯契約。

遠期外匯契約涉及的是兩個國家貨幣的交易。兩國貨幣交換時的買賣雙方可依雙方協定的匯率 (exchange rate) 和數量以自己所持有的國家貨幣交換對方所持有的他國貨幣。簽約當日買賣雙方即相互交割他國貨幣時所依據的匯率稱為「當日匯率」(value-today)，簽約後的次一日交割所用之匯率為「次日匯率」(value-tomorrow)，簽約後的再次一日才進行外匯交割時之準據匯率則為「即期匯率」(spot rate)，而簽約後第三日起始進行交割者稱為「遠期匯率」(forward rate)。由此可知遠期契約的一般性概念與遠期外匯契約的意義是有一些出入的。

其實，將一般涉及未來實物交割的遠期契約全都界定為衍生性商品契約是不適合的。因為如此一來，除了現貨交易的契約外，所有的契約都可以視為衍生性商品了，將使衍生性商品的定義流於浮濫而失其意義。衍生性商品宜視為從社會現有的買賣契約的原型發展出來一種具有投資、投機、避險、套利多重經濟功能而又不以實物交割為主要履約方式的新興交易工具。簡言之，以實物交割為原則的遠期契約不當視為衍生性商品❼。職此之故，遠期外匯市場中的「無本金交割遠期契約」(non-deliverable forwards, NDF) 因係以簽約時和契約到期時兩種貨幣間匯率的差價以現金結算買賣雙方的損益，並不涉及全額交割，

---

❻　許誠洲 (1995)，《衍生性金融商品徹底研究》，金錢文化出版，臺北，頁次 22–23。

❼　詹庭禎 (1999)，〈遠期交易與期貨交易專屬管轄的互動關係〉，《證券暨期貨管理》，第 17 卷第 1 期，臺北，頁次 8–9。

故而在性質上較宜視為衍生性商品❽。無本金交割遠期契約如係以保證金進行槓桿操作，便具有與期貨契約相似特性。至於兩者之主要差異在於遠期契約係於店頭市場交易，契約內容可依交易人之需要而彈性設計，但因遠期契約無類似期貨交易市場的結算機構保障交易的履行，遂使從事遠期契約的交易人需面臨較大的信用風險。

三、槓桿交易契約

槓桿交易契約的規範見諸於美國「商品交易條例」及相關法規。槓桿交易契約依美國法令係存在於槓桿交易商 (leverage transaction merchant) 及和其直接或間接買賣交易的客戶之間。槓桿交易契約所涉及的商品包括金塊、銀塊、巨量金幣、巨量銀幣和白金等。在槓桿交易中，這些商品的大小、成分、品質、定價、交易、交割、費用等都需在槓桿交易契約中明確的規定，而槓桿保證金契約的期限可長達十年以上❾。

槓桿交易因係由交易人向槓桿交易商買入或賣出槓桿交易契約，故而屬於店頭市場之交易。交易人在進行槓桿交易時需先向槓桿交易商繳交一筆原始保證金，此筆保證金不含槓桿交易商的其他收費。當交易人繳交的保證金，因契約標的物的價格發生不利於其之變化，而致該交易人所已繳交的原始保證金在扣除損失後低於槓桿交易契約中所訂的維持保證金時，此交易人必須補足差額至原始保證金，否則槓桿交易商即可逕行將客戶之部位予以沖銷了結。對於已經存在的槓桿交易契約，可基於槓桿交易商和其客戶間之協議，由槓桿交易商買回或賣回並以現金結算，亦可依契約進行實物交割。由此可知，槓桿交易契約兼具部分期貨契約和遠期契約的特色❿。

---

❽　楊淑華譯 (2003)，《衍生性金融商品與內部稽核實戰寶典》，財團法人台灣金融研訓院，臺北，頁次 30。

❾　Code of Federal Regulations, Title 17, Chapter I, Part 31, Sec. 31.4, Revised as of April 1, 2002.

❿　同❾。

在我國「期貨交易法」中將期貨契約、選擇權契約、期貨選擇權契約和槓桿保證金契約並列為期貨交易的四個類別。在意義上我國期貨交易法的「期貨」二字其實應泛指衍生性商品。將來修法時應考慮予以正名，以避免使「期貨」和「期貨契約」產生混淆。依據該法之規定，槓桿保證金契約指當事人約定，一方支付價金一定成數之款項或取得他方授與之一定信用額度，雙方於未來特定期間內，依約定方式結算差價或交付約定物之契約❶。至於槓桿保證金的具體內容，我國「期貨交易法」並未如美國法例般地就槓桿交易契約做較為詳細的規定。

四、選擇權

選擇權契約是衍生性商品中較複雜的一種。選擇權契約有買方和賣方，而選擇權契約的權利標的物可以是股票、商品、金融資產或其他可據以衍生出金錢損益的非實體標的（如股價指數或匯率指數）。選擇權契約的買方給付權利金給賣方，以取得依據特定履約價格 (strike price) 買進權利標的物的「買權」(call) 或賣出權利標的物的「賣權」(put)。選擇權交易的策略很多，最基本的就是當交易人判斷選擇權的權利標的物的價格將會上漲時，可買入「買權」或賣出「賣權」；當交易人認為權利標的物的價格將會下跌時，可買入「賣權」或賣出「買權」。

選擇權的買方需支付賣方權利金，這筆權利金就是買方的最大風險。選擇權賣方的最大利潤為其所收受的權利金，然而當權利標的物的價值產生不利於其之變化時，所可能產生的損失金額卻無法事先限定，故需承受無限風險。因此，選擇權的買賣雙方間存在風險不對稱的情形，與期貨交易、保證金交易遠期契約和槓桿交易的買賣雙方間均為無限風險而具有對稱性之狀況並不相同。

選擇權依「履約價」和「權利標的物」價值之間的不同關係而有不同的名稱。就買權而言，履約價低於權利標的物價格的買權稱為「價內選擇權」，履約

---

❶ 請見「期貨交易法」第三條第一項；「期貨交易法」係公布於民國八十六年六月一日。

價等於權利標的物價格的稱為「價平選擇權」，履約價高於權利標的物價格的稱為「價外選擇權」。就賣權而言，履約價高於權利標的物價格的稱為「價內選擇權」，履約價等於權利標的物價格的稱為「價平選擇權」，履約價低於權利標的物價格的稱為「價外選擇權」。

選擇權依「買權」和「賣權」的買方可否於權利到期日 (option expiration date) 前行使權利而分為美式選擇權 (American options) 和歐式選擇權 (European options)。權利到期日指的是選擇權買方可以行使選擇權的最後一日，過期則權利失效。美式選擇權的買方可以在權利到期日屆滿前任何一天行使權利，歐式選擇權的買方則必需在權利到期日當天行使。選擇權的交易場所可以是集中交易市場，美國芝加哥選擇權交易所 (Chicago Board Options Exchange, CBOE) 便是標準化股票選擇權的交易所❷。店頭市場是選擇權的另一個重要的交易場所，所交易的商品包括現貨外匯選擇權和股票選擇權等等。選擇權行使權利後，有以現貨交割了結契約的，如股票選擇權；亦有採用現金結算差價和損益的，如股價指數選擇權。

五、認購（售）權證

認購（售）權證與選擇權性質頗為相近。認購權證類似於買權，認售權證類似於賣權。依我國法令，認購（售）權證分為上市或上櫃之集中交易型和由投資人與證券商議約並於該券商營業處所交易之店頭市場型兩種。上市或上櫃之認購（售）權證係指標的證券發行公司以外之第三者且同時經營有價證券承銷、自行買賣及行紀或居間三種業務者，所發行表彰認購（售）權證持有人於履約期間內或特定到期日，有權按約定履約價格向發行人購入或售出標的證券，或以現金結算方式收取差價之有價證券❸。店頭市場之議約型認購（售）權證則係指，由證券商與投資人就認購（售）權證之標的證券、到期日、履約價格、

---

❷ 美國芝加哥選擇權交易所建於一九七三年，為美國第一所股票選擇權交易所，交易標準化的上市選擇權 (listed options)；請見 http://www.cboe.com/AboutCBOE/History.aspx。

履約方式、行使比例等條件,於該證券商處所議定並簽約交易。議約型認購(售)權證之履約方式亦包括證券給付和現金結算二種❶。

集中交易的上市或上櫃認購(售)權證之標的證券限為已在臺灣證券交易所上市或中華民國證券櫃檯買賣中心上櫃且符合證券交易所或櫃檯買賣中心所定條件之股票或其組合及指數股票型基金為限❶。由於認購(售)權證依我國法令屬於有價證券,故而在性質上屬於物權的一種,並與股票選擇權契約及期貨選擇權契約為債之關係並不相同❶。價外型認購(售)權證若於權利存續期間均處於價外將無法取得有價證券,故視其為有價證券在法理上仍有探究之餘地。

在臺灣,認購(售)權證之發行人依法令需採行適當之風險沖銷策略❶。認購權證之發行人須先買入部分之標的股票,以減少將來認購權證持有人因股價上漲而行使股票認購權時,發行人因需交割股票而產生之風險,此種認購權證即所謂備兌型認購權證 (covered warrant)。認售權證之發行人則需預為融券賣出標的股票之安排,以規避未來股價下跌,認售權證持有人行使股票賣出權時,認售權證發行人需高價買入標的股票之風險❶。在交易風險方面,因認購權證

---

❶ 發行人申請發行認購(售)權證處理準則第二條第一項,行政院金融監督管理委員會,民國九十五年八月二十九日修正;臺灣證券交易所股份有限公司認購(售)權證上市審查準則第二條,民國九十六年七月三十日修正;臺灣證券交易所股份有限公司認購(售)權證買賣辦法第二條,民國九十六年七月三十日修正;財團法人中華民國證券櫃檯買賣中心證券商營業處所買賣認購(售)權證審查準則第二條第一項,民國九十六年二月二日修正;財團法人中華民國證券櫃檯買賣中心認購(售)權證買賣辦法第二條,民國九十五年一月二十四日修正。

❶ 財團法人中華民國證券櫃檯買賣中心證券商營業處所買賣認購(售)權證審查準則第十四條至第十六條,民國九十六年二月二日修正。

❶ 發行人申請發行認購(售)權證處理準則第二條第二項。

❶ 依據民國九十六年八月九日下午電話訪問證券櫃檯買賣中心陳德鄉組長所得資料,彙整而成之結論。

❶ 臺灣證券交易所股份有限公司認購(售)權證上市審查準則第十條第六款,民國九十六年七月三十日修正;財團法人中華民國證券櫃檯買賣中心證券商營業處所買賣認購(售)權證審查準則第十條第五款,民國九十六年二月二日修正。

和認售權證之初始賣方均為發行人，故無限風險僅存在於發行人單方面。一般投資人從認購（售）權證發行人處購得認購權證或認售權證或於俟後賣出沖銷原有部位時，均僅為有限風險。

六、期貨選擇權

期貨選擇權為選擇權之一種，其與現貨選擇權不同之處在於期貨選擇權係以期貨契約為權利標的，而期貨契約則另有為其基礎的契約標的物（如黃金期貨之契約標的物為黃金），因此交易期貨選擇權時應同時考量期貨契約的價格和期貨契約標的物現貨價格的變動。期貨選擇權亦分為買權和賣權，認為期貨價格會上漲者可購入買權或賣出賣權，認為期貨價格會下跌者可購入賣權或賣出買權。購入買權和賣權者需給付權利金；賣出買權和賣權者收取權利金，但同時需繳交原始保證金，並依期貨交易市場所定維持保證金之水準，在必要時繳付追加保證金。

期貨選擇權與期貨契約相似，均在期貨交易市場集中交易。期貨交易所撮合期貨選擇權（含買權及賣權）的買方和賣方形成交易，然後由期貨結算機構介入承繼買賣雙方的權利和義務並成為期貨選擇權契約的當事人。也就是說，對於期貨選擇權的買方來說，期貨結算機構成為賣方，而對於期貨選擇權的賣方，期貨結算機構變成了買方。在此結算制度下，期貨選擇權交易中所涉及之信用風險由期貨結算機制予以確保。就此點而言，期貨選擇權與同在集中市場交易的認購（售）權證並不一致。認購（售）權證的集中交易市場僅提供交易平臺以居間撮合買賣雙方成立契約，其本身並不會成為契約當事人的一方。此外，期貨選擇權契約屬債之關係，與認購（售）權證之被認定為有價證券亦不相同。

期貨選擇權亦依到期日前可否行使而分為美式選擇權及歐式選擇權。期貨

---

⑱ 證券商發行認售權證時，有關採用融券避險之規定請參考證券商管理規則第三十二條之一，民國九十六年五月二十八日修正。

選擇權之到期日有比其所植基的期貨契約到期日要為早的，如芝加哥商業交易所 (Chicago Mercantile Exchange, CME) 之外匯期貨選擇權❿。有的則與期貨契約到期日為同一日，如香港恆生指數期貨選擇權❷。期貨選擇權到期後，如該選擇權為價內選擇權，履約方式可分為取得期貨的部位或以現金結算差價；如該期貨選擇權為價外選擇權，因期貨選擇權買方會放棄該選擇權，故期貨選擇權賣方亦無履約之義務。於此需強調的是，期貨選擇權的買方因行使價內選擇權而取得買進期貨契約或賣出期貨契約的部位時，其原有「期貨選擇權買方」的「有限風險」將會變為「期貨部位持有人」的「無限風險」。

七、交換交易

交換交易是一種在店頭市場進行的交易。交換交易的形式雖然多樣化，但基本來說是持有性質類似的不同資產的契約雙方，因為在特定期間內相互需要使用對方所持有的資產，故而在此期間內進行資產的交換，等到使用對方資產之需求結束，交換交易契約雙方再將所使用的對方資產予以償還。是以交換契約必然具有交換期間，此期間具有始期和終期。交換交易雙方依所約定之條件，在期間初始進行資產交換，在期間存續中使用對方資產，及至期間屆滿雙方互相返還資產。

交換交易的類別包括持有固定利率資產者和持有浮動利率資產者相互間的利率交換 (interest swap)，持有不同國家貨幣資產者間依雙方約定之匯率所進行之貨幣交換 (currency swap)，交換交易雙方將交換契約的損益與特定商品的價格相互連結的商品交換 (commodity swap) 及允許權利持有人具有簽訂交換契約權利的交換交易選擇權 (swaption) 等等❹。基於交換交易只需契約雙方認為

---

❿　芝加哥商業交易所屬同一月份的外匯期貨選擇權到期日一般為該月份的第一個星期五，期貨契約到期日則為同月份的第三個星期一。詳情請參考 CME 網站 http://www.cme.com/clearing/clr/。

❷　香港恆生指數同一月份之期貨及期貨選擇權的到期日均為該月份的倒數第 2 個交易日。請參考香港交易所網站 http://www.hkex.com.hk/tradinfo.htm/。

可以在資產交換期間滿足雙方的使用目的即可進行交換，因此未來交換交易在樣態的發展上勢必更加活潑。

交換交易係因契約雙方在交換期間需使用對方所擁有之資產以達成其各自的特定商業目的而成立，是以交換交易並非以投資或投機為其初衷。反之，透過交換交易契約雙方可以規避在交換期間因利率、匯率和商品價格的變動而引起的經營風險。

交換交易的契約可經由金融機構中介，亦可由契約雙方自行簽訂。唯除非經由中介之金融機構提供履約保證，交換交易之契約雙方均可能因交易對手之違約而產生信用風險和價格風險。

此外，如果未在交換交易的過程中另外涉及資金的槓桿操作，一般而言，交換交易所產生的風險屬於在交易前對於所涉及的最大風險可以預先評估的「有限風險」。然則此一因交換交易契約一方之違約而產生的「有限風險」對他方當事人所造成的損失卻可能非常嚴重。再者，交換交易契約係因簽約雙方的特別需要而成立，對於契約當事人以外的第三人而言可能不符其需求，遂使已成立之交換契約因難以轉讓而欠缺流通性。易言之，並無其他足資流通的交易標的得從交換交易衍生而出，故以本書所見，交換交易僅屬於一種特別形式的契約，坊間通說將交換交易視為衍生性商品之一種，似乎並不適宜。

八、複合性衍生性商品

複合性衍生性商品在日趨成熟的財務工程助益之下，近年來在世界各地大行其道，不僅在樣態上變化多端，在規模上更是成長迅速而大有凌駕於衍生性商品集中交易市場之勢。再者，複合性衍生性商品不僅涉及金融創新，同時亦可將之視為複合性衍生性商品之發行者，對既存法律規範之挑戰。複合性衍生

---

[21] 林進富，前揭書，頁次 88-90。

黃嘉興、周建新、王雍智等譯 (2000)，《衍生性金融商品》，新陸書局股份有限公司，臺北，頁次 6-7。

性商品契約因內容複雜，常使相關主管機關欲予以規範時卻產生了適法性的困擾，並因此而束手束腳，乃致「規範者成為被規範者的俘虜」。或謂，一個有效率的市場無需政府之干預。然則，就複合性衍生性商品而言，因此類商品之良窳非一般購買該商品的投資大眾所能瞭解，在商品銷售者和購買者間往往存在嚴重的資訊不對稱 (information asymmetry)，故可將之視為後經驗財 (post-experience goods)，政府以專業為基礎的介入不僅有助於減少交易資訊的差距而提升經濟效率，同時亦可達成保護投資大眾和維護交易公平的雙重目標❷。

複合性衍生性商品可因其是否為債券而分為債券型和非債券型，兩者均係在店頭市場交易。債券型商品因被視為有價證券，其發行需依法經主管機關之許可或同意；非債券型商品則被視為契約之一種，僅需契約當事人間之合意即可成立。以目前我國市場現況而言，交易最普遍的為由國外金融機構發行並經我國金融機構代銷的各種債券型複合商品，一般稱為「結構型債券」或「連動債」❸。此類債券商品的投資報酬率往往取決於與之相連結的其他標的物的價格之變動，其中包括利率連動、匯率連動、股價連動、股價指數連動、商品價格連動及房地產指數連動等等❹。基於上述相連結標的物價格之變動往往非不具專業知識者所能判斷，將此類產品販售與一般大眾恐有害於經濟效率和交易公平。

複合性衍生性商品本質複雜而樣態多變，其所涉及之交易風險亦遠多於其他類別之衍生性商品。在投資者所面臨的各種相關風險中，主要者包括因難以掌握關鍵資訊而生之資訊風險，因契約條文繁複難解而生之法律風險，因發行商品機構無法履約而生之信用風險，因相關商品價格變動而生之價格風險，因

---

❷ David L. Weimer and Aidan R. Vining, *Policy Analysis: Concepts and Practice* (New Jersey, 1991), pp. 69–76.

❸ 此處意見結合民國九十六年八月九日電話訪問櫃買中心陳德鄉組長所得資料。

❹ 依據作者多年來所蒐集之逾 50 份相關產品所作之歸類。

所涉及的匯率變動而生之匯率風險，因所投資之商品缺乏活絡之次級市場而生之流動性風險及因受契約條件限制無法贖回所投資之債券而生之變現性風險。基於複合性衍生性商品之複雜性高而風險性廣，投資人如不具備專業知識，在購買相關商品時自應格外慎重。

依前文所述可知衍生性商品類別雖多，但交易之場所不外店頭市場和集中市場。由於在店頭市場中所交易的衍生性商品，契約內容複雜且不具統一規格，產品樣態變化迅速而生命週期短，市場參與者間需求各異又互不關連，一般投資人重視隱私而不願揭露其投資狀況，加以缺乏統一之機構彙整市場資訊及統計交易記錄，乃致使觀察和分析衍生性商品店頭市場中投資人之行為模式變得極其困難。正因為這個原因，也使得管理店頭衍生性商品對各國政府監管機構造成極大之挑戰。二〇〇七年年中以來，在金融創新和監管績效號稱獨步全球的美國，因未能適當規範其金融體系之店頭市場中衍生於不動產貸款、規模龐大的信用違約交換 (Credit Default Swap, CDS)、抵押資產證券 (Mortgage-backed Security, MBS)、債務抵押債券 (Collateralized Debt Obligation, CDO) 而肇致的世界金融風暴，即為明顯的例證。反之，衍生性商品交易所因世界各國政府與專業機構長期累積的良性互動與規範經驗，多年來，始終運作良好。在此波金融海嘯中，不但未聞任何衍生性商品交易所發生違約倒閉之事，全球衍生性商品集中市場之交易量在二〇〇八年間更成長 13.7%。此一令人驚訝的表現實與衍生性商品交易所的運作特性關係密切。

衍生性商品集中交易市場所推出之衍生性商品種類持久性高而且規格一致，市場參與者需透過同一交易平臺並遵守統一規則以進行交易，市場價格資訊透明公開並藉各種媒介即時提供給社會大眾，市場參與者之投資目的較為明確而投資行為樣態變化少且重複性高，市場之交易結果由集中交易市場統一彙整和記錄並即時和定期對外公布，故而在市場監管者、經營者和交易者間不易存在重大之資訊失衡，從而能在兼顧公平、效率、安全、專業、創新的經營目標下，持續地對人類社會作出貢獻。更且，由於衍生性商品集中交易市場中的

交易資訊和記錄完整透明，故而對致力於觀察和分析集中交易市場參與者之行為模式的研究人員，提供了極大的助益。本書作者過去二十年來長期從事衍生性商品投資行為之研究，並因而累積若干心得。如今基於對本地市場的熟悉和地利之便，特別選定臺灣期貨交易所及其中的交易現象作為本書探討衍生性商品市場參與者行為模式的印證，並且以此對照在臺灣證券交易活動中，所長期存在的嚴重的資訊失衡。當然，欲分析臺灣集中期貨市場之交易行為模式，自應對臺灣衍生性商品市場之歷史、發展與現狀有所認識。又有鑑於臺灣期貨交易所為世界衍生性商品集中交易市場之一環，本書在進一步探討臺灣期貨交易所之前，將於次節先就世界衍生性商品集中市場之源起及現況加以介紹。

第二節　衍生性商品市場之源起與現狀

　　衍生性商品是因應人類經濟活動之需要而自然產生的交易工具，從早期少數人間的個別買賣，經過渡為市集型的交易市場，再漸次發展為今日分布廣闊、通路暢達、產品豐富、組織複雜、規模龐大的市場巨擘，衍生性商品已然直接或間接的影響著世界所有的經濟體制和其成員。過去數百年來，因為衍生性商品的市場功能和外部經濟隨著人類政經制度的演進而益發受到重視，遂使衍生性商品市場之設置與開展成為各國衡量其經濟和金融現代化的指標之一。是以，欲掌握今日世界經濟之全貌，自當就衍生性商品市場之源起與現狀有所認識與瞭解。

一、衍生性商品之源起

　　衍生性商品中期貨市場之歷史應最為悠久。期貨市場之前身可推溯至中古世紀的遠期市場，參與交易的買賣雙方就貨物品質和價格取得協議後，將商品的實際交割約定在未來的特定時日[25]。此類事先在契約中明訂貨品質量，而俟

---

[25]　Don M. Chance, *An Introduction to Options and Futures* (Chicago: The Dryden Press, 1989), pp. 248–250.

後再運送貨物的商業行為，在十三世紀的歐洲便已存在 ❷。及至十六世紀中葉具組織化的現貨集中交易市場在歐洲漸次成立，其中較為著稱者如一五七○年在倫敦所設立之皇家交易所 (Royal Exchange)。此一交易所爾後變身為倫敦商品交易所 (London Commodity Exchange)，並於一九八七年改制為倫敦期貨及選擇權交易所 (London Futures and Options Exchange) ❷。在亞洲部分，日本大阪亦於一六○三年成立了現貨集中交易的稻米交易所，至十七世紀中期稻米之遠期市場在日本漸趨活絡，而以現金結算之稻米期貨於十八世紀初亦已發展成型 ❷。

雖然在歐洲和亞洲期貨市場之雛型形成較早，若論及對當前世界期貨市場發展之影響，則仍應以一八四八年在美國成立之芝加哥交易所 (Chicago Board of Trade, CBOT) 及於一九一九年成立的芝加哥商業交易所 (Chicago Mercantile Exchange, CME) 兩者最具歷史性的指標意義。芝加哥交易所是世界歷史上第一個期貨交易所，成立之初是以遠期契約為主，至一八六五年首先發展出以保證金交易的標準化穀物期貨契約，爾後直到一九六九年才推出第一個非穀物類的白銀期貨契約。一九七三年美國主管期貨交易的期貨交易委員會 (Commodity Futures Trading Commission, CFTC) 正式設立，芝加哥交易所的期貨契約種類亦自此更形豐富，其中包括黃金期貨 (1974)、利率期貨 (1975)、公債期貨 (1977)、道瓊指數期貨 (1997)、利率交換交易期貨 (2001) 及房地產股價指數期貨 (2007) 等等，而芝加哥交易所亦因此在世界期貨市場始終具有舉足輕重的地位 ❷。

受到芝加哥交易所成功設立的鼓舞，一八七四年芝加哥生產交易所 (Chicago Produce Exchange) 亦隨之成立，此一交易所於一八九八年改名為芝加

❷ Chicago Board of Trade (CBOT), *Commodity Trading Manual* (Chicago: CBOT, 1989), p. 2.

❷ Stuart K. McLean, "The Futures and Options Markets in the United Kingdom," in S. K. McLean (ed.), *The European Options and Futures Markets* (Chicago: Probus Publishing Co., 1991), pp. 526–534.

❷ The Commodity Futures Association of Japan, *Japanese Commodity Futures Trading* (Tokyo: The Commodity Futures Association of Japan, 1991), pp. 2–3.

❷ 請參考 CBOT 網站 http://www.cbot.com/cbot/pub/page/0,3181,942,00.html。

哥奶油和蛋類交易所 (Chicago Butter and Egg Board)，俟後又於一九一九年轉化為芝加哥商業交易所。從掛牌之初至一九五○年代，芝加哥商業交易所以奶油、蛋類、皮革、洋蔥、馬鈴薯、火雞等期貨為主要交易項目。及至一九六一年，芝加哥商業交易所引進了冷凍豬肉期貨，方始為其在美國的期貨市場爭得了一席之地。

一九七二年，在諾貝爾經濟獎得主 Milton Friedman 支持下，芝加哥商業交易所創新性的推出了包括了英鎊、馬克、日圓、瑞士法郎、加元、澳幣等在內的八種外匯期貨，對其地位的提升大有助益。自此時期起，芝加哥商業交易所迅速成長，到了二○○七年初已成為全世界第二、全美國第一的期貨交易所，其所交易的期貨契約類別含括商品期貨、外匯期貨、利率期貨、股價指數期貨、氣候期貨、房地產指數期貨等等❸。二○○七年七月九日，芝加哥商業交易所與芝加哥交易所相互合併，共同形成了在世界期貨市場規模第一的芝加哥商業交易所集團 (CME Group)❸。

期貨契約之外，選擇權是衍生性商品集中市場另一個重要的交易標的，期貨選擇權則是期貨與選擇權結合下的新生商品。選擇權概念的存在可遠溯至古希臘羅馬時代，而十七世紀初在荷蘭鬱金香球莖市場的瘋狂炒作中，選擇權契約成了推波助瀾的工具。後來因為欠缺保障履約的機制，至鬱金香球莖市場盛極而衰價格下跌時，賣權的賣方大量違約，造成了當時選擇權市場的崩潰。

十八、十九世紀間以交易農產品選擇權為主的店頭市場陸續出現於美國和歐洲，而缺乏適當規範的股票選擇權交易亦於十九世紀中首見於美國。由於此段時期前後選擇權市場的混亂，肇致了美國在一九三四年證券法 (Securities Act of 1934) 施行後，將選擇權交易納歸由其證券交易委員會 (Securities and Exchange Commission, SEC) 管理❸。一九七三年美國第一個合法的股票選擇權集中交易市場芝加哥選擇權交易所 (CBOE) 正式揭幕。這一個交易所是由芝加

---

❸　請參考 CME 網站 http://www.cme.com/files/intro_fut_opt.pdf。

❸　請參考 CME Group 網站 http://www.cmegroup.com/。

哥交易所 (CBOT) 的會員結合各界力量經過多年的努力和爭取方才得以成功設立，它同時也是全世界第一個選擇權集中交易市場❸。

由這一段歷史的發展可以明瞭，期貨市場的持續成長對於全世界衍生性商品集中市場的演進，具有極其深遠的影響。相對地，CBOE 股票選擇權交易的合法化對期貨選擇權的問世，也發揮了助力。一九八二年美國國會修正通過期貨交易法 (Futures Trading Act of 1982) 撤銷了自一九七〇年代以來對期貨選擇權的禁令❸。同一年十月一日，CBOT 的美國政府公債期貨選擇權正式上市，並成為世界第一個期貨選擇權❸。

在一九七〇年之前，全世界的衍生性商品集中交易市場基本上是以美國的芝加哥和紐約市為經濟活動的重心，所交易的契約也以商品期貨為主。這種地域及種類上的限制，從芝加哥商業交易所成功發展出屬於金融類的外匯期貨及芝加哥選擇權交易所設立後，發生了重大的轉變。自一九七〇年代後期起，世界之經濟及金融局勢日趨動盪，衍生性商品集中市場所具備之轉移市場風險、協助價格發現、提升經濟效率、促進資本形成及穩定商品價格等功能逐漸為世界各國所重視，並使新興的期貨交易所和選擇權交易所如雨後春筍般的在世界各地相繼設立。

二、衍生性商品集中交易市場之分布現況

從一九七〇年以來的近四十年間，有許多新興的衍生性商品集中市場加入了國際金融發展的潮流，也有許多已經成立的衍生性商品交易所為了提升效率、

❸ 李存修 (2002)，《選擇權交易之理論與實務》，財團法人中華民國證券暨期貨市場發展基金會，臺北，頁次 10–11。

❸ 同❷及❸。

❸ Stephen Figlewski and William L. Silber, "Options and Options Market," in S. Figlewski, W. L. Silber, and M. G. Subrahmanyam (eds.), *Financial Options*: *From Theory to Practice* (Homewood: Business One Irwin, 1990), pp. 3–11.

❸ 同❷。

強化競爭和擴大規模而進行合併。依據美國期貨公會 (Futures Industry Association, FIA) 所統計的至二〇〇八年底的資料，全世界的衍生性商品集中交易市場或集團因向美國期貨公會提供年交易量而被列入評比的共計有五十二個，分別分布在北美洲、南美洲、歐洲、亞洲、中東、非洲和大洋洲的三十一個國家或地區。這些集中交易市場所屬的各衍生性商品交易所，其中有十六個在美國，分別為包含芝加哥商業交易所 (CME)、芝加哥交易所 (CBOT) 及紐約商業交易所 (New York Mercantile Exchange, NYMEX) 在內的芝加哥商業交易所集團公司 (CME Group)、包含芝加哥期貨交易所 (CFE) 在內的芝加哥選擇權交易所 (Chicago Board Options Exchange, CBOE)、芝加哥股票期貨交易所 (One Chicago)、隸屬於在倫敦上市的氣候交易所 (Climate Exchange, CLE) 之下的芝加哥氣候期貨交易所 (Chicago Climate Futures Exchange)、兼併為歐洲期貨交易所 (Eurex) 子公司的國際證券交易所 (International Securities Exchange, ISE)、屬於紐約泛歐交易所集團 (NYSE Euronext) 的紐約 ARCA 選擇權交易所 (NYSE Arca Options) 及美國證券交易所 (American Stock Exchange)、同屬 Nasdaq OMX Group 集團的那斯達克選擇權市場 (Nasdaq Options Market) 及費城證券交易所 (Philadelphia Stock Exchange, PSE)、波士頓選擇權交易所 (Boston Options Exchange)、肯薩斯市交易所 (Kansas City Board of Trade)、明尼亞波里穀物交易所 (Minneapolis Grain Exchange)、在美加及歐洲均設有分部的洲際交易所 (IntercontinentalExchange) 及美國期貨交易所 (US Futures Exchange, USFE)❸❻。

北美洲除美國外，加拿大和墨西哥亦設有衍生性商品交易市場。地處加拿大的衍生市場為蒙特婁交易所 (Montreal Exchange)，在墨西哥的則為墨西哥衍生性商品交易所 (Mexican Derivatives Exchange)。南美洲上，巴西和阿根廷各有

---

❸❻ 美國期貨交易所 (US Futures Exchange) 原為歐洲期貨交易所 (Eurex) 為拓展其美元計價的衍生性商品的業務，於二〇〇四年二月在芝加哥市所設立的美國分所 (Eurex US)。二〇〇六年十月由 Man Group 購買其 70% 的股權後改組為美國期貨交易所。請參考以下之網站資料 http://en.wikipedia.org/wiki/Eurex 與 http://www.usfe.com/about_overview.html。

兩個衍生性商品交易所。在巴西的為由原聖保羅證券交易所 (Sao Paulo Stock Exchange/Bovespa) 及巴西商品與期貨交易所 (Bolsa de Mercadorias & Futuros) 合併而成的巴西證券、商品及期貨交易所 (BM&F Bovespa)；在阿根廷的則為羅薩里奧期貨交易所 (Mercado a Termino de Rosario) 和布宜諾斯艾利斯期貨交易所 (Mercado a Termino de Buenos Aires)。

歐洲方面，衍生性商品集中市場分布的國家範圍較廣，分別是總部在美國的洲際交易所 (IntercontinentalExchange, ICE) 下屬設在英國的期貨交易所 (ICE Futures Exchange)、倫敦金屬交易所 (London Metal Exchange)、總部設於德國的歐洲期貨交易所 (Eurex)、源起於倫敦但隸屬於紐約泛歐交易所集團 (NYSE Euronext) 的倫敦國際金融期貨交易所 (Liffe)、屬於 Nasdaq OMX Group 而位於瑞典的北歐證券交易所 (OMX Group)、挪威奧斯陸證券交易所 (Oslo Stock Exchange)、俄羅斯證券交易所 (Russian Trading Systems Stock Exchange)、莫斯科銀行間外匯交易所 (Moscow Interbank Currency Exchange)、歸屬於氣候交易所 (CLE) 下的歐洲氣候交易所 (European Climate Exchange, ECX)、西班牙金融期貨交易所 (Meff)、義大利衍生性商品交易所 (Italian Derivatives Exchange)、雅典衍生性商品交易所 (Athens Derivatives Exchange)、維也納證券交易所 (Vienna Stock Exchange)、波蘭的華沙證券交易所 (Warsaw Stock Exchange)、匈牙利的布達佩斯證券交易所 (Budapest Stock Exchange) 及土耳其衍生性商品交易所 (Turkish Derivatives Exchange) 等。

在亞洲設置衍生市場最多的國家是日本，共計有七個，包括：東京工業品交易所 (Tokyo Commodity Exchange)、大阪證券交易所 (Osaka Securities Exchange)、東京金融交易所 (Tokyo Financial Exchange)、東京證券交易所 (Tokyo Stock Exchange)、東京穀物交易所 (Tokyo Grain Exchange)、日本中部商品交易所 (Central Japan Commodity Exchange) 及關西商品交易所 (Kansai Commodities Exchange)。在中國大陸設立的交易所計有大連商品交易所 (Dalian Commodity Exchange)、上海期貨交易所 (Shanghai Futures Exchange) 及鄭州商

品交易所 (Zhengzhou Commodity Exchange)；在香港則為香港交易所 (Hong Kong Exchanges and Clearing)。印度在衍生市場之起步雖然較晚，但發展迅速，目前亦已設立三個衍生性商品交易所，分別是印度國家證券交易所 (National Stock Exchange of India)、國家商品及衍生工具交易所 (National Commodity & Derivatives Exchange) 及印度商品交易所 (Multi Commodity Exchange of India)。在亞洲另外尚有五個國家各設一個衍生性商品交易所，其中包括韓國交易所 (Korean Exchange)、臺灣期貨交易所 (Taiwan Futures Exchange)、新加坡交易所 (Singapore Exchange)、馬來西亞衍生性商品交易所 (Malaysia Derivatives Exchange) 及泰國期貨交易所 (Thailand Futures Exchange)。在中東的兩個交易所則分別為以色列特拉維夫證券交易所 (Tel-Aviv Stock Exchange) 及杜拜商品交易所 (Dubai Mercantile Exchange)。

在大洋洲共計有二個衍生性商品集中交易市場，其中一個在澳洲，一個在紐西蘭。澳洲的衍生性商品市場為包含雪梨期貨交易所 (Sydney Futures Exchange) 在內的澳洲證券交易所 (Australian Securities Exchange)，而在紐西蘭的為紐西蘭期貨交易所 (New Zealand Futures Exchange)。在非洲則僅有一個交易所被列入，即是南非的約翰尼斯堡證券交易所 (JSE South Africa)❸❼。

三、世界各衍生性商品交易市場之規模

全世界納入美國期貨公會最新年度統計的前五十二個衍生性商品集中交易市場，已依其所在之地理區位分別臚列。依二〇〇八年全年之交易量多寡而為排序，如將選擇權和期貨契約一併計入，前十名的交易所依序為芝加哥商業交易所集團公司（包括 CME、CBOT 及 NYMEX）、歐洲期貨交易所（包括 ISE），

---

❸❼ 有關全世界五十二個衍生性商品集中交易市場的說明，係以美國期貨產業協會 (Futures Industry Association, FIA) 所出版之二〇〇九年三月／四月份之電子期刊 (*Futures Industry*) 中之相關內容為基礎，由作者進一步蒐集資料並予彙整而成；請參考 FIA, *Futures Industry* (March/April 2009)。

韓國交易所、紐約泛歐交易所集團、芝加哥選擇權交易所、巴西證券商品與期貨交易所、那斯達克及北歐證券交易所集團、印度國家證券交易所、約翰尼斯堡證券交易所及大連商品交易所，此前十名交易所中有四個與美國關係密切。在二〇〇八年底，全世界衍生性商品單一交易所交易量最大的仍為韓國交易所，其年度交易量大於該年芝加哥交易所及芝加哥商業交易所交易量的總和。唯芝加哥交易所與芝加哥商業交易所於二〇〇八年間合併紐約商業交易所後，三者之整體成交量才得超越韓國交易所而奪得冠軍。位居第二的歐洲期貨交易所集團如不計所包括的國際證券交易所的交易量，則其市場規模亦略遜於韓國交易所 **❸**。表 2-1 所列者，為二〇〇八年美國期貨公會依據當年度交易量多寡而為排序的五十二個衍生性商品集中交易市場。

🌊 第三節　衍生性商品集中市場之發展趨勢

自芝加哥交易所於一八四八年籌設以來，經逾一百五十年的演化和發展，衍生性商品集中市場已成為國際經濟和金融體制中不可或缺的一環。在邁入二十一世紀後的短短數年間，衍生性商品市場不論是在分布的地區、產品的種類、交易的規模、市場的效率和運作的技術等方面都呈現了與時俱進、穩健發展的態勢。整體歸納起來，可以發現衍生性商品集中交易市場的幾個趨勢：一、市場規模持續成長而各別產品不斷創新；二、商品種類漸趨成熟而交易項目傾向集中；三、交易疆界逐日消除而市場競爭益形激烈。

一、市場規模持續成長而各別產品不斷創新

新興交易所的設立，無疑地是衍生性商品市場成長的一個指標。目前全世界五十餘所衍生性商品集中市場所屬交易所中有十個是設立於二十一世紀的，包括土耳其衍生性商品交易所 (2001)、印度商品交易所 (2002)、印度國家商品及衍生性工具交易所 (2003)、波士頓選擇權交易所 (2004)、CBOE 期貨交易所

---

❸　依據**❸**之資料，經比較而得之結論。

◑ 表 2-1　二○○八年世界衍生性商品交易所交易量和結算量排行表

The Top Derivatives Exchanges Worldwide Ranked by Number of Futures and Options Traded and/or Cleared in 2008

Rank	Exchange	2008
1	CME Group 芝加哥商業交易所集團公司 (including CBOT & Nymex)	3,277,645,351
2	Eurex 歐洲期貨交易所 (including ISE)	3,172,704,773
3	Korea Exchange 韓國交易所	2,865,482,319
4	NYSE Euronext 紐約泛歐交易所集團 (including all EU and US markets)	1,675,791,242
5	Chicago Board Options Exchange 芝加哥選擇權交易所 (including CFE)	1,194,516,467
6	BM&F Bovespa 巴西證券、商品與期貨交易所	741,889,113
7	Nasdaq OMX Group 那斯達克及北歐證券交易所集團公司 (including PSE)	722,107,905
8	National Stock Exchange of India 印度國家證券交易所	590,151,288
9	JSE South Africa 南非約翰尼斯堡證券交易所	513,584,004
10	Dalian Commodity Exchange 大連商品交易所	313,217,957
11	Russian Trading Systems Stock Exchange 俄羅斯證券交易所	238,220,708
12	IntercontinentalExchange 洲際交易所 (including all US, UK & Canada Markets)	234,414,538
13	Zhengzhou Commodity Exchange 鄭州商品交易所	222,557,134
14	Boston Options Exchange 波士頓選擇權交易所	178,650,541
15	Osaka Securities Exchange 大阪證券交易所	163,689,348
16	Shanghai Futures Exchange 上海期貨交易所	140,263,185
17	Taiwan Futures Exchange 臺灣期貨交易所	136,719,777
18	Moscow Interbank Currency Exchange 莫斯科銀行間外匯交易所	131,905,458
19	London Metal Exchange 倫敦金屬交易所	113,215,299
20	Hong Kong Exchange & Clearing 香港交易所	105,006,736
21	Australian Securities Exchange 澳洲證券交易所 (including SFE)	94,775,920
22	Multi Commodity Exchange of India 印度商品交易所	94,310,610
23	Tel-Aviv Stock Exchange 特拉維夫證券交易所	92,574,042
24	Mercado Espanol de Opciones y Futuros Financieros 西班牙金融期貨交易所	83,416,762
25	Mexican Derivatives Exchange 墨西哥衍生性商品交易所	70,143,690
26	Tokyo Financial Exchange 東京金融交易所	66,927,067
27	Singapore Exchange 新加坡交易所	61,841,268
28	Turkish Derivatives Exchange 土耳其衍生性商品交易所	54,472,835
29	Mercado a Termino de Rosario 羅薩里奧期貨交易所	42,216,661
30	Tokyo Commodity Exchange 東京工業品交易所	41,026,955
31	Italian Derivatives Exchange 義大利衍生性商品交易所	38,928,785
32	Bourse de Montreal 蒙特婁交易所	38,064,902
33	Tokyo Stock Exchange 東京證券交易所	32,500,438
34	National Commodity & Derivatives Exchange 國家商品及衍生工具交易所	24,639,710
35	Oslo Stock Exchange 奧斯陸證券交易所	16,048,430
36	Budapest Stock Exchange 布達佩斯證券交易所	13,369,425
37	Warsaw Stock Exchange 華沙證券交易所	12,560,518
38	Tokyo Grain Exchange 東京穀物交易所	8,433,346
39	Athens Derivatives Exchange 雅典衍生性商品交易所	7,172,120
40	Malaysia Derivatives Exchange 馬來西亞衍生性商品交易所	6,120,032
41	One Chicago 芝加哥股票期貨交易所	4,012,281
42	Kansas City Board of Trade 肯薩斯市交易所	3,965,924
43	Climate Exchange 氣候交易所 (including ECX and CCFE)	3,295,908
44	Central Japan Commodity Exchange 日本中部商品交易所	3,272,665
45	Thailand Futures Exchange 泰國期貨交易所	2,148,620
46	New Zealand Futures Exchange 紐西蘭期貨交易所	1,459,088
47	Minneapolis Grain Exchange 明尼亞波里穀物交易所	1,409,002
48	Wiener Börse/Vienna Stock Exchange 維也納證券交易所	1,129,619
49	Dubai Mercantile Exchange 杜拜商品交易所	330,379
50	Kansai Commodities Exchange 關西商品交易所	183,999
51	Mercado a Termino de Buenos Aires 布宜諾斯艾利斯期貨交易所	155,755
52	US Futures Exchange 美國期貨交易所	22,955

資料來源：FIA, *Futures Industry* (March/April 2009).

(2004)、芝加哥氣候期貨交易所 (2004)、泰國期貨交易所 (2004)、歐洲氣候交易所 (2005)、美國期貨交易所 (2006) 及杜拜商品交易所 (2007)❸。交易所的陸續設立當然有助於衍生性商品市場成交量的擴大，但另外更重要的原因應當是電腦交易系統的推廣、國際交易機構的整合及交易機制效率的提升。

世界衍生性商品集中市場自二〇〇一年起多次創下了兩位數百分比的年成長率。分年來看，二〇〇一年年成長率47%，二〇〇二年為37%，二〇〇三年降至 30%，二〇〇四年最少為 9%，二〇〇五年略增至 12%，而二〇〇六年則續增至 19%，至二〇〇七年則又大幅擴張至 28% 的年成長率。就期貨和選擇權交易量總數而言，二〇〇七年創造了 151.87 億張契約的成交量歷史記錄。及至二〇〇八年間，雖然受到世界金融風暴的衝擊，全球整體透過集中市場而交易的期貨和選擇權仍然逆勢成長 13.7%，並再次締造了 176.53 億張契約的成交量新記錄❹。在成交量的區域分配上，二〇〇八年全年，以美國各交易所為主的北美地區仍居於執掌世界衍生性商品市場牛耳之地位，占該年度全世界總量的39.63%；其次為亞太地區各交易所的 28.18%；歐洲地區則居第三而為 23.61%；拉丁美洲僅占 4.84%；而其他地區則占 3.74%。若與二〇〇七年之交易量相比

---

❸ 此處十個新興交易所的成立年份之相關資料請依序分別參考下列網址：

　(1) http://www.turkdex.org.tr/VOBPortalEng/DesktopDefault.aspx?tabid=100。

　(2) http://www.nmce.com。

　(3) http://www.ncdex.com/Aboutus/profile.aspx。

　(4) http://bostonoptions.com/ove/ove.php。

　(5) http://cfe.cboe.com/Products/historicalVIX.aspx。

　(6) http://www.climateexchangeplc.com/company-history。

　(7) http://tfex.co.th/en/about/about.html。

　(8) http://www.ecx.eu/About-ECX。

　(9) http://en.wikipedia.org/wiki/Eurex 及 http://www.usfe.com/about_overview.html。

　(10) http://www.futuresindustry.org/download/MarApVolume_Final.pdf。

❹ 此處數據引自於美國期貨產業協會所出版之雙月刊（包括 March/April 2004, March/April 2007, March/April 2008, March/April 2009）；美國期貨產業協會每年於其三月及四月之雙月刊中公布前一年全世界衍生性商品集中交易市場之成交量統計，相關資料除刊載於紙本外，亦儲存於其網站 http://www.futuresindustry.org/。

較，其他地區以 44% 之年成長率升居第一，其次亞太地區及歐洲地區則各為 16%，北美地區降至 14%，而拉丁美洲地區則以 18% 的負成長，居於末位❹。

再者，隨著經濟環境的變遷和市場的發展，新的衍生性商品不斷推出，自然亦促成了市場的成長。在各種新產品中，影響力最大的應是個別股票的衍生性商品。二〇〇二年 CME、CBOT 及 CBOE 合力創設了交易個別股票期貨的 One Chicago 交易所，及至二〇〇八年底其已成為全世界排行 41 的衍生性商品交易所❹。在歐洲，歐洲交易所 (Euronext.liffe) 及歐洲期貨交易所 (Eurex) 均有個別股票衍生性商品上市，其中歐洲交易所的股票選擇權近三百種，股票期貨一百五十種；歐洲期貨交易所則有逾二百種股票選擇權和逾四百種股票期貨❹。歐洲期貨交易所在二〇〇七年九月中又新推出十一種奧地利股票的選擇權❹。

關於其他新型衍生性商品，以美國為例，一九九九年 CME 首先引介以美國城市為基礎的氣溫指數期貨 (weather derivatives)，二〇〇三年及二〇〇四年又先後研創了歐洲城市氣溫指數期貨和亞洲城市氣溫指數期貨❹。而在二〇〇三年中 CME 另又推出了 Russell 1000 美國大型公司股價指數期貨❹。此外，李察勝德博士 (Dr. Richard Sandor) 於二〇〇二年創立了芝加哥氣候交易所 (Chicago Climate Exchange, CCX)，推出了以二氧化碳排放量為標的的衍生性商品契約，其後更基於此一基礎而於二〇〇四年及二〇〇五年相繼成立了芝加哥氣候期貨交易所 (Chicago Climate Futures Exchange, CCFE) 及歐洲氣候交易所 (European

---

❹ FIA, *Futures Industry* (March/April 2009).

❹ 資料來源同❹和❹。

❹ 請參考以下網址：

　(1) http://www.euronext.com/trader/landingstockoptions-1834-EN.html。

　(2) http://www.euronext.com/trader/landing/landinguniversalstockfutures-2731-EN.html。

　(3) http://www.eurexchange.com/trading/products/EQU/OPT/products_en.html。

　(4) http://www.eurexchange.com/trading/products/EQU/FUT/products_en.html。

❹ 請參考網址 http://www.eurexchange.com/about/press/press_526_en.html。

❹ 請參考網址 http://www.cme.com/edu/weather/background/history.html。

❹ 同❹。

Climate Exchange, ECX)❼。在 CBOT 方面，二〇〇一年 CBOT 十年期利率交換契約首度問世，二〇〇五年 CBOT 乙醇期貨成功上市，二〇〇七年中 CBOT 的 DJUSRE Index 房地產股票指數期貨亦成為了衍生性商品市場的生力軍❽。此外，CBOE 下屬之期貨交易所和 CBOE 也分別在二〇〇四年及二〇〇六年成功研發了因應股價指數波動風險的波動率指數期貨 (Volatility Index futures, VIX futures) 和波動率指數選擇權 (VIX options)❾。於此同時，在世界各其他衍生性商品交易所亦不乏受到市場歡迎的新產品，其結果自然使世界衍生性商品市場得以蓬勃發展。

二、商品種類漸趨成熟而交易項目傾向集中

衍生性商品係因市場的需求而產生，缺乏市場需求或市場需求不足的衍生性商品，交易所縱然推出也是無法長期的存在或活絡的交易。反之，交易量能夠維持相當規模甚或繼續成長的衍生性商品，就反映著市場的需求，在沒有劇烈的環境變化下，也代表著未來的趨勢。依據美國期貨產業協會所統計的二〇〇八年交易數據，全球衍生性商品集中市場以證券指數類 (equity indices) 期貨和選擇權的交易量居於首位，共計成交約 64.89 億張契約，占總數 176.53 億張的 36.76%。其他各類衍生性商品年成交量的張數及所占百分比按照順序為個別股票類衍生性商品成交 55.11 億張 (31.22%)，利率期貨和選擇權契約成交 32.05 億張 (18.15%)，農產品類衍生性商品 8.89 億張 (5.04%)，能源類衍生性商品略超過 5.80 億張 (3.29%)，外匯類衍生性商品約 5.77 億張 (3.27%)，貴重金屬類衍

---

❼ 請參考以下網址：

　(1) http://www.chicagoclimatex.com/content.jsf?id=821。

　(2) http://www.climateexchangeplc.com/company-history。

　(3) http://www.ecx.eu/About-ECX。

❽ 同㉙。

❾ 請參考網址 http://cfe.cboe.com/Products/historialVIX.aspx 與 http://www.cboe.com/micro/vix/vixoptions.aspx。

生性商品 1.80 億張 (1.02%)，工業金屬類衍生性商品約 1.76 億張 (0.99%) 及其他類之衍生性商品 0.45 億張 (0.26%)❺⓿。此一排序與二〇〇七年年底的相同，但在各個類別的年成長率上，除了利率期貨和選擇權契約，因受金融海嘯的影響，在交易量上減少了 14.4% 之外，其餘各類衍生性商品成長的百分點均達到了兩位數字。在此九類衍生性商品中證券指數類、個別股票類、利率類及外匯類均屬於金融性衍生性商品，以此四者占總成交量的 89.40% 來看，金融性衍生性商品已成為全球衍生市場之主流❺①。

其次從最受市場歡迎的個別衍生性商品契約而觀察，以二〇〇八年全年之成交量為基準，成交量排行前二十名的衍生性商品契約成交量共占總成交量的 44.52%，其中有十個是證券指數類、九個利率類及一個農產品類。而證券指數類成交量總和占全部市場成交量 30.93%，利率類占 12.65%，而農產品類唯一入圍的鄭州商品交易所的白糖期貨則僅占 0.94%。十個證券指數類衍生性商品中韓國交易所的韓國 200 家股價指數選擇權 (Kospi 200 Index Options) 以交易量而言，可以說是衍生性商品世界的巨無霸。在調查期間，它的成交量占全球總量的 15.61%。至於其餘九個衍生性商品契約則包括芝加哥商業交易所 (CME) E-mini S&P 500 股價指數期貨、歐洲期貨交易所 (Eurex) 的 DJ Euro Stoxx 50 股價指數期貨和股價指數選擇權、芝加哥選擇權交易所 (CBOE) 的 S&P 500 股價指數選擇權、在多家美國交易所上市的那斯達克 Powershares QQQ 上市指數基金選擇權，iShares Russell 2000 小型上市公司指數基金選擇權和 SPDR S&P 500 上市指數基金選擇權以及印度國家證券交易所 (NSE) 的 S&P CNX Nifty 股價指數期貨及選擇權❺②。

---

❺⓿　依 FIA, *Futures Industry* (March/April 2009) 中所公布之數據計算而得。

❺①　依二〇〇七年之成交量而為統計，此九類衍生性商品依其個別成交量占總成交量百分比而為之排序如下：(1)證券指數類 (36.99%)。(2)個別股票類 (26.94%)。(3)利率類 (24.63%)。(4)農產品類 (4.25%)。(5)能源類 (3.27%)。(6)外匯類 (2.21%)。(7)工業金屬類 (0.99%)。(8)貴重金屬類 (0.69%)。(9)其他類 (0.04%)。資料來源請參考 FIA, *Futures Industry* (March/April 2008)。二〇〇八年相關資料之取得方式同❺⓿。

利率衍生性商品方面，入選前二十名的契約中歐洲期貨交易所占三個，分別為德國政府長期公債期貨 (Euro-Bund Futures)、中期公債期貨 (Euro-Bobl Futures) 及短期公債期貨 (Euro-Schatz)。芝加哥商業交易所集團占四個，包括歐洲美元期貨 (Eurodollar Futures)、歐洲美元期貨選擇權 (Eurodollar Options on Futures)、美國政府十年中期公債期貨 (10–Year T-Note Futures) 和五年中期公債期貨 (5–Year T-Note Futures)。紐約泛歐交易所 (NYSE Euronext) 下 Liffe 的歐元期貨 (Euribor Futures) 亦屬於前二十名。如再加上巴西證券、商品與期貨交易所 (BM&F) 的一天銀行間利率期貨 (1–Day Interbank Deposit Futures)，總數正好十個❸。在可以預見的未來，前述二十個衍生性商品契約在全世界數以千計的各種衍生性商品中，仍將是市場交易的主流。

三、交易疆界逐日消除而市場競爭益形激烈

自亞洲金融風暴以來，衍生性商品交易所管治能力的提升受到各國普遍的重視。世界貿易組織 (World Trade Organization, WTO) 影響力的普及和深化降低了各國間的貿易壁壘，卻亦增加了衍生市場間的競爭壓力。隨著世界經濟的成長而動能日益滋長的全球熱錢四處流動，為衍生性商品交易所提供了更多的

---

❷ 這九個衍生性商品成交量所占同期全球總成交量之百分比分別為：E-mini S&P 500 Index Futures, CME (3.59%); DJ Euro Stoxx 50 Index Futures, Eurex (2.45%); DJ Euro Stoxx 50 Index Options, Eurex (2.27%); SPDR S&P 500 EFT Options, various US exchanges (1.82%); Powershares QQQ EFT Options (1.26%), various US exchanges; S&P CNX Nifty Futures, NSE of India (1.15%); S&P 500 Index Options, CBOE (1.01%); iShares Russell 2000 Index EFT Options, various US exchanges (0.86%); S&P CNX Nifty Options, NSE of India (0.85%)；原始數據請參考 FIA, *Futures Industry* (March/April 2009)。

❸ 這九個衍生性商品成交量占全球同期總量的百分比依序為：Eurodollar Futures, CME (3.38%)、Euro-Bund Futures, Eurex (1.46%)、10–Year T-Note Futures, CME (1.45%)、Euribor Futures, Liffe (1.29%)、Eurodollar Options on Futures, CME (1.29%)、Euro-Schatz Futures, Eurex (0.99%)、5–Year T-Note Futures, CME (0.95%)、1–Day Interbank Deposit Futures, BM&F (0.95%) 及 Euro-Bobl Futures, Eurex (0.88%)；計算所依據之原始資料同❷。

機會，但也構成了對交易所經營效率的挑戰。資訊科技的進步、資金流動的自由和商品種類的普及使國際間的投資者可以不受國家、地域和時間的限制而大幅提高了其選擇衍生性商品交易市場的主動性。這些外在環境的變化促使全球衍生市場為了擴大市場範圍、提升經營效率、降低交易成本、滿足客戶需求及強化競爭能力而採取了相對的因應措施。這些措施中較受人矚目者包括進行組織整併和發展策略聯盟、推廣電子交易和建立交易平臺及發行股票上市和強化公司治理。

為了擴大規模、增加效益和拓展通路，近年來衍生性商品交易所的整併可說是蔚為風潮。在這些機構整合中，有的是一國內的合併，也有的是跨國性的收購。二〇〇五年初，在韓國政府政策主導之下，韓國證券市場 (Korea Stock Market)、韓國期貨市場 (Korea Futures Market) 及韓國科技股市場 (KOSDAQ) 合併為韓國交易所 (Korea Exchange)，企圖使韓國交易所在以交易量為基礎的比較下，得以鞏固其在世界衍生性商品市場的龍頭地位❺❹。二〇〇六年七月中，澳洲證券交易所與雪梨期貨交易所 (Sydney Futures Exchange, SFE) 為強化經營效率而完成合併。二〇〇六年九月氣候交易所 (CLE) 同時百分之百併購芝加哥氣候期貨交易所及歐洲氣候交易所❺❺。二〇〇六年十二月一日，日本關西商品交易所兼併原日本福岡商品交易所 (Fukuoka Commodities Exchange, KCE)；二〇〇七年一月一日，日本原大阪商品交易所 (Osaka Mercantile Exchange, OME) 併入日本中部商品交易所 (C-Com)❺❻。二〇〇七年七月，美國芝加哥商業交易所 (CME) 及芝加哥交易所 (CBOT) 合併成芝加哥商業交易所集團公司 (CME Group)，為全世界規模最大且種類最多的期貨及期權交易所❺❼。

二〇〇八年五月間，巴西聖保羅證券交易所及巴西商品與期貨交易所合併

❺❹ 請參考網址 http://eng.krx.co.kr/abk_d_006.jsp。

❺❺ 請參考網址 http://www.asx.com.au/about/sfe/index.htm 及 http://www.climateexchangeplc.com/company-history。

❺❻ 請參考證期局網站 http://www.sfb.gov.tw/reference/futures.xls。

❺❼ 請參考網址 http://www.cbot.com/cbot/pub/page/0,3181,942,00.html。

為巴西證券、商品及期貨交易所 (Brazilian Securities, Commodities and Futures Exchange)，大幅提升了巴西衍生性商品市場的世界排序❺⑧。國際合併上，在衍生性商品市場舉足輕重的歐洲期貨交易所 (Eurex) 是於一九九八年由德國衍生性商品交易所 (DTB) 及瑞士選擇權及金融期貨交易所 (SOFFEX) 相互整合而成❺⑨。為了進一步擴大其影響力，Eurex 於二〇〇七年四月宣布購併在美國的國際證券交易所 (ISE)❻⓪。二〇〇六年在衍生市場世界排行第五的歐洲交易所 (Euronext.liffe) 是自二〇〇〇年起合併原法國巴黎證交所、荷蘭阿姆斯特丹證交所、比利時布魯塞爾證交所、葡萄牙里斯本證交所及倫敦國際金融期貨交易所 (LIFFE) 而組成的❻①。二〇〇七年四月歐洲交易所與紐約證券交易所 (NYSE) 宣布合併，形成了全世界綜合證券和衍生性商品兩者的最大交易所集團。二〇〇八年 NYSE Euronext 又兼併了美國證券交易所 (American Stock Exchange, ASE)❻②。除了上述巨型的合併案外，美國 NASDAQ 交易所與北歐證券交易所 (OMX Group) 於二〇〇七年五月簽訂了併購協議，形成了 Nasdaq OMX Group 的新集團，此一集團於二〇〇八年進一步合併了費城證券交易所❻③。而美國洲際交易所 (ICE) 亦於二〇〇七年九月間將加拿大溫尼佩克商品交易所 (Winnipeg Commodity Exchange) 納入旗下成為其子公司❻④。二〇〇八年八月二十二日，CME Group 進一步完成了其對紐約商業交易所 (Nymex) 的購併，並使其世界第一的地位更加穩固❻⑤。由此看來，全世界證券和衍生市場的合併在未

---

❺⑧ 請參考網址 http://www.bmfbovespa.com.br/english/historia.asp。

❺⑨ 請參考網址 http://en.wikipedia.org/wiki/Eurex。

❻⓪ 請參考網址 http://www.eurexchange.com/about/press/press_523_en.html。

❻① 請參考網址 http://gov.finance.sina.com.cn/chanquan/2006-01-18/6611.html 及 http://www.euronext.com/fic/000/010/619/106194.pdf。

❻② 請參考網址 http://www.euronext.com/editorial/wide/editorial-1612-EN.html 及 http://en.wikipedia.org/wiki/American_Stock_Exchange。

❻③ 請參考網址 http://news.bbc.co.uk/2/hi/business/6690419.stm 及 http://www.en.wikipedia.org/wiki/Philadelphia_Stock_Exchange。

❻④ 請參考網址 http://en.wikipedia.org/wiki/Winnipeg_Commodity_Exchange。

來可能仍然會持續。

　　資訊科技的進步促成了電子交易系統的興起。電子交易減少了交易流程中下單、撮合、回報及結算的時間，大幅提高了運作效率和增加交易數量，替代了人力操作並簡化管理流程，從而提高了市場流動性和節省交易成本。再者，電子交易降低了投資人所受時間和地域的限制，確保了交易過程中的透明度和公平性，並使衍生性商品的交易變得更加安全和隱密，從而為衍生性商品吸引了更多的市場參與者，又進一步提升了市場規模和效率而形成了良性循環。電子科技和財務工程的結合與創新，對於衍生性商品市場新產品的設計和推出，發揮了極大的助益，並增加了衍生性商品的多元性，以滿足廣大市場參與者的不同需求。電子交易系統的整合及電子交易平臺的使用，融合了現貨、期貨、選擇權各類產品的交易和結算於一站，使投資人得以享受前所未有的自由和便利，進一步亦促成了交易所間的策略聯盟和組織合併❻。依據美國期貨產業協會於二〇〇七年中所做調查，幾乎全球所有的衍生性商品交易所均已採用電子交易系統❼。即便是歷史上以公開喊價方式 (open outcry) 撮合交易著稱的各美國期貨交易所如 CME Group，其電子交易系統的重要性亦遠遠超過了傳統的喊價制度❽。

　　衍生性商品市場的整併、電子交易平臺的提供大幅縮短了投資人與市場間的距離，減少了以往衍生性商品市場中因疆界和時間所形成的限制，但同時亦激化了交易所間的相互競爭。為了因應環境的考驗並強化競爭能力，許多衍生性商品集中市場採取了組織公司化和股票上市的發展策略。相較於會員式的組

---

❺　請參考網址 http://www.nymex.com/notice_to_member.aspx?id=ntm439&archive=2008。

❻　目前衍生性商品市場中較為人知的電子交易平臺包括 NYSE Euronext 的 LIFFE CONNECT、Eurex 的 ECNs、Nymex 的 ClearPort、CME 的 GLOBEX、CBOT 的 eCBOT 及 CBOE 的 CBOEdirect 等等。

❼　請參考 FIA, *Futures Industry* (March/April 2008)。

❽　依 CME 網站 (http://www.cmegroup.com)，二〇〇七年九月七日所公布之當日交易量，電子交易約占全部交易的 72%。

織模式，將交易所公司化並且股票上市可以增加籌資能力、研發能力、競爭能力和策略彈性。上市公司對股東負責，營運及財務資訊需對外充分揭露，為追求利潤故必須降低成本和提高專業，凡此均使衍生性商品交易市場更容易達成效率、公平、安全和專業的發展目標。近年來前述交易所上市成功的案例包括新加坡交易所 (2000)、香港交易所 (2000)、歐洲交易所 (2001)、挪威奧斯陸證券交易所 (2001)、芝加哥商業交易所 (2002)、雪梨期貨交易所 (2002)、大阪證券交易所 (2004)、東京證券交易所 (2004)、馬來西亞交易所 (2005)、芝加哥交易所 (2005)、約翰尼斯堡證券交易所 (2006)、紐約證券交易所 (2006) 及紐約商品交易所 (2006) 等，而許多交易所的股票在上市後價格都大幅上漲。由此可見，此一發展趨勢頗受市場和投資者的肯定**❻**。

---

❻ *World Exchanges*, February 2007, MondoVisione, pp. 38–39; *Exchange Demutualization in Emerging Markets*, Table 3, OICU-IOSCO April 2005.

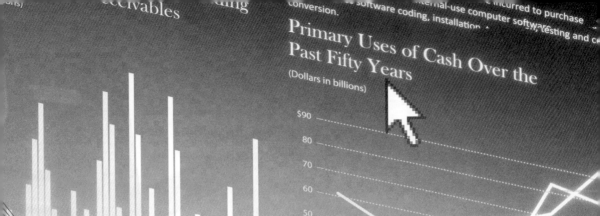

第三章
臺灣的衍生性商品市場與臺指期貨

第一節　臺灣衍生性商品市場的沿革與發展

第二節　臺灣期貨交易所之運作機制與重點契約

第三節　臺股加權指數與臺指期貨契約

　　臺灣衍生性商品市場的發展大體上可分為地下期貨市場的取締、國外期貨市場的開放及國內期貨市場的建立等三個階段。早在一九三〇年代間，臺灣因受日本人之影響，即已存在買空賣空的稻米期貨。國民政府遷臺後，從民國五十年代起至民國八十年左右，先後又有港人引進了黃金槓桿交易和美式期貨交易，在臺灣的地下經濟興風作浪，嚴重地破壞了臺灣的金融秩序，也造成了許多社會問題。

　　有鑑於此，政府於民國八十年起致力於將臺灣的期貨交易活動納入法律的規範，藉以嚇阻地下期貨經濟活動，提供合法期貨交易管道，進而提升臺灣經濟的國際競爭力。本於漸進開放的競爭策略，我國政府公布了「國外期貨交易法」，並於民國八十二年一月十日正式施行，允許國人合法交易經政府主管機關認可的外國期貨交易所的衍生性商品。繼之，民國八十六年六月一日，兼具規範國外期貨交易及國內期貨市場的「期貨交易法」亦頒行生效，並為臺灣設立本土期貨交易所奠定了法源。

　　依據「期貨交易法」，臺灣期貨交易所於民國八十七年七月開始運作，同時推出了臺灣第一個本土期貨商品，即以「臺灣證券交易所發行量加權指數」為基礎而到期結算的「臺灣證券交易所股價指數期貨契約」（簡稱臺股期貨）。此後又陸續引介了十九個與臺股指數、分類指數、櫃買指數、政府公債、商業本票、各別股票及貴重金屬等相關之期貨或選擇權等衍生性商品。在此眾多的衍生性商品契約中，經歷市場多年的檢驗，始終以臺指選擇權及臺股期貨兩者最為突出，並成為最受國內、外期貨交易者青睞的產品。因此本書在分析臺灣股市之資訊失衡與臺灣本土期貨市場參與者行為間相互之對照關係時，將會特別以與此二契約相關的市場資訊和交易資料為研究和分析的重心。本於前述的要旨，本書在本章中將進一步就臺灣衍生性商品市場的沿革與發展、臺灣期貨交易所之運作機制與重點契約及臺股加權指數與臺指期貨契約等三個課題加以說明。

📖 第一節　臺灣衍生性商品市場的沿革與發展

　　二十世紀中，當衍生性商品市場在全球各地成長茁壯之際，類似的經濟活動也在臺灣悄悄的進行。只不過初期因為市場參與者對於衍生性商品的功能缺乏足夠的認識，往往只著眼於其投機暴利的一面，其中更不乏心懷鬼胎欲藉機詐騙社會大眾的不法之徒，致使衍生性商品在臺灣一度被視為變相的賭博行為。及至民國七十年後期方由政府、業界和學者通力合作以導正歪風，經近二十年的努力終於建立了別具特色的臺灣本土期貨市場，並使臺灣的經濟和金融運作得以與世界衍生性商品市場的活動相互接軌。以下謹就臺灣期貨市場的沿革、發展與現況分別敘明。

一、未經法律規範期間的臺灣期貨市場

　　「衍生性商品」是近十年來由學術界引入臺灣的專門用語。早期受歷史發展因素之影響，臺灣各界對衍生性商品之認知多僅止於期貨，這也是在臺灣規範衍生性商品最重要之母法被稱為「期貨交易法」的原因之一。臺灣與衍生性商品有關之經濟活動可以溯及到民國二十年初期的地下稻米期貨市場。依早年曾任《工商時報》記者楊明山先生在職時所訪問之知情社會耆老的回憶，在民國二十六年前的數年間，日本人曾以臺北之迪化街及臺灣各地之碾米場為交易場所，進行以現金結算不涉及實物交割的稻米期貨交易。由於採用買空賣空的方式且未經政府批准，當時雖然一度交易熱絡，仍被視為是賭博行為。這類的稻米期貨交易後因對日戰爭的爆發而告一段落❶。其後經歷三十年的沉寂，直至民國五十年代起，地下期貨市場在臺灣才又掀起了一波波的熱潮。

　　首先，在民國五十年代中期，部分香港的金商依香港交易的模式將黃金期貨交易推廣到臺灣。由於鮮少涉及黃金的實物交割且採用槓桿交易，在缺乏適

---

❶　楊明山先生任職於《工商時報》時，曾親自訪問多名 80 歲左右熟悉早期臺灣稻米期貨之長者，楊先生後曾轉任板橋地檢署檢察官；請見楊明山 (1991)，《期貨交易制度之研究》，東吳大學法研所碩士論文，頁次 20–21。

當的法律規範下，往往使一般投資大眾遭受損失乃致裏足不前，並導致此一市場之萎縮。至民國六十八年以香港五洲景龍為首之港資集團仿照美國期貨交易的模式，在臺灣結合本地的業者，大肆推銷地下期貨，全盛時期臺灣各地非法經營的期貨公司高達 400 餘家。當時由於政府政策仍以打壓為主，尚未能制定適切的管理法規，臺灣金融市場又因開放不足故缺乏專業人才，社會公眾對於期貨交易缺乏適切的認知及資訊，經營業者抱著輕法重利的偏差心態，乃致投資受損、交易紛爭、詐欺捲款、惡性倒閉及黑道介入等屢有所聞。其後再次因政府的強力掃蕩而在民國七十二年間暫趨式微❷。其後，未幾數年，臺灣因經濟成長而游資充沛，國內股市炒風熾熱又助長了民間的投機風氣，加以央行放寬外匯管制使資金進出更加自由，使地下期貨交易又俟機而起。至七十九年，臺灣非法經營期貨業者一度又近 300 家，每日期貨交易保證金之總額估計約新臺幣 40 至 50 億元。當時臺灣的地下期貨交易規模已相當可觀，並足以對臺灣的經濟產生一定之影響。只不過，政府此前一直持負面觀點看待期貨產業，並未充分認識到期貨市場的正面功能，是以在政策主軸上始終是打壓而非導正。影響所及，使得期貨交易難以脫離地下經濟，對作賭博、惡意詐騙、炒單賺佣、操控資訊、虛假報價及不法侵占等情事屢屢發生。其結果不僅破壞經濟發展、助長稅捐逃漏、危及社會秩序及損害政府形象，更使得原本對社會經濟有所貢獻的衍生性商品市場因受地下期貨交易的拖累蒙上了不白之冤，而被大多數公眾視為禁忌和畏途。幸而，這一次政府的因應政策有了方向性的轉變，除了一方面仍嚴厲打壓非法地下期貨交易外，另一面更開始積極的制定相關法規，以期將期貨市場的經濟活動納入正軌❸。

---

❷ 行政院研究發展考核委員會 (1990)，《防制地下金融活動問題之研究》，頁次 134。
行康德國際法律事務所 (1988)，《管理期貨交易之研究報告》，頁次 4–2。

❸ 詹庭禎 (1993/04)，〈國外期貨交易法立法沿革㈠〉，《台灣證券》，頁次 11–12。
立法院秘書處 (1992)，國外期貨交易法案，立法院公報法律案專輯，第一百三十四輯，頁次 25。
康德國際法律事務所，前揭書，頁次 4–2，4–30 及 4–31。

　　我國針對衍生性商品市場之法律規範始於民國八十二年一月十日生效之「國外期貨交易法」，在此之前最早之相關規定為民國六十年由財政部核定之「大宗物資國外期貨交易管理辦法」。當時基於地下期貨交易活動所形成的社會問題和負面印象，政府對於開放期貨交易供大眾投機頗多顧忌，但另一方面為了維護國內物價穩定，特別制定此一管理辦法，俾便為國內大宗物資業者提供一個利用國外期貨而避險的管道。財政部依此管理辦法進而指定中央信託局、臺灣省物資局及中華貿易開發公司為期貨交易代辦單位，美商美林公司 (Merrill Lynch) 為經紀人，允許國內大宗物資業者循此管道，參與買賣國外交易所之玉米、黃豆、小麥、大麥及棉花等期貨❹。民國七十年行政院將大宗物資期貨買賣主管機關由財政部改為經濟部，前述之管理辦法亦更名為「重要物資國外期貨交易管理辦法」。辦法中再次規定經主管機關核定之大宗物資進口廠商應透過中央信託局等代辦單位向業經主管機關核准之國外期貨交易所之結算會員代為交易期貨。該辦法並指定由經濟部、財政部及中央銀行共組管理委員會負責相關之政策及監督事宜。唯此種以行政命令替代法律的規範形式，在當時雖然發揮了確保大宗物資來源和穩定大宗物資價格的正面經濟功能，但因其中無法規範刑事罰則，故對遏止地下期貨而言效果甚微❺。

二、臺灣地下國外期貨交易的納入規範

　　我國刑法第一條規定：「行為之處罰，以行為時之法律有明文規定者為限。」本條開宗明義地揭示，我國刑法的適用是以罪刑法定主義為其根本依據，其目的在於保障所有民眾不受國家非法科刑之侵害。我國中央法規標準法第五條第二款亦規定有關人民之權利、義務的事項應以法律定之。在這些法律規範的前

---

❹　朱浩民 (2000)，《衍生性金融商品》，智勝文化事業有限公司，臺北，頁次 79–80。

❺　詹庭禎 (1993/07)，〈國外期貨交易法立法沿革㈡〉，《台灣證券》，頁次 11–13。
　　行政院研考會，前揭書，頁次 134。
　　「重要物資國外期貨交易管理辦法」於民國八十二年一月八日因「國外期貨交易法」即將生效，由經濟部以⑻⑵經貿第 080121 號令廢止。

提下，在臺灣各階段地下期貨猖獗時期，由於別無特別針對不法期貨交易的刑事罰則，乃致地下期貨業者在進行交易時只要不授人以涉及侵占、詐欺或背信罪之具體證據，往往就不易遭受刑事處罰，乃致在重利引誘下，地下期貨業者此仆彼起，難以禁絕。在國外期貨交易法生效前，負責取締地下期貨公司之執法單位，僅能按照非法經營期貨的公司之不同狀況分別依刑法、公司法、銀行法、所得稅法、稅捐稽徵法及商業登記法等依法論處❻。

民國七十七年間，政府開放國內大宗物資自由進口。為提供各大宗物資原料廠商合法的期貨避險管道及輔正地下期貨經濟，時任經濟部部長之李達海先生裁示應就如何成立國內期貨市場之政策加以研究，並派員至美國、日本及新加坡等國考察當地之期貨市場及期貨法規。同年年底進而邀請中央銀行、財政部、法務部、經建會、農委會等開會討論是否開放國外期貨交易及建立國內期貨市場。會後，經濟部定下了採取階段性策略發展臺灣期貨市場的基調，擬以開放國外期貨商品在臺灣之交易為第一階段，等到相關環境及條件成熟後再行設立本土之期貨市場。在制定法規之方式上，經濟部有鑑於以行政命令規範臺灣之期貨交易，對於地下期貨業者之非法行為難以產生足夠之嚇阻作用，故建議應立法為之。經濟部後於民國七十八年九月擬具三十三條之「國外期貨交易法草案」，呈請行政院院會審議。行政院隨即函示經濟部邀集中央銀行、財政部、法務部、經建會及農委會各部會共同討論，並於七十九年二月一日由行政院院會完成該草案之審議，同月八日將增為四十四條的「國外期貨交易法草案」函請立法院審查❼。此後歷經五個會期的討論和修正，立法院於民國八十一年六月中三讀通過「國外期貨交易法草案」，並咨請總統於同年七月十日公布。新通

---

❻　李伯岳 (1992)，《遠期商品管理政策之研究》，國科會專題研究計劃成果報告，計劃編號 NSC80–0301–H006–09，頁次 74–75。
　　詹庭禎，前揭文㈠，頁次 17–18。
❼　劉坤堂 (1993/01)，〈國外期貨交易法部分問題探討〉，《證券市場發展季刊》，頁次 48–49。
　　詹庭禎，前揭文㈠，頁次 19–21。
　　詹庭禎，前揭文㈡，頁次 1–3。

過條文中將國外期貨交易之主管機關定為財政部證券管理委員會。又為了給主管機關充分的時間訂定子法和準備相關事宜,「國外期貨交易法」第四十四條明訂自公布後六個月,即民國八十二年一月十日起施行❽。其後,依據財政部證券管理委員會由母法授權所訂之「期貨經紀商設置標準」、「期貨經紀商管理規則」及「期貨經紀商負責人及業務員管理規則」等開始接受國內、外機構申請期貨經紀商之設置。至民國八十三年四月二十八日,我國第一家本國期貨經紀商大華期貨正式開業❾。從民國七十七年初經濟部開始期貨管理政策之研究,至我國開放交易國外期貨,為時七年四個月。由此可知,在我國制度的改革和法案的通過耗時費事,如無有志之士持續努力,恐怕是難以成功的。

　　國外期貨交易法的通過在我國的財經法律政策發展策略上具有重大涵義。它顯現了政府不再因為某種地下經濟活動的存在,就否定了該種經濟活動的正面功能。相反地,政府在公共政策的制定上,更加重視市場經濟的自主性,並且為了促進市場效率和維護交易公平的目標而致力於法律基建的強化。就國外期貨交易法而言,其施行一方面為臺灣利用國外期貨進行避險或投機的市場參與者提供了合法、便捷及安全的交易管道,另一方面也對違法的地下期貨經濟活動,產生了相當的抑制作用。

　　國外期貨交易法第六條第一項規定,期貨經紀商須經主管機關之許可並發許可證照,始得營業;同條第四項規定,非期貨經紀商不得受託從事期貨交易。對於違背上述規定者,依同法第三十六條,處一年以上七年以下有期徒刑,得併科新臺幣 90 萬元以下罰金。國外期貨交易法第五條則規定,期貨經紀商得受託進行期貨交易之種類,以行政院公告者為限;而期貨經紀商得受託從事期貨交易之國外期貨交易所,應以主管機關公告者為限。違反第五條之規定者,依同法第三十八條,處三年以下有期徒刑、拘役或科或併科新臺幣 30 萬元以下罰

---

❽　立法院秘書處 (1992),國外期貨交易法案,立法院公報法律案專輯,第一百三十四輯。
❾　大華期貨第一任總經理為曾於美國芝加哥商業交易所擔任副總裁的王中愷先生;王先生現為臺灣期貨交易所之總經理。

金。由於國外期貨交易法將地下期貨交易明定為違法行為並科以刑責，使得此類非法經濟活動逐漸萎縮，而我國期貨市場之發展亦得以走向正途。嗣後，國外期貨交易法雖因期貨交易法之施行而於民國八十六年六月一日停止適用，然針對違法期貨交易之罰則新法中亦有所規定，範圍更擴大至包含國內及國外期貨❿。在國外期貨交易法施行期間，臺灣地下期貨的經濟活動逐漸式微，一般大眾對期貨功能的認識日益增加，終能為臺灣發展較全面的衍生性商品市場提供更加良好的環境。

三、我國衍生性商品市場之建立與開放

基於階段性發展我國期貨市場之策略，財政部於國外期貨交易開放後，更積極研擬一部能將建立我國本土期貨市場及交易國外期貨一併納入管理的「期貨交易法草案」。此一草案經行政院送交立法院後，於民國八十五年四月起由立法院開始審議，並於民國八十六年三月間經立法院三讀通過，後經總統公布，再由行政院依法發布「期貨交易法」之施行日期為八十六年六月一日❶。自此，我國在管理衍生性商品市場上所需之基礎法規已然備具。

「期貨」原係由英文 "futures" 翻譯而來，而 "futures" 在國外係專屬於衍生性商品交易所之產品，店頭市場內之衍生性商品並不包括 "futures"。易言之，依「期貨」之原意，它僅係衍生性商品 (derivatives) 中之一種。然而在我國「期貨交易法」中以「期貨交易」為名所規範之範疇則遠較在期貨交易所交易之期貨為廣泛。就該法適用之對象而言，包括衍生自商品、貨幣、有價證券、利率、指數或其他利益之期貨契約、選擇權契約、期貨選擇權契約或槓桿保證金契約。至於規範之場所則涵蓋集中交易的期貨交易所及非屬期貨交易所的店頭期貨市場。唯在店頭市場所進行之期貨交易，基於政策考量，得經財政部於主管事項

---

❿　請見「期貨交易法」第五條、第五十六條第一項、第一百十二條、第一百十六條及第一百二十一條。

❶　依民國八十六年四月三十日行政院(86)臺財字第 16983 號令。

範圍內或中央銀行於掌理事項範圍內公告，不適用「期貨交易法」之規定❷。

　　本於期貨交易法第三條第二項除外規定之授權，中央銀行和財政部分別列出了在店頭期貨市場中，不適用期貨交易法規定的期貨交易項目清單。在央行部分包括央行所指定之辦理外匯業務之銀行及外匯經紀商，在其營業處所經營之外幣與外幣間及新臺幣與外幣間之各種期貨交易❸。民國九十四年一月三日中央銀行外匯局進一步函令指定銀行應採負面表列方式辦理衍生性外匯商品業務。依據該函令之規定，指定銀行辦理衍生性外匯商品業務，除下列三項須事先向中央銀行申請許可外，其餘（不含仲介與代客操作業務）採事後報備方式辦理：⑴尚未開放、開放未滿半年及與其連結之金融商品。⑵涉及或連結新臺幣匯率之衍生性金融商品(不含新臺幣匯率之 Quanto 產品業務及連結期初與期末均交換本金之標準型 NTD/FCY CCS 之衍生性金融商品除外)。⑶外幣計價而標的風險涉及國內者（含國內企業在海外發行之證券、受益憑證如 ECB、GDR 等、臺灣地區股價及指數與新加坡臺股指數、標的或信用風險主體涉及國內者等）❹。在財政部方面則列出在金融機構營業處所經營之期貨交易以及證券商經核定在其營業處所經營之期貨交易，不適用期貨交易法之規定❺。目前證券商營業處所得經營之衍生性金融商品交易業務，包括轉換公司債資產交換、結構型商品、股權衍生性商品、信用衍生性商品、利率衍生性商品及債券衍生性商品❻。

　　再者，我國衍生性商品交易的主管機關自「期貨交易法」生效以來亦有所更易。依該法第四條之規定，期貨交易之主管機關原為財政部證券暨期貨管理委員會。唯此一規範架構自民國九十三年七月一日「行政院金融監督管理委員會組織法」施行後已有所改變，財政部下之證券暨期貨管理委員會轉隸為金融

---

❷　依據期貨交易法第三條之規定。

❸　依據(86)臺央外柒字第 0401216 號函。

❹　中央銀行外匯局民國九十四年一月三日臺央外柒字第 0940002564 號函。

❺　依據(86)臺財證(五)字第 03240 號函及臺財證七字第 0910005255 號函。

❻　依據證券商管理規則第十九條之三，民國九十六年五月二十八日修正。

監督管理委員會之下屬單位並改名為證券期貨局❶。雖然至目前為止,「期貨交易法」有關期貨交易主管機關之條文尚未配合修正,但依「行政程序法」第十一條第二項之規定:「行政機關之組織法規變更管轄權之規定,而相關行政法規所定管轄機關尚未一併修正時,原管轄機關得會同組織法規變更後之管轄機關公告或逕由其共同上級機關公告變更管轄之事項。」行政院因此於民國九十三年六月二十四日公告原管轄機關為財政部或財政部證券暨期貨管理委員會者,自民國九十三年七月一日起變更為行政院金融監督管理委員會❶。是以,目前臺灣衍生性商品交易之主管機關為行政院金融監督管理委員會,而與臺灣證券市場、櫃買中心及期貨市場相關之衍生性商品則由金融監督管理委員會下之證券期貨局負實際督導之責。

由於期貨交易法將店頭衍生性商品市場納入豁免範圍,致使它的實際規範重點置於國外衍生性商品契約在臺灣交易的核准和公告以及臺灣本土期貨交易所的設置和管理。國外期貨市場之商品自從在臺灣開放以來,主管機關公告核准之清單時有變動,而證券期貨局會將有關的更新登載於其網站之上。依據撰寫本章時證期局最新之公告,共核准十二國、二地區、三十個交易所、三百六十九種商品。前述的十二個國家為阿根廷、巴西、加拿大、日本、馬來西亞、新加坡、南非、西班牙、瑞典、澳洲、英國、美國,二地區為歐洲和香港。經核准的三十個交易所包括阿根廷期貨與選擇權交易所、巴西商品與期貨交易所、加拿大蒙特婁交易所、歐洲期貨交易所、歐洲交易所、東京工業交易所、東京穀物交易所、東京證券交易所、東京金融交易所、大阪證券交易所、關西商品交易所、日本中部商品交易所、馬來西亞交易所、新加坡衍生性商品交易所、新加坡商品交易所、南非期貨交易所、西班牙不定利得金融期貨交易所、西班牙固定利得金融期貨交易所、香港交易所、瑞典北歐證券交易所、澳洲雪梨期貨交易所、倫敦金屬交易所、洲際交易所、ICE 歐洲期貨交易所、芝加哥交易

---

❶　行政院金融監督管理委員會組織法第二十七條。

❶　行政院公告,民國九十三年六月二十四日院臺財字第 0930027180 號。

所、芝加哥商業交易所、芝加哥選擇權交易所、紐約泛歐交易所、紐約商業交易所及紐約期貨交易所。至於公告的三百六十九種商品則可歸類為利率產品類四十七種、指數類產品五十二種、匯率類產品十種、農業產品類四十種、能源類產品二十一種、金屬類產品二十五種、個別股票類一百四十五種、上市指數基金類 (ETF) 十七種、美國存託憑證類 (ADR) 四種及橡膠、羊毛等其他類八種[19]。

　　在開放臺灣衍生性商品市場的各政策目標中，本土期貨市場的建立無疑地是最重要的一個。民國八十二年財政部證券管理委員會即曾就證券商兼營期貨及選擇權之可行性進行委託研究。該研究報告在結論中指出「臺股指數期貨」是最適合推出的期貨商品[20]。民國八十四年十二月，財政部進一步結合各界力量成立「期貨市場推動委員會」；次年十二月「臺灣期貨交易所籌備處」亦相繼成立。經近三年的準備工作，在期貨交易法施行後一年多，臺灣期貨交易所終於在民國八十七年七月二十一日正式開業並且推出了臺灣第一個本土期貨商品——「臺股期貨」。此後，為了使產品多元化以提供市場使用者更多的選擇，又相繼推出了許多新的衍生性商品。這些陸續上市的商品名稱及其上市時間依序為：電子期貨及金融期貨 (88/07/21)、小型臺指期貨 (90/04/09)、臺指選擇權 (90/12/24)、股票選擇權 (92/01/02)、臺灣 50 指數期貨、十年期政府債券期貨 (93/01/02)、三十天期商業本票利率期貨 (93/05/31)、電子選擇權及金融選擇權 (94/03/28)、以美元計價的黃金期貨和 MSCI 臺指期貨及選擇權等三個商品 (95/03/27)、櫃買期貨和櫃買選擇權 (96/10/08) 及非金電期貨和非金電選擇權 (96/10/08)、以新臺幣計價之黃金期貨 (97/01/28)，以及用新臺幣計價之黃金選擇權 (98/01/19)[21]。

---

[19]　請參考證期局網址 http://www.sfb.gov.tw/reference/futures.xls，2008/10/05。

[20]　賀鳴珩、李伯岳 (1993/02/22)，《證券商兼營期貨及選擇權之可行性分析》，財政部證券管理委員會專題研究計劃成果報告，頁次 117–118。賀先生現為中華民國期貨業商業同業公會理事長。

[21]　資料來源為臺灣期貨交易所。

　　臺灣期貨交易所自成立以來，迄今已逾十年，在世界各衍生性商品交易所間，資歷尚淺。然而因能呼應本土市場需求及掌握國際相對優勢，臺灣期貨交易所於短短數年間便在競爭激烈的世界衍生性商品交易所中，為自身爭得了不容忽視的地位。一九九九年年底，臺灣期貨交易所全年成交契約量為 1,077,672 張，如以該年度期貨及選擇權契約交易的總和為比較基礎，於全球衍生性商品交易所中排行第四十六。至二○○八年，臺灣期貨交易所期貨與選擇權契約年交易量為 136,719,777 張，約是一九九九年交易量的 127 倍，世界排序亦提升至第十七名（請參考表 3-1）。更由於近年來的長足發展，臺灣期貨交易所獲選為 *Asia Risk* 二○○四年風雲交易所。

　　就產品的多元化而言，臺灣期貨交易所於設立之初僅有「臺灣證券交易所股價指數期貨契約」一個商品，目前已開發的產品則包括指數、利率、個股及黃金等期貨或選擇權等共二十項。這些契約大體而言，從上市以來其成交量呈現持續成長的勢頭（請見表 3-2）。再者，在這二十個交易項目中，除了以新臺幣計價的黃金選擇權因上市未久，不列入比較外，其餘的十九個衍生性商品契約，依據臺灣期貨交易所之統計，至民國九十七年年底為止，如按照各該契約項目的年度日均量的多寡而排序,其各契約名稱及日均量依次為臺指選擇權(日均量 372,519 張)、臺股期貨（79,597 張）、小型臺指期貨（36,379 張）、新臺幣黃金期貨（23,005 張）、摩臺指數選擇權（6,590 張）、電子期貨（5,447 張）、金融期貨（5,161 張）、電子選擇權（4,292 張）、金融選擇權（3,726 張）、非金電選擇權（3,566 張）、股票選擇權（3,506 張）、櫃買選擇權（3,371 張）、十年期政府公債期貨（1,894 張）、非金電期貨（753 張）、三十天期商業本票利率期貨（460 張）、櫃買期貨（302 張）、以美元計價之黃金期貨（161 張）、摩臺指數期貨（6 張）及臺灣 50 指數期貨（2 張）**❷**。

---

❷　有關最新之資料，請參考 http://www.taifex.com.tw/chinese/home.asp 網頁上「統計資料」項下之「期貨交易量比較表」。

◑ 表 3–1　臺灣期貨交易所年成交量、年成長率及世界排名（一九九八年至二〇〇八年）

年度	年成交量		年成長率		世界排名	備註
	期貨	期貨及選擇權	期貨	期貨及選擇權	期貨及選擇權	
1998	277,909	277,909	N/A	N/A	54	一九九八年七月二十一日臺灣期貨交易所正式開業並推出臺灣第一個本土期貨——臺股期貨
1999	1,077,672	1,077,672	287.78%	287.78%	46	一九九九年七月二十一日電子期貨及金融期貨上市
2000	1,926,788	1,926,788	78.79%	78.79%	40	
2001	4,346,252	4,351,390	125.57%	125.84%	34	二〇〇一年四月九日小型臺指期貨上市　二〇〇一年十二月二十四日臺指選擇權上市
2002	6,377,808	7,944,254	46.74%	82.57%	33	
2003	9,953,118	31,874,934	56.06%	301.23%	27	二〇〇三年一月二日股票選擇權上市
2004	14,911,839	59,146,376	49.82%	85.56%	20	二〇〇四年一月二日臺灣 50 指數期貨十年期政府債券期貨上市　二〇〇四年五月三十一日三十天期商業本票利率期貨上市
2005	10,107,749	92,659,768	-32.22%	56.66%	18	二〇〇五年三月二十八日電子選擇權及金融選擇權上市
2006	14,006,287	114,603,379	38.57%	23.68%	18	二〇〇六年三月二十七日美元計價之黃金期貨、MSCI 臺指期貨及選擇權上市
2007	16,879,174	115,150,624	20.51%	0.48%	21	二〇〇七年十月八日櫃買期貨、櫃買選擇權、非金電期貨和非金電選擇權上市
2008	37,724,589	136,719,777	123.50%	18.73%	17	二〇〇八年一月二十八日以新臺幣計價之黃金期貨上市

資料來源：
⑴ *Futures Industry* (February/March 2000, February/March 2001, January/February 2002, March/April 2003, March/April 2004, March/April 2005, March/April 2006, March/April 2007, March/April 2008, March/April 2009).
⑵臺灣期貨交易所網站 (http://www.taifex.com.tw/chinese/home.asp) 首頁上「統計資料」項下之「各商品年成交量統計表」。

　　從上述各數據可知，臺指選擇權和臺股期貨的交易量分居第一、二名。兩者之成交量總和共占民國九十七年度臺灣期貨交易所總成交量的 82.34%。也正因為如此，本書後續探討分析臺灣期貨交易所投資人之結構含意時，亦將以這兩個契約的歷史價格和交易量為依據。

◎ 表 3-2　臺灣期貨交易所各商品年成交量及年成長率（一九九九年至二〇〇八年）

契約名稱	年份	1999	2000	2001	2002	2003	2004	2005	2006	2007	2008
臺股期貨 (TX)	成交量	971,578	1,339,908	2,844,709	4,132,040	6,514,691	8,861,278	6,917,375	9,914,999	11,813,150	19,819,775
	成長率	N/A	37.91%	112.31%	45.25%	57.66%	36.02%	−21.94%	43.33%	19.14%	67.78%
電子期貨 (TE)	成交量	87,156	409,706	684,862	834,920	990,752	1,568,391	6,179,643	1,459,821	1,004,603	1,356,290
	成長率	N/A	370.08%	67.16%	21.91%	18.66%	58.30%	−24.79%	43.33%	−31.18%	35.01%
金融期貨 (TF)	成交量	18,938	177,175	389,538	366,790	1,126,895	2,255,478	909,621	786,477	909,383	1,285,074
	成長率	N/A	835.55%	119.86%	−5.84%	207.23%	100.15%	−59.67%	−13.54%	−15.63%	41.31%
小型臺指期貨 (MTX)	成交量	N/A	N/A	427,144	1,044,058	1,316,712	1,943,269	1,088,523	1,760,583	2,964,042	9,058,436
	成長率	N/A	N/A	N/A	144.43%	26.11%	47.58%	−43.98%	61.74%	68.36%	205.61%
臺灣 50 期貨 (T5F)	成交量	N/A	N/A	N/A	N/A	4,068	6,157	9,483	332	506	602
	成長率	N/A	N/A	N/A	N/A	N/A	51.35%	54.02%	−96.5%	52.41%	18.97%
十年期政府公債期貨 (GBF)	成交量	N/A	N/A	N/A	N/A	N/A	67,705	2,887	40,675	151,247	471,508
	成長率	N/A	N/A	N/A	N/A	N/A	N/A	−95.74%	1,308.90%	271.84%	211.75%
三十天期商業本票利率期貨 (CPF)	成交量	N/A	N/A	N/A	N/A	N/A	209,561	217	40	36,243	114,558
	成長率	N/A	N/A	N/A	N/A	N/A	N/A	−99.90%	−81.57%	90,507.50%	216.08%
臺指選擇權 (TXO)	成交量	N/A	N/A	5,137	1,566,446	21,720,083	43,824,511	80,096,506	96,929,940	92,585,637	92,757,254
	成長率	N/A	N/A	N/A	30,393.48%	1,286.58%	101.77%	82.77%	21.02%	−4.48%	0.19%
電子選擇權 (TEO)	成交量	N/A	N/A	N/A	N/A	N/A	N/A	680,026	773,353	1,066,141	1,068,755
	成長率	N/A	N/A	N/A	N/A	N/A	N/A	N/A	13.72%	37.86%	0.25%
金融選擇權 (TFO)	成交量	N/A	N/A	N/A	N/A	N/A	N/A	756,570	937,044	1,203,084	927,888
	成長率	N/A	N/A	N/A	N/A	N/A	N/A	N/A	23.85%	28.39%	−22.87%
股票選擇權	成交量	N/A	N/A	N/A	N/A	201,733	410,026	1,018,917	1,089,158	1,299,858	872,880
	成長率	N/A	N/A	N/A	N/A	N/A	103.25%	148.50%	6.89%	19.35%	−32.85%
MSCI 臺指期貨 (MSF)	成交量	N/A	N/A	N/A	N/A	N/A	N/A	N/A	8,333	1,132	1,425
	成長率	N/A	N/A	N/A	N/A	N/A	N/A	N/A	N/A	−86.42%	25.88%
MSCI 臺指選擇權 (MSO)	成交量	N/A	N/A	N/A	N/A	N/A	N/A	N/A	867,597	1,634,117	1,640,944
	成長率	N/A	N/A	N/A	N/A	N/A	N/A	N/A	N/A	88.35%	0.42%
黃金期貨 (GDF)	成交量	N/A	N/A	N/A	N/A	N/A	N/A	N/A	35,027	48,925	40,174
	成長率	N/A	N/A	N/A	N/A	N/A	N/A	N/A	N/A	39.68%	−17.89%
新臺幣黃金期貨 (TGF)	成交量	N/A	N/A	N/A	N/A	N/A	N/A	N/A	N/A	N/A	5,314,069
	成長率	N/A	N/A	N/A	N/A	N/A	N/A	N/A	N/A	N/A	N/A
非金電期貨 (XIF)	成交量	N/A	N/A	N/A	N/A	N/A	N/A	N/A	N/A	37,197	187,479
	成長率	N/A	N/A	N/A	N/A	N/A	N/A	N/A	N/A	N/A	404.02%
櫃買期貨 (GTF)	成交量	N/A	N/A	N/A	N/A	N/A	N/A	N/A	N/A	21,231	75,199
	成長率	N/A	N/A	N/A	N/A	N/A	N/A	N/A	N/A	N/A	254.19%
非金電選擇權 (XIO)	成交量	N/A	N/A	N/A	N/A	N/A	N/A	N/A	N/A	186,161	888,030
	成長率	N/A	N/A	N/A	N/A	N/A	N/A	N/A	N/A	N/A	377.02%
櫃買選擇權 (GTO)	成交量	N/A	N/A	N/A	N/A	N/A	N/A	N/A	N/A	187,967	839,437
	成長率	N/A	N/A	N/A	N/A	N/A	N/A	N/A	N/A	N/A	346.59%

說明：N/A 表示當年不適用；資料不包括民國九十八年一月十九日方始上市的新臺幣黃金選擇權。
資料來源：依據臺灣期貨交易所網站 (http://www.taifex.com.tw/chinese/home.asp) 之統計資料經彙整後計算而得。

❧ 第二節　臺灣期貨交易所之運作機制與重點契約

　　臺灣期貨交易所為臺灣最重要的本土衍生性商品的交易場所，在全世界衍生性商品集中交易市場中屬後起之秀，未來在朝向國際化的目標上仍具相當之發展空間。臺灣期貨交易所係以促進公共利益及確保期貨市場交易之公正為宗旨，並期在符合安全、效率、公平、專業和創新之原則下，藉本土期貨市場之運作，發揮現貨市場價格發現與風險轉移之重要功能。臺灣期貨交易所自成立以來成長迅速，頗令世人矚目。此一成果與臺灣本土期貨市場交易機制之建構及契約內容之設計關係密切。是以，本節將分別就臺灣期貨交易所之市場架構、交易規範及臺灣期貨交易所交易量最大的臺股期貨契約及臺指選擇權契約擇要加以說明。

一、臺灣期貨交易所之市場架構

　　臺灣期貨交易所為一股份有限公司制之集中交易市場，採電子交易。其組成股東含二百餘法人股東，分屬期貨業、證券業、銀行業及證券暨期貨相關機構❷。臺灣期貨交易所之目的事業主管機關為「行政院金融監督管理委員會」，唯其日常運作則受「金融監督管理委員會」下屬之「證券期貨局」之指導與監督。臺灣期貨交易所除提供我國本土衍生性商品之集中交易市場外，亦同時兼營本土期貨之期貨結算機構，並設有結算部，唯此一結算部門依法令應維持其營業、財務及會計之獨立，且其內部之業務人員不得相互兼任或兼任其他部門之職務❷。

　　期貨交易所及結算機構之存在係為期貨交易人服務。期貨交易人中之買方或賣方透過期貨商或期貨交易輔助人將其交易指令傳達至期貨交易市場並經期貨交易所撮合成交後，期貨結算機構介入買方和賣方之間，並同時成為買方和

---

❷　請參考 http://www.taifex.com.tw/chinese/home.asp 首頁中之「交易制度」。

❷　請見「期貨交易法」第四十五條及「期貨結算機構管理規則」第四條。

賣方的交易相對人，以確保期貨契約之履行。臺灣期貨交易所之結算機構具有結算會員，除特別結算會員外均應具期貨商資格。結算會員之種類分為：(1)個別結算會員，即為其期貨經紀及自營業務之交易，辦理結算交割之期貨商。(2)一般結算會員，除為其期貨經紀及自營業務之交易辦理結算交割外，尚可受託為其他期貨商辦理結算交割之期貨商。(3)特別結算會員，即僅受託為期貨商辦理結算交割之金融機構❷。目前臺灣期貨交易所之結算部門共有個別結算會員11 家，一般結算會員 23 家，但並無金融機構申請成為特別結算會員❷。

　　期貨交易結算機構因需承擔確保期貨交易履約的責任，故對期貨交易安全之維護而言，地位至為重要。當期貨結算機構之會員不履行結算交割義務時，應依下列順序而支應：(1)違約期貨結算會員繳存之結算保證金。(2)違約期貨結算會員之交割結算基金。(3)其他期貨結算會員之交割結算基金。(4)期貨結算機構之賠償準備金。(5)其他期貨結算會員依期貨結算機構所定比例分攤❷。此種制度設計要求期貨結算會員承受期貨交易的終極風險，因此使他們基於自利的誘因，更傾向發揮集體自律的功能，以保障期貨交易結算的安全。

　　在現狀之下，臺灣期貨交易所的結算會員必須為期貨商；反之，期貨商則並非均為結算會員，其非屬結算會員者則需透過一般結算會員為其期貨交易進行結算。期貨商可分專營期貨商與兼營期貨商，其中專營者 21 家，兼營者 42 家，而專營期貨商中有 17 家為一般結算會員❷。期貨商具有個別或一般結算會員資格者另得委任期貨交易輔助人，協助期貨商招攬期貨交易人從事期貨交易，代理期貨商接受期貨交易人開戶及接受期貨交易人期貨交易之委託單並交付期貨商執行。期貨交易輔助人以經營證券經紀業務者為限，但證券商兼營期貨經紀業務者，不得申請經營期貨交易輔助業務❷。在與期貨交易人接觸時，期貨商

---

❷　「臺灣期貨交易所股份有限公司結算會員資格標準」第二條至第六條。

❷　請參考 http://www.taifex.com.tw/chinese/home.asp 首頁中之「結算業務」。

❷　請見「期貨交易法」第四十九條之規定。

❷　同❷及❷。

和期貨交易輔助人均應指派登記合格之期貨業務員❷。而期貨商、期貨交易輔助人及其所聘用從事期貨交易之人員亦需依法令加入中華民國期貨業商業同業公會，否則不得從事與期貨交易相關之營業❸。此外，在期貨交易中，若期貨交易人與期貨業間因期貨交易或其他相關事宜產生民事爭議，得依法向「財團法人證券投資人及期貨交易人保護中心」申請調處❸。

再者，期貨商應於主管機構及結算會員指定之機構開設客戶保證金專戶，存放期貨交易人之交易保證金或權利金，憑以辦理其與委託人、結算會員間保證金之收付，並與自有資產分離存放。期貨商為結算會員者應於結算銀行開設客戶保證金專戶，憑以辦理其與臺灣期貨交易所期貨結算機構間保證金之收付，並與自有資產分離存放。期貨結算機構亦應於結算銀行開設結算保證金專戶，以辦理其與結算會員間保證金之收付，並應與其自有資產分離存放❸。在設立結算保證金專戶之外，臺灣期貨交易所亦應依法令辦理期貨交割結算基金之繳存、保管及運用及賠償準備金之攤提、保管及運用❸。以上所述者為臺灣本土期貨市場之基本架構，圖 3–1 所顯示者則為此一架構之主要輪廓❸。

---

❷　請見「期貨交易法」第八十二條第三項及「證券商經營期貨交易輔助業務管理規則」第二條、第三條及第八條。

❸　請見「期貨商負責人及業務員管理規則」第二條及第五條，「期貨商管理規則」第十二條以及「證券商經營期貨交易輔助業務管理規則」第三條、第五條、第二十六條及第二十七條。

❸　請見「期貨商管理規則」第十三條及「證券商經營期貨交易輔助業務管理規則」第二十八條。

❸　請見「證券投資人及期貨交易人保護法」第一條、第四條、第五條、第七條、第十條、第二十二條及第二十三條。

❸　請見「期貨交易法」第五十條、第五十一條、第七十條以及「臺灣期貨交易所股份有限公司業務規則」第五十六條、第八十條、第八十七條及第九十四條。

❸　請見「期貨交易法」第四十七條及第五十三條。

❸　本圖之繪製曾參考沈中華、張大成、柯瓊鳳 (2005)，《期貨商監理與風險管理》，臺灣期貨交易所股份有限公司研究專案，頁次 8 之臺灣期貨市場架構圖。

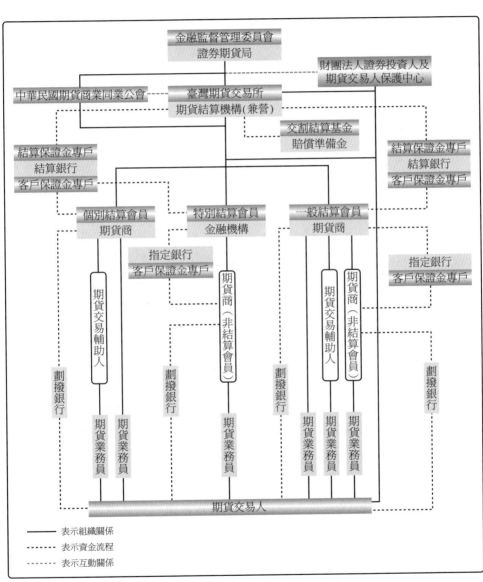

● 圖 3-1　臺灣期貨市場架構圖

二、臺灣本土期貨市場之交易規範

在臺灣欲於臺灣期貨交易所從事本土之期貨或選擇權交易者,需年滿 20 歲且不具依法令所定之消極條件者方可辦理開戶交易期貨 **❸**。開戶時可分別至專營期貨商、兼營期貨商或期貨交易輔助人處辦理。期貨商受理客戶開戶時, 應提供受託契約及風險預告書, 並需指派專人就契約內容及交易程序加以解說, 然後交由客戶簽名或蓋章並加註日期存執。再者, 期貨商應就其營業項目範圍內之各期貨交易法令、交易所規章對於期貨交易數量總額、應申報之交易數額、漲跌幅限制或其他有關交易之限制, 應備製書面說明文件, 供客戶參考。前述交易限制有變更時, 期貨商應即於公告欄公告 **❸**。開戶後, 期貨交易人需依期貨商之指示, 將不少於其交易所需之原始保證金（依期交所之規定）之款項存入該期貨商在主管機關指定之金融機構所開設之「期貨交易客戶保證金專戶」, 然後即可開始從事期貨交易。期貨商之自有資產與存於客戶保證金專戶內期貨交易人之交易保證金或權利金應分離存放, 除有下列情形之一者外, 不得自客戶保證金專戶內提取款項：⑴依期貨交易人之指示交付剩餘保證金、權利金。⑵為期貨交易人支付必須支付之保證金、權利金或清算差額。⑶為期貨交易人支付期貨經紀商之佣金、利息或其他手續費。⑷經主管機關核准者 **❸**。

期貨交易人進行期貨交易委託時, 可依其開戶之對象, 直接向專營期貨商、兼營期貨商或期貨交易輔助人下單, 惟期貨交易輔助人於接受委託後不得直接進行買賣申報, 而需轉至具有結算會員資格之委任期貨商（專營或兼營）執行買賣申報。期貨交易人進行交易委託時可以當面、書面、電話、網路、電報、電話語音或其他電傳視訊等方式進行。期貨商受理及執行期貨交易委託時, 以

---

❸ 請參考「期貨商管理規則」第二十五條。

❸ 請參考「期貨商管理規則」第二十八條。

❸ 請參考「期貨交易法」第七十條及第七十一條及「期貨商管理規則」第三十二條第一項。

電話進行者，必須同步錄音存證。期貨商以傳真機、電報、電腦系統或其他設備傳輸買賣委託書內容時，應將所傳輸內容存檔備查。前述之錄音及傳輸內容至少應保存二個月，但期貨交易委託有爭議者，應保存至該爭議消除為止❸❾。基於此一規定，期貨交易人與期貨商就所委託事項有爭執時，宜於該爭議事項委託時起二個月內以存證信函寄發給其所委託之期貨商，表達就所委託事項有所爭議，以確保相關之錄音記錄及傳輸內容得以繼續完整保存，俾供未來查證及解決爭議。

期貨交易人委託下單時，如係當面委託者，應填寫買賣委託書並自行簽名或蓋章，其以書面、電話、電報或其他方式委託者，應由受託買賣之業務員依委託內容填寫買賣委託書或由期貨商依規定列印買賣委託記錄或以電子檔案予以保存，並於事後交由委託人補行簽名或蓋章，或依期貨商與期貨交易人雙方約定之其他方式確認買賣之委託。買賣委託書中應載明帳號及戶名、委託方式、委託日時及委託有效期限、期貨交易所名稱、委託之期貨交易標的（含種類、數量及交割月份）、委託之價格（如市價委託或限價委託），並由業務員及委託人簽名或蓋章❹❶。再者，期貨交易人之委託為限價單時，其成交之價格應為其所指定之價格或優於其所指定之價格；期貨交易人之委託為市價單時，由於其並未指定成交價格，故將依當時市場之價格而成交。一般而言，期貨交易人依市價單所成交之價格比限價單成交之價格較為不利，但限價單可能因市場價格及供需狀況不合以致無法成交，而市價單在交易執行上則遠較限價單為迅速，除非在罕見的例外情形下，市價單幾乎都能成交❹❶。因此，期貨交易人所重視

❸❾　請參考「期貨商管理規則」第三十六條。

❹❶　請參考「期貨商管理規則」第三十三條及第三十四條及「臺灣期貨交易所股份有限公司業務規則」第四十八條。

❹❶　因臺灣期貨交易所就其商品除在開盤時採集合競價外，其餘時段之交易皆由逐筆撮合所產生，故在無相對買方或賣方時，市價委託單有可能無法成交。請參考 http://www.taifex.com.tw/chinese/home.asp 網頁上「交易人服務與保護」項內之「問題與解答」下「期貨交易」內之問題二十八。

者如為交易價格之確保，應用限價單，如其所在意者為交易之迅速執行，則宜採用市價單。

期貨商受託從事期貨交易，應於成交後製作買賣報告書交由期貨交易人簽名或蓋章，其已向客戶辦理交易確認並留存記錄者，得免辦理前述之簽名或蓋章❷。實務上，期貨商會依其與期貨交易人之契約，於期貨交易人之買賣委託成交後，逐日製作對帳單，並以書面寄發或電子傳輸之方式通知期貨交易人，以確認交易記錄正確無誤。此外，期貨商應按月編製對帳單一式二份，並於次月五日前填製，一份送交期貨交易人，一份由期貨商保存❸。

期貨商受託從事交易時，應先依交易所之規定向期貨交易人收足原始保證金或選擇權權利金，始得接受期貨交易之委託。期貨商同時應設置客戶明細帳，逐日計算客戶保證金專戶存款餘額之變動，並將期貨交易人因期貨交易產生之虧損金額，自保證金專戶扣除，或將期貨交易人之交易盈餘存入保證金專戶。當客戶保證金專戶之存款餘額低於維持保證金之數額時，期貨商應即通知其繳交追加保證金至原始保證金額度。客戶未能依受託契約所定期限繳交追加保證金者，期貨商得反向沖銷客戶之原有部位，以了結其期貨交易契約❹。對於期貨交易人持有當日沖銷之未沖銷部位且未能依期貨商規定時限前自行沖銷部位或補足保證金至該期貨契約之原始保證金者，期貨商應於當日期貨交易收盤前沖銷該期貨交易人當日未沖銷之部位。其無法及時沖銷者，期貨商應於次一營業日執行沖銷直至部位全數了結❺。

期貨商之負責人、業務員或其他從業人員，於受託從事期貨交易時，不得有下列行為：(1)洩漏期貨交易人委託事項及職務上所獲悉之秘密。(2)對期貨交易人作獲利之保證。(3)與期貨交易人約定分享利益或共同承擔損失。(4)利用期

---

❷ 請參考「期貨商管理規則」第三十九條。

❸ 請參考「期貨商管理規則」第五十二條。

❹ 請參考「期貨商管理規則」第四十三條第一項、第四十八條、第四十九條及「臺灣期貨交易所股份有限公司業務規則」第五十七條。

❺ 請參考「臺灣期貨交易所股份有限公司業務規則」第五十七條之二。

貨交易人帳戶或名義為自己從事交易。(5)利用他人或自己之帳戶或名義供期貨交易人從事交易。(6)為誇大、偏頗之宣傳或散布不實資訊❹。更且，期貨商不得未依期貨交易人委託事項或條件從事交易或未經期貨交易人授權而擅自為其進行期貨交易，亦不得有違反相關法令以致有損害期貨交易人利益之行為❹。

期貨商與期貨交易人因期貨交易所生之爭議，當事人得依約定進行仲裁，此一仲裁除期貨交易法另有規定外，依商務仲裁條例之規定❹。期貨商與期貨交易人間之仲裁約定，應由期貨商訂入受託契約中，作為商務仲裁條例所規定之仲裁契約❹。此外，期貨交易人就其與期貨商間之民事爭議，可向「財團法人證券投資人及期貨交易人保護中心」申請調處，調處時如當事人達成協議而使調處成立，則應作成調處書並送請管轄法院審核。經法院核定之調處，與民事確定判決有同一之效力❺。如調處不成立，期貨交易人得另循民事訴訟程序尋求救濟。

三、臺灣期貨交易所的重點契約

臺灣期貨交易所所推出之各種衍生性商品中以臺指選擇權及臺股期貨最受歡迎，其中臺指選擇權之成交量又遠大於臺股期貨。基於臺股期貨契約可視為是臺指選擇權契約的基礎，兩者間的價格變動關係密切，且其設計規格亦較臺指選擇權為簡單，若能對臺股期貨契約先有所認識，將有助於瞭解更為複雜的臺指選擇權契約，因此，本文於此將先說明臺股期貨。再者，臺灣期貨交易所交易量排序第三的小型臺指期貨在規格上與臺股期貨幾乎一致，但每一跳動點

---

❹ 請參考「期貨交易法」第六十三條及第一一六條。

❹ 請參考「期貨交易法」第七十四條及第一一九條，「期貨商管理規則」第三十五條、第四十條、第四十五條、第五十三條至第五十五條，及「臺灣期貨交易所股份有限公司業務規則」第六十條、第六十三條及第六十五條。

❹ 請參考「期貨交易法」第一〇九條至第一一一條。

❹ 請參考「臺灣期貨交易所股份有限公司業務規則」第一一九條。

❺ 請參考「證券投資人及期貨交易人保護法」第二十二條、第二十五條及第二十六條。

之契約價值僅為臺股期貨之四分之一，以下討論臺股期貨時將一併述及。

(一)臺股期貨

臺股期貨的基礎交易標的是「臺灣證券交易所發行量加權股價指數」。此一指數本身當然是無法成為實際的買賣標的，但卻是用以決定臺股期貨市場交易價格和結算價格的重要基礎。臺股期貨交易時之英文代碼為 TX，交易時段從每一正常營業日之上午 8:45 至下午 1:45，較臺灣證券交易所分別早 15 分鐘開盤和晚 15 分鐘收盤。

臺股期貨每單位的契約價值等於臺指期貨指數乘上新臺幣 200 元（最小升降單位）。例如，臺股期貨在民國九十七年一月十一日之結算價為 7,967 點，故其 1 單位之契約總值為 NTD200 × 7,967 = NTD1,593,400 **❺**。交易人如認為「臺灣證券交易所發行量加權股價指數」（簡稱臺股指數）將來會上漲，則至少可買進臺股期貨 1 單位。反之，如其認為臺股指數未來會下跌，則可賣出臺股期貨 1 單位。因此，交易臺股期貨時，可以先買進後賣出，亦可先賣出後買進，如買進價格低於賣出價格則有利潤，相反則為損失。

買、賣臺股期貨時僅需依規定繳交原始保證金，此一保證金數額會因臺股指數和臺股期貨價格波動的大小而增減，在民國九十八年三月底時，交易 1 單位臺股期貨契約的原始保證金為新臺幣 86,000 元，維持保證金為 66,000 元，而結算保證金為 63,000 元 **❻**。前述原始保證金之數額約為民國九十八年四月份臺股期貨在三月三十日依最後成交價所計算之 1 單位契約總值之 8%。此一比率關係所顯現的是，交易臺股期貨時可以用 1 倍的錢去買賣價值超過 12 倍的期貨

---

❺ 請參考 http://www.taifex.com.tw/chinese/home.asp 網頁上之「交易資訊」欄下之「盤後資訊」。

❻ 請參考 http://www.taifex.com.tw/chinese/home.asp 網頁上之「結算業務」欄下之「保證金」及「交易資訊」欄下之「盤後資訊」；原始保證金和維持保證金是介於期貨商和期貨交易人間之有關保證金收取的最低標準，結算保證金是期貨結算機構向結算會員所收取的最低保證金。

契約，故當該期貨契約總值變動超過 8% 時，期貨交易人可能會賺到相當於其所繳交之原始保證金 100% 的利潤，或肇致超過其所繳交之原始保證金總額之損失。因此之故，期貨交易被認為是兼具有高報酬和高風險的投機行為。

在交易月份方面，臺灣期貨交易所所推出之期貨月份包括自交易當月起連續二個月份，另加上三月、六月、九月、十二月中三個接續的季月，總共有五個月份的期貨契約在市場交易。舉例而言，在民國九十八年三月三十日，臺股四月份期貨契約尚未到期，故交易當月起連續二個月份為民國九十八年四月份及五月份之臺股期貨契約，而其後三個接續的季月的期貨契約則分別為民國九十八年六月份、九月份及十二月份。臺股期貨之交易其每日最大之漲跌幅限制為前一營業日結算價上下 7%，而其每日結算價原則上採當日收盤前 1 分鐘內所有交易之成交量加權平均價，若無成交價時，則依臺灣期貨交易所訂定之「臺灣證券交易所股價指數期貨契約交易規則」決定當日之結算價。再者，臺股期貨各交割月份之最後結算日為各該月份第三個星期三。最後結算價則以在最後結算日，臺灣證券交易所當日交易時間收盤前 30 分鐘內所提供標的指數之算術平均價訂之。結算後，期貨交易人依最後結算價所計算之盈虧，進行現金之收受或交付。此外，為了避免市場操縱和強化風險控制，臺灣期貨交易所對於自然人、法人和期貨自營商在交易臺股期貨時，所得持有之單向買進或賣出之契約總數均設有不同之限制❸。

關於小型臺指期貨（英文代碼為 MTX），其在交易之基礎標的、交易時間、到期月份、每日結算價、每日漲跌幅、最後交易日、最後結算日、最後結算價及交割方式等方面之契約規格與臺股期貨一致，但因其指數一點（最小升降單位）等於新臺幣 50 元，所以其契約總值僅相當於臺指期貨的四分之一。影響所及，小型臺指期貨在各項保證金數額之規定上亦僅為臺股期貨的四分之一，但交易人所得持有其部位之總數則為臺股期貨的 4 倍❹。小型臺指期貨和臺股期貨雖然具有相同的交易標的且彼此間價格關係密切，然則因仍為兩個各別市場，

❸ 請參考 http://www.taifex.com.tw/chinese/home.asp 網頁上「商品」項內之「臺股期貨」。

故而在價格之變動上並非完全一致**❺❺**。

㈡臺指選擇權

臺指選擇權（英文代碼為 TXO）分為臺指買權和臺指賣權。臺指選擇權的買權和賣權之基礎標的均為「臺灣證券交易所發行量加權股價指數」。交易時段亦為每一正常營業日之上午 8:45 至下午 1:45。臺指選擇權在契約價值的規格上與小型臺指期貨一樣，僅為臺股期貨的四分之一，但因其為選擇權契約，故與小型臺指期貨契約有許多不同之處。實際交易時，臺指買權和賣權的交易標的為依據臺灣期貨交易所之規則所訂定之各「履約價格」(strike price)。例如，臺指 4,800 的買權 (call) 或臺指 4,800 的賣權 (put)，在此，4,800 即代表著「履約價格」。臺指選擇權各個履約價格的買權或賣權的權利金都以點數來表示，權利金的總值為報價之點數乘上新臺幣 50 元。舉例來說，民國九十七年一月十一日，九十七年一月份臺指選擇權 8,100 買權之結算價為 88 點，而 8,100 賣權之結算價為 223 點，是以該 8,100 買權之權利金總值為 NTD50 × 88 = NTD4,400，該 8,100 賣權之權利金總值則為 NTD50 × 223 = NTD11,500**❺❻**。不同履約價格臺指選擇權的權利金，總值亦不相同。

臺指選擇權可依其履約價格和臺股指數間的關係分為價內 (in-the-money) 選擇權、價平 (at-the-money) 選擇權及價外 (out-of-the-money) 選擇權。就臺指選擇權的買權而言，當其履約價格小於為其基礎標的臺股指數時，為價內選擇權；當其履約價格等於臺股指數時，為價平選擇權；當其履約價格大於臺股指數時，為價外選擇權。臺指選擇權為賣權時，當其履約價格大於臺股指數時為價內選擇權，等於臺股指數時為價平選擇權，小於臺股指數時為價外選擇權。舉例而

---

❺❹ 請參考 http://www.taifex.com.tw/chinese/home.asp 網頁上「商品」項內之「小型臺指期貨」。

❺❺ 依據臺灣期貨交易所公布之資料，在民國九十八年三月三十日，小型臺指期貨之最後成交價為 5,177，而臺指期貨之最後成交價為 5,175。

❺❻ 同**❺❶**。

言，當臺股加權指數為 8,100 點時，履約價格為 8,000 點之臺指買權為價內選擇權，8,100 點之臺指買權為價平選擇權，而 8,200 點之臺指買權為價外選擇權。在同一條件下，8,200 點之臺指賣權為價內選擇權，8,100 點之臺指賣權為價平選擇權，而 8,000 點之臺指賣權為價外選擇權。在正常情況下，同一月份的臺指選擇權，履約價格為價內的選擇權，其權利金多於履約價格為價平的選擇權，而後者的權利金又多於履約價格為價外的選擇權。同為買權或同為賣權之選擇權，如履約價格相同，選擇權到期月份愈後的權利金總值愈大。當臺指選擇權的基礎標的臺股加權指數上漲時，價內的臺指買權其權利金亦隨之增加；臺股指數下跌時，價內的臺指賣權權利金也會增加。

臺指選擇權為歐式選擇權，故其權利之行使僅能於選擇權到期日當天行使。交易人如判斷臺股指數未來會上漲者，可買入買權；認為臺股指數未來不會上漲者，可賣出買權。相反地，交易人如認為臺股指數將下跌者，可買入賣權；其認為臺股指數不會下跌者，可賣出賣權。買權的買方付出權利金並取得特定履約價之買權。買權之買方在取得買權後得於權利到期日前賣出買權以計算損益，亦得持有買權至到期日時依臺股指數之結算價來決定盈虧；買權的賣方得於權利到期日前買回買權以確定損益，或持有買權之賣出部位至到期日時依臺股指數之結算價來論最後盈虧。相對地，賣權的買方於付出權利金後，可取得特定履約價之賣權。賣權的買方或賣方亦均可在選擇權到期日前反向沖銷其原有部位，或將其選擇權部位持有至到期時，分別依買、賣之差價或選擇權之到期結算價以現金來計算利潤或損失。

臺指選擇權的買方僅需給付權利金，別無保證金之問題。臺指選擇權之賣方收取權利金，但同時亦需依臺灣期貨交易所之規定繳交原始保證金。當臺股加權指數市場發生不利於臺指選擇權賣方之變化，而使其已繳交之原始保證金低於臺灣期貨交易所規定之維持保證金水準以下時，該臺指選擇權賣方即需補交差額至滿足新規定的原始保證金之數額為止，否則其期貨經紀商即可將該臺指選擇權賣方所持有之賣出部位反向沖銷，並使其吸收損失❺❼。臺指選擇權賣方所需

繳交之原始保證金會因臺指選擇權履約價格的不同而有差異。價內選擇權的原始保證金會高於價平選擇權,而價平選擇權的原始保證金會高於價外選擇權。

臺指選擇權的交易月份與臺股期貨契約及小型臺指期貨契約相同,均包括自交易當月起連續三個月份,另加上三月、六月、九月、十二月中的兩個接續的季月,故而共有五個不同月份的契約同時在市場上交易。臺指選擇權契約在上市期間,其權利金每日最大漲跌點數,以前一營業日臺灣證券交易所發行量加權指數收盤價之 7% 為限。臺指選擇權的各交割月份契約之最後結算日為各該交割月份的第三個星期三。最後結算價則依到期日臺灣證券交易所當日交易時間收盤前 30 分鐘內所提供標的指數之簡單算術平均價訂之,其計算方式由臺灣期貨交易所另訂之。為了控制交易風險和避免市場操控,臺灣期貨交易所對於臺指選擇權交易人之部位亦設有最大數量之限制❺❽。

❧ 第三節　臺股加權指數與臺指期貨契約

臺灣期貨交易所之主要衍生性商品「臺灣證券交易所股價指數選擇權契約」及「臺灣證券交易所股價指數期貨契約」均係以「臺灣證券交易所發行量加權指數」為基礎標的,同時在最近月之臺指選擇權及臺股期貨結算時亦係以當月份第三個星期的星期三收盤前 30 分鐘「臺灣證券交易所發行量加權指數」之簡單算術平均價訂之。因此,在參與臺指選擇權及臺指期貨交易前,自當就「臺灣證券交易所發行量加權指數」之編製方式以及影響此一編製的重要因素有所認識。

一、臺灣證券交易所發行量加權指數之基值、計算與調整

「臺灣證券交易所發行量加權指數」簡稱「臺股加權指數」,英文縮寫為 TAIEX。臺股加權指數的計算公式如下:

---

❺❼　請參考 http://www.taifex.com.tw/chinese/home.asp 網頁上「結算業務」項內之「保證金」內文之相關規定。

❺❽　請參考 http://www.taifex.com.tw/chinese/home.asp 網頁上「商品」項內之「臺指選擇權」。

指數＝當期總發行市值÷基值×100。

　　所謂「當期總發行市值」為臺灣證券交易所納入採樣之各公司之股票價格乘以其發行股數所得市值之總和，而新上市公司股票市值納入指數之計算，則以當時上市股數為準。至於「基值」則為在指數起算基期時之總市值。臺灣證券交易所加權指數之基期為民國五十五年之平均數，基期之指數設定為 100。在基期時之基值等於民國五十五年的各股平均市價乘以各股在同年年底時的發行量，亦即基期時之總發行市值。由於民國五十五年年底之當期總發行市值即為基值，遂使民國五十五年年底之臺股加權指數值被設定為 100。加權指數編製完後會因市場因素和非市場因素的影響而產生變動。市場因素指的是加權指數採樣內成分股的價格漲跌，當各成分股之市場價格產生變動後，新股價乘上各成分股上市之股數後會影響當期總市值，其結果自然會連帶改變加權指數的數值，以下特舉一例予以說明。假設加權指數成分股共計為甲、乙、丙、丁四種股票，其發行股數分別為 400、300、200、100 萬股，而在基期時之股價依序為 25、20、15、10 元新臺幣，則當時加權指數成分股之總市值為（25 元×400萬）＋（20 元×300 萬）＋（15 元×200 萬）＋（10 元×100 萬）＝ 20,000 萬元。由於此一總市值為基期時之總市值，故亦即是基值。根據上述之公式，基期時之加權指數等於 20,000 萬元（總市值）÷ 20,000 萬元（基值）×100。經計算基期之加權指數為 100。又設若兩年後某交易日甲、乙、丙、丁四種股票每股之收盤價分別為 40、30、25、20 元新臺幣且各該股票之發行股數不變，則當日收盤時加權指數成分股之總市值等於（40 元×400 萬）＋（30 元×300 萬）＋（25元×200 萬）＋（20 元×100 萬），合計為 32,000 萬元新臺幣。此時的加權指數等於 32,000 萬元（總市值）÷ 20,000 萬元（基值）×100，故其值由原來之 100更動為 160❺❾。

　　相較於市場因素，影響臺股加權指數計算的非市場因素樣態比較複雜，為

---

❺❾　請參考 http://www.tse.com.tw/ch/products/indices/tsec/taiex.php。

　　了避免這些非市場交易因素破壞了臺股加權指數計算的連續性，故而有必要針對這些非市場因素之發生而調整基值。依據臺灣證券交易所所列出的臺股加權指數基值的調整時機共有十四項❻，分別為：

　　⑴新增或剔除採樣股票異動日。

　　⑵現金增資認購普通股的除權交易日。

　　⑶員工紅利轉增資除權交易日。

　　⑷特別股無償配發普通股除權交易日。

　　⑸上市公司持有未辦理減資註銷庫藏股除權交易日。

　　⑹公司依法註銷股份辦理減資經本公司公告後之除權交易日或次月第三個營業日，並以較先者為準。

　　⑺收到現金增資募集失敗之通知後，次月第三個營業日將發行股數復原。

　　⑻公司合併後增資股或新股權利證書上市日。

　　⑼轉換公司債轉換的債券換股權證換發為普通股的上市日。

　　⑽上市公司發行之轉換公司債直接換發為普通股或附認股權有價證券認購而發行之普通股，俟其除權交易日或其辦理資本額變更登記經本公司公告後次月第三個營業日。

　　⑾股東放棄認購而採公開承銷之現金增資股票或股款繳納憑證上市日。

　　⑿為海外存託憑證而發行的新股上市日。

　　⒀可轉換特別股轉換為普通股的上市日。

　　⒁其他非市場交易而影響總發行市值的因素。

　　基值調整後，新基值 ＝ 舊基值×（異動後總發行市值 ÷ 異動前總發行市值）。異動後總發行市值 ＝ 異動前總發行市值＋各異動市值之總和。異動市值之計算方式如下：

　　⑴新增或剔除採樣股票異動日：異動市值 ＝ 異動前最後交易日收盤價×上市公司發行股數。

---

❻　請參考臺灣證券交易所發行量加權股價指數編製要點。

⑵現金增資認購普通股的除權交易日：異動市值＝現金增資認購價×現金增資認購股數。

⑶員工紅利轉增資除權交易日：異動市值＝10 元×員工紅利轉增資股數。

⑷特別股無償配發普通股除權交易日：異動市值＝普通股除權參考價×特別股配發普通股合計股數。

⑸上市公司持有未辦理減資註銷庫藏股除權交易日：異動市值＝除權後發行市值－除權前發行市值。

⑹以上五種情況以外之其他因素：異動市值＝普通股異動前最後交易日收盤價×普通股異動股數。

在上述第四種情況計算異動市值時[61]，

$$普通股除權參考價＝（除權前收盤價＋10 元×員工紅利配股率＋現金增資認購價×現金增資配股率）÷（1＋股東無償配股率＋員工紅利配股率＋現金增資配股率）。$$

而在前述公式中，

$$股東無償配股率＝股東無償配股增資股數÷除權前發行股數$$
$$員工紅利配股率＝員工紅利增資股÷除權前發行股數$$
$$現金增資配股率＝現金增資股數÷除權前發行股數$$

在上述第五種情況計算異動市值時，

$$除權前發行市值＝（除權前收盤價－每股現金股利）×除權前發行股數$$
$$除權後發行市值＝（除權前收盤價－每股現金股利）÷（1＋股東無償配股率）×除權後發行股數$$

由於臺指期貨是以臺股加權指數為其交易標的，對於哪些因素對加權指數

---

[61] 同[60]。

市值的調整會產生重大的影響，當然是從事臺指期貨交易的人所關切的事。在證券市場中對個股的價格會產生影響的兩大因素分別是除權和除息。究竟這二者對加權指數的數值會產生怎樣的影響呢？

二、除權和除息對於加權指數數值的影響

除權和除息是臺灣證券交易市場中的大事。一般而言，七、八月間是臺灣股票除權和除息的旺季。以民國九十七年為例，年中臺股加權指數之採樣股票約六百八十餘種。其中在六月間除息的股票二十三種、除權六種，七月除息二百五十八種、除權一百二十一種，八月除息一百七十六種、除權一百六十五種，九月除息六十九種、除權五十九種，至十月份除息和除權股票的數目分別降至十及十一個❷。

除權的因素有很多，其中因現金增資認購普通股而除權、因員工紅利轉增資而除權、因特別股無價配發普通股而除權、因上市公司持有未辦理減資註銷庫藏股而除權等都會造成各除權公司市值的異動，自然也會影響臺股加權指數的數值。只不過類此的異動就個別公司而言相對較不頻繁，而各公司因上述因素而除權的時機亦未必集中，所以它們對於臺股加權指數數值的影響在操作臺指期貨時是相對次要的考量。

至於前面所提及在年度中所發生的密集的除權，主要指的是因普通股的無價配股而除權。在此情況下，臺股加權指數受到的影響又是如何？為便於說明，在此有必要先列出在不考慮其他除權因素及除息影響的情況下，僅因普通股無償配股而除權時，計算一個公司在除權前及除權後市值的簡單公式❸：

除權前市值＝除權前收盤價×除權前發行股數

除權後市值＝除權參考價×除權後發行股數

---

❷ 相關數據係從臺灣證券交易所網站 (http://www.twse.com.tw/) 首頁之「市場公告」欄下之「除權除息」項內所點選之資料統計而得；本部分之統計含同時除權和除息之股票。

❸ 此處公式係由臺灣證券交易所網站所公布之資料引導而得。

除權參考價＝除權前收盤價÷（1＋無償配股率）

股東無償配股率＝股東無償配股增資股數÷除權前發行股數

除權後發行股數＝除權前發行股數＋股東無償配股增資股數

舉例來看，某公司因股東無償配股而除權。除權前股價每股為新臺幣 55 元，除權前普通股發行股數為 2 億股。除權時，股東無償配股增資股數為 2,000 萬，故其股東無償配股率為 10%（＝2,000 萬÷2 億×100%），除權後發行股數則為 2.2 億股。依計算，其股票之除權參考價為每股新臺幣 50 元〔＝55÷（1＋10%）〕。就此公司而言，其除權前市值為新臺幣 110 億元（＝55 元×2 億），而除權後市值亦為新臺幣 110 億元（＝50 元×2.2 億）。是以，一個公司單純因普通股無償配股而除權時不會改變其市值，故亦不致影響臺股加權指數的數值。

在維持臺股加權指數的連續性上，因發放現金股利而除息是影響最大的因素。除息時，現金股利直接分給股東後會使每一股的市場價格減少，而每一股的新市場價格等於每一股原來的市場價格減去現金股利。其結果會使該股票的市值減少，減少的總額＝每股現金股利×總發行股數，亦即該次除息時所發放現金股利的全數。除息股票的市值減少，相應的也會使除息後臺股加權指數的總發行市值減少相同的額度。由於臺灣證券交易所規定除息時基值不減少，遂使臺股加權指數之數值會為之減少❻。計算之公式如下：除息後臺股加權指數＝（當期總發行市值－除息股票每股股利×發行股數）÷基值×100。至於臺股加權指數減少的數值則等於（除息股票每股股利×發行股數）÷基值×100❻。在基值不變的情況下，實際計算因除息而減少的加權指數時，可依下列邏輯思

❻ 臺灣證券交易所發行量加權股價指數編製要點第五條。
❻ 由於除息會影響臺股加權指數的連續性，為了便於提供投資人另一投資組合績效評估指標，臺灣證券交易所在將除息發放現金股利因素結合考量後，於民國九十二年一月二日起新增編製「發行量加權股價指數之報酬指數」。依據此一臺股報酬指數之調整公式，除息後，報酬指數之新基值＝舊基值×〔（已依基值調整公式而調整之異動後總發行市值－當期發放現金股利總值）÷尚未依基值調整公式而調整之異動前總發行市值〕。請參考臺灣證券交易所網址 (http://www.tse.com.tw/ch/products/indices/tsec/taiex_3.php) 及臺灣證券交易所發行量加權股價指數編製要點第五條。

維順序求得所需答案：

$$除息減少之指數 = （除息股票每股股利 \times 發行股數）÷ 基值 \times 100$$

$$當期加權指數 = 當期總發行市值 ÷ 基值 \times 100$$

$$（除息減少之指數 ÷ 當期加權指數）$$

$$= 〔（除息股票每股股利 \times 發行股數）÷ 基值 \times 100〕÷（當期總發行市$$
$$價 ÷ 基值 \times 100）$$

$$（除息減少之指數 ÷ 當期加權指數）$$

$$= （除息股票每股股利 \times 發行股數）÷ 當期總發行市值$$

$$除息減少之指數$$

$$= （除息股票每股股利 \times 發行股數）÷ 當期總發行市值 \times 當期加權指數$$

　　以上所考量的為一種上市股票除息時對加權指數的影響，在有多家上市公司參與除息時，除息減少之指數之總和 = 各除息公司所發放現金股利之總和 ÷ 當期總發行市值 \times 當期加權指數。

　　除息對臺股加權指數所造成的影響，在交易臺股期貨和臺指選擇權時是一個不可忽略的因素。臺股期貨和臺指選擇權是衍生於臺股加權指數的商品。臺股期貨在交易時需繳交約 1 單位契約總值 8% 至 10% 的保證金，其餘 90% 至 92% 費用的利息則反映在臺股期貨指數之中。因為臺股期貨指數內包括利息費用，在無其他因素的考慮下，臺股期貨指數應高於臺股加權指數（俗稱臺股現貨指數），而兩者間的差額則代表購買臺指期貨所需負擔的利息成本。然而當市場參與者對於未來臺股加權指數的看漲或看跌中有一方居於主導地位時，臺股期貨指數就會預先反映這種具有優勢一方的觀點。簡單的說，當看漲一方買進的力道較強時，臺股期貨指數高於臺股現貨指數的差額就會大於上面所提及的利息差額，這時臺股期貨指數相對於臺股現貨指數呈現「升水」。反之，當賣方的力道較強時，臺股期貨指數的數值可能就會小於臺股現貨指數的數值而呈現「貼水」。是以，衍生性商品交易市場中有「期貨價格是未來現貨價格指標」的

說法。可是如果臺股期貨指數低於現貨指數是因為期貨市場針對未來臺股加權指數成分股的除息而預先調整，則此時臺股期貨指數的低於臺股現貨指數只能視為是臺股期貨市場的預先扣除因除息而使臺股加權指數減少的部分，故不宜解讀為臺股期貨市場具有資訊優勢的參與者認為未來臺股現貨指數會下跌，故而預先在臺股指數期貨市場賣出期貨。

為澄清讀者有關前述說明的可能疑惑，以下將依據實際的市場資料而進一步地加以解釋。民國九十六年七月二十日，臺灣證券交易所上市股票之總市值為新臺幣 236,873.99 億元。當日臺股加權指數收盤點數為 9,585.90。在同一天，定於八月十六日結算的臺股指數八月期貨的收盤點數為 9,545，故表面上對現貨呈現「貼水」(9,585.90 − 9,545 = 40.90)。可是實際上，從七月二十一日起至八月十五日止，臺股上市股票共有 181 家除息，各公司因除息而發放之現金股利總和約為新臺幣 2,952.18 億元，除以前述之臺灣上市公司總市值新臺幣 236,873.99 億元，再乘以 9,585.90 之收盤點數後，所得之數值為 119.47。是以，在假設除息各股股價在此一期間維持不變的話，至八月十六日開盤時，臺股大盤的指數應接近 9,466.43 (= 9,585.9 − 119.47)，而八月份臺指期貨在七月二十日的收盤價亦應預先反映這 119.47 點的貼水，而約為 9,466 點。但由於當日實際的八月份臺指期貨的收盤點數為 9,545，比推論的 9,466 點高出 79 點而呈現期貨價格較未來合理推論的現貨結算價升水的情形，據此似乎表示期貨市場的參與者認為未來臺灣加權指數會上漲，故而提前在臺指期貨市場買進而推高了七月二十日當天臺指期貨八月份契約的收盤價。

簡單的說，在涉及除息時，臺指期貨的數值相對於其所代表的未來臺股現貨指數，究竟是「升水」還是「貼水」，必須在扣除臺灣加權指數因除息而減少的點數後，才足以判斷。有趣的是，在七月二十日以後，臺股加權指數於七月二十四日以 9,744.06 的收盤價錄得了波段新高，繼之反轉向下，及至臺指期貨八月份契約結算的八月十六日當天，臺股加權指數開盤報 8,397.24 [66]。類此與前述臺指期貨相對於臺股加權指數現貨升水則臺股會上漲的推論，在實際上相

反的發展，如果歸因於臺股股市中資訊分配的不對稱，應該可視為是合理的解釋。本書將在結論中依據第五章中所呈現的具體資料，加以說明。

三、臺股加權指數重點成分股與臺指期貨契約

臺股期貨指數各月份的契約在上市期間雖然與臺股加權指數現貨間可能呈現升水或貼水的關係，但至結算日時都必須以臺股加權指數為依據。因此要判斷臺股期貨契約價格的變動，自然應先對臺股加權指數現貨的或漲或跌有所分析。臺股加權指數是由所採樣的各個成分股的市場價格乘上其發行股數後加權計算而得，是以各別成分股價格的變動均會對臺股加權指數產生或多或少的影響。當然，市值愈大的公司占臺股加權指數的權重也愈多，這些公司股價的變動對於臺股加權指數的影響自然也就愈大。我們在判斷臺股加權指數及臺股期貨未來的漲跌時，雖然無法就全部上市公司的市場資料加以分析，卻可以將注意力集中在占臺股加權指數權重較大的一些公司，以求掌握重點和化繁為簡。計算各公司市值占臺股加權指數權重多寡的公式很簡單，只要將該公司於某年月日每股的收盤價乘上其所發行的總股數便可求得該公司之市值，再除以當日股市收盤時所有臺股加權指數成分股之總市值後，所得之百分比即為該公司所占臺股加權指數之權重。然而由於各股股價和發行股數時有變動，在不同時間所計算的權重亦有不同，因此在進行分析前可透過臺灣證券交易所或臺灣的證券商取得最新的臺股加權指數各成分股權值比重的排序資料。以次特舉例說明。

依據臺灣證券交易所提供之資料，在民國九十六年八月三十一日，臺股加權指數成分股總計 652 家上市公司之股票之總市值為新臺幣 22,204,826,719,130 元。同日台積電每股之收盤價為新臺幣 62.7 元，而台積電之總發行股數為 26,420,379,000 股，故台積電占臺股加權指數的權重為 7.46%

---

⑥　原始資料蒐集自臺灣證交所網站 (http://www.twse.com.tw/) 上「交易資訊」、「市場公告」、「統計報表」各項下之點選資料及臺灣期貨交易所網站 (http://www.taifex.com.tw/chinese/home.asp) 上「交易資訊」項下之點選資料；涉及計算部分由作者負責。

$(= 62.7 \times 26,420,379,000 \div 22,204,826,719,130)$。按照同一計算方式，在民國九十

六年八月三十一日，占臺股加權指數權值最重的前一百名如表 3–3。

◑ 表 3–3　臺股加權指數各股權重前百名排行表（二〇〇七年八月）

公司名稱	排序	權重	公司名稱	排序	權重	公司名稱	排序	權重	公司名稱	排序	權重
2330 台積電	1	7.46	1402 遠紡	26	0.78	2105 正新	51	0.36	2393 億光	76	0.22
2317 鴻海	2	6.94	2888 新光金	27	0.73	2912 統一超	52	0.35	5522 遠雄	77	0.22
6505 台塑化	3	3.83	2885 復華金	28	0.70	6239 力成	53	0.33	2615 萬海	78	0.22
2882 國泰金	4	3.07	4904 遠傳	29	0.70	2379 瑞昱	54	0.33	2618 長榮航	79	0.21
2412 中華電	5	2.81	2883 開發金	30	0.64	3034 聯詠	55	0.32	2328 廣宇	80	0.21
1303 南亞	6	2.75	2324 仁寶	31	0.64	2475 華映	56	0.32	2207 和泰車	81	0.21
2454 聯發科	7	2.62	2353 宏碁	32	0.63	2371 大同	57	0.31	8078 華寶	82	0.20
2002 中鋼	8	2.32	2892 第一金	33	0.63	1722 台肥	58	0.30	2323 中環	83	0.19
1301 台塑	9	2.11	1101 台泥	34	0.62	1434 福懋	59	0.28	6286 立錡	84	0.19
1326 台化	10	2.00	1216 統一	35	0.61	2603 長榮	60	0.28	2451 創見	85	0.19
2409 友達	11	1.68	2880 華南金	36	0.58	2337 旺宏	61	0.27	2342 茂矽	86	0.19
2357 華碩	12	1.63	8046 南電	37	0.58	3044 健鼎	62	0.26	2204 中華	87	0.18
2303 聯電	13	1.58	1102 亞泥	38	0.57	2315 神達	63	0.26	2006 東鋼	88	0.18
3481 群創	14	1.53	2890 永豐金	39	0.50	2884 玉山	64	0.26	2352 明基	89	0.18
2308 台達電	15	1.17	3474 華亞科	40	0.50	3037 欣興	65	0.25	2344 華邦電	90	0.17
2498 宏達電	16	1.16	2474 可成	41	0.49	1802 台玻	66	0.24	2384 勝華	91	0.17
2354 鴻準	17	1.03	5854 合庫	42	0.49	6116 彩晶	67	0.24	3035 智原	92	0.17
2886 兆豐金	18	1.02	2408 南科	43	0.46	2609 陽明	68	0.24	2903 遠百	93	0.17
3009 奇美電	19	1.02	2801 彰銀	44	0.45	2201 裕隆	69	0.24	2834 臺企銀	94	0.16
2881 富邦金	20	0.99	2347 聯強	45	0.44	1605 華新	70	0.24	2485 兆赫	95	0.16
3045 台灣大	21	0.95	2448 晶電	46	0.38	2610 華航	71	0.24	1504 東元	96	0.16
2891 中信金	22	0.94	2606 裕民	47	0.38	2356 英業達	72	0.23	3041 揚智	97	0.15
2325 矽品	23	0.92	3231 緯創	48	0.37	2332 友訊	73	0.22	2362 藍天	98	0.15
2382 廣達	24	0.84	9904 寶成	49	0.37	3189 景碩	74	0.22	2605 新興	99	0.15
2311 日月光	25	0.80	2887 台新金	50	0.36	2395 研華	75	0.22	3008 大立光	100	0.15

　　從表 3–3 可知，占臺股加權指數權重百分比前十名的公司分別為(1)台灣積

體電路製造股份有限公司 (7.46%)。(2)鴻海精密工業股份有限公司 (6.94%)。(3)

台塑石化股份有限公司 (3.83%)。(4)國泰金融控股股份有限公司 (3.07%)。(5)中

華電信股份有限公司 (2.81%)。(6)南亞塑膠工業股份有限公司 (2.75%)。(7)聯發

科技股份有限公司 (2.62%)。⑻中國鋼鐵股份有限公司 (2.32%)。⑼台灣塑膠工業股份有限公司 (2.11%)。⑽台灣化學纖維股份有限公司 (2.00%)❻❼。這十個公司股票的市值分別都占臺股加權指數成分股總市值的 2% 以上，而前五名公司市值的加總約為臺股加權指數成分股總市值的 24.11%，前十名公司市值總和則占臺股加權指數成分股總市值的 35.91%。如將表列前一百名的公司一併納入計算，排行前二十五名公司的市值和占總市值的 53.17%，排行前五十名公司的市值和占總市值的 66.77%，而排行前一百名公司的市值和共占總市值的 78.13%。

瞭解臺股加權指數成分股的權重結構在判斷臺股期貨未來的漲跌走勢時，是一個相對非常重要的考量。在臺股期貨市場投資或投機時，需要對臺灣未來的整體經濟發展趨勢有較為正確的判斷，而在做這種判斷時光靠媒體所公布的各種經濟指標或資訊往往會成為衍生性商品市場上後知後覺，甚至於誤知誤覺的投機者。

占臺股加權指數權重百分比較大的公司，由於其市場規模大，故往往對於國際或國內整體經濟環境的榮枯具有較高的敏感性。正所謂「春江水暖鴨先知」，當大公司的大股東或其他知情人士在公司營運過程中首先察覺到未來整體經濟局勢發展對其公司為有利或不利時，這種專業的認知和判斷終究會直接或間接的反映到其公司股價的漲跌上。因此，一般投資人在分析整體經濟之好壞而參與臺股期貨或臺指選擇權交易前，可以將有限之資源和時間集中在研究占臺股加權指數成分股權重較大的 10 至 25 家公司的股票價格的波動，如此一來可以收到化繁為簡的效果。

當然，這種以上市公司市值規模大小為採樣依據的分析判斷，在印證未來臺股加權指數變動的精確性上難免會有所不足。然則，重要的是這種效率較高

---

❻❼ 有關最新之臺股加權指數各成分股總市值、各成分股總發行股數及各成分股之收盤價等可自臺灣證券交易所網站首頁上之「統計報表」及「交易資訊」兩項下之相關點選資料蒐取；臺股加權指數成分股之各公司之資料，可至臺灣證券交易所網站 (http://www.tse.com.tw/) 內之「公開資訊觀測站」輸入公司股票代號 (如台積電代號 2330) 後進行搜尋，即可獲得更為詳細之資訊。

的分析策略在研判臺股期貨指數未來的漲跌時可以減少「方向性的誤判」。所謂「方向性的誤判」指的是當臺股期貨處於漲勢時，誤以為未來臺股加權指數會走跌而賣出臺股期貨；或當臺股期貨處於跌勢時，誤以為臺股加權指數會上漲而買入臺股期貨。基於臺股期貨是採用保證金交易而具有槓桿作用和乘數效果，市場參與者在漲勢時賣出期貨或跌勢時買進期貨，其所可能受到的損失之巨，在事前往往是難以估計的，有時甚至會令人傾家蕩產。是以，避免對未來經濟局勢產生方向性的誤判，可說是買賣臺股期貨或臺指選擇權的一個不容忽視的準則，而勤於分析臺股加權指數成分股重量級股票股價的漲跌，即是遵守這個準則的必要前提。當然，臺股加權指數成分股的權重排行會因時間不同而有所更易。在交易臺指期貨時，有關的最新參考資料應可從臺灣證券交易所、證券商或期貨經紀商等處取得。

再者，本書於此建議投資臺股期貨和臺指選擇權等本土衍生性商品時應先分析占臺股加權指數權重排名在前的股票，並非以經濟基本面或相關產業面為重心。進行基本面和產業面的分析研判需要相當的專業訓練、可靠的產業資訊、大量的時間精力和適切的研究分工，往往非一般投資人所能勝任。相對於此，從價量邏輯面和交易行為面去切入同樣的課題，可以避免資訊的過量和誤導，而在股票和衍生性商品等集中交易市場做到「聽其言，觀其行」。所謂「言」，是指市場中所存在各種表現於外而可明顯觀察到的意見、觀點或訊息；所謂「行」，是指市場參與者將資金實際投入股票或衍生性商品市場後所形成的相關交易商品價格和數量上的變化。將市場中所觀察到的非專業參與者和專業參與者的言與行相互對照，在關鍵時刻對於市值較大的股票或臺股加權指數未來去向的判斷，將有相當助益。更且，由於市值愈大的股票，愈不易受到操控，故其股票交易市場中因資訊分配不對稱而形成的非專業人士和專業人士投資行為模式的對照差異亦愈穩定和明顯。所以從價量邏輯面和交易行為面針對此類股票作方向性的判斷，相對可收以簡馭繁、事半功倍的效果。

第四章
臺灣證券集中交易市場與報章資訊分配

第一節　臺灣證券交易所發行量加權指數之歷史價量演變

第二節　臺灣股市的資訊分配與指數漲跌

第三節　臺股投機市場之理論分析與印證

　　臺灣期貨交易所之臺股期貨及臺指選擇權均係以「臺灣證券交易所發行量加權股價指數」為其據以交易之基礎標的，市場上一般將之稱為「臺股加權指數」或「臺股大盤」。因此，欲投資臺股期貨或臺指選擇權，自然需對臺股大盤的歷史價量變化、可能影響臺股大盤升跌的公開資訊報導及構成臺股加權指數重要成分股的價量變化和相關資訊有深入分析，才能提高獲利致勝的機率。

　　本於此，本章將於第一節敘明臺灣證券交易所自成立以來市場之交易概況，論述重心置於民國七十九年元月至民國九十七年十一月臺股大盤之價量變化。第二節則蒐集分析臺股加權指數分別處於高價區及低價區時，臺灣財經專業報紙媒體，包括《經濟日報》和《工商時報》的相關報導，以使讀者認識到臺灣股市交易環境中所存在之嚴重資訊失衡的不公平現象。第三節中則提出系統性之邏輯論辯，解釋臺灣股市中之所以存在資訊失衡的主因，並將之與臺股大盤和特定重量級個股的歷史價量變化相互印證（請參考圖4-1）。

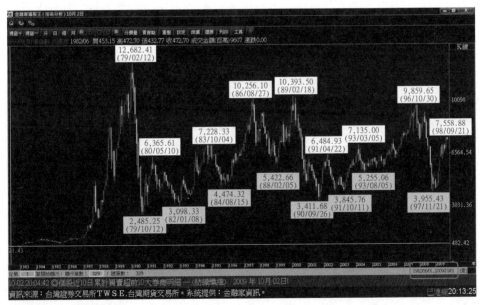

系統提供：金融家資訊。
資料來源：臺灣證券交易所。

◎ 圖 4-1　臺股加權指數月線圖（72/01 至 98/09）

　　從本章後續的整理、比較、分析及論證中，讀者可以清楚的觀察到，在臺灣股市已持續上漲相當期間並出現報紙的報導在政治政策面、經濟基本面、市場觀點面及資金動能面等面向都一片看好，而使投資大眾瘋狂買進乃致爆出巨量且融資餘額又大幅增加時，往往就是臺股指數已經距頂點不遠即將反轉大跌之時。在臺股大盤急遽下跌後，而臺灣專業財經報紙所呈現之外在政治、經濟環境又高度悲觀，且一般散戶或是損失慘重、認賠出場，或是心生畏懼、裹足不前並使臺股成交量和融資餘額同步萎縮之時，亦即是臺股大盤即將否極泰來之際。在台積電、友達、鴻海、國泰金、聯發科等個股上，亦發生當其股價處於特定高檔期間，出現在報紙報導之利多消息大幅多於利空消息後，股價反轉大跌的現象。因此，如果對影響臺灣股市大盤或個股漲跌的重要因素沒有深入研究，而光依據報紙的報導去投資臺灣股市或臺股期市的一般大眾，長期下來想要免於虧損，恐怕是難上加難。相反地，不受報紙報導及從眾行為影響，反市場操作而身分又難以辨認，卻獲利頗豐的少數族群，在專業股市資訊上必然具有特別的優勢。這種因報紙報導而使之加劇的臺灣股市和臺股期市的資訊失衡，不但存在於大盤，亦可見於個股。同時，依據本書所蒐集之四個面向的報紙報導而為比較，臺股大盤在高峰期的資訊失衡，又比谷底期的失衡要更明顯。

◆ 第一節　臺灣證券交易所發行量加權指數之歷史價量演變

一、民國五十一年二月至民國七十九年十月

　　臺灣證券交易所於民國五十一年二月九日開業，第一任董事長為辜振甫先生❶。開業當天，核准上市之股票計有台泥、味全、台肥、台糖、台電、台機、大同、中興、工礦、台紙、彰銀、一銀、華銀、開發、農林及中化等十六個上市公司之普通股、優先股或新優先股共二十一種，成交量共計 21,900 股❷。在

---

❶　《聯合報》，51/02/09，第一版。

臺灣證券交易所成立之初並無臺股加權指數之編製。目前之臺灣證券交易所發行量加權指數，係以民國五十五年之年平均為 100 作為基礎而編製。民國六十年封關日 (60/12/30)，臺股指數收盤為 135.13，當日成交量為 4.02 億元 ❸。民國六十五年之最後交易日 (65/12/30)，臺股指數以 372.20 收盤，當日成交量為12.66 億元 ❹。

　　十年後，至民國七十五年的最後一個交易日 (75/12/29) 臺股加權指數收盤為 1,039.11，而最後 6 個交易日的成交量總和為 161.56 億元。自民國七十六年開始，臺灣股市展開了三年多的猛烈漲勢，從民國七十六年第 1 個交易日1,039.11 的開盤指數，分為三個上升波段，並於民國七十九年二月十日創下了12,495.34 的臺股指數最高的單日和單週的歷史性收盤記錄，當日的成交金額亦高達新臺幣 1,551.46 億元。其後一週的第 1 個交易日 (79/02/12)，臺股加權指數於盤中亦締造了 12,682.41 的歷史高位，同時當日新臺幣 1,891.27 億元的股市交易量，亦是截至當時為止臺灣股市最大的單日成交量，至於當天的收盤指數則為 12,424.53，較前一交易日下跌 70.81 點。就七十九年二月當月而言，臺股開盤指數為 12,054 (79/02/01)，收盤指數為 11,661.73，較前一月下跌約 392 點；該月臺指最高為 12,682.41 (79/02/12)，最低為 10,995.78 (79/02/27)；單日收盤指數最高為 12,495.34 (79/02/10)，最低為 11,431.20 (79/02/27)；全月交易日數為 24日，日均量為 1,373.83 億元。然則，讓許多人意外的是，就在臺指於七十九年二月間創下歷史性記錄後，臺灣股市卻盛極而衰，開始崩盤，從七十九年二月十二日起，一路跌至七十九年十月份。在該月份間，臺股加權指數開盤時之指數為 2,675.87 (79/10/01)，收盤指數為 3,318.53 (79/10/30)，較九月底之收盤上漲613.52 點；盤中最低指數為 2,485.25 (79/10/12)，最高指數為 3,575.71 (79/10/26)；單日收盤指數最低為 2,560.47 (79/10/01)，最高為 3,519.41 (79/10/24)；全月共 23

---

❷　　《徵信新聞報》，51/02/09、51/02/10，第二版。

❸　　《中國時報》，60/12/31，第八版。

❹　　《中國時報》，65/12/31，第八版。

個交易日，日均量為 270.88 億元❺。

在這一波劇漲暴跌的過程中，臺灣股市以收盤指數而言，從民國七十五年十二月二十九日的 1,039.11 點，最高漲至民國七十九年二月十日收盤的 12,495.34 點，總計上漲 11,456.23 點，漲幅為 1,102.50%；交易金額方面，七十五年十二月間，臺灣股市之日交易均量為 27.6 億元，而七十九年二月的日均量則擴增近 50 倍，至 1,373.83 億元，此一數字至當時為止，亦為臺灣股市最大單月份之日平均交易量❻。如依消費者物價指數之變動而為調整，此期間臺股加權指數上漲 1,025.20%，單月份之日平均交易量則放大至 46.58 倍❼。至於在下跌的過程中，臺灣股市加權指數從七十九年二月十日的 12,495.34 的收盤指數，跌至同年十月一日的 2,560.47 點，總計下跌約 9,934.87 點，跌幅近 79.51%；在交易量上，民國七十九年十月份間，臺灣股市集中交易市場之當月份每日平均交易金額減縮至同年二月份之日交易均值的 19.72% 而為 270.88 億元，係民國七十八年一月起至八十年六月間第三低的單月日均量，僅高於同年九月的 219.24 億元新臺幣及民國七十八年一月的 262.75 億元的單月日均量❽。再則，

---

❺ 本部分所列數據係依據「金融家資訊網路股份有限公司」之臺灣股市交易數據資料庫中之原始數字及臺灣證券交易所網站上所公布之資料，經彙整和計算後而得。

❻ 資料來源同❺。

❼ 依行政院主計處公布之我國消費者物價指數銜接表，若以民國九十五年年底之基數為 100 的消費者物價指數而調整，民國七十五年年終之消費者物價指數為 67.54，至於民國七十九年二月底之消費者物價指數則為 72.18（請見行政院主計處首頁 (http://www.stat.gov.tw) 之消費者物價指數及其年增率）。根據此二數值，本文於此段中因消費者物價指數之變動所做之調整的計算過程如下：

　　㈠加權指數漲幅：

　　　　1. $72.18 \div 67.54 = 1.0687$

　　　　2. $12,495.34 \div 1.0687 = 11,692.09$（經物價調整後之臺股指數）

　　　　3. $(11,692.09 - 1,039.11) \div 1,039.11 = 1,025.20\%$

　　㈡股市交易量增幅：

　　　　1. $1,373.83 \div 27.6 = 49.78$

　　　　2. $1,373.83 \div 1.0687 \div 27.6 = 46.58$

❽ 資料來源同❺。

若依七十九年二月底之消費者物價指數為基礎而調整，此次下跌的幅度略增至
80.69%，而民國七十九年十月份臺灣股市交易之日均量則減為 255.31 億元❾。

　　以上述經調整後之數值為準，單從金額上而言，臺灣股市民國七十九年十
月份的日平均交易量僅為七十九年二月份臺灣股市創最高歷史收盤記錄當月份
交易日均量的 18.58%，但由於股市的下跌使得股價亦隨之下跌，在新臺幣實質
購買力並未降低的情況下，同樣的資金所能購買的股票數量卻是大為增加。舉
例而言，如將七十九年十月一日臺灣股市經調整之收盤加權指數 2,413.26 除以
同年二月十日的收盤指數 12,495.34，所得之商為 0.1931❿。假設當時各個股票
的跌幅相彷彿，則七十九年十月一日時臺灣集中交易市場各個股票的收盤價格
便僅為其於七十九年二月十日收盤價格的 19.31%。基於此，若進一步將七十九
年十月份臺灣股市集中交易經物價調整後的日平均交易額 255.31 億元除以
19.31%，則所得之商為 1,322.16 億元。此一計算引申的含意是，當臺灣股市於
民國七十九年十月跌至 2,560.47 點時，270.88 億元得以購買的各種股票數量等
同於同年二月臺灣股市在 12,495.34 點之歷史高位時，1,322.16 億元得以購買的
各個同種股票的數量。如再將 1,322.16 億元除以七十九年二月份臺灣股市集中
交易市場的每日平均交易金額 1,373.83 億元，則商為 0.9624。如據此而為粗略
的估計，在臺灣股市於民國七十九年二月間締造歷史性高價時，由具有高度專
業知識和能力的股市族群所賣出的股票中約有 96.24%（本書以下稱之為換手
量），於同年十月臺灣股市崩盤至最低點時，又重新回到了這個族群手中。遺憾
的是，在此一財富重分配的過程中，無數平時認真打拚、討生活的老百姓，因

❾　以民國九十五年底之消費者物價指數為 100 做基準，民國七十九年二月底及十月底的
　　消費者物價指數分別為 72.18 及 76.58；此期間，漲幅約為 6.10%。將七十九年十月間
　　所創之最低臺股加權收盤指數 2,560.47 除以 1.061 後，所得的調整值為 2,413.26；將
　　12,495.34 減去 2,413.26 再除以 12,495.34，所得之 80.69% 即為經物價指數調整後，該
　　年二月十日至十月一日臺股指數之跌幅。至於當年十月臺股集中交易市場之日均量經
　　調整後為 255.31 (= 270.88 ÷ 1.061) 億元，約為七十九年二月臺股交易日均量的 18.58%
　　（資料來源同❺及❼）。

❿　有關 2,413.26 臺股指數調整值之計算請參考❾。

不諳股市價格變動的根本邏輯，以致受到嚴重的傷害。換言之，因股市下跌而在跌波末段認賠出場的非專業投資人，在承受嚴重虧損之後，又把其高價購買的股票，低價賣回給股票交易市場中專業程度最高的族群。當然，僅以臺股處於高峰期或谷底期期間的一個月的交易量作為判斷換手量的基礎，在性質上有些類似「抽樣」。本書的原意是，藉此例證提出一個思考面向，進一步分析在高峰期賣出股票的專業族群，是否有足夠的時間和空間在谷底期時重新將股票買回。是以，當面臨類似的狀況，而欲進行更完整的分析時，所涉及的月份，可能不止一個月。

二、民國七十九年十一月至民國八十八年一月

　　經為期長達八個多月的下跌後，臺灣股市於民國七十九年十一月起反轉向上，並於民國八十年五月中達到此波反彈的最高點。當月中的最高收盤點數為五月九日的 6,305.22，而盤中最高值則為五月十日的 6,365.61，該月之臺灣股市日平均交易量為 609.62 億元。若從七十九年十月一日的收盤指數 2,560.47 起算，漲幅為 146%；從交易量來看，以新臺幣之名目幣值為準增加至 2.25 倍。在經物價指數調整後，上述二個數值幾無差異；而八十年五月之交易日均量僅為七十九年二月份交易日均量的 41.75%，換手量上則為其 87.95%，亦同時為七十九年十月份臺股交易換手量的 91.39%❶❶。民國八十年五月後，臺灣股市由於

---

❶❶　民國八十年五月一日，臺灣股市加權指數之開盤點數為 5,926.19，五月三十一日之收盤點數為 5,610.72，比四月底收盤下跌 310.57 點；當月臺股指數最高為 6,365.61 點 (80/05/10)，最低為 5,556.44 點 (80/05/31)，單日收盤點數最高為 6,305.22 點 (80/05/09)，最低為 5,597.24 點 (80/05/30)；共計 27 個交易日，日平均交易金額為 609.62 億元（有關臺灣股市之數字資料來源同❺）。以民國九十五年底之消費者物價指數為 100 做基數，民國七十九年二月底之消費者物價指數為 72.18，民國七十九年十月底之指數為 76.58，而民國八十年五月底之指數則為 76.72。相關資料來源同❼。計算說明如下：

　　㈠未經物價指數調整：

　　　1. [6,305.22 (80/05/09) − 2,560.47 (79/10/01)] ÷ 2,560.47 = 146%

　　　2. 609.62（80/05 之日均量）÷ 270.88（79/10 之日均量）= 2.2505

以前在 6,400 點以上股票套牢者的解套出場和在民國七十九年九月至十月間加權指數跌至低檔時買進股票的投資者的獲利了結，所產生的雙重壓力而向下調整，一直到民國八十二年一月才得以穩住陣腳❷。

民國八十二年一月臺股加權指數開盤為 3,408.10 (82/01/05)，當月臺股加權指數最高為 3,420.62 (82/01/19)，最低為 3,098.33 (82/01/08)，單日收盤指數最高為 3,420.62 (82/01/19)，單日最低之收盤指數則為 3,135.56 (82/01/07)，同月份臺指之月收盤指數為 3,374.56 (82/01/30)；該月共計有 17 個交易日，平均每日成交量為 101.66 億元。此一自民國八十年五月中旬起跌之波段，跌幅達 50.27%；而八十二年一月臺股交易日均值則萎縮至僅有八十年五月日均值的 16.68%。加計物價指數變動後，跌幅為 53.26%，日成交均值則降至 95.56 億元，為八十年五月之 15.67%，而此月份股票換手之數量僅約為民國八十年五月中股票換手量的 33.54%❸。同時，八十二年一月間，臺灣股市所記錄之加權指數之最低點及日平均交易值，都是從該月份起迄今的最低記錄。再者，從該月份開始，臺灣股市再次展開了為期近三年八個月的漲勢，直到民國八十六年八月二十七日於盤中錄得了 10,256.10 的指數高點後才又產生了另一波為時十七個月而跌幅將近 50% 的回檔❹。

㈡經物價指數調整：

1. {[6,305.22 ÷ (76.72 ÷ 76.58)] − 2,560.47} ÷ 2,560.47 = 146%

2. [609.62 ÷ (76.72 ÷ 76.58)] ÷ 270.88 = 2.2464

3. 76.72（85/05 之物價指數）÷ 72.18（79/02 之物價指數）= 1.0629

4. 609.62 ÷ 1.0629 ÷ 1,373.83（79/02 之日均量）= 41.75%

5.⑴ [6,305.22 ÷ (76.72 ÷ 72.18)] ÷ 12,495.34 = 0.4747

　⑵ [609.62 ÷ (76.72 ÷ 72.18)] ÷ 0.4747 = 1,208.23

　⑶ 1,208.23 ÷ 1,373.83 = 87.95%（與 79/02 相比之股票交易換手量）

　⑷ [6,305.22 ÷ (76.72 ÷ 76.58)] ÷ 2,560.47 = 2.4580

　⑸ [609.62 ÷ (76.72 ÷ 76.58)] ÷ 2.4580 = 247.55

　⑹ 247.55 ÷ 270.88 = 91.39%

❷ 有關臺股加權指數變動之原因，係作者依據「金融家資訊網路股份有限公司」臺灣股市交易數據資料庫中之線性圖形，所作之分析和判斷。

　　民國八十三年八月，臺灣股市重登 7,000 點。該月中，臺灣股市加權指數開盤指數為 6,776.89 (83/08/01)，收盤為 7,008.11 (83/08/31)；當月之單日盤中最高點為 7,069.89 (83/08/30)，最低為 6,539.76 (83/08/15)；單日收盤最高為 7,040.52 (83/08/29)，最低為 6,543.57 (83/08/15)。該月總計 26 個交易日，日平均交易量為 936.85 億元新臺幣。此一日均量雖然為民國八十二年一月起臺灣股市交易之最大日均量，但在該月份前後逾六年半期間（79/06/07 至 86/01/11），臺股指數之最高點則產生在八十三年十月份。該月之臺指開盤為 7,144.17 (83/10/01)，收盤為 6,526.47 (83/10/29)；該月盤中最高指數為 7,228.33 (83/10/04)，最低為 5,916.39 (83/10/11)；單日收盤指數最高為 7,183.75 (83/10/03)，最低為 6,124.71 (83/10/11)。該月共 23 個交易日，日平均交易量為 689.72 億元❶。在這一波漲勢中，臺股交易最大量與最高價分別落在民國八十三年八月及十月。由於本章之主要邏輯是建立在巨量交易代表股市中買方和賣方對股市後勢走向的判斷差異強度增加，而八十三年八月臺股之日均量又為十月份的 1.36 倍，故選擇八十三年八月的資料為進一步分析的基礎。

　　從民國八十二年一月七日的 3,135.56 點至八十三年八月二十九日的

---

❸　股票之資料來源同❺；有關物價指數之資料來源同❼。以民國九十五年底之消費者物價指數為 100 做基數，民國八十年五月之同一指數為 76.72，而民國八十二年一月之指數為 81.62，相關之計算如下：

　（一）未經物價指數調整：

　　1. $(6,305.22 - 3,135.56) \div 6,305.22 = 50.27\%$

　　2. $101.66 \div 609.62 = 16.68\%$

　（二）經物價指數調整：

　　1. $\{6,305.22 - [3,135.56 \div (81.62 \div 76.72)]\} \div 6,305.22 = 53.26\%$

　　2. $[101.66 \div (81.62 \div 76.72)] \div 609.62 = 15.67\%$

　　3.（1）$[3,135.56 \div (81.62 \div 76.72)] \div 6,305.22 = 0.4674$

　　　（2）$[101.66 \div (81.62 \div 76.72)] \div 0.4674 = 204.44$

　　　（3）$204.44 \div 609.62 = 33.54\%$

❹　分析依據同❷，唯此處之跌幅計算未將物價指數之變動列入考量。

❶　資料來源同❺。

7,040.52 點，臺股升幅為 124.54%；依新臺幣之名目幣值，八十三年八月臺股交易之日均量為八十二年一月的 9.22 倍。經依物價指數調整後，該段期間臺股上漲 107.27%，交易量降低至 8.51 倍；八十三年八月臺股交易日均量為七十九年二月的 55.65%，股票換手量與七十九年二月相比則為 121.02%，而該月與前波臺股低檔 (82/01/07) 相對應之股票交易換手量之比率為 410.42%❶。八十三年八月，臺灣股市寫下該段期間的最大日均量後，在高檔盤整一個多月並再上漲了 2.03%，直至十月三日後才轉強為弱，漸次下跌直至民國八十四年八月。

　　民國八十四年八月，臺股指數以 5,188.25 點開盤 (84/08/01)，當月最高指數為 5,228.59 (84/08/02)，最低為 4,474.32 (84/08/15)，月收盤為 4,809.93 (84/08/31)。單日收盤最高為 5,199.63 (84/08/01)，最低為 4,503.37 (84/08/14)，全月共 27 個交易日，平均日成交量僅 298.49 億元。從八十三年八月中之單日收盤最高點 7,040.52 (83/08/29) 下跌了 36.04%，日平均交易量則萎縮至僅有八十三年八月的 31.86%。計入消費者物價指數之變動後，下跌幅度擴至 37.11%，交

---

❶　民國八十二年一月和民國八十三年八月之消費者物價指數分別為 81.62 及 88.42（基期為民國九十五年之 100），依此二數值，本段之相關計算如下（資料來源同❺及❼）：

（一）未經物價指數調整：

　　1. $(7,040.52 - 3,135.56) \div 3,135.56 = 124.54\%$

　　2. $936.85 \div 101.66 = 9.22$

（二）經物價指數調整：

　　1. $\{[7,040.52 \div (88.42 \div 81.62)] - 3,135.56\} \div 3,135.56 = 107.27\%$

　　2. $[936.85 \div (88.42 \div 81.62)] \div 101.66 = 8.51$

　　3.(1) $88.42 (83/08) \div 72.18 (79/02) = 1.2250$

　　　(2) $(7,040.52 \div 1.2250) \div 12,495.34 = 0.46$

　　　(3) $936.85 \div 1.2250 = 764.78$

　　　(4) $764.48 \div 1,373.83 = 55.65\%$

　　　(5) $(764.78 \div 0.46) \div 1,373.83 = 121.02\%$

　　4.(1) $[7,040.52 \div (88.42 \div 81.62)] \div 3,135.56 = 2.0727$

　　　(2) $936.85 \div (88.42 \div 81.62) = 864.80$

　　　(3) $864.80 \div 2.0727 = 417.23$

　　　(4) $417.23 \div 101.66 = 410.42\%$

易日均量萎縮至 31.33%。至於八十四年八月間臺灣股市交易的換手量，則約為八十三年八月的 49.81%[17]。八十四年九月至八十五年三月底，臺灣股市在 4,500 至 5,200 點間盤整，交易量萎縮不振。八十五年二月之日均量更低至 158.83 億元，直至八十五年四月，臺灣股市加權指數向上突破 5,200 點後，交易量才又逐步擴增[18]。

民國八十六年七月，臺灣股價加權指數在臺灣股市爆巨量交易的情況下，再次攻上 10,000 點大關。該月份，臺股指數以 9,094.27 開盤 (86/07/02)，收盤指數 10,066.35 (86/07/31)，盤中最高曾見 10,113.57 (86/07/31)，最低為 8,988.13 (86/07/02)；單日收盤指數最高即為當月之月收盤點數 10,066.35，最低之日收盤為 8,996.72 (86/07/02)；全月共計 26 個交易日，日均量則創下臺灣股市新的歷史記錄而為新臺幣 1,997.16 億元[19]。即使經物價指數調整後，亦為民國七十九年二月臺股處顛峰時期日交易均量的 111.62%，股票換手量更為七十九年二月時期的 180.44%，亦是前波低檔八十四年八月份時的 299.33%[20]。雖說如此，本波

---

[17]　本段係以民國八十四年八月之消費者物價指數為 89.93 為基礎而計算（資料來源同[5]及[7]）：

　　(一)未經物價指數調整：

　　　　1. $(7,040.52 - 4,503.37) \div 7,040.52 = 36.04\%$

　　　　2. $298.49 \div 936.85 = 31.86\%$

　　(二)經物價指數調整：

　　　　1. $\{7,040.52 - [4,503.37 \div (89.93 \div 88.42)]\} \div 7,040.52 = 37.11\%$

　　　　2. $[298.49 \div (89.93 \div 88.42)] \div 936.85 = 31.33\%$

　　　　3.(1) $[4,503.37 \div (89.93 \div 88.42)] \div 7,040.52 = 0.6289$

　　　　　(2) $[298.49 \div (89.93 \div 88.42)] \div 0.6289 = 466.65$

　　　　　(3) $466.65 \div 936.85 = 49.81\%$

[18]　本部分計算和說明所依據之資料來源同[5]。

[19]　同[18]。

[20]　以民國九十五年底之物價指數為 100 做基準，民國七十九年二月之物價指數為 72.18，而民國八十六年七月之物價指數為 94.01（資料來源同[5]及[7]）。依據此二數字，本段所引用之數據計算方式如下：

　　(一)股市成交總值：

　　　　1. $94.01 \div 72.18 = 1.3024$

漲勢的最高峰卻是出現在同年八月中。臺股加權指數在八十六年八月的開盤為 9,953.31 (86/08/01)，當月的收盤為 9,756.47 (86/08/30)；指數最高在 10,256.10 (86/08/27)，最低為 9,501.63 (86/08/14)；單日收盤最高為 10,116.84 (86/08/26)，最低曾至 9,556.12 (86/08/13)；全月共 24 個交易日，日交易均量為 1,620.34 億元。雖然八月份的最高單日收盤價比七月份多出 0.50%，在日均量上卻僅為七月份之 81.13%**㉑**。因此，本文仍將以民國八十六年七月份臺股的交易數據，作為後續討論的基礎。

自民國八十四年八月十四日至八十六年七月三十一日，臺灣股價加權指數之漲幅為 123.53%。同時，八十六年七月臺股交易之日均量為八十四年八月的 6.69 倍。經物價指數調整後，漲幅減為 113.82%，至於日交易均量增加之倍數則變為 6.40 倍**㉒**。在民國八十六年七月及八月間臺灣股市爆量後，臺股加權指

---

    2. 1,997.15（86/07 之日均量）÷ 1.3024 = 1,533.44

    3. 1,533.44 ÷ 1,373.83（79/02 之日均量）= 111.62%

 ㈡股市換手量：

    1. 10,066.35 (86/07/31) ÷ 1.3024 = 7,729.08

    2. 7,729.08 ÷ 12,495.34 (79/02/10) = 0.6186

    3. (1,533.44 ÷ 0.6186) ÷ 1,373.83 = 180.44%

    4.⑴ 10,066.35 ÷ [94.01 (86/07) ÷ 89.93 (84/08)] = 9,629.47

      ⑵ 1,997.16 (86/07) ÷ (94.01 ÷ 89.93) = 1,910.48

      ⑶ 1,910.48 ÷ [9,629.47 ÷ 4,503.37 (84/08/14)] = 893.47

      ⑷ 893.47 ÷ 298.49 (84/08) = 299.33%

㉑ 資料來源同**❺**，相關之計算如下：

  1. (10,116.84 − 10,066.35) ÷ 10,116.84 (86/08/26) = 0.50%

  2. 1,620.34 ÷ 1,997.16 = 81.13%

㉒ 資料來源同**❺**及**❼**，演算之過程如下：

 ㈠未經物價指數調整：

    1. (10,066.35 − 4,503.37) ÷ 4,503.37 = 123.53%

    2. 1,997.16 (86/07) ÷ 298.49 (84/08) = 6.69

 ㈡經物價指數調整：

    1. 94.01 (86/07) ÷ 89.93 (84/08) = 1.0454

    2. [(10,066.35 ÷ 1.0454) − 4,503.37] ÷ 4,503.37 = 113.82%

    3. (1997.16 ÷ 1.0454) ÷ 298.49 = 6.40

數於九月起又反轉開始另一個跌波，直至民國八十八年一至三月在低檔打底成功後，俟同年四月才得以重拾升軌。

三、民國八十八年二月至民國九十七年十一月

民國八十八年二月臺股指數一度跌穿 6,000 點。臺股加權指數在該月以 5,948.35 開盤 (88/02/01)，收盤指數為 6,318.52 (88/02/26)，當月盤中最高點為 6,318.52 (88/02/26)，最低點為 5,422.66 (88/02/05)；單日收盤指數最高為 6,318.52 (88/02/26)，最低收盤為 5,474.79 (88/02/05)；全月總計 15 個交易日，平均之日交易量為 662.12 億元。在為期十八個月的跌勢中，指數跌幅達 45.61%，成交量萎縮至八十六年七月間的 33.15%。經物價指數調整後，跌幅和成交量萎縮程度的百分比分別為 46.42% 和 32.66%，股票交易換手量則縮為八十六年七月的 60.96%❷❸。八十八年二月臺股從萬點高位回檔雖曾短暫地跌至 5,500 點之下，後因賣方低價惜售致使成交量萎縮，而股市中之買方又轉趨積極，遂使臺股指數從 5,474.79 一路又漲回萬點之上，並且在民國八十九年二月十八日，創下了 10,393.59 的臺灣股市加權指數歷史上的次高記錄❷❹。

民國八十九年一月，臺灣股市再次刷新了有史以來最大的單月份之日平均交易量。該月之臺股指數以 8,644.91 開盤 (89/01/04)，月收盤為 9,744.89

---

❷❸　資料來源同❷❷，詳細之計算列明於下：
　　㈠未經物價指數調整：
　　　1. $(10,066.35 - 5,474.79) \div 10,066.35 = 45.61\%$
　　　2. $662.12\ (88/02) \div 1,997.16\ (86/07) = 33.15\%$
　　㈡經物價指數調整：
　　　1. $99.31\ (88/02) \div 97.84\ (86/07) = 1.0150$
　　　2. $[10,066.35 - (5,474.79 \div 1.0150)] \div 10,066.35 = 46.42\%$
　　　3. $(662.12 \div 1.0150) \div 1,997.16 = 32.66\%$
　　　4.⑴ $(5,474.79 \div 1.0150) \div 10,066.35 = 0.5358$
　　　　⑵ $(662.12 \div 1.0150) \div 0.5358 = 1,217.50$
　　　　⑶ $1,217.50 \div 1,997.16 = 60.96\%$
❷❹　資料來源同❺。

(89/01/31)，全月之盤中最高為 9,753.72 (89/01/28)，最低為 8,642.50 (89/01/04)；單日之收盤價最高為 9,744.89 (89/01/31)，最低為 8,756.55 (89/01/04)；該月共計有 22 個交易日，每日平均交易量為 2,082.56 億元新臺幣。緊接的二月份中，臺灣股市再次突破萬點，而所形成的日均量亦僅略次於一月份。在這個月之中，臺股加權指數之當月開盤和收盤分別為 9,829.68 (89/02/01) 和 9,435.94 (89/02/29)， 盤中之最高點和最低點則為 10,393.50 (89/02/18) 及 9,407.79 (89/02/25)；臺股單日之最高收盤指數為 10,202.20 (89/02/17)，最低之收盤指數為 9,432.49 (89/02/25)；全月之總交易日數為 16 個交易日，日平均交易量為 1,998.17 億元，而在二月二十一日，代表散戶部位的融資餘額亦創出 5,698.42 億元的歷史新量❷❺。基於八十九年二月份的臺股交易日均量已達同年一月份的 95.94%，同時在不計物價指數變動下，二月份臺股指數之最高點比一月份之最高點仍高出 4.69%❷❻。是以，本文將依八十九年二月間臺股之相關交易記錄進行後續分析。

　　從民國八十八年二月五日至八十九年二月十七日，臺股之漲幅為 86.35%。八十九年二月臺股交易之日均量為八十八年二月的 3.02 倍。經物價指數調整後，股價漲幅和日交易均量之增幅分別為 84.65% 和 2.99 倍❷❼。再者，若經物

---

❷❺ 臺灣證券交易所融資餘額的最高記錄為民國八十九年四月十二日的 5,956.84 億元；該月份臺指日收盤最高為 10,127.48 點 (89/04/10)，該月平均日交易量為 1,860.56 億元。本部分之本文及註釋的資料來源均同❺。

❷❻ 以民國九十五年年底之消費者物價指數為 100 做基數，民國八十九年一及二月之消費者物價指數分別為 94.90 及 96.30。資料來源同❼。

❷❼ 資料來源同❺及❼，計算流程如下：
　(一)未經物價指數調整：
　　1. (10,202.20 − 5,474.79) ÷ 5,474.79 = 86.35%
　　2. 1,998.17 ÷ 662.12 = 3.02
　(二)經物價指數調整：
　　1. 96.30 (89/02) ÷ 95.42 (88/02) = 1.0092
　　2. [(10,202.20 ÷ 1.0092) − 5,474.79] ÷ 5,474.79 = 84.65%
　　3. (1,998.17 ÷ 1.0092) ÷ 662.12 = 2.99

價指數之調整後而為比較，民國八十九年二月臺灣股市集中交易之日均量為七十九年二月的 109.01%，在股票交易換手量上則為七十九年二月份之 178.13%，同時亦為八十八年二月份的 161.94% ❷。萬點以上的巨量交易，再一次成為臺股上升的重大阻力。在見到 10,393.50 的高點後的一個月內臺股迅速下跌，三月十六日中並曾出現 8,250.46 的低點，隨後雖於四月六日盤中又見 10,328.98 點的高位，但自此一路下跌，直至民國九十年九月二十六日盤中錄下 3,411.68 的波段低點後，才止跌反彈 ❷。

民國九十年十月間，臺灣集中交易股市承續九月的跌勢在低檔打底，並且創下了此次為期逾一年半跌波的最低單日收盤記錄。該月份，臺股加權指數之開盤點數為 3,623.67 (90/10/02)，收盤為 3,903.49 (90/10/31)，盤中最高點為 4,104.21 (90/10/26)，最低點則為 3,436.25 (90/10/03)；單日收盤指數最高為 4,065.10 (90/10/29)，最低點為 3,446.26 (90/10/03)；全月份共 21 個交易日，平均每日成交量為 471.00 億元 ❸。從民國八十九年二月十七日的臺指 10,202.20 點起算，至九十年十月三日的 3,446.26 點，跌幅達 66.22%；九十年十月份的交易日均量則僅為八十九年二月的 23.57%。在計入物價指數之變動後，臺指跌幅為

---

❷ 資料來源同❷，計算過程經納入物價指數之變動後如下：

　(一)股票交易量：

　　1. 96.30 (89/02) ÷ 72.18 (79/02) = 1.3342

　　2. (1,998.17 ÷ 1.3342) ÷ 1,373.83 (79/02) = 109.01%

　(二)股票換手量：

　　1. (10,202.20 ÷ 1.3342) ÷ 12,495.34 = 0.6120

　　2. (1,998.17 ÷ 1.3342) ÷ 0.6120 = 2,447.15

　　3. 2,447.15 ÷ 1,373.83 = 178.13%

　　4.(1) 10,202.20 ÷ [96.30 (89/02) ÷ 95.42 (88/02)] = 10,108.97

　　　(2) 10,108.97 ÷ 5,474.79 = 1.8465

　　　(3) 1,998.17 ÷ (96.30 ÷ 95.42) = 1,979.91

　　　(4) (1,979.91 ÷ 1.8465) ÷ 662.12 = 161.94%

❷ 資料來源同❺。

❸ 資料來源與計算方式同❺。

66.80%，單月每日平均交易量比率則減至 23.17%。同時民國九十年十月的平均每日股票換手量，亦僅為八十九年二月份的 69.78%❸。

民國九十年十月初，臺股量縮見底向上反彈，並於民國九十一年四月間達到本波上漲的最高點。該月中，臺股指數全月開盤 6,118.45 (91/04/01)，收盤則為 6,065.73 (91/04/30)，盤中指數最高為 6,484.93 (91/04/22)，最低 6,009.45 (91/04/12)；單日收盤最高為 6,462.30 (91/04/22)，最低為 6,059.21 (91/04/10)；全月共計 21 個交易日，日平均交易量為 1,178.96 億元。總計從九十年十月三日起算至九十一年四月二十二日，漲幅達 87.52%，日平均交易量擴增至 2.50 倍。經物價指數調整後，臺股指數漲幅為 91.30%，交易日均量則擴至 2.55 倍，而本月份的日均量為民國七十九年二月份的 64.49%，股票換手量則約為民國七十九年二月間的 165.92%，同時亦相當於九十年十月份之 133.49%❷。

---

❸ 資料來源同❺及❼，計算方式如下：

（一）未經物價指數調整：

    1. $(10,202.20 - 3,446.26) \div 10,202.20 = 66.22\%$

    2. $471.00 \div 1,998.17 = 23.57\%$

（二）經物價指數調整：

    1. $97.98 \ (90/10) \div 96.30 \ (89/02) = 1.0174$

    2. $[10,202.20 - (3,446.26 \div 1.0174)] \div 10,202.20 = 66.80\%$

    3. $(471.00 \div 1.0174) \div 1,998.17 = 23.17\%$

    4.(1) $(3,446.26 \div 1.0174) \div 10,202.20 = 0.3320$

      (2) $(471.00 \div 1.0174) \div 0.3320 = 1,394.41$

      (3) $1,394.41 \div 1,998.17 = 69.78\%$

❷ 資料來源同❺及❼，計算說明如下：

（一）未經物價指數調整：

    1. $(6,462.30 - 3,446.26) \div 3,446.26 = 87.52\%$

    2. $1,178.96 \div 471.00 = 2.50$

（二）經物價指數調整：

    1. $96.04 \ (91/04) \div 97.98 \ (90/10) = 0.9802$

    2. $[(6,462.30 \div 0.9802) - 3,446.26] \div 3,446.26 = 91.30\%$

    3. $(1,178.96 \div 0.9802) \div 471.00 = 2.55$

    4.(1) $96.04 \ (91/04) \div 72.18 \ (79/02) = 1.3306$

      (2) $(1,178.96 \div 1.3306) \div 1,373.83 = 64.49\%$

　　面臨民國八十五年九月到八十九年九月間，臺灣股市在加權指數 6,500 點以上所累積的套牢壓力，臺股因動能不足而又回頭測試前波臺股指數 3,411.68 (90/09/26) 的盤中低點，並於民國九十一年十月間一度跌穿 4,000 點❸❸。在九十一年十月中，臺股加權指數以 4,146.67 點開盤 (91/10/01)，4,579.14 點收盤 (91/10/31)，當月臺指盤中最高點為 4,682.94 (91/10/28)，最低點為 3,845.76 (91/10/11)；單日收盤指數之最高點為 4,601.37 (91/10/28)，最低點為 3,850.04 (91/10/11)；全月之交易日共計為 22 個交易日，日平均交易量為 762.15 億元。若以九十一年四月二十二日臺股指數之前波高點 6,462.30 為基準，此次臺股加權指數之跌幅為 40.42%，交易日均量縮減至 64.65%。如將物價指數之變動列入考量，臺股指數之跌幅及交易日均量縮減程度分別為 40.59% 及 64.47%。至於民國九十一年十月間臺股交易之換手量則為同年四月的 108.51%❸❹。此處所見相對較高的股票交易換手量，其形成的可能原因有二：第一，九十一年四月間

$$(3)\ (6,462.30 \div 1.3306) \div 12,495.34 = 0.3887$$
$$(4)\ (1,178.96 \div 1.3306) \div 0.3887 = 2,279.49$$
$$(5)\ 2,279.49 \div 1,373.83 = 165.92\%$$
$$5.(1)\ (6,462.30 \div 0.9802) \div 3,446.26 = 1.9130$$
$$(2)\ (1,178.96 \div 0.9802) \div 1.9130 = 628.74$$
$$(3)\ 628.74 \div 471.00 = 133.49\%$$

❸❸ 資料來源及計算如❺。

❸❹ 資料來源同❺及❼，相關計算列明於下：

　(一)未經物價指數調整：

　　1. $(6,462.30 - 3,850.04) \div 6,462.30 = 40.42\%$

　　2. $762.15 \div 1,178.96 = 64.65\%$

　(二)經物價指數調整：

　　1. 96.31 (91/10) $\div$ 96.04 (91/04) = 1.0028

　　2. $[6,462.30 - (3,850.04 \div 1.0028)] \div 6,462.30 = 40.59\%$

　　3. $(762.15 \div 1.0028) \div 1,178.96 = 64.47\%$

　　4.(1) $(3,850.04 \div 1.0028) \div 6,462.30 = 0.5941$

　　　(2) $(762.15 \div 1.0028) \div 0.5941 = 1,279.28$

　　　(3) $1,279.28 \div 1,178.96 = 108.51\%$

的臺股日平均交易量並不是該上漲波段中，最大的單月日平均交易量；依此判斷，有些在九十一年十月逢低買進股票的人，可能是在九十一年四月之前的月份即已賣出臺股。第二，有較多的人認為臺股將會在未來上漲，因此在九十一年十月間積極逢低承接賣方所賣出的股票。依臺灣股市後來呈現的漲勢來看，當時這樣操作的股市參與者顯然是比較精明的一群。

　　民國九十一年十月十四日起臺灣股市重現漲勢，一直持續到民國九十三年三月並且在該月五日以 7,135.00 創下了自民國八十九年九月十六日以來臺股加權指數單日盤中的最高點數。在九十三年三月間，臺股加權指數開盤 6,816.79 (93/03/01)，月收盤指數為 6,522.19 (93/03/31)，當月盤中最高點為 7,135.00 (93/03/05)，最低點為 6,020.64 (93/03/23)；單日收盤指數最高點 7,034.10 (93/03/04)，最低點為 6,132.62 (93/03/26)；全月計 23 個交易日，交易日均量為 1,641.02 億元；該月份十八日亦出現了此一波漲勢以來臺股最大的融資餘額 3,507.71 億元 ㉟。總計此波漲幅為 82.70%，日平均交易量上，九十三年三月為九十一年十月的 2.15 倍。將物價指數之變動納入考量，臺股加權指數之升幅變為 83.77%，而交易日均量則增加為 2.17 倍。至於在股票交易日均量上，民國九十三年三月是民國七十九年二月間的 90.05%；換手量方面，民國九十三年三月是七十九年二月的 212.18%，亦是九十一年十月份的 117.85% ㊱。同時，212.18%

㉟　資料來源和計算方式與❺同。

㊱　資料來源同❺及❼，計算過程如下：

　　㈠未經物價指數調整：

　　　1. $(7,034.10 - 3,850.04) \div 3,850.04 = 82.70\%$

　　　2. $1,641.02 \div 762.15 = 2.15$

　　㈡經物價指數調整：

　　　1. $95.75\ (93/03) \div 96.31\ (91/10) = 0.9942$

　　　2. $[(7,034.10 \div 0.9942) - 3,850.04] \div 3,850.04 = 83.77\%$

　　　3. $(1,641.02 \div 0.9942) \div 762.15 = 2.17$

　　　4.⑴ $95.75\ (93/03) \div 72.18\ (79/02) = 1.3265$

　　　　⑵ $(1,641.02 \div 1.3265) \div 1,373.83 = 90.05\%$

　　　　⑶ $(7,034.10 \div 1.3265) \div 12,495.34 = 0.4244$

這一個換手量數據係自民國七十九年二月以來至民國九十三年三月間，本書所求得在臺灣股價指數升到相對高檔區間時最大的股票換手量的百分比。其所代表的涵意是，在臺灣股市的集中交易市場中，買方和賣方間的歧見程度愈來愈強。在臺灣股市持續上漲了近一年半的時間後，這樣的訊息宜解讀為，臺灣股市過去上漲的趨勢縱然不會逆轉，也應當會面臨相當幅度和期間的回檔調整❸❼。

民國九十三年三月二十二日起的一週，臺股指數因前一週末總統選舉發生兩顆子彈事件所引起的衝擊而於該週收盤時暴跌約 683 點，其後一個月雖曾反彈至 6,916.31 點 (93/04/15)，但繼之反覆下跌至九十三年七月臺股交易量急遽萎縮後才止跌回升。當月臺股指數開盤為 5,849.74 (93/07/01)，收盤指數為 5,420.57 (93/07/30)；盤中指數最高點為 5,870.59 (93/07/01)，最低為 5,280.42 (93/07/27)；單日之收盤指數最高點為 5,836.91 (93/07/01)，單日最低收盤為 5,325.68 (93/07/20)。全月共 22 個交易日，交易日均量為 535.71 億元❸❽。臺股指數從九十三年三月四日至七月二十日，下跌幅度為 24.29%，而九十三年七月臺股交易的日均量僅為九十三年三月份間的 32.64%。經物價指數調整後，下跌幅度增為 26.10%，日均量則減少至 31.86%，而九十三年七月份的換手量僅為九十三年三月份的 43.12%❸❾。此處換手量的明顯減少，在臺股於民國九十六年七月再次逼

⑷ $(1,641.02 \div 1.3265) \div 0.4244 = 2,914.95$

⑸ $2,914.95 \div 1,373.83 = 212.18\%$

5. ⑴ $7,034.10 \div [95.75 \,(93/03) \div 96.31 \,(91/10)] = 7,075.24$

⑵ $7,075.24 \div 3,850.04 = 1.8377$

⑶ $1,641.02 \div (95.75 \div 96.31) = 1,650.62$

⑷ $(1,650.62 \div 1.8377) \div 762.15 = 117.85\%$

❸❼ 由於民國九十三年三月一日至五日間臺灣股市集中交易市場連續五天的單日成交量超過 2,000 億元，作者即曾於成功大學管理學院國際經營管理碩士在職班 (IMBA) 教授相關課程時，對修課學生表示，臺灣股市高檔有限應會回檔。再者，作者亦曾於該年三月十三日與前日盛金控執行副總經理王京博士討論臺灣股市時，判斷臺灣股市加權指數在觸及 8,000 點之前，可能會先回頭測試 5,800 點（九十三年三月十二日臺股指數收盤為 6,800.24）。

❸❽ 資料來源同❺。

近萬點並同時爆出巨額成交量後，可以肯定的解讀為是代表臺灣股市中賣方的惜售，而臺股指數從民國九十三年八月起，確實亦展開了為期三十六個月的持續升勢。

民國九十三年八月，臺股加權指數扭轉了前五個月的跌勢，上漲 344.97 點，此後一路反覆向上，直到民國九十六年七月二十六日盤中創下此一波段的臺股指數高價 9,807.91 點，並在爆出新臺幣 3,215.59 億元的日交易天量後，當日反轉下跌 173.71 點，而以 9,566.42 點收盤。此後，因受到世界金融風暴的衝擊，至同年八月十七日收盤時迅速回檔至 8,090.29 點。就九十六年七月份當月而言，該月開盤臺股加權指數為 8,903.77 點 (96/07/02)，月收盤指數為 9,287.25 (96/07/31)；盤中最高點為 9,807.91 (96/07/26)，最低點為 8,849.35 (96/07/02)；單日之收盤最高點為 9,744.06 (96/07/24)，單日收盤最低點為 8,939.49 (96/07/02)；該月三十一日 3,855.58 億元之融資餘額亦為臺股此波上漲以來之最大量；全月共 22 個交易日，交易日均量為新臺幣 2,287.12 億元，為迄今臺灣股市集中交易市場最高之單月日均量，經物價指數調整後為民國七十九年二月份日均量的 119.08%。總計從民國九十三年七月二十日至民國九十六年七月二十四日，此波歷時三年的漲幅為 82.96%，而民國九十六年七月的交易日均量是民國九十三年

---

❸⑨ 資料來源同❺及❼，計算過程如下：
　㈠未經物價指數調整：
　　1. $(7,034.10 - 5,325.68) \div 7,034.10 = 24.29\%$
　　2. $535.71\ (93/07) \div 1,641.02\ (93/03) = 32.64\%$
　㈡經物價指數調整：
　　1. $98.10\ (93/07) \div 95.75\ (93/03) = 1.0245$
　　2. $5,325.68 \div 1.0245 = 5,198.32$
　　3. $(7,034.10 - 5,198.32) \div 7,034.10 = 26.10\%$
　　4. $(535.71 \div 1.0245) \div 1,641.02 = 31.86\%$
　　5.⑴ $(5,325.68 \div 1.0245) \div 7,034.10 = 0.7390$
　　　⑵ $535.71 \div 1.0245 = 522.90$
　　　⑶ $522.90 \div 0.7390 = 707.58$
　　　⑷ $707.58 \div 1,641.02 = 43.12\%$

七月的 426.93%。依物價指數而調整後臺指漲幅為 77.88%，而日均量增幅為 415.06%；在換手量上，民國九十六年七月份分別是民國七十九年二月的 213.49% 及民國九十三年七月的 233.34% ❹。民國九十六年七月，臺股指數在萬點大關前的爆出歷史性的巨量，代表著買、賣雙方對臺股後勢的看法嚴重歧異。在此情況下，賣方所賣出的股票，當然是在以前用較低的價格買進，並在高價賣出而賺取利潤。相對於在臺股指數接近萬點才從眾追高的買方，孰對孰錯，實在是不言可喻。

民國九十六年七月下旬，臺灣股市受美國次貸風暴的影響，18 個交易日內下跌近 17%，至八月十七日收盤為 8,090.29 點。其後，因群眾的盲目追高，將臺股指數單日收盤推升至 9,809.88 點 (96/10/29)，而象徵散戶部位多寡的融資餘額亦創出此一上漲波段 4,144.64 億元的最高記錄 (96/10/31)，可是因後續資金動能不足，當月之日平均交易量縮至 1,613.27 億元，以致未能成功挑戰臺指萬點大關。

民國九十七年五月間雖有國內總統選舉的利多，然在臺股量能不足的情況

---

❹　資料來源同❺及❼，計算過程如下：

　㈠未經物價指數調整：

　　　1. (9,744.06 − 5,325.68) ÷ 5,325.68 = 82.96%

　　　2. 2,287.12 ÷ 535.71 = 426.93%

　㈡經物價指數調整：

　　　1. 100.91 (96/07) ÷ 98.10 (93/07) = 1.0286

　　　2. [(9,744.06 ÷ 1.0286) − 5,325.68] ÷ 5,325.68 = 77.88%

　　　3. (2,287.12 ÷ 1.0286) ÷ 535.71 = 415.06%

　　　4.(1) 100.91 (96/07) ÷ 72.18 (79/02) = 1.3980

　　　　 (2) (2,287.12 ÷ 1.3980) ÷ 1,373.83 (79/02) = 119.08%

　　　　 (3) (9,744.06 ÷ 1.3980) ÷ 12,495.34 (79/02) = 0.5578

　　　　 (4) (2,287.12 ÷ 1.3980) ÷ 0.5578 = 2,932.94

　　　　 (5) 2,932.94 ÷ 1,373.83 = 213.49%

　　　5.(1) (9,744.06 ÷ 1.0286) ÷ 5,325.68 = 1.7788

　　　　 (2) (2,287.12 ÷ 1.0286) ÷ 1.7788 = 1,250.02

　　　　 (3) 1,250.02 ÷ 535.71 = 233.34%

下再次攻關失敗，其後終因世界金融海嘯對全球財經所造成的巨大衝擊，逐漸浮出檯面而急遽下跌，並在民國九十七年十一月二十日，以臺股過去五年來的最低指數 4,089.93 點收盤，融資餘額亦在十一月二十四日降至此一下降波段的最低額 1,159.27 億元，當月之 569.74 億元之日平均交易量亦成為波段的新低量❹。無庸置疑地，民國九十六年年中以來，在臺股處於高檔時買進股票的人，遭受了重大的損失。究竟是甚麼原因促使一般投資大眾屢屢瘋狂地競逐高價的股票呢？本章後續的資料和說明應能提供一個切合實際情境的邏輯解釋。

🞉 第二節　臺灣股市的資訊分配與指數漲跌

股市中資訊分配失衡（資訊不對稱）的形成原因不一而足。就股市中常處於劣勢的非專業人士而言，因為他們沒有適切的專業資訊管道，故而常常依賴大眾媒體的報導作為投資的參考。到底大眾媒體的報導會減輕臺灣股市中的資訊失衡，或是會使這個問題更加惡化？為了澄清這個疑惑，本書特別針對前述臺灣股市處於高檔或低檔期間，選擇兩個被一般人士認為對臺灣股市的報導具有專業性的《經濟日報》和《工商時報》中所刊載的部分相關報導或分析，作為剖析的素材。又因本書探討的重心在臺股加權指數期貨及臺股加權指數選擇權，所以在資訊的擷取上，側重在與臺灣股市大盤相關並可能影響一般投資人對大盤漲跌判斷的大眾媒體的標題摘要或報導內容❷。

從民國七十五年年底至民國九十七年十一月的期間，臺灣股市的漲跌可以分為幾個階段，包括八個臺股大盤處於相對高檔期及七個相對低檔期。八個臺

---

❹　同期間，臺股加權指數之最低單日盤中指數為民國九十七年十一月二十一日的 3955.43；從民國九十七年七月二十四日之臺指收盤 9,744.06 起算，跌幅 58.03%。資料來源同❺。

❷　作者於過去十餘年間基於研究、教學及實務印證之需要，曾藉指導修課學生、研究助理及親身參與，長期蒐集《工商時報》及《經濟日報》有關臺灣股市大盤之報紙標題及報導；經作者彙整、分析及判斷後，在本節中引述足以反映此二專業財經媒體在本書所選擇討論之各相關期間之整體報導氣氛的報紙標題或報導內容，進以說明臺灣股市中所存在之資訊不對稱。

股加權指數處於高峰的月份及該月份最高的單日收盤價，依時序分別為：民國七十九年二月（最高日收盤價 12,495.34），民國八十年五月（最高收盤 6,305.22），民國八十三年八月（最高收盤 7,040.52），民國八十六年七月（最高收盤 10,066.35），民國八十九年二月（最高收盤 10,202.20），民國九十一年四月（最高收盤 6,462.30），民國九十三年三月（最高收盤 7,034.10），及民國九十六年七月（最高收盤 9,744.06）。至於臺股加權指數處於低谷的七個月份及當月最低的單日收盤價，依序為：民國七十九年十月（最低日收盤價 2,560.47），民國八十二年一月（最低收盤 3,135.56），民國八十四年八月（最低收盤 4,503.37），民國八十八年二月（最低收盤 5,474.79），民國九十年十月（最低收盤 3,446.26），民國九十一年十月（最低收盤 3,850.04）及民國九十三年七月（最低收盤 5,325.68）❸。如將報紙相關報導與前述各個時段的股價相互對照後，可以發現一個明顯的現象：當報紙報導的內容可被解讀為相當看好臺股大盤時，臺股指數的到達高點也就為期不遠。反之，當報紙報導的內容整體偏空時，臺股指數往往也就快觸底轉向了❹。

　　類此報紙報導的大體氣氛往往成為股市未來走勢反向指標的現象，可能原因之一是，當投資大眾普遍偏多追高或偏空殺出的同時，報紙的報導基於反映當時的股市氣候，自然也就偏多或偏空，一般投資人在報紙報導的影響下又更加地高價競逐或賤價求售，因此形成了連鎖反應並導致其後的虧損。這種邏輯推論，其實並不難理解。可是我們仍不禁要問，當投資大眾在報紙報導看好而紛紛買進或者因為報紙看壞而恐懼認賠的同時，那些既不受從眾行為影響又不採信報紙報導並與股市羊群相反操作的「藏鏡人」，難道僅憑力挽狂瀾的勇氣，就能在臺股投資上無往不利？為了突顯在資訊失衡（或稱資訊不對稱）下，臺灣的報紙報導內容與投資大眾行為間可能的互動關係，本書選擇了臺股不同的

---

❸　資料來源同❺。

❹　類此情況，股市老手將之稱為「利多出盡」或「利空出盡」；在西方亦有相似的說法："Buy on rumors; sell on facts"。

三個發展階段，將當時較具代表性的報紙報導予以引述，請讀者自行體會何謂「資訊失衡」。這三個階段分別為：一、民國七十九年一月至民國七十九年十一月，二、民國八十六年六月至民國八十八年二月，以及三、民國八十九年一月至民國九十六年七月。

一、民國七十九年一月至民國七十九年十一月

民國七十八年臺灣股票集中交易市場的最後一個交易日 (78/12/28)，臺灣證券交易所加權指數收盤 9,624.18 點，上漲 279.12 點❹。民國七十九年一月四日，《經濟日報》刊登了一篇由其經濟研究室所作的「七十九年國內股市景氣預測」問卷調查報告的調查結果。該問卷的調查對象為國內主要證券商、證券投資顧問公司等高級職員，調查樣本數計 150 家，有效樣本為 80 份。根據此一報告的調查結果，當時國內券商對民國七十九年股市走勢，充滿樂觀看法；逾六成回答調查的券商預期七十九年股價指數高值將超過 13,000 點，逾九成者認為臺指高值會突破 12,000 點，有九成五的證券商相信在七十九年間臺股指數不會低於 7,000 點。《經濟日報》更進一步說明：「本報多年來進行的全年度股市展望問卷調查，由於具有相當程度的準確性與可信度，因而頗受投資大眾的肯定。根據本報這次進行的七十九年度股市展望問卷調查結果，已為馬年股市行情勾勒出一幅相當完整的預測性輪廓……」❹。實際上，臺股指數於七十九年二月十日創下 12,495.34 的歷史性高點後一路反轉向下，並於同年五月二十一日收 6,992.89，首度跌破 7,000 點。其後，雖因有小反彈而再上 7,000 點，但在六月七日以 6,602.12 之收盤點數再度跌破 7,000 點關卡後，即持續下跌並於同年十月一日寫下了 2,560.47 的臺股指數的歷史最低記錄❹。

民國七十九年二月五日（星期一），《工商時報》於其所出版報紙的第十四

---

❹　資料來源同❺。

❹　《經濟日報》，79/01/04，第十四版。

❹　資料來源同❺。

版（證券版），列出了：「多頭心虛回馬槍，大選將至無利空」的粗字標題。同時在該標題之下，亦作了如下的說明：「由附表基本因素來看，三商銀調高短期存款利率，及財政部的一連串動作，均足以動搖大盤走勢。但由於總統大選日期將至，預計不致有重大利空發布，且三商銀官股承銷價即將訂定、各上市公司陸續發布之業績表現均不惡，產業前景仍然樂觀，中期大盤走勢仍可維持榮面。由於資金、人氣猶在，小型股在低檔盤整已久，上檔壓力已逐漸消化；中大型績優股受到高交易成本之影響，投資人惜售意味極濃，籌碼閉鎖效應明顯，股價易漲難跌。另外，三商銀承銷價的定案、企銀股高配股率之利多，及基金持續強勢，仍是支持大盤的重要因素」❹。看了這樣的報導，能料到臺股在七個半月後會暴跌至二千多點的投資人，肯定不是在專業資訊上處於劣勢的一般大眾。

　　民國七十九年十月一日，臺股指數跌至 2,560.47 點的谷底，35 個交易日後，臺股指數於十一月十七日重登 4,000 點，並以 4,073.74 點作收。自此之後，漸次上漲至 6,305.22 的波段高點 (85/05/09)。七十九年九月五日，《經濟日報》於其當日報紙引用了下述兩個標題：「短線熱過頭，行情也超短」及「上市公司日子不好過」。前一標題之下所敘述的內容包括：「市場人士指出，目前的盤勢受到中東局勢未明，而呈現進退不得的窘境，原本在此時正是需要具實力的多頭主力領軍奮力揮旗的時候，但是從最近的盤勢觀察，部分多頭主力的進出已相對減少，反而是散戶搶短的現象愈趨明顯」。第二個標題下的說明則指出：「景氣不振，上市公司營業能力大衰退，臺灣證券交易所完成今年迄七月底營業額統計資料指出，塑膠、紡織、電器等十二種類股營業額大都衰退，僅有金融、水泥、食品、橡膠、電子、海運等七種行業成長，顯示企業營運能力已受景氣不佳嚴格考驗」❹。當天，臺股加權指數跌 236.26 點，並以 3,364.49 點收盤❺。

---

❹　臺股指數於民國七十九年二月五日之收盤指數為 12,302.07，上漲 432.67 點。其後在 10,000 點上盤整，直至四月七日以 9,828.22 點收盤後，便一路下跌至十月份。資料來源同❺。

同月十日，《經濟日報》又刊出了另外兩個標題：「消息陰霾不除，難免探底」及「投顧業面臨存亡關頭」。前一個標題引述了如後的結論：「展望後市，雖然行情自最高點迄今跌幅已逾七成，高檔套牢者幾乎已無殺低意願。但在經濟景氣衰退，上市公司上半年營運不佳，中東局勢與國際油價動向未明，和上市公司大股東仍未積極回補等情況下，股市行情短期內仍無法撥雲見日，多頭恐怕仍需一段較長時間的療傷止痛，才可望恢復元氣」。後一個標題下的內容則直陳：「股市行情直直落，大多數投資人均遭受相當損失，連帶使得證券投資顧問業及股友社的會員，在不堪損失的情況下陸續離去，致業者已面臨結束營運的關鍵，導致證券投資顧問業爭取開放『代客操作』業務的呼聲也日漸升高」❺。該日，臺股加權指數收盤為 3,487.98 點，上升 179.13 點❺。

其次，《工商時報》於其七十九年十月二十九日（星期一）出版的報紙中發表了當週的「一週股市動向調查」。這一篇調查報告中分別對臺股的技術面和基本面兩方面，作出了評論。在技術面上，該報告指出：「大多數的專家認為，大勢帶量反轉，形成頭部反轉當天的成交股數竟創次天量，如此則上檔壓力極大，勢需拉回作相當程度的整理，才有再漲的能力，但不排除整理期間出現小反彈的可能，而且七二日線也將於本週內降達 3,500 造成反壓」。在基本面上，該報告認為：「再者基本面以及消息面仍呈不穩定狀態，中東情勢的變化仍令人難以捉摸，油價的漲跌也跟著中東情勢消息面的變化魔音而舞動，股票市場亦然，同時國內的退票率增加，央行又已有收緊銀根的傾向，國內企業倒閉者、財務危機者已開始出現，顯示國內經濟情況依然不佳，因此沒有支撐大勢有效揚升的條件」❺。在《工商時報》發表這篇文章的當天，臺股指數收盤 3,309.05 點，上漲 208.83 點，其後第 5 個交易日 (79/11/05)，臺指收盤升破 3,500 點，並自此

---

❹ 《經濟日報》，79/09/05，第十四版。

❺ 資料來源同❺。

❺ 《經濟日報》，79/09/10，第十四版。

❺ 資料來源同❺。

❺ 《工商時報》，79/10/29，第十四版。

漸次上升至 6,305.22 (80/05/09) 的次波高點❺。再一次地，我們發現有許多臺灣股市的參與者，在當時完全不受《經濟日報》和《工商時報》的影響，在所謂「股市專家」一片看壞的時候，踴躍買進股票，甚至能夠在成交股數上創造屆至當時為止的次天量，從這群人因後來臺股的上漲而獲致不菲的利益來看，他們顯然是在資訊分配上具有真正優勢的專業族群❺。

二、民國八十六年六月至民國八十八年二月

民國八十六年七月三十一日，臺股指數以 10,066.35 的收盤點數，創造至當時為止次高的歷史收盤記錄。同時當月份 1,997.16 億元的股市交易日均量，也超越了既往的最大交易量，這樣熱絡的市場榮景，當然與當時的報紙報導不無關係。當年六月三十日的臺股加權指數收盤 9,030.28 點，緊接著《工商時報》在七月一日第十一版，刊登了如下的標題：「股市下半年仍是投資人的金雞母：國際股市表現將維持亮麗，國內股市在三低有利環境下，指數亦高檔可期，專家建議仍可將手中九成以上資金投注股市，資金比率可採國內 70%、國外 30% 方式分配」。在此一標題下的內文又提到：「……不少存款族到期解約或提前解約，閒錢爭相投入股市，資金行情也是這一波股市多頭上攻的主力」。次一交易日 (86/07/02)，《經濟日報》列出了兩個看好臺股未來走勢的標題。第一個標題為「下半年搶錢，股市與基金都有機會」。其下的部分內容指出：「經濟景氣持續復甦，各種理財工具各擁發展空間。下半年股市或基金仍有看頭，但宜慎選類股」。第二個標題為「下半年投資展望（股票篇）：長多格局，看法一致」。在其後續之本文中則作了以下的說明：「今年上半年加權指數站上 9,000 點，大漲 2,000 多點，展望下半年，有關『萬點不是夢』的言論，在股市廣為流傳，投資

---

❺　資料來源同❺。

❺　在民國七十九年十月間，臺灣證券交易所在成交股數上的次天量是創在十月二十六日。當天成交的總股數為 2,022,353 千股，成交總值為 602.25 億元，收盤點數為 3,316.36 點，下跌 203.05 點。資料來源同❺。

人對後市行情普遍持樂觀心態。加權指數今年從 6,933 點起漲，截至六月三十日 9,030 點止，共上漲 2,096 點或 30.2%，投資人多數獲利，且有愈來愈多的投資人相繼投入股海淘金」❺❻。八十六年七月十日臺指收 9,429.74，漲 67.06 點❺❼。次日，《經濟日報》中一個關於股市的標題，對未來臺股走勢的樂觀程度作了一些保留：「融資比率面臨調降，後市看法分歧。樂觀：量價結構仍有利多頭；悲觀：9,600 點宜減碼」❺❽。民國八十六年八月四日，臺股指數試圖突破七月三十一日之收盤高點未成，以 10,065.76 點作收。第二天，《工商時報》報導外資就臺股已經紛紛展開部署動作，並指出各基金經理人預估臺股還有衝上 12,000 點的實力。孰料，至八月十六日收盤，臺指反跌至 9,706.57 點❺❾。八月十八日，《經濟日報》又引用了一個股市看多的大標題，該標題為：「政策面翻空為多，短線橫向整理居多，沒大跌疑慮，專家預期，多頭下月展開攻勢」。這個標題雖然顯現對臺股後勢極具信心，但在其說明內容中卻包含了許多保留的看法。其中一個，如此的表示：「加權指數從八月四日盤中高點 10,167 點下滑後，技術線型出現疑似『頭肩頂』形態，若是此一形態形成，加權指數將有跌破 9,000 點疑慮，這也是許多投資人近期轉趨保守的原因」。文中的另一個意見則指出：「最近有不少公司大股東、市場主力，透過市場消息管道，散布介入某檔股票消息，但當公司發布利多消息時，股價逆出大量走跌，有時當利空消息發布時，股價反而逆向走高，投資人普遍覺得最近操作相當不順利」❻⓿。這一篇報導不但部分內容與其標題並不相容，同時亦與同一報紙在七月二日的看法大相逕庭。及至八月二十八日臺股指數收 9,827.49 點，下跌 223.18 點，下跌的原因，依《工商時報》記者在次日的說法，是因為當時曾於民國八十六年初請辭待命的臺灣

---

❺❻　本部分有關臺灣股市之資料來源同❺。其餘則請見《經濟日報》，86/07/02，第七版。

❺❼　資料來源同❺。

❺❽　《經濟日報》，86/07/11，第十三版。

❺❾　本部分係由《工商時報》記者陳淑梅於該報八十六年八月五日第十六版所報導；有關臺股之資料來源同❺。

❻⓿　《經濟日報》，86/08/18，第十六版。

省長宋楚瑜在國民黨中央委員選舉中，得到最高票，超越黨中央規劃的蕭萬長、吳伯雄，使外資和投資人因擔心國民黨中生代卡位戰的再度燃起而恐慌性地拋空臺股，但投資專家表示，基於國內經濟景氣持續復甦，且新內閣財經政策偏多，臺股仍處多頭格局，行情在修正整理之後，仍將再向高點邁進❻❶。《經濟日報》在同一日出版的報紙中，又採用了標題偏空，而內容偏多的手法來分析臺灣的股市。其中的一個標題是這樣的：「萬點前情怯，整理時間拉長」。而在此標題下的一段文字，卻又敘述到：「另就經濟面而言，經建會最新公布的七月景氣對策信號再亮綠燈，景氣持續復甦跡象明顯，成為股市大盤長線最有力的支撐，除非實質經濟出現明顯衰退訊號，否則長多格局不變」。此外的另一個標題則為：「股市重挫，財部不干預」。其後續的說明則指出：「股市昨 (28) 日暴跌 223點，財政部常務次長吳家聲表示，股市難免有漲有跌，但從今年及明年經濟基本面來看，股市仍可持續穩健成長」❻❷。在上述《經濟日報》陸續的報導之後，臺股指數於民國八十六年九月起開始了為期逾十八個月的下跌，直到八十八年二月五日以 5,474.79 點收盤後，才告喘定❻❸。這樣看來，分析臺灣股市的媒體與被其分析的股市都具有「變幻莫測」的本質。一般投資人要藉著瀏覽媒體報導而在股市投資獲利，實在只能靠謹慎篩選，自求多福了。

民國八十八年初，從媒體所報導的內容來看，臺灣的股市似乎不宜大幅看好。以《經濟日報》為例，相關的標題包括：「春節前盤勢恐續慘澹」、「今年股市低點，九成券商認為在第二季，高點可能落在頭尾二季，電子股仍是最被看好的族群」❻❹；「上月領先指標續下降，景氣對策信號呈藍燈，顯示未達谷底，復甦看下半年」❻❺；「短線隨時可能出現反彈，專家分析本波段低點或將在 5,500到 5,800 點間，部分高融資個股近將呈弱勢」❻❻；「臺股天黑黑，電子類股依舊

---

❻❶　《工商時報》，86/08/29，第二、十六版；臺股之資料來源同❺。

❻❷　《經濟日報》，86/08/29，第十三版。

❻❸　資料來源同❺。

❻❹　《經濟日報》，88/01/21，第十七版。

❻❺　《經濟日報》，88/01/23，第一版。

亮晶晶」❻。民國八十八年二月十日為臺股農曆春節封關前最後一個交易日，
當天臺股指數之收盤為 5,798.00 點。八十八年二月二十日，新春後開盤第一日
臺指收 6,072.33 點，二月底續漲至 6,318.52 點❻。自二月五日後，逾 800 點的
漲勢，使《工商時報》在報導股市的標題上，相對變得比較樂觀：「股市熱情洋
溢，證券股春風滿面，新春開盤迄今個股漲幅介於 11.89% 至 34.08% 之間，唯
底部已墊高，暫以區間操作為宜」、「大盤底部浮現，後市可樂觀期待」；「6,000
點底部漸形成，下檔空間不多，操作期指作多為宜」、「期指成交量創今年新低，
集中市場動能不足，行情膠著，自營商退場觀望是期市同步萎縮原因之一」❻。
證諸後來臺股從八十八年二月五日的 5,474.79 點，漲至八十九年二月七日的
10,202.20 點，此一階段相關報紙在標題之陳述上，雖然仍採用多空兩面俱呈的
手法，但對於不具資訊優勢的一般讀者，多少也提供了些具有參考價值的訊息。

三、民國八十九年一月至民國九十六年七月

　　在這一段期間，臺灣股市曾經歷四個高峰期，其中民國八十九年二月、九
十三年三月及九十六年七月等與總統選舉關係密切而且股市成交量明顯偏高，
故而本書特將這三個臺股高峰期的相關報紙報導予以彙整分析。至於本部分所
討論臺股的低谷期則包括民國九十年十月及九十一年十月。此外，民國九十二
年四月至五月，臺股因受 SARS 的衝擊，低迷不振，是以亦將此一時期的報紙
報導納入觀察。

㈠臺股高峰期的報紙報導

1. 民國八十九年一月至四月

---

❻　《經濟日報》，88/01/30，第十七版。

❻　《工商時報》，88/01/24，第十七版。

❻　資料來源同❺。

❻　《工商時報》，88/03/01，第二十二版；88/03/09，第二十一版。

民國八十九年一月二十一日，承繼了近十一個半月的漲勢，臺指收9,255.94，漲 118.99 點❼。其後第二天，《經濟日報》第十二版（熱門股線路圖）刊登了一篇對臺股後勢分析精闢的評論。該篇評論的標題為：「短期高檔震盪，中期可能回檔，塑化造紙航運票券與部分補漲的電子股近期有機會表現」。該文中部分的判斷與臺股指數後來的走勢相當吻合：「國內股市連漲五週，加權指數合計上漲累積 1,500 點，遇去年 9,378 點與 9,337 點 M 頭反壓，有近關情怯的反應，使上週股市暫緩強勁的多頭攻勢，而成交值在元月十一日創下 3,256 億元歷史天量後，即呈現明顯萎縮的現象，週量亦於當週創下 1.45 兆元的歷史高峰後，於上週亦出現大幅萎縮的現象，暗示盤面已有轉弱的跡象」；「再者，代表一般投資人動態的融資餘額，自低檔的 3,900 億元，急速竄升，一舉突破 5,000 億元大關，離歷史最高峰 5,300 億元，僅有 300 億元的空間，後續持續攻堅的量能是否即將用罄，頗令人懷疑」；「量大作頭是技術面不變的法則，雖然單日成交值率先突破歷史天量，暗示未來加權指數將可再創歷史新猷，但大量常失控，亦是最易衍生波段頭部的元凶」❼。果不其然，臺股後來承勢上漲至二月十七日並以 10,202.20 最高點收盤後的第二日 (89/02/18)，即在創下盤中10,393.50 的波段最高點後，反轉下殺，收盤時倒跌 105.82 點，並以 10,096.38 點收盤。此後，高檔激烈震盪，至二月二十九日收盤時跌至 9,435.94 點❼。三月一日，《經濟日報》又刊登出一篇與政府官員的股市見解相關的報導，其重點為：「李總統及財政部長都為加權指數 9,400 點支撐背書，但因總統選期迫近，選戰撲朔迷離，以致昨天大盤震盪加劇。就技術面而分析，加權指數從 7,634 點漲到 10,393 點，以回檔幅度 0.382 倍計算，滿足點位於 9,358 點……反映大盤反彈在望」❼。孰料，此後臺指未見反彈，並持續下跌至總統大選前一天

---

❼　資料來源同❺。

❼　《經濟日報》，89/01/23，第十二版；該篇股評係由萬盛證券協理柯孟德先生所撰寫。

❼　資料來源同❺。

❼　《經濟日報》，89/03/01，第十三版。

(89/03/17)，收低於 8,763.27 點。三月十八日，陳水扁先生當選中華民國第十任總統，其後第 1 個交易日 (89/03/20) 臺股指數暴跌 227.22 點，以 8,536.05 點收盤❼。

　　此後半個月，臺股指數和新臺幣匯率都發生了極不合理的變化。照常情說，國民黨喪失了長期的中央執政權，對金融市場應當是一大利空，結果卻剛好相反。民國八十九年三月十八日總統大選後，三月下旬及四月間臺灣外匯市場出現多次巨量交易。如同股票市場之大量交易一樣，匯市間異常之巨量交易表示買賣意見的強烈相反。照說，當時因政黨即將輪替，故與舊執政黨密切相關之人士或部分對新執政黨心存疑慮之選民急著購買美元，乃造成美元的大量需求，是可以令人理解的。在此情況下，因美元需求增加乃致新臺幣匯率下跌似乎較為合理。可是在深具資訊優勢和政經影響力的少數族群的反市場心理操作下，當時新臺幣匯率不跌反升，在外匯市場交易量迅速放大的情況下，新臺幣兌美元之銀行間美元即期收盤匯率之月平均值從三月份之 1 美元兌 30.699 元新臺幣升值至四月份之 30.490 元新臺幣。當時新臺幣的升值，亦對臺股的升勢一時間產生推波助瀾的效果。臺股指數之收盤在短短的 11 個交易日內，從三月二十日的 8,536.05 點升至四月五日的 10,186.17 點，其後並曾於四月六日盤中升至10,328.98 點。不料，未幾新臺幣匯率與臺股指數即雙雙迅速下跌，至民國九十年十月新臺幣兌美元之月平均值貶值至 34.549，而臺股指數則於九十年十月三日跌至自民國八十二年二月一日以來的最低收盤 3,446.26 點 (請見圖 4-2) ❼。

　　為了瞭解當時臺灣股市與匯市不合理變化與大眾媒體的報導之間的可能關係，本書特別將民國八十九年三月二十日起至四月五日《工商時報》和《經濟日報》相關的標題彙整如後，以資參考。首先在《工商時報》上所刊登的標題，

---

❼　資料來源同❺。

❼　請見李伯岳，〈影響期貨交易之環境因素其適法性析疑〉，「證券暨期貨市場法務與案例」23 期研討會，證券暨期貨管理委員會主辦，臺北，91/10/28 至 91/10/31；本部分股市之資料來源同❺，匯市之資料來源為中央銀行網站 (http://www.cbc.gov.tw/)。

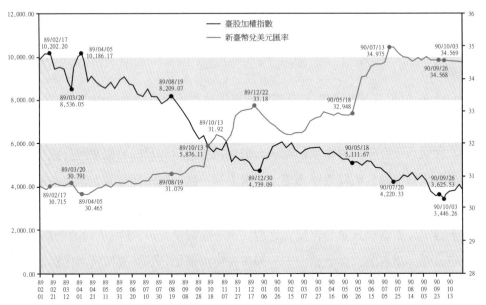

◎ 圖 4–2　臺股指數與新臺幣匯率對照圖（民國八十九年二月至民國九十年十月）

依時序的先後包括：①「廠商散戶搶購美元，匯市昨爆 14.5 億美元天量，終場新臺幣守穩 30.8 關卡；外資匯入 5 億美元；捍衛匯市，央行說到做到」、「外銀：央行子彈充裕，至少可守到年底；廠商現階段若非屬必要買賣，應暫時靜觀其變，不需增加避險的外匯部位」、「於貽勳：阿扁做總統，外資不緊張，臺股不會崩跌」、「經驗法則：整理期間，布局最佳時機」、「摩根等知名外國券商：臺灣國家風險未升高；四外商：臺股維持長多格局」、「經濟部：經濟震盪五月回穩」、「經建會：臺股仍會再見萬點」❼❻；②「總統選後，陰霾暫除，臺股飛越 9,000，新臺幣恢復元氣；股市大演挺扁謝票行情，集中市場暴漲 468 點；匯市／新臺幣止貶回升，成交量減半」、「蕭美琴、呂東英出席怡富越洋電話會議，強調民進黨一直非正式地與大陸保持互動；新政府將讓市場力量主導股市」、「外資看臺股，明年挑戰 12,500 點；分析師指出，未來六至十二個月，將出現大漲行情」、「基金經理人：臺股有機會重登萬點」、「新臺幣勁升 5.3 分，央行告捷；

---

❼❻　《工商時報》，89/03/21，第一、二、三、五版。

某家銀行來不及反應，高買低賣，兩日內損失新臺幣 4,000 萬元」、「外銀：總統就職前仍有變數；出口商可逢高拋美元」**⑰**；③「二月份工業生產指數年增率 18%，資訊電子工業成長 33.9%，均創下近年來單月最高；製造業景氣，成長力道強勁」、「摩根士丹利大幅提高中國自由指數權值至 8.1%，多檔香港紅籌股納入，五月三十一日後生效；臺灣權值比重則提高為 18.5%」、「臺股權值提高，外資將持續投入」、「摩根添惠：臺股可能跌破 8,000，惟隨著民進黨臺獨黨綱討論修正，此預測或許嫌悲觀」、「外資撤資？沒有的事！整體外資昨買超 52 億元」、「不安心理消除，外資大舉匯入；單日匯入金額昨創近期大量，新臺幣有機會回復緩升格局」**⑱**；④「外資持續匯入，M2 微揚」、「三大法人同步買超共逾 111 億元」、「股市投機氣氛將遭壓抑，短線過熱今日難免震盪，惟多頭趨勢不變，具基本面強勢股可望續強」、「反彈急又快，外資演出軋空行情秀；估錯情勢賣錯時機，趕著回補卻只能望漲停興嘆」、「股市紅透半邊天、出口旺旺、經濟穩步向前；二月對策信號，逼近黃紅燈」、「失業率可望急轉直下；勞動參與率每下愈況，是一大隱憂」**⑲**；⑤「路透社最新調查顯示：多數亞洲券商看好今年亞洲股市，尤以韓股潛力最佳；臺股今年突破萬點，非夢事」、「大選過後連續升值，新臺幣總計升了 2.27 角；彭淮南：搶匯投機客這回虧大了」、「升息與股市沒必然關係（彭淮南）」、「大盤跌、外資搶：臺股猛漲不敢追，眼看新錢將到位，下週漲勢若稍歇，更多買盤會進場；（外資）昨買超 92 億元，最愛電子股」、「週線拉長紅，蓄勢挑戰前高點；下週量能若續增，萬點套牢籌碼化解，有助指數上攻」、「外資帶頭衝，三大法人同步買超；買進集中半導體、三高電子、通訊網路等族群」**⑳**；⑥「國內接單、海外生產比率降至新低；經部：二月份降至 12.6%，由於留在國內的產能比重上揚，將有利提振國內經濟

---

⑰　《工商時報》，89/03/22，第一、二、三版。

⑱　《工商時報》，89/03/23，第二、三、九版。

⑲　《工商時報》，89/03/24，第二、三、六版。

⑳　《工商時報》，89/03/25，第一、二、三、十三版。

景氣」、「資金未到位，外資難為無米炊，持續看好臺股，持股比重雖多，還會再買進」、「除權行情還能漲個四成，約 30 家上市櫃公司是標的，上櫃股更被看好，外資現在進場仍不晚」、「兩岸關係峰迴路轉，資金順勢而出；市場資金行情發酵，法人普遍看好半導體、通訊網路、三高電子股三大族群」**❻**；⑦「股市熱，一月信號修正為黃紅燈；二月回復綠燈，領先指標、同時指標持續攀升，顯示景氣仍看好」、「廠商預期景氣，持續樂觀者逾四成；經建會：景氣將持續擴張，物價略有警訊，惟不致出現通膨」、「《亞洲華爾街日報》：陳水扁改革形象，激勵外資；預期將加速金融自由化的腳步並掃除黑金，為外資帶來更多的商機；並認為 QFII 投資限制如取消，外資投資臺股將增加五成」、「摩根期指外資開始轉會作多；臺股期貨走勢續強，市場預估今仍有機會進一步攻堅，臺股後市高點可期」、「七電子股漲停，撐起臺股半邊天；台積電、聯電、宏電等權數份量重，貢獻指數達 166 點」、「短線心態終將錯失大波段行情」**❽**；⑧「外資淨匯入已逼近 290 億美元」、「外資移出星港，加碼臺韓，上週共買超 13 億美元」、「歷史天量，必有新高，臺股昨創第三大量，大盤續航力仍強」、「五二○就職前，萬點支票可望兌現；基本面樂觀、資金動能充足，法人咸認指數將再破萬，臺股可能攻占 10,393 高點」、「台經院：未來半年景氣，近六成廠商看好；強調總統大選後非經濟因素的干擾正逐步祛除，景氣復甦將帶動資金需求，第二季起利率可能緩步上揚」、「臺幣昨較前日升值 1.2 分，創一月五日來新高價；央行引導，今可望升破 30.60 元」**❽**；⑨「證期會：回歸基本面，股市更樂觀；外資及投信多認為可穩定兩岸關係，有助股市發展」、「臺股高檔震盪，土洋法人多空再戰；外資買，投信、自營商賣，後市觀盤重點留意今日大盤動向」、「四大基金調節持股金額有限」、「短期有壓，外資買盤稍緩；逢低承接續優電子股，咸認下跌空間不高」**❽**；⑩「匯市爆天量，新臺幣續走高；昨成交量 18.7 億餘

---

❻　《工商時報》，89/03/26，第二、三、十七版。

❽　《工商時報》，89/03/28，第二、三、四、十版。

❽　《工商時報》，89/03/29，第三、四、八版。

美元，刷新十二年半來記錄，彭淮南籲廠商平時要避險否則會吃虧」、「國安基
金下月十日後退場，顏慶章表示，投入 541 億元護盤，四月八日會商退場時機」、
「三月製造業產量成長 9.78%；經濟部預測，化學材料業居冠，首度超越半導
體業」、「外銀：近期新臺幣將穩中走堅，不會立即升破 30 元，惟出口商仍應逢
高賣美元避險」、「央行引爆天量（買美元），下週將陷入盤整」❸；⑪「MSCI 調
高臺股權值比重效應，新臺幣升值壓力加劇；摩根士丹利添惠公司研究指出，
可吸引 11 億美元外資進入臺股」、「閣揆人選爭議、那斯達克重挫、外資反手賣
超；臺股內憂外患，短線回檔壓力加重」、「減碼網路股，外資賣超 42 億元；投
資科技股心態雖修正，但臺股本質強健，回檔不致太深」、「美系法人在摩根期
指市場大舉放空，臺指期貨弱勢，後勢未悲觀」、「國安基金退場，擬直接釋股，
實際投資 541 億元，獲利約 70 億元，對股市衝擊有限」、「第二季全球投資展望，
亞股當紅，眾望所歸；受邀經理人一致看好日、韓及臺灣表現，印度股市可望
成黑馬，潛力看俏」、「押寶股票型基金，有志一同」、「新興市場臺、港、韓三
足鼎立；電訊、網路及軟體類股錢潮簇擁」、「資金寬鬆、臺股萬點指日可期」❻；
⑫「升值 4.1 分，新臺幣創二十九個月新高；受日圓升值影響，外銀、出口商
大舉拋匯，昨收 30.449 元，成交量爆增至 3 億美元」、「利多壓過利空，股市重
登萬點；資金回流電子股，週量創新高，清明節後可望挑戰 10,393 高點」、「於
貽勳：漲多回少，臺股持續上升格局，繼此波衝上萬點後，下波高點應在年底；
美股重挫，有利資金流入亞洲」、「荷銀證券研究部總經理柯良翼：新臺幣將朝
升值趨勢邁進；光華投信基金經理人：電子、塑膠業是臺股未來投資主軸」❼；
⑬「法人看法：電子股領軍，第二季萬點上攻非夢事」、「新政府就職前，利多
大放送」、「首季基金操作績效，股票型最風光」、「那斯達克重挫；外資券商、

---

❽   《工商時報》，89/03/30，第三版。
❺   《工商時報》，89/03/31，第一、二版。
❻   《工商時報》，89/04/01，第一、三、十、十三版。
❼   《工商時報》，89/04/02，第一、三版。

國內法人：對臺股影響不大，短期內雖有心理面衝擊，惟具有實質基本面電子股，應該禁得起考驗」、「出口貿易暢旺、外資持續匯入，新臺幣六月底前將升破 30 元」 **❽❽**。

　　其次，所彙整的是在同一期間《經濟日報》的相關標題：① 「股匯市料將退守，外資可能退場；財部央行合組專案小組將維持市場穩定，四大基金隨時進場護盤」、「緩和政治變天衝擊，股市跌停板幅度，今起降為 3.5%；財部昨晚緊急宣布，漲停板幅度維持 7%，期間暫訂兩週，櫃檯及期貨市場比照辦理」、「政院今動員國安、四大基金及銀行團護盤」、「專家：政盪，短線將受衝擊，加權指數 7,800～8,200 之間可望發揮較大支撐，中長期可布局」、「外資：政盪不影響多頭格局；華寶：如跌破 8,000 是很好買點；美林：未建議客戶賣出；券商：投資人宜觀望；投信：短期衝擊難免」 **❽❾**；② 「股市翻紅，外資反向賣超逾 70 億元；國外基金出現贖回賣壓，台積電賣超即達 13,702 張，換股操作傾向轉買小股本股票」、「國安基金昨天沒動作，今補充 1,500 億元資金，等新政府成立再進場調節」、「外資擁入一波波，兩天來淨匯入 4,000 萬美元」、「搶匯退燒，資金回流股市，買匯將趨和緩」、「股市翻紅，匯市投機客臉綠了；匯價走穩，央行順勢推升，近來大買美元 NDF 的人慘遭套牢」、「新臺幣升值 5.3 分，近一個半月來最大升幅，成交量約前天一半」 **❾0**；③ 「外資昨買超 52.74 億元；摩根士丹利將調高大陸權值比重，不影響外資對臺股加碼」、「技術指標偏多，有上攻機會；上檔面臨 9,300 點反壓，不易過關，康和證認 9,000 點以下擇股買進」、「兩岸關係趨緩，回檔已深，政治變數釐清，投資人信心恢復，法人預估六月再攻萬點」、「回歸基本面，逢回加碼」 **❾1**；④ 「今年以來，外資買超 1,580 億元，證期會昨核准 7,500 萬美元投入股市」、「國安基金持股，可能設基

---

❽❽　《工商時報》，89/04/03，第十三版；89/04/04，第十三版；89/04/05，第四、九版。

❽❾　《經濟日報》，89/03/19，第一版；89/03/20，第一、三版。

❾0　《經濟日報》，89/03/22，第三版。

❾1　《經濟日報》，89/03/23，第十四、十九版。

金出售，財部有意仿香港，但也不排除在市場上直接賣出」、「法人昨買超 110 億元，多頭士氣大振；惟三天反彈逾千點，今將面臨獲利回吐賣壓，多空交戰將趨激烈」、「(股市) 即將否極泰來」 ❷；⑤「臺股反空為多，外資昨買超逾 108 億元，對後市看法漸趨一致，軋空行情可能提前上演」、「6,966 億元：元月商業營業額創新高，國際貿易業成長 22.83% 居首」、「握大量美元者，宜早出脫；匯率波動風險已超過美元存款利差，出口商應小心逐步賣出」、「散戶入住美元套房，外銀建議可改存美元帳戶或購買海外基金」、「除權行情在即，電子股布局此其時」、「融資未暴增，股市有上漲空間」 ❸；⑥「股市下月中旬可望挑戰萬點；專家預估配合除權行情提前發動外資搶補等利多，新總統就職前可能突破前波 10,393 高點」、「投信：行情漸回歸基本面，後市重心仍在 DRAM、IC、通訊及三高股」、「中下游加工廠購料意願轉趨強烈，流通市場行情上揚；鋼鐵業下季獲利更出色」、「新臺幣可望繼續挺升；央行是否會在逼近 30.6 元時再進場干預，是重要觀察指標」 ❹；⑦「台積電聯電本月營收將創新高」、「二月領先指標降 0.2%，經建會指暫時回檔，景氣仍持續擴張」、「景氣穩定擴張」、「挑戰萬點，電子類股是關鍵；外資買超縮減短線獲利回吐壓力升高，今可能形成多空籌碼大換手震盪局面」、「電子股第二季除權行情可期，兼具業績高成長與除權二大熱門題材，專家預測續漲空間大」 ❺；⑧「臺股可望納入金融時報指數；三月底或四月初舉行會議，臺股若中選將掀起歐系資金來臺熱潮」、「法人買賣策略漸趨分歧：外資買超，投信自營商賣超，退撫勞退基金開始調節」、「挑戰萬點，多空將有激戰」、「2,926 億元成交攀歷來第三高，量先價行，投信稱若政治環境穩定，指數可望再上層樓」 ❻；⑨「股市可望續走多頭，專家多持中性樂觀看法，建議逢低擇優進場」、「匯市上演慶祝行情，收盤前爆量急升，新臺

---

❷　《經濟日報》，89/03/24，第十三、十九版。

❸　《經濟日報》，89/03/25，第四、五、二十一版。

❹　《經濟日報》，89/03/26，第一、十版；89/03/27，第六版。

❺　《經濟日報》，89/03/28，第一、六、十九版。

❻　《經濟日報》，89/03/29，第一、十三、十九版。

幣對美元收 30.531 元，升值 7.4 分」、「法人多空分歧，僅外資買超；投信自營商和四大基金調節，顯見有季底績效及作帳賣壓」、「三高電子股穩步邁向除權，選前融資水位下降股價逆勢走高，顯示法人已提前布局」、「多頭格局未被破壞，專家建議仍可低接」、「攻上萬點，須逾 2,000 億元能量；專家說關前回吐反壓加重，今天可能傾向類股或有題材個股表現」 ❼；⑩「匯市爆巨量，新臺幣升破 30.5 元，成交 18.75 億美元，十二年來最大，盛傳央行干預逾 10 億美元」、「外資還可匯入 2,306 億美元，須防衝擊股匯市；至二十四日累計淨匯入 294 億美元創新高，外資投資特定產業應有限制」、「升值效應：經濟有泡沫化隱憂，學者擔心預期心理濃厚，套利資金擁入，傳統產業將受重創」、「升值效應：股市資金行情蠢動，看歷次經驗，新臺幣大升後，臺股漲幅都相當驚人」、「萬點得而復失，人氣仍有利多；金融股電子股續有上漲空間，若未爆量逾 3,000 億元收黑，大盤攻堅可期」 ❽；⑪「七大法人同步賣超，股市開高走低；外資、投信、自營商合計賣超 67 億元，四大基金約 44 億元，專家認係短線調節」、「新臺幣將升值，出口商快避險；外銀主管建議儘快出脫美元，不排除新臺幣五月前將向 30 元關卡挺進」、「選前忙搶匯，現在賠慘了，因應新臺幣走強，持有美元者不妨轉進海外基金彌平匯損」 ❾；⑫「股市重登萬點，週量 1.49 兆元創新高；量先價行，突破前波高點 10,393 指日可待，半導體、高權值、通訊三族群可列入選股標的」、「投信券商看好第二季行情，五月二十日前的政治空窗期，有利除權行情發酵」、「本報股價指數創今年新記錄，漲幅領先加權股價指數，根據經驗，股市本週可望續漲」、「兩次總統大選，搶匯者成大輸家；新臺幣近日升值力道強勁，每買 10,000 美元現鈔，已約賠掉新臺幣 5,200 元」、「新臺幣昨升值 4.1 分，成交量出現週末少見大量」、「股市價揚量增，證交稅大豐收，上月累計 150 億元，為八十六年八月以來最高記錄」 ❿；⑬「景氣樂觀，仍需

❼　《經濟日報》，89/03/30，第四、十三、十九版。

❽　《經濟日報》，89/03/31，第一、三、十九版。

❾　《經濟日報》，89/04/01，第一、五版。

審慎觀察」、「第二季股市,可望有表現空間」、「第二季高點應在 12,500 點,外資加碼及融資餘額增加,股市漲升兩大力道」、「密集除權,有助行情推升; Fed 調息疑慮、國安基金退場將不利大盤」、「資金行情蓄勢待發,游資指標大增,股市動能充沛」❶。

　　將前述《工商時報》和《經濟日報》的標題予以彙統後可知,關於臺灣股市的有一百十四個,關於新臺幣匯率的有二十九個。在《工商時報》方面報導臺灣股市的六十一個標題中,四十六個 (75.41%) 從字面上解讀是看好臺股或臺灣經濟的,看壞的標題僅五個 (8.20%),屬於中性或好壞俱呈的計十個 (16.39%);關於新臺幣匯率,可視為看好新臺幣兌美元匯率升值的標題共十四個 (87.5%),看貶新臺幣匯率的一個 (6.25%),屬於中性報導的也是一個 (6.25%)。《經濟日報》方面與臺灣股市相關的標題總數為五十三個,其中可視為看漲臺股的三十五個 (66.04%),看跌的三個 (5.66%),屬中性或好壞俱呈的十五個 (28.30%);在匯市上,有十一個 (84.62%) 標題的內容易使讀者與新臺幣匯率後勢看漲產生聯想,一個 (7.69%) 可視為看貶新臺幣匯率,至於剩下的一個 (7.69%) 可作中性解讀。將兩個報紙的相關標題合併統計:看好臺股的八十一個 (66.04%),看壞的八個 (5.66%),屬於中性的二十五個 (28.30%);看漲新臺幣匯率的二十五個 (86.20%),看貶的二個 (6.90%),看法中性的二個 (6.90%)。

　　如果以上所引述的《工商時報》和《經濟日報》幾乎是大幅看好臺灣股市和匯市的報導能夠反映當時整個大眾媒體的氣候的話,我們自然很容易瞭解為甚麼會有難以計數的市場參與者在那一段期間會瘋狂地競逐於臺灣股市和新臺幣匯市之中,並且為臺灣的股匯市創造了歷史性的交易量。遺憾的是,依照臺灣股市和匯市的後續發展,這些在當時買臺股、追新臺幣的人很可能都落得賠錢或套牢的悽慘結局。正如同本書中所強調的異乎尋常的大量交易,代表買、賣雙方對市場後勢的判斷意見強烈相反。如果最終受損的買方是因為受媒體報

❶　《經濟日報》,89/04/02,第一、三版。

❶　《經濟日報》,89/04/03,第二、十八版;89/04/05,第十三版。

導的影響而去買，那麼最終獲利匪淺的賣方難道是一群看不懂報紙的人嗎？肯定不是的！他們必然擁有在大眾媒體以外的，更為專業的資訊來源和政經網絡，這些專業資訊的擁有固然不乏是源於經年累月的努力，當然也不排除是基於內線消息的可能性。再者，依據後來臺股指數暴跌和新臺幣匯率劇貶的事實，再回過頭來看當時政府官員所表示的意見和相關平面媒體大幅偏好的報導，不禁令人疑惑這樣重大的差異究竟是難得一見的巧合？抑或是當事者專業判斷水準尚待加強？或者是其他的可能因素？讀者看了應當有所感想吧！

2. 民國九十三年二月至三月

從前波谷底經歷近十七個月漲勢後，臺股指數於九十三年三月四日以 7,034.10 創下近三年半來的單日收盤新高[102]。當時雖然面臨總統大選的不確定性，但從本書所選擇之兩種報紙報導的大體內容來看，在九十三年二月及三月大選前的一段時間，臺灣股市的氣氛基本上還是偏向於看漲臺股的。

進一步，讓我們看一下當時報紙刊載了哪些的標題或說明。在《工商時報》的部分，偏多的報導如：「臺股 6,000 有撐；法人：大漲小回格局未變」[103]；「花旗：今年投資股優於債；看好新興市場、亞洲行情，應以區域型基金介入」[104]；「資券升溫，散戶歸隊，臺股續攻 6,400；融資、券同步攀升，中長多可期」[105]；「貨幣總計數攀升，股市銀彈充沛；選前政策偏多，指數挑戰波段新高」[106]；「景氣復甦趨勢確立，搭配雄厚資金潮流，衝破 6,484 點關卡不難」[107]；「外資匯入快又猛，臺股添柴火」[108]；「短線拉回整理，股市長期仍往上」[109]；「臺股上攻，銀彈充沛」[110]；「FTSE 與道瓊指數合作，年底推出股票新分類系統；臺

---

[102] 　資料來源同[5]。

[103] 　《工商時報》，93/02/04，第四版。

[104] 　《工商時報》，93/02/06，第九版。

[105] 　《工商時報》，93/02/08，第一、二版。

[106] 　《工商時報》，93/02/09，第二、二十五版。

[107] 　《工商時報》，93/02/10，第二十五版。

[108] 　《工商時報》，93/02/12，第二版。

[109] 　《工商時報》，93/02/13，第二十五版。

股可望吸引全球資金加碼; 於貽勳: 漲勢健康未失控, 臺股多頭才開始」**⓫**;
「臺股週線連二紅, 週成交值 9,139 億元為近期大量, 法人認為: 後勢震盪,
唯量是問」**⓬**;「朱成志: 臺股選前有壓, 選後大好」**⓭**;「MSCI 若調升臺股權
重, 外資加碼將逾兆元; 投信: 三月臺股, 7,000 點在望; 余逸玫: 除權行情,
選後開始加溫」**⓮**;「臺股衝衝衝, 漲幅冠全球; 今年迄今漲升 14.5%, 後市不
看淡」**⓯**;「富邦金重押股市房市; 蔡明興: 亞股將有三年榮景; 14 家專業投
資機構看好臺股後市; 投資專家大預言: 選前小回, 選後大漲; 推動綠色矽島,
政院再砸 4,000 億」**⓰**;「6 兆游資亂竄, 股債齊揚, 臺股市值首度突破 15 兆元;
歷史第五大, 外資昨買超 151 億; 選前只會大漲小回, 選後挑戰 8,000 大關;
法人: 基本面有利, 多頭格局不變; 景氣復甦, 類股輪漲, 波段操作, 選股作
多; 價量若配合, 行情繼續挑戰 7,488 點; 總統大選前, 可望維持多頭走勢」**⓱**;
「歐美資金轉進臺股, 外資買超創單日新高」**⓲**;「中長多不變, 權值股可適度
壓寶」**⓳**;「資金洪潮、景氣復甦兩大力量推升, 高股價時代悄悄來」**⓴**;「護
盤味濃, 選前仍有高點可期」**㉑**;「施惠國: 選前急挫, 加碼良機; 顏鏘浚: 中
線續走多, 個股拼場重於大盤」**㉒**;「選前觀望, 選後拉回可逢低布局」**㉓**;「技

⓾　《工商時報》, 93/02/15, 第一版。

⓫　《工商時報》, 93/02/20, 第二版。

⓬　《工商時報》, 93/02/21, 第十七版。

⓭　《工商時報》, 93/02/23, 第二版。

⓮　《工商時報》, 93/02/27, 第十八、二十五版。

⓯　《工商時報》, 93/02/29, 第二版。

⓰　《工商時報》, 93/03/01, 第一、二、四版。

⓱　《工商時報》, 93/03/02, 第一、十八、二十五版。

⓲　《工商時報》, 93/03/03, 第一版。

⓳　《工商時報》, 93/03/04, 第二十五版。

⓴　《工商時報》, 93/03/09, 第二十五版。

㉑　《工商時報》, 93/03/10, 第二十五版。

㉒　《工商時報》, 93/03/11, 第二十五版。

㉓　《工商時報》, 93/03/12, 第二十五版。

術拉回，整軍衝刺；長線看多，量能一旦縮至千億元以下，可進場布局；林秋瑾：選前跌深，選後補漲力道將更強」❹。

　　在偏空的方面，《工商時報》亦有如下的標題或報導：「期指轉弱，短打為要」❺；「臺股可望止跌；大盤受制 6,400 點壓力，短線不易出現大漲行情」❻；「6,210 點上漲迄今，應屬去年波段延伸；短期上檔有限，守勢為佳」❼；「（元大京華投顧協理）田興本：融資餘額破 3,000 億，臺股短線不追高」❽；「愈接近大選日，買盤縮手愈明顯」❾；「李旭東：7,200 壓力重，急漲宜落袋為安」❿；「衝關利道全開，只怕選舉空氣：……至於空方因素上，漲多是最大的利空，加上散戶大幅進場使得籌碼趨亂，獲利了結回吐賣壓可能使股市陷入修正，此外，多數投顧認為選前的政治干擾及雜音相當多，為股市埋下不確定因子（文：陳淑泰）」⓫；「元富證券：選前逢高減碼，持股最好五成以下」⓬。

　　至於在《經濟日報》方面，在該段期間偏多的報導如：「臺股二月，資金行情可望延燒；外資將持續匯入，電子與資產升值股將是兩大布局主軸；金融塑化電子漲相水噴噴」⓭；「開發：新臺幣緩升，臺股看好；匯市挑戰 32 兌 1 美元，股市高位於 7,500 到 9,100 點；期指追價力道轉趨保守；低檔買盤仍然強勁，顯示動能充沛，宜偏多操作；外資將加碼大摩成分股；資金行情熱，臺股二月不看淡」⓮；「臺股元月發威，券商獲利亮眼；臺股資金行情，本月仍有可為」⓯；

---

❹　《工商時報》，93/03/16，第二十五版。

❺　《工商時報》，93/02/04，第二十一版。

❻　《工商時報》，93/02/05，第十七版。

❼　《工商時報》，93/02/11，第二十五版。

❽　《工商時報》，93/02/15，第二版。

❾　《工商時報》，93/02/25，第二十五版。

❿　《工商時報》，93/03/04，第二十五版。

⓫　《工商時報》，93/03/07，第十七版。

⓬　《工商時報》，93/03/08，第二十五版。

⓭　《經濟日報》，93/02/01，第三、九版。

⓮　《經濟日報》，93/02/02，第十八、二十六、二十七版。

⓯　《經濟日報》，93/02/04，第二十六、二十七版。

「黃桂新：政策作多，有利金融股」❻；「臺股漲相十足，本週可望突破 6,484 點；
錢進股市，土洋資金別苗頭；選股取向不同，但可望引發比價效應助漲臺股；
專家看臺股，大行情可期；於貽勳樂觀資金動能，湯建源看好資產股，廖繼弘
上看 7,500 點」 ❼；「大盤底部墊高，可進場布局；金融傳產航運電子各領風
騷」 ❽；「站穩十年線，臺股大多頭列車啟動」 ❾；「僑資湧進卡位，臺股爆量
逾 2,000 億；資金狂潮洶湧，外資買超逾百億，2 兆元債券基金蠢動，專家看好
選後行情；杜英宗：臺股上看 8,000 點」 ❿；「本報選前行情調查：逾七成證券
專家，看好大選行情」 ⓫；「彭淮南：外資大舉匯入，主要投資股市；葉清海：
臺股大選前上看 7,000 點；選舉資金景氣三要素結合，行情欲小不易，選後有
機會上攻 7,800 點；三大期指結算價，創近年新高」 ⓬；「台塑集團今年營收挑
戰 1 兆元；主計處：今年經濟成長率上修為 4.74%」 ⓭；「聯合投信：三月臺股，
漲升機率高；資金充沛加上大選日期逼近，執政黨應會全力營造股市榮景」 ⓮；
「外資狂買，化解指標過熱疑慮；二日合計買超 345 億元，專家評估選前有機
會挑戰 7,500 點」 ⓯；「台積電聯電前兩月營收亮麗；法人預估下季產能可望持
續滿載，獲利大幅成長；宏碁上月營收勁揚 73%」 ⓰；「富邦投顧：6 兆活存可
望轉進股市；外資昨反手賣超，但無出場疑慮，本月買超金額可創新高；（聯邦
期貨總經理）韋月桂：分批分日，布局作多」 ⓱；「富邦金看好臺股加碼投資；

❻　《經濟日報》，93/02/07，第十八版。
❼　《經濟日報》，93/02/08，第一、三版。
❽　《經濟日報》，93/02/08，第九版。
❾　《經濟日報》，93/02/10，第三版。
❿　《經濟日報》，93/02/13，第二版。
⓫　《經濟日報》，93/02/18，第二版。
⓬　《經濟日報》，93/02/20，第二、二十六版。
⓭　《經濟日報》，93/02/21，第一版。
⓮　《經濟日報》，93/02/28，第十八版。
⓯　《經濟日報》，93/03/03，第二十五版。
⓰　《經濟日報》，93/03/10，第二十五版。
⓱　《經濟日報》，93/03/11，第二十六版。

景氣好轉大盤上看 8,000 點，房市同步復甦，將加強投資不動產」❽；「（國際投信副總經理）王錦樹：上攻 8,000 點機會大」❾。

與《工商時報》類似，同一期間《經濟日報》偏空的報導在數量上顯然亦較少，以下數則可為其代表：「6,500 點賣壓沉，金融股成箭靶」❿、「月線連三紅，指數收最高點有望攻堅，但乖離率過大，投資人逢高宜找賣點」⓫；「馬德里驚爆，歐美股市重挫；道瓊跌光今年漲點，歐股創十個月來最大跌幅」⓬；「恐怖主義，陰霾籠罩，外資抽腿，臺股收黑，新臺幣驚跌；南韓彈劾總統，股匯市重挫；經建會：南韓政爭，衝擊臺灣經濟；昨賣超 196 億元，匯出逾 5 億美元，金融行情如劇烈波動，央行將採措施穩定市場；融資激增，7,000 點成大套房；融資餘額近 3,500 億元；投顧認成交量不升至 1,800 億元，短線難脫盤整；196.16 億，外資賣超創新高；歷史經驗，大賣超後一季行情多下跌，短線面臨整理；……融資餘額居高不下，顯示散戶搶短意味濃」⓭；「四大期指齊跌，逆價差擴大；量價背離，不利強攻」⓮；「期市空方掌握優勢；（股市）短多走勢遭破壞」⓯。

本於基本上偏好的市場氣氛，民國九十三年二、三月份臺股的交易量及換手量均明顯增加，買、賣雙方的歧見強度增加。後因三月二十日突發的兩顆子彈事件，使臺股指數從三月初的高點在選後一週爆跌至近 6,100 點，爾後更於同年七、八月間跌至約 5,200 點水平而交易量亦急縮後才重展升勢。當時因受外在樂觀看法影響而在高檔買進的短多，如果因隨後股市的劇跌心生恐懼而認賠殺出，自然就又成為資訊不對稱下的犧牲者。反之，那些在選前機警地在高

---

❽　《經濟日報》，93/03/16，第五版。

❾　《經濟日報》，93/03/19，第二十六版。

❿　《經濟日報》，93/02/12，第二十六版。

⓫　《經濟日報》，93/02/29，第一版。

⓬　《經濟日報》，93/03/12，第一版。

⓭　《經濟日報》，93/03/13，第三、十八版。

⓮　《經濟日報》，93/03/16，第二十六版。

⓯　《經濟日報》，93/03/17，第二十六版。

檔賣出並在選後臺股急跌時低價回補而獲利頗豐的「搶帽客」，其所憑藉的究竟是獨到的判斷能力，抑或是獨有的消息來源，實不乏令人玩味之處。

3. 民國九十六年六月至七月

民國九十六年年中，整個臺灣股市在長達近三年的漲勢後，市場的氣氛十分樂觀。從表象上來看，內外經濟情勢一片大好，島內游資充沛，政府政策有利臺股後勢發展，而因總統大選的來臨而看多股市的更是不乏其人。民國九十六年七月，臺股加權指數歷經逾七年的時間再次挑戰萬點大關，股市成交量更創造歷史記錄。回顧一下當時主流財經媒體《經濟日報》和《工商時報》的相關報導，不難瞭解當時股市中競逐高價的買方，所體會和認知的是怎麼樣的外在環境。

在民國九十六年六月至七月間，《經濟日報》有相當多的報導呼應了外在的股市熱潮，以下即為當時該報所刊的一部分屬於看多的標題：「選情撐腰，Vista 發酵……中概科技股下半年人氣旺」 **⒖**；「三大利多，後勢看多」 **⒗**；「張松允（期貨天王）：5,000 億資金不走，瞄準臺股」 **⒘**；「胡曼玲（寶來投信股票投資研究處副總）：成交量飆高，多頭人氣旺，資金轉進，臺股續攻堅」 **⒙**；「陸股最大外資重金押臺股」 **⒚**；「亞洲基金市場，摩根搶進，商機高達 1.2 兆美元，兩年內將在中臺韓推出個人基金管理服務」 **⒛**；「臺股基金紅不讓」 **⒜**；「電子景氣四巨頭叫好；全球股票型基金狂賣；臺港星下半年還會活跳跳」 **⒝**；「王牌分析師看好臺股；臺股多頭旺，年底看 9,000」 **⒞**；「金融股啟動補漲行情；中

⒖ 《經濟日報》，96/06/04，第 C1 版。

⒗ 《經濟日報》，96/06/09，第 B1 版。

⒘ 《經濟日報》，96/06/10，第 A3 版。

⒙ 《經濟日報》，96/06/10，第 B1 版。

⒚ 《經濟日報》，96/06/12，第 A1 版。

⒛ 《經濟日報》，96/06/12，第 B4 版。

⒜ 《經濟日報》，96/06/13，第 B4 版。

⒝ 《經濟日報》，96/06/14，第 A1、B4、B5 版。

⒞ 《經濟日報》，96/06/15，第 A3、B3 版。

研院：今年經濟成長上修至 4.46%；臺股多頭年，第三季看漲」❿；「柯建維（國際資產管理公司——ANC Capital 大中華區執行長）：營建資產中概，下季三箭頭；看好明年總統大選前突破 10,328 高點」❿；「融券近百萬張，軋空行情蠢動；臺股基金績效規模齊揚」❿；「搶搭臺股熱，ETF 傘型基金報到」❿；「央行夠猛，新臺幣爆量狂飆 1.74 角；升值大戲連演三天，會漲到哪裡根本無法預測……」❿；「邱榮澄：2,000 億資金灌注臺股；政策作多，均線上揚，資金簇擁，緩步盤堅；外資狂買，多頭氣勢不墜」❿；「臺股基金有賺頭；新光投信：政策作多、外資點火，大盤登高有望」❿；「胡曼玲：政府強力作多，外資源源不絕，內外資合推，欲小不易」❿；「上月臺股基金績效奪冠，MSCI 調高權重效應發酵，漲幅達 7.92%」❿；「臺股衝萬點，金銳盡出；金融保險股除息行情啟動，政府加速金融整併，將掀併購題材」❿；「臺指期未平倉量暴增逾 6.1 萬口，史上最大；臺股攀高，外資跟著跑；花旗環球：年底高點 9,550；瑞信證：有望上看 12,700」❿；「央行力阻資金外流奏效……臺股一個半月漲 14%，市值增 2.8 兆；臺股紅到爆，ETF 掀熱潮」❿；「葉公亮：臺股本季可衝破萬點，短線過熱恐整理，但無礙中多走勢」❿；「加碼愛臺股，壽險業賺到翻；外資匯入，臺股動能未歇」❿；「法人熱場，沸點還沒到；專家：籌碼安定，類股良性輪漲，

❿ 《經濟日報》，96/06/16，第 A1、A7、B2 版。
❿ 《經濟日報》，96/06/17，第 A1 版。
❿ 《經濟日報》，96/06/21，第 A2、B4 版。
❿ 《經濟日報》，96/06/22，第 B3 版。
❿ 《經濟日報》，96/06/23，第 A2 版。
❿ 《經濟日報》，96/06/24，第 A3、B1 版。
❿ 《經濟日報》，96/06/27，第 B4 版。
❿ 《經濟日報》，96/07/01，第 B1 版。
❿ 《經濟日報》，96/07/03，第 B5 版。
❿ 《經濟日報》，96/07/05，第 C2 版。
❿ 《經濟日報》，96/07/06，第 A1、C2 版。
❿ 《經濟日報》，96/07/10，第 A2、B4 版。
❿ 《經濟日報》，96/07/12，第 B4 版。

帶動底部越墊越高」❼⓿；「朱成志：臺股三部曲剛上演——多頭首部曲：跨越萬
點；二部曲：總統大選期間拉抬；三部曲：最後攻勢看中資演出」⓿；「股市熱，
臺股基金一暝大一吋，上月規模較五月劇增 578 億元，成長兩成；下半年行情
不容小覷，布局臺股，傳產電子兩路進攻」⓿；「美股超級財報，臺股重量法說，
萬點攻頂，本週有機會；臺股基金出枰，牛氣衝天；股匯連動，臺股持續偏多」⓿；
「臺股肥嫩多汁……太誘人；新臺幣續走升，股市可連動」⓿；「道瓊早盤衝破
14,000，美企業上季獲利優，工業生產大增，紐約股市受激勵創空前新高」⓿；
「謝金河：兩岸鬆綁，直奔 15,000 點」⓿；「1.5 兆元資金等著買臺股：MSCI 調
升權重，外資補足部位，資金大幅挹注；股民樂觀以待，除權除息資金可望回
流股市；匯率升值效應，滯留海外資金，平添臺股動能」⓿；「業績表現強勢，
中多行情可期，短線漲幅大，拉回再介入；資金行情，仍有看頭」⓿；「投信自
營商散戶資金湧進，融資金額今挑戰 5,000 億元；ING 投信看好臺股將衝上萬
點；500 億銀彈瞄準中概股」⓿；「迎萬點，號子等著開香檳；爆新天量，兵臨
萬點」⓿；「融資昨日暴增 106 億元」⓿；「程淑芬：期待利多；鍾隆吉：動能
仍強；陳忠瑞：上攻有望；IMF 今明年全球經濟成長上修至 5.2%」⓿；「權值

---

❼⓼ 《經濟日報》，96/07/13，第 A3 版。
❼⓽ 《經濟日報》，96/07/14，第 A3 版。
❽⓿ 《經濟日報》，96/07/15，第 A1 版。
❽❶ 《經濟日報》，96/07/15，第 A3、B3 版。
❽❷ 《經濟日報》，96/07/16，第 A3、B5 版。
❽❸ 《經濟日報》，96/07/17，第 A3、B4 版。
❽❹ 《經濟日報》，96/07/18，第 A5 版。
❽❺ 《經濟日報》，96/07/19，第 A3 版。
❽❻ 《經濟日報》，96/07/22，第 A1 版。
❽❼ 《經濟日報》，96/07/23，第 C2 版。
❽❽ 《經濟日報》，96/07/24，第 A2、A15、B1 版。
❽❾ 《經濟日報》，96/07/25，第 A2、C2 版。
❾⓿ 《經濟日報》，96/07/26，第 A5 版。
❾❶ 《經濟日報》，96/07/27，第 A3、A8 版。

股，外資丟，政府基金撿」❿。

在偏向看壞臺灣股市後勢上，該段期間《經濟日報》上的篇幅顯然較少，此類的報導包括：「（波士頓投資公司 GMO 董事長）葛蘭森 (Jeremy Grantham)：投資人，泡沫跡象就在你身邊」❿；「美次級房貸風暴波及優良貸款：災難擴大！整體房價三年內恐下挫 15%，衝擊股市及信用金融市場；美股二十四日大跌拖累亞股」❿；「賴欽夫：別搶反彈；美股早盤跌近 250 點」❿；「外資套利，把亞股當提款機：昨賣超臺股 624 億元，創單日最大量；在期貨大布空單，週一有再跌疑慮；黑色星期五，亞股驚聲尖叫」❿；「美股災情慘，上週跌幅五年最深；投資四年來首見，巴菲特賣中油股」❿；「臺指期砍倉壓力浮現」❿；「期市保證金追繳令齊發」❿。

同期間，《工商時報》上可解讀為看好臺灣股市的報導包括：「美股漲不停，道指今年上看 14,400 點；亞股基金，續抱安啦」❿；「（花旗環球證券臺灣區研究部主管）谷月涵：臺股年底衝 9,550」❿；「外資瘋臺股，買超 230 億；政策利多大放送，金融股出頭天」❿；「（國際大通董事長）林進隆：臺股年底前上看 9,200」❿；「外資大買，內資輸人不輸陣，作帳行情 20 檔浮出」❿；「政策拉雙率，態度很明顯；沈文成：萬點行情指日可待；基金等七種金融商品，退

❿　《經濟日報》，96/07/31，第 A3 版。
❿　《經濟日報》，96/06/15，第 A5 版。
❿　《經濟日報》，96/07/26，第 A8 版。
❿　《經濟日報》，96/07/27，第 A3、A8 版。
❿　《經濟日報》，96/07/28，第 A3、A5 版。
❿　《經濟日報》，96/07/29，第 A3 版。
❿　《經濟日報》，96/07/30，第 A3 版。
❿　《經濟日報》，96/07/31，第 A3 版。
❿　《工商時報》，96/06/06，第 A8、C3 版。
❿　《工商時報》，96/06/09，第 A2 版。
❿　《工商時報》，96/06/16，第 A1、A2 版。
❿　《工商時報》，96/06/17，第 A2 版。
❿　《工商時報》，96/06/19，第 B1 版。

撫基金可投資啦！熱錢鎖定臺股，未漲的好股都有機會」❷₀₅；「下半年臺、韓、星、馬股續強機率高」❷₀₆；「瑞銀：臺股短線滿足點還沒有到，指數如果順利攻上萬點關卡，本益比也才不過 15、16 倍；（呂張團隊投資總監）呂宗耀：臺股安啦！選股小優於大，多頭反轉訊號三缺一，融資增幅不大，多頭尚未結束」❷₀₇；「（摩根士丹利董事總經理）柯之琛：下半年臺股上檔空間非常大；唯有臺股，讓投資人很 High」❷₀₈；「資金行情、股匯同步，外資六月淨匯入 55 億美元」❷₀₉；「利空明朗化，又是高權值族群金融股外資捧在手心」❷₁₀；「（匯豐中華投資長）張鵬：下半年題材豐富，叩關萬點不是夢」❷₁₁；「外資全面看好臺股，良性輪漲電子主攻；7,600 億股息，Q3 潛在買盤」❷₁₂；「法人持續大買超，資金行情發酵，多頭如虎添翼；籌碼依然穩定，有助多頭持續強攻，融資餘額只有 3,172 億元，臺股市值擴大至 22 兆元後，成交量加倍也非常合理」❷₁₃；「配合營造政策利多，滿手現金伺機而動，攻萬點，四大基金銀彈上膛」❷₁₄；「臺股熱翻天，散戶搶搭順風車，基金投資人半年增 10 萬戶」❷₁₅；「臺股三資聚頂，好到明年三月：外資、內資、散戶融資，三方資金匯流；臺股週量兆亮萬點路：八十六年、八十九年兩度攻上萬點前，週量即先破兆元」❷₁₆；「週價量連五紅，突破兆元；僅差 6% 萬點衝關，最快下週攻堅」❷₁₇；「法人持續大買，多頭驚驚漲；量未失控，

❷₀₅ 《工商時報》，96/06/22，第 B2 版。
❷₀₆ 《工商時報》，96/06/26，第 C3 版。
❷₀₇ 《工商時報》，96/06/27，第 A2 版。
❷₀₈ 《工商時報》，96/06/28，第 B2、C1 版。
❷₀₉ 《工商時報》，96/06/29，第 B2 版。
❷₁₀ 《工商時報》，96/07/02，第 B2 版。
❷₁₁ 《工商時報》，96/07/04，第 B2 版。
❷₁₂ 《工商時報》，96/07/05，第 B2 版。
❷₁₃ 《工商時報》，96/07/08，第 C1 版。
❷₁₄ 《工商時報》，96/07/09，第 A3 版。
❷₁₅ 《工商時報》，96/07/10，第 C3 版。
❷₁₆ 《工商時報》，96/07/13，第 A3 版。
❷₁₇ 《工商時報》，96/07/14，第 A3 版。

尚無作頭疑慮」❶❽；「投資型保單千億轉抱臺股」❶❾；「瑞銀報告：臺股年底上看 12,000 點；外資史上首度喊出新高點，認為目前並無過熱警訊；七月以來，本土資金正式加入戰局，臺股外熱內冷變內外加溫；史上罕見，銀行銷售國內基金壓倒境外；愛臺灣基金再添火力」❷❿；「資產題材漲翻天，老牌資產股蓄勢待發」❷①；「政院主導，資金行情走到選前；保德信投信：漲多修正，先蹲後跳更健康；挑戰萬點有機會，拉回 9,200 布局七成」❷②；「未來一年外資買臺股稱冠亞太；美林最新調查，布局首選科技股與能源股」❷③；「週量破兆不見得籌碼凌亂，空方多慮了，本國自然人占市場交易比例仍高達 66%，這才是主要動能來源」❷④；「總統大選前一年，股市飆三成，臺股今年仰攻 11,500」❷⑤；「銀彈源源不絕：臺股再創 9,621 點七年新高，外資納涼，內資盤挑大樑；愛臺灣基金准募，300 億年底注臺股」❷⑥；「萬點來啦！外資暑假不打烊，七月買超達 971 億，創十年來單月同期新高，近可望配合內資火力，強攻萬點；900 億破記錄，OTC 天量，P/E 還好；全臺瘋基金，近三月吸金 5,000 億」❷⑦；「（富邦證券董事長）葉公亮：多頭擋不住，破萬格局不變；（康和證券自營部總監）廖繼弘：強勢股要抱牢，不要亂賣；奧運商機大、人民幣續升，大陸通路股醞釀另一波多頭」❷⑧；「大盤昨創歷年第二大量，與七年前天量當日有異曲同工之妙；量破 3,000 億，臺股上次奔萬點；大中華股民瘋，量能驚人」❷⑨；「臺股重挫 400 點，風雨

---

❶❽　《工商時報》，96/07/15，第 C1 版。
❶❾　《工商時報》，96/07/16，第 A1 版。
❷❿　《工商時報》，96/07/17，第 A1、A3 版。
❷①　《工商時報》，96/07/18，第 B2 版。
❷②　《工商時報》，96/07/19，第 A3、B2 版。
❷③　《工商時報》，96/07/21，第 A1 版。
❷④　《工商時報》，96/07/22，第 C1 版。
❷⑤　《工商時報》，96/07/23，第 B2 版。
❷⑥　《工商時報》，96/07/24，第 A3 版。
❷⑦　《工商時報》，96/07/25，第 A3 版。
❷⑧　《工商時報》，96/07/26，第 B2 版。
❷⑨　《工商時報》，96/07/27，第 A3 版。

生信心；花旗環球、高盛證紛紛調升臺股指數高點；谷月涵：仍會攻上 12,000
點」❷；「9,000 點之下長線尋寶區；張俊雄：不預測股市，看好下半年經濟；
臺股基金暴紅，國銀賣得嚇嚇叫」❷；「臺股反攻／一則以喜：投信千億銀彈等
買臺股，新募集基金有近 350 億元可望本週進場，另約 8 檔可投資臺股之基金
排隊待核准，合計約 700 億元規模，下半年可望注入股市」❷。

　　與《經濟日報》類似，當期間，《工商時報》看空臺股的報導亦明顯地少於
看多的報導。以下數則可為例證：「（大華投顧董事長）杜金龍：降低持股當心
七月高檔整理」❷；「94 檔上市櫃股，列入財務警示」❷；「空方：九月 KD 值
已達 94.1%，KD 值逼近超買區，跌面居大；萬事達卡公布二〇〇七年下半年亞
太地區消費者信心，越港中最樂觀，臺灣最悲情」❷；「史上最大，外資賣超臺
股 624 億；國際資金拔檔觸發賣壓，唯融資仍大增 92 億，顯示接手意願強烈；
全球股災，市值蒸發 3 兆美元；美國房市泡沫破滅與次級房貸風暴益趨惡化，
美股暴跌引發歐亞股市全倒」❷；「週指數大跌，臺股嚇出一身冷汗」❷；「外
資七月 900 億買超兩天吐光，成也外資，敗也外資；臺股反攻／一則以憂：台
積電、奇美電增資股出爐，短線籌碼面恐受衝擊」❷。

(二)臺股低谷期的新聞報導

1. 民國九十年九月至十月

　　在報紙一片看好中，臺股指數在民國八十九年四月六日盤中一度見到

---

❷　《工商時報》，96/07/28，第 A3 版。

❷　《工商時報》，96/07/30，第 A3、A4、A6 版。

❷　《工商時報》，96/07/31，第 A3 版。

❷　《工商時報》，96/06/30，第 C2 版。

❷　《工商時報》，96/07/03，第 B2 版。

❷　《工商時報》，96/07/07，第 A3 版。

❷　《工商時報》，96/07/28，第 A1、A2 版。

❷　《工商時報》，96/07/29，第 C1 版。

❷　《工商時報》，96/07/31，第 A3 版。

10,328.98 的高點後，一路往下殺盤並以 9,969.28 點作收，下跌 216.89 點。四月二十四日臺指跌破 9,000 點，七月二十五日跌破 8,000 點，九月十八日跌破 7,000 點，十月四日跌破 6,000 點，十一月二十日跌破 5,000 點，直至民國九十年十月三日的 3,446.26 點；同時新臺幣兌美元的匯率也從民國八十九年四月六日 30.469 元新臺幣兌 1 美元，跌至九十年十月三日的 34.569 元新臺幣兌 1 美元❽。正當此臺灣股匯市雙雙疲弱不振之時，報紙的報導也呈現出悲觀的氣氛：「負面影響多，臺股大漲機率不高；避開外資持有偏高的弱勢股及電子股，留意金融、資產股及原物料股」；「271 億元量能萎縮，大盤恐續探底；融資餘額跌破 1,400 億元，近五年新低，外資買超 3.5 億元，後市補量方可化解」❾；「短線有反彈，長線再確認訊號」；「九一一拖累，臺股跌幅只比費城半導體指數稍佳；法人：買盤觀望，短期難擺脫探底危機」；「盤勢要振作，降息僅是短期激勵作用，經濟面回春，臺股才有看頭」；「臺股內外煎熬，季線效應不變，短線可望在 3,400 至 3,500 點打底，季線重壓恐難突圍」❿。由於二○○一年九月十一日美國發生恐怖襲擊事件，對全世界的股市都產生了極大的衝擊，本文特別選擇了一些此事件前後臺灣報紙對臺股的相關報導，以資參考。

民國九十年九月十日，臺股收 4,289.10 點，跌 13.06 點，成交量僅 271.89 億元⓬。次日，《經濟日報》中一篇關於臺灣股市的評論中指出：「受美股崩跌及全球股市普遍低落，臺股買盤持續縮手，加上威盛受英特爾控訴侵權而跌停，昨日 (90/09/10) 臺股成交量進一步萎縮至 271 億元，創下去年 12 月 20 日 215 億元以來的新低；法人評估短線大盤若未迅速補量，則指數仍有持續拉回探底的疑慮。融資餘額昨日 (90/09/10) 跌破 1,400 億元關卡，為近五年的新低水位，證金業者表示，依據過去的經驗，在融資下降的如此低水位是投資人可以出手

---

❽ 本段股市資料之來源同❺；新臺幣匯率資料之來源則為中央銀行之網站 (http://www.cbc.gov.tw/)。

❾ 《經濟日報》，90/09/09，第十二版；90/09/11，第十八版。

❿ 《工商時報》，90/10/01，第十三版；90/10/08，第二十二版。

⓬ 資料來源同❺。

的時候，但因低水位融資已盤整許久，使得融資失去敏感性，未來臺股仍有探底的空間。融資戶受斷頭所苦，授信機構則為討債忙碌」❷❹❸。民國九十年十月三日，中央銀行為緩和九一一事件對臺灣經濟的衝擊，宣布調降銀行存款準備率。臺股受此利多消息的激勵，連續上漲兩天，共漲 139.20 點，至十月五日收盤為 3,585.46 點。十月三日後的幾個交易日，《工商時報》刊登了幾則有關判斷臺灣股市的標題或報導：「法人看降息，有利臺股觸底反彈；於貽勳：臺股已超跌，不宜再殺低」；「聯電大幅調降財測；政府基金護盤，銀行團看多作少；政策作多，電子股具破繭之勢」；「花旗銀行：臺灣經濟今年將衰退 2.6%；鄭銘祺：政策引導止跌，向上趨勢仍未見」；「台積電：第四季業績一定成長」；「央行日前祭出史上最大幅度降息利多，也為股市帶來多日榮景，惟景氣仍未見明顯翻揚跡象，法人認為，對於股市激勵效果有限，後市股市若是要翻揚，仍要看經濟基本面何時回春」；「國內景氣持續疲弱，經濟成長率下跌，第二季跌至 –2.38%，第三季在『九一一事件』及納莉風災影響下，可能再往下降，比主計處估計值 –2.45% 更低，使得全年經濟成長率可能由主計處估計之 –0.37% 再往下修正，為力挽經濟狂瀾，以及股市疲態，日前央行祭出史上最大幅度降息的利多，也為低迷的股市帶來波段多頭榮景」；「法人：買盤觀望，短期難擺脫探底危機」；「倍利投顧強調，近期股市行情與八十七年跌破十年及十二年線支撐情況有些類似。不過，當時美國經濟仍強勢，外資在政策提出後大幅進場，股市一路長紅，然目前景氣仍有疑慮，尤其美國仍在下跌趨勢中，又有『九一一事件』衝擊，外資也未見大舉買進的動作，綜合種種跡象看來，近期股市雖會反應此一利多（降息）而上漲，但恐無法如八十八年二月時一樣出現大漲格局，因為要大漲仍須有經濟面支援，或政策效果展現」；「保誠投信強調，短期內，臺股還難以擺脫探底危機，加上九月營收普遍表現不佳，缺乏實質業績題材助力，加上年底立委選舉的變數，讓買盤明顯退出觀望在市場量能無法放大，交投並不熱絡之際，大盤短線或有反彈可期，但探底疑慮仍未解除」❷❹❹。

❷❹❸ 《經濟日報》，90/09/11，第十八版。

在《工商時報》前述報導後不到兩個月的時間，出乎大眾意料的臺股逆勢強力反轉，並在民國九十年十二月六日以 5,208.86 點收盤，單日上漲 284.30 點，成交量亦高達新臺幣 1,750.45 億元。爾後更一路上衝，直到民國九十一年四月二十二日以 6,462.30 點收盤後，才力竭回頭❷⁴⁵。如前所述，若將九十年十月臺股集中交易市場的交易日均量與前波高點所在之八十九年二月之當月臺股之交易日均量對應比較，臺灣股市在九十年十月期間的股票交易換手量為八十九年二月之 69.29%。從這個換手量的比率，我們可以推知有一群在高價賣出臺股的人，在專業報紙不乏看壞的報導中又低價買回賣出股票，最後還能影響臺股反跌為升，再次獲利。我們雖然無法確知這群人的具體身分為何，但是將他們稱為在臺股交易市場中具有資訊優勢的專業族群應無不當。

2. 民國九十一年九月至十月

民國九十一年五月二日，臺股在八十九年二月間高檔套牢者解套出場及九十年十月間低檔買進者獲利回吐的雙重賣壓下，跌破 6,000 點而以 5,867.83 點作收，下跌 197.90 點，至七月三十一日臺股指數跌破 5,000 點，收盤時為 4,940.38 點❷⁴⁶。民國九十一年八月間，前陳總統水扁先生發表一邊一國論，又被解讀為利空臺灣股市。至八月三十日臺指收盤為 4,764.94 點，九月三十日續跌至 4,191.81 點，及至十月三十一日終能止跌回漲並以 4,579.14 點收盤❷⁴⁷。有關當時報紙對臺股報導的氣候，我們可以從下列幾個標題，獲得一定程度的瞭解：「九月逢低布局，未來半年勝算大；ING 彰銀安泰：歷史經驗大盤若急跌，可低接基本佳個股」；「外資持股占總市值 16.99%，至上週五今年總買超降至 256 億元」；「汽車零件業下半年獲利有看頭」；「大波段反彈? 等外資表態」；「外

---

❷⁴⁴ 本部分臺股相關之資料來源同❺。有關股市標題及評論之內容請見《工商時報》，90/10/04，第四版；90/10/06，第一、十四版；90/10/07，第二、十三版；90/10/08，第二十一、二十二版。

❷⁴⁵ 資料來源同❺。

❷⁴⁶ 資料來源同❺。

❷⁴⁷ 本段有關臺股指數之資料來源同❺。

資反手賣超 0.7 億元，成交縮至 81 億元，搶短操作不輸本土法人」；「資增券減股價揚，反彈可望持續；電子股融資若續增卻無力漲升，走勢則可能回軟」；「大盤再跌有限，布局趁早；凱信投信建議標的為寬頻、數位消費性產品等」；「上月營收 51 家上市電子創下今年新高」**❷❹❽**；「十月股市風向難測，投資腳步審慎為上；邱紹明：築底契機浮現，逢低擇優區間操作」；「台積電股價創上市以來新低」；「八月份近 11 萬人失業逾一年；美股連黑六週，臺股再添變數；融資餘額大幅減少，是臺股反彈契機」；「政院下令，全面防堵通貨緊縮；通貨緊縮不除，經濟無力回天」；「3,850 點以下跌深股可介入」**❷❹❾**。依照上述標題整體判斷，臺股雖然仍屬弱勢，但低檔有限，並且潛在有反彈的契機。實際上，在後來七個月左右的期間臺股指數的變化與前述報紙的判斷頗相吻合，係在 3,845.76 點 (91/10/11) 至 5,102.77 點 (92/01/23) 間盤整**❷❺⓿**。在本書所引述的報紙報導中，此一部分是少數能與臺股的後勢發展相互吻合的。

3. 民國九十二年四月至五月

　　民國九十二年四月，臺灣遭香港波及，致島內 SARS 疫情頗為嚴重，臺股因受牽連亦於當月三十日又跌至 4,148.07 點的低位。此期間前後，相關報紙的標題是這樣子的：「臺股慘綠，期貨選擇權爆天量；總成交量突破 15 萬口，受多單停損與斷頭賣壓影響，價差正轉負」；「信心不足，逢回減碼」；「歷史經驗利空鈍化後，將盤整擴底；專家：本週可望量縮止跌，疫情若受控制，將出現大波段反彈」；「疫情若舒緩，臺股可望 V 形反轉；陳彥麒：短期可上攻 4,500 至 4,700 點，加碼近期急殺的中概及電子股」**❷❺❶**；「疫情蔓延，臺股軟腳；外資轉為賣超，賣壓不可不防；疫情後續發展，測試臺股走勢」；「人氣回籠，臺股週線連四紅；法人：短多猶有可為，但指數上檔空間仍須視量能變化而定」**❷❺❷**。

❷❹❽　《經濟日報》，91/09/03，第二十三版；91/09/13，第二十三版。

❷❹❾　《工商時報》，91/10/01，第九、十八版；91/10/02，第三版；91/10/06，第一、十七版；91/10/08，第一、二版；91/10/09，第十八版。

❷❺⓿　有關臺股指數之資料來源同**❺**。

❷❺❶　《經濟日報》，92/04/25，第二十六版；92/04/29，第三十三版。

面對著這些有好有壞、模稜兩可的報紙報導，當時參與股市的一般大眾究竟是如何應對呢？以下的一篇報導應該可以提供我們一些重要的參考訊息：「隨著 SARS 風暴由北到南蔓延開來，從感染、死亡人數持續增加的恐慌，延伸至各研究單位紛紛調降今年臺灣經濟成長率，並預告國內即將面臨通貨緊縮危機，種種不安氣氛深深打擊投資人持股信心；再加上 SARS 疫情肆虐下，投資人不願貿然至號子看盤，更使得臺股現貨市場成交量頻頻萎縮，具有散戶動向指標之稱的融資餘額，也持續下降至 1,600 餘億元左右」❷❺❸。當一般投資大眾因外在惡劣環境的影響，對股市避之猶恐不及的時候，請問這時逢低介入撿便宜的買方，難道只是搏它一把的賭徒嗎？從後來臺灣 SARS 疫情依循廣東和香港的前例模式逐漸舒緩乃致完全消除及自九十二年五月底起臺股的凌厲漲勢來判斷，這樣的假設恐怕是大為低估了臺灣股市中專業族群的真正能力。

❧ 第三節　臺股投機市場之理論分析與印證

根據過去近二十年的交易數據，臺股加權指數曾於民國七十九年二月、民國八十六年七月至八月、民國八十九年一月至二月間突破萬點大關，民國九十三年三月短暫攻克 7,000 點，其後於民國九十六年七月間臺股指數試圖再次挑戰萬點。在這五個臺股指數處於高檔的期間，除民國九十三年三月外，其餘四個期間，臺灣股票集中交易市場單月的日平均交易量都曾突破歷史的最高記錄。幾無例外的，每次在高檔爆量後，繼之而來的，就是臺股加權指數的大幅下跌。依時序排列，其各別下跌至次波谷底的時期長短及幅度分別為：七十九年二月至七十九年十月（跌幅 79.51%）；八十六年七月至八十八年二月（跌幅 45.61%）；八十九年二月至九十年十月（跌幅 66.22%）；九十三年三月至九十三年七月（跌幅 24.29%）；九十六年七月至九十七年十一月（跌幅 58.03%）。特別值得注意的是，在每次臺灣股市於高檔爆量的前後期間，臺灣報紙相關報導的整體氣氛往

---

❷❺❷　《工商時報》，92/05/21，第二十五版；92/05/26，第十八版。

❷❺❸　楊憶萱，〈盤面若混沌不明，可採勒式交易〉，《工商時報》，92/05/26，第十八版。

往亦是看好臺股的後勢發展。反之，在臺股指數處於谷底而醞釀反轉時，臺灣報紙就外在政、經環境的報導又往往非常悲觀。為何臺股加權指數會在高檔放量後顯著下跌？為何臺灣媒體的報導在臺股指數處於高峰逆轉或谷底翻揚之前常常充斥著反向指標？本書以次基於作者多年省思與研究所提供的一些論點，或許有助於釐清讀者的部分疑惑。

一、交換市場與投機市場

自由經濟體制下的市場大致可以分為以財貨或服務的生產和消費為主要功能的交換市場和以運氣取決或買低賣高為主要目的的投機市場。比如說，電視機的買賣就屬於第一種市場；第二種市場則有如賭場或跑馬場。當然也有許多市場是兼具以上兩種功能的，例如，股票市場、地產市場、外匯市場或衍生性商品市場。

(一)市場的價格波動

一個市場會因所具備功能的多寡而影響到這個市場的參與人數。一般而言，以財貨或服務的生產和消費為主要功能的交換市場，如家電市場、食品市場、律師服務業、醫師服務業等，因不具備活絡的次級市場，所以當其初級市場發展成熟後，市場參與者的規模相對固定，除天災、地變或人禍等極特殊因素外，即使參與人數有所變動，幅度也不會太大。但是，在同時具有交換功能及投機功能的股票市場或衍生性商品市場而言，情形則大不相同。在這些市場中，會因投機者的瘋狂搶進或驚惶退出而使其市場參與者的總數，呈現大幅的增加或減少。同時，當新生投機客湧入市場為買方挹注大量動能後，該市場商品的價格亦隨之劇漲。反之，當同批市場參與者完成投機行為而退出市場時，該市場之商品價格自為之暴跌。再者，由於投機者的介入而導致的價格波動會因槓桿效應 (leveraging) 的影響而顯著擴大。

所謂槓桿效應是指市場參與者利用借錢的方式來完成其在市場中的交易行

為。相關的例證如：利用融資購買股票、給付首期款購置物業及繳交保證金而進行外匯或期貨交易等。運用槓桿效應進行財務操作，當然會擴大市場的規模。由於槓桿操作的乘數效果，可能使投資人產生數倍於其本金的利潤或損失。是以，在市場投機泡沫形成的過程中，可使投機客獲得可觀利潤，並助長貪婪心理和從眾行為。相反地，當投機泡沫破滅時，槓桿操作所肇致的巨額損失，亦會加深市場的恐懼氣氛，並使受損的投機者兵敗山倒地賤價求售。簡要地說，槓桿效應會使得市場價格的波動更加劇烈。

㈡市場風險取決於專業資訊的相對優勢

就股票交易而言，其初級市場在性質上比較偏向於以財貨或服務的生產和消費為主要功能的市場。公司的原始股東藉著在發行市場中推出股票，並以他們的生產技術和管理智慧為基礎提供公眾投資的機會，相對地亦從發行市場中籌集公司發展所需要的資金。另一方面，在發行市場中認為該公司有投資價值的特定人士則以資金換取公司的股票，預期未來或者能夠加入公司的經營管理，或是能因公司的獲利而得以分派股利及股息。當然，在此以交換功能為主的市場中所具有的投資風險未必小於以投機為主要目的的市場。投資之成敗與風險之大小，除了與市場參與者之努力程度密切相關外，亦取決於其是否具有專業資訊上的相對優勢。

㈢投機市場的零和遊戲

在專業資訊上處於相對劣勢的生產或消費行為其實都存在或多或少的投機性。至於在投機性質較高的股票交易之次級市場中，當然也同時存在著投資和投機行為。但是，如果以在股票市場進行交易時，在資訊和獲利上是否具有不確定性來界定投機行為，那麼，我們可以說所有的股票買賣行為或多或少地都存在投機性。因此，為便於說明交換市場和投機市場的重要差異，於此有必要將股票市場中的投機行為加以定義。所謂「股票市場中的投機行為」，是指純粹

以低價買進股票，高價賣出股票，以賺取差價而獲得利潤的行為。如與股票的初級市場相比較，股票次級市場中所存在的投機機會和投機行為當然在規模上要大了很多。

再者，本書依大數法則將股票的初級市場歸類為以交換為主要功能的市場，而股票的次級市場則傾向於投機性「買低賣高」市場所作的區分，雖然未盡完美且不乏例外，實亦指出了股票初級市場和次級市場間的重大差異。就一般社會大眾而言，由於投資管道較為缺乏、投資資訊取得困難及與專業人士間資訊的明顯差異，股票初級市場對其所能產生的吸金能量相對有限。相對地，股票的次級市場因為政府公權力的介入，使得社會大眾對於上市或上櫃公司的相關資訊有更廣泛及更深入的瞭解機會，熟悉度、信任度、認同感亦均隨之增加，故而成為「未必具有專業資訊和專業能力的一般公眾」所最熱衷的投資或投機的競技場。

其次，在股票初級市場中的交換行為，買、賣雙方各取所需，故而在本質上屬於「雙贏交換」，而兩者間的成交價格可代表雙方對市場中所交易股票的合理價值所形成的共識。反之，在股票次級市場中分量頗重的投機行為，雖然買方和賣方的目的都是「買低賣高」，但在交易撮合時，買方是基於所買的股票價格在未來會上漲而買進，賣方則係因判斷該股票日後會跌價而賣出，所以其彼此間的股票成交價格代表雙方在該股票之價值判斷上具有歧見，而其中一方的獲利係以他方的受損為前提，致使兩者間之交易成為「零和遊戲」。同時在此我贏你輸的競賽中，必然有一方作出錯誤的判斷，隨著市場交易量的趨於增加，買賣雙方的歧見愈強，錯判一方的錯誤程度必定愈大，而未來所肇致的風險和損失亦必然愈難收拾。

㈣投機市場的非理性從眾行為

以股票的集中交易為主要目的的次級市場，由於存在著大量的投機機會，因此對許多志在投機獲利的一般大眾產生強大的吸引力，他們的出現使得股票

市場的價格產生了更為劇烈的變化，同時亦使得股票市場的價格更難以預測，特別是當群眾因羊群效應而產生集體的瘋狂行為。這也是為什麼很罕聞有人聲稱，能以科學的數量分析工具，對未來的股票價格予以預測，因為，人類瘋狂行為所造成的具體衝擊，是很難在事前加以精確地判斷。

一如前述，股票市場中非理性的從眾行為可能將股票價格反常地推高，而使之超漲，亦可能因群眾驚惶地認賠而使股價超跌。這兩種情形所導致股價變動的方向雖然相反，卻同樣地會使股票的「市場價格」偏離其「合理價值」，並對瞭解這種市場邏輯的人（如巴菲特）產生了絕佳的投資機會。相對於交換市場中的股價係在合理的價值區間浮動，投機市場中的股票價格會因投機者的影響而處於不合理的高價區、合理的價值區及不合理的低價區。想要在股市中投資獲利的法則很單純：在股票跌到不合理的低價區時買進並在股價升到不合理的高價區時賣出即可。這一個基本原則的具體運用，雖無法使投資人買到最低價或賣到最高價，但如能具有耐性並持之以恆，長久下來的投資報酬必然頗為可觀。至於如何才能知道股價是否處於不合理的高價區或不合理的低價區呢？要回答這個問題，就必須對股票集中交易市場中所存在的資訊失衡和資訊遲延的現象進一步加以分析。

二、資訊失衡和資訊遲延

無論是在交換市場投資或在投機市場投機，獲利與否都和參與者對相關的專業資訊的瞭解程度息息相關。在某一市場中，如果不特定的買方或賣方所各自擁有的專業資訊相差不多時，我們可以將之稱為資訊對稱的市場。一般而言，交換市場可歸屬於此類。如果市場參與者間所備具的專業資訊相差過大時，就會產生資訊失衡（或稱資訊不對稱），並因此使具有資訊優勢的一方，產生了賺取超額利潤的機會，投機市場則偏向於此類。至於資訊遲延指的是，一個重要事件發生後，經過了一段時期，才為社會公眾所周知。對於同一專業資訊，專業族群往往較一般大眾知道的要早而享受更高的時效性。因此，資訊遲延可以

說是資訊失衡的一種特殊形式。

當然，專業資訊之多寡是個相對的問題。在一個已經發展成熟的交換市場，專業資訊在市場參與者間的分配相當平均，並沒有任何人能經常具有資訊上的優勢。在此一情況下，市場的競爭非常激烈，想要獲得超額的報酬也變得更加困難，而這種類型的企業當然也非投資的首選。相對於過度飽和的市場，由於其間存在高度的未知數和不確定性，是充滿潛力、有待開發的新商域，困難、障礙、陷阱、挫折也隨之而生，是以最適合作為備具專業性、創造力、企圖心和意志力的企業家的歷練場。對於經不起考驗而失敗的人，難免淪為不自量力、心存僥倖的投機客；脫穎而出者基於持續奮鬥和學習所累積的專業資訊上的特有優勢，掌握機先、引領風騷，成為他人爭相效法的對象，直到其所掌握的資訊優勢因市場發展的趨於飽和而漸次消失為止。

在股票的投機市場中，參與者間亦可概括區分為具有專業資訊優勢的特定族群（如大股東、外資法人、自營商或市場主力等）及不具有資訊優勢的投機大眾。前者人數較少並具有一定程度的穩定性，但資金規模龐大，或因其本身即為股票初級市場之重量級參與者，或因長期致力於研究其所專注之投資標的，從而累積了寶貴的專業資訊，而其彼此間亦可能存在不為一般公眾所知的分享專業資訊或協調投資步調的溝通網絡，以便在集體對抗缺乏專業資訊的一般投機大眾時能鞏固和擴大此一族群所獲得的整體利益。

另一方面，就一般投機大眾而言，他們平日未必對所投資的股票有深入的研究，及至基於一時興起的驅策、小道消息的引誘、公眾媒體的誤導、從眾行為的感染、專業顧問的建言，在缺乏適切的獨立專業判斷的基礎下，貿然投入「低價買入、高價賣出」的投機市場。這群人人數眾多，但平均資本規模遠小於專業族群；其中雖亦不乏知識份子（如教授、醫師、律師等），但所投資之標的可能與其專業並不相關或是對其專業過度自信以致誤判。在與專業族群展開零和遊戲的對抗時，這群在專業資訊上處於劣勢的投機大眾，縱然一時間聲勢浩大，其後往往因錯判形勢、延誤時機、不諳策略、缺乏組織、短少資金，而

落得土崩瓦解、自相殘殺。

　　基於上述，具有專業資訊上的優勢，可謂是在股票投機市場中致勝獲利的前提要件。如何才能取得專業資訊上的優勢呢？坦白地說，專業資訊優勢的取得誠非易事，不同行業專業資訊形成的條件和過程亦往往各自相異，故實非本書作者所得以知悉。但是，有兩點是可以肯定的。第一，由於股票投機市場具有零和遊戲的性質，專業族群是不會樂於將其所具有的優勢資訊分享給一般大眾的。第二，此種專業資訊的獲得絕非僅僅來自於報紙、雜誌和電視。反之，無專業基礎的一般公眾所最容易取得的資訊來源，往往就是少數具有專業資訊而道德未必高超的有心人士最善於利用以謀取暴利的便捷途徑。是以，依本書所見，利用唾手可得的「專業資訊」（如來自大眾媒體或理財顧問）或「內線消息」而從事投資，實際上是高度投機的行為；同時，「最好的朋友」從「最直接的管道」所獲得的「最可靠的消息」，不排除也可能就是「最大陷阱」的精心布局。

　　在資訊失衡的股票市場從事投機交易時，想要窺探專業族群的秘技，難度是相當高的。因此用直接觀察的方式去瞭解，恐怕成效不大。是以，我們需要藉「反向思考」去分析「專業族群」的對手「投機大眾」的行為法則，以求能在投資股市時發揮趨吉避凶的效果。更直接了當地說，即是避免「弱者」所犯的錯誤，以防有朝一日在殺人不見血的投機戰場淪為「強者」的祭品或羔羊。以下，讓我們再次回顧股市中非專業投機大眾的行為特質。

　　股票次級市場同時具有交換功能和投機功能，因而使其市場的交易規模會因大量投機者的湧入或退出而大幅的膨脹或萎縮。在所有參與股市投機者中，固然不乏學有專精的投資行家，但絕大多數卻是在資訊分配下處於弱勢的非專業族群，這群人在數量上會因股票市場發展的循環週期而產生很大的變化。當股票市場趨於熱絡時，非專業之股市族群會逐漸受到股市的吸引進而促成股價的上漲，繼而會誘使更多的非專業者的加入，最終導致規模龐大的從眾行為和羊群效應，股價隨之狂飆，股市交易亦爆出天量。此時股市中所呈現的往往是

一片興高采烈、欣欣向榮的氣氛。遺憾的是，好景不常，在股市匯聚巨量資金之後，因再能注入股市的資金相對不足，乃致後力不繼。經過一番掙扎後，股價掉頭反轉，長驅直下。許多手中持有大量股票的非專業投機客，或者因為借太多錢買股票而經不起股價的波動，或因不堅持到最後一塊錢絕不輕言認錯止蝕，不幸成為股市操控者和專業投資者蠶食鯨吞的對象。在股市下跌的週期中，同樣會因羊群效應而造成恐慌性的拋售並使股價產生超跌的現象。及至股市下跌末期，許多已受損失的投機客前傷未復、心有餘悸，其他一般社會大眾暗自慶幸，更將股市視為畏途，股票市場亦因乏人問津交易量急縮，景象極其慘澹。此時，市場操控者和專業投資人悄悄進場，逢低購入，並為下一次社會財富的重新分配布局鋪路。

如前所論，股票市場的極盛或極衰通常和屬於非專業族群的一般大眾的瘋狂湧入或驚惶退出有相互的因果關係。這群人不分世代，他們的人數雖多，但因具有高度的一窩蜂的從眾性，所以在股票市場中其集體的行為模式較易於觀察和預測。這群人在股市買賣股票的最主要目的是「低價買進，高價賣出」，所以屬於投機行為。再者，他們在從事投機時常常又不具備足夠的知識、能力、方法和耐心去蒐集具有質量和深度的相關資訊，往往為了貪便宜或圖方便而採用了「有心人士」運用其影響力所形成的小道消息或媒體報導，致使在投機買賣股票時，這批非專業族群不但不具有專業資訊上的優勢，相反地，經常在誤導的資訊下從事股票的交易，長期下來要能獲利簡直難如登天。因此，他們在股市中的進出，可稱之為「投機行為中的投機行為」，而此一族群在股市投機的零和遊戲中，落得勞神傷財、折羽斷翅也成就不足為奇了。

三、臺股指數與資訊失衡

長期觀察臺灣股市成交價格和交易數量變化的人，都可以發現從「事後諸葛亮」的觀點，臺股指數成交的高價區往往和股市交易量的巨量區有高度的重複關係。這樣的現象可說是以自然人或散戶為主要參與者的臺灣股票集中交易

市場的一個特色；至於以法人機構為股市主軸的國家，如美國，就未必如此。類此在高價區因大量非專業投機者非理性地搶購股票而使股市交易量暴增的結果，往往是在市場資訊失衡下，受了大眾媒體的影響而造成的。相對地，當股市深陷熊市，致使投機大眾忍痛認賠出場，亦常是在大眾媒體的報導異常偏空之際。我們只要將本章前述臺股集中交易市場的價量變化和所選擇的大眾媒體的報導，再作一個系統化的整理，便可以更清楚地呈現臺股指數變化和市場資訊失衡間的對應關係。

繼之，本書將就已討論的臺股之價量變化，分為高峰期和谷底期予以彙整，並將本書所引用的相關大眾媒體的報導，依政治政策面、經濟基本面、市場觀點面及資金動能面加以擇要歸類，然後再依據臺股高峰期和谷底期所包括的各期間的先後順序，用對照排比的方式突陳本書的發現。在高峰期方面，所有報紙報導之歸類，均與前述的五個期間相互呼應；至於與谷底期方面，在民國七十九年十月、八十八年二月、九十年九月至十月、九十一年九月至十月、九十二年四月至五月等期間之外，亦加入了民國九十三年七月至八月的相關報導。再者，為了要進一步瞭解臺灣股市的資訊失衡是否也可能存在於個別股票的交易行為中，本書中以林京慧女士之研究論文為基礎，在民國九十三年三、四月及民國九十六年七至八月前後臺股指數處於高檔的二個期間中，將與 5 檔占臺股指數權重名列前茅的股票的報紙報導的統計及相關的價量變化做一個對比，以供讀者在判斷臺灣股市之個股交易是否存在資訊失衡時的初步參考，而所列入分析的 5 檔股票分別為台積電、友達、鴻海、國泰金及聯發科❷❺❹。

◎臺股高峰期的價量變化與資訊失衡

㈠臺股高峰期的價量變化

---

❷❺❹ 本部分相關報紙報導之內容摘要請參考林京慧，《股價頭部反轉與報章新聞釋出關聯性分析》，國立成功大學政治經濟學研究所碩士論文，民國九十七年六月；最後之統計說明及價量彙整由作者自行為之。

1. 民國七十九年二月

　　單日收盤歷史最高點數：12,495.34 (79/02/10)。

　　當月臺股日平均成交量：1,373.83 億元（創歷史記錄）。

　　波段最高單日融資餘額：196.89 億元 (79/02/23)。

2. 民國八十六年七月及八月

　　單日收盤七月最高點數：10,066.35 (86/07/31)。

　　七月臺股日平均成交量：1,997.16 億元（創歷史記錄）。

　　單日收盤波段最高點數：10,116.84 (86/08/26)。

　　八月臺股日平均成交量：1,620.34 億元。

　　波段最高單日融資餘額：3,356.09 億元 (86/07/18)。

3. 民國八十九年一月及二月

　　單日收盤一月最高點數：9,744.89 (89/01/31)。

　　一月臺股日平均成交量：2,082.56 億元（創歷史記錄）。

　　單日收盤波段最高點數：10,202.20 (89/02/17)。

　　二月臺股日平均成交量：1,998.17 億元。

　　波段最高單日融資餘額：5,698.42 億元（89/02/21 創歷史記錄）。

4. 民國九十三年三月

　　單日收盤三月最高點數：7,034.10 (93/03/04)。

　　三月臺股日平均成交量：1,641.02 億元（波段最大量）。

　　波段最高單日融資餘額：3,507.71 億元 (93/03/18)。

5. 民國九十六年七月及十月

　　單日收盤七月最高點數：9,744.06 (96/07/24)。

　　七月臺股日平均成交量：2,287.12 億元（創歷史記錄）。

　　七月最高單日融資餘額：3,855.58 億元 (96/07/31)。

　　單日收盤波段最高點數：9,809.88 (96/10/29)。

　　十月臺股日平均成交量：1,613.27 億元。

波段最高單日融資餘額：4,144.64 億元 (96/10/31)。

㈡臺股高峰期的媒體資訊

1. 政治政策面

⑴民國七十九年二月：國民黨向國民大會提名李登輝先生及李元簇先生參選中華民國第八屆總統、副總統，二月五日《工商時報》之報導指出大選將至無利空（《工商時報》，79/02/05，第十四版）。

⑵民國八十六年八月：外資及投資人擔心國民黨宋楚瑜和蕭萬長、吳伯雄之卡位戰（《工商時報》，86/08/29，第二版）；新內閣財經政策偏多，臺股仍處多頭格局（《工商時報》，86/08/29，第十六版）。

⑶民國八十九年二月至三月：李登輝總統及財政部長為加權指數 9,400 點背書（《經濟日報》，89/03/01，第十三版）；股市大演挺扁謝票行情，集中市場暴漲 468 點（《工商時報》，89/03/22，第一版）；兩岸關係趨緩，回檔已深，政治變數釐清，投資人信心恢復，法人預估六月再攻萬點（《經濟日報》，89/03/23，第十九版）。

⑷民國九十三年二月至三月：政策作多，有利金融股（《經濟日報》，93/02/07，第十八版）；選舉資金景氣三要素結合，行情欲小不易，選後有機會上攻 7,800 點（《經濟日報》，93/02/20，第二十六版）；總統選舉前政策偏多，指數挑戰波段新高（《工商時報》，93/02/09，第二十五版）；投資專家大預言：選前小回，選後大漲（《工商時報》，93/03/01，第二版）；護盤味濃，選前仍有高點可期（《工商時報》，93/03/10，第二十五版）。

⑸民國九十六年六月至七月：看好明 (97) 年總統大選前突破 10,328 高點（《經濟日報》，96/06/17，第 A1 版）；政府強力作多，外資源源不絕，內外資合推，欲小不易（《經濟日報》，96/07/01，第 B1 版）；金融保險股除息行情啟動，政府加速金融整併，將掀併購題材（《經濟日報》，96/07/05，第 C2 版）；政策利多大放送，金融股出頭天（《工商時報》，

96/06/16，第 A2 版）；政策拉雙率（利率及匯率），態度很明顯（《工商時報》，96/06/22，第 B2 版）；總統大選前一年，股市飆三成，臺股今年仰攻 11,500 點（《工商時報》，96/07/23，第 B2 版）。

2. 經濟基本面

⑴民國七十九年二月：各上市公司陸續發布之業績表現均不惡，產業前景仍然樂觀，中期大盤走勢仍可維持榮面（《工商時報》，79/02/05，第十四版）。

⑵民國八十六年七月至八月：就經濟面而言，經建會最新公布的七月景氣對策信號再亮綠燈，景氣持續復甦跡象明顯，成為股市大盤長線最有力的支撐（《經濟日報》，86/08/29，第十三版）；股市昨 (86/08/28) 日暴跌 223 點，財政部常務次長吳家聲表示，股市難免有漲有跌，但從今年及明年經濟基本面來看，股市仍可持續穩健成長（《經濟日報》，86/08/29，第十三版）。

⑶民國八十九年二月至三月：二月份工業生產指數年增率 18%，資訊電子工業成長 33.9%，均創下近年來單月最高；製造業景氣，成長力道強勁（《工商時報》，89/03/23，第二版）；二月回復綠燈，領先指標、同時指標持續攀升，顯示景氣仍看好；經建會指出景氣將持續擴張，物價略有警訊，惟不致出現通膨（《工商時報》，89/03/28，第二版）；台經院：未來半年景氣，近六成廠商看好（《工商時報》，89/03/29，第四版）；證期會：回歸基本面，股市更樂觀（《工商時報》，89/03/30，第三版）；回歸基本面，逢回加碼（《經濟日報》，89/03/23，第十九版）；6,966 億元：元月商業營業額創新高，國際貿易業成長 22.83% 居首（《經濟日報》，89/03/25，第四版）；台積電聯電本月營收將創新高（《經濟日報》，89/03/28，第一版）。

⑷民國九十三年二月至三月：景氣復甦趨勢確立，搭配雄厚資金潮流，衝破 6,484 點關卡不難（《工商時報》，93/02/10，第二十五版）；景氣復甦，

類股輪漲，波段操作，選股作多（《工商時報》，93/03/02，第二十五版）；資金洪潮、景氣復甦兩大力量推升，高股價時代悄悄來（《工商時報》，93/03/09，第二十五版）；台塑集團今年營收挑戰一兆元；主計處：今年經濟成長率上修為 4.74%（《經濟日報》，93/02/21，第一版）；台積電聯電前兩月營收亮麗；宏碁上月營收勁揚 73%（《經濟日報》，93/03/10，第二十五版）。

(5)民國九十六年六月至七月：電子景氣四巨頭叫好（《經濟日報》，96/06/14，第 A1 版）；中研院：今年經濟成長上修至 4.46%（《經濟日報》，96/06/16，第 A7 版）；業績表現強勢，中多行情可期，短線漲幅大，拉回再介入（《經濟日報》，96/07/23，第 C2 版）；IMF 今明年全球經濟成長上修至 5.2%（《經濟日報》，96/07/27，第 A8 版）；張俊雄：不預測股市，看好下半年經濟（《工商時報》，96/07/30，第 A4 版）。

3. 市場觀點面

⑴民國七十九年一月：依「七十九年國內股市景氣預測」問卷調查之結果，逾六成回答調查的券商預期七十九年股價指數高值將超過 13,000 點，逾九成者認為臺指高值會突破 12,000 點，有九成五的證券商相信在七十九年間臺股指數不會低於 7,000 點（《經濟日報》，79/01/04，第十四版）。

⑵民國八十六年七月及八月：專家建議仍可將手中九成以上資金投注股市，資金比率可採國內 70%、國外 30% 方式分配（《工商時報》，86/07/01，第十一版）；各基金經理人預估臺股還有衝上 12,000 點的實力（《工商時報》，86/08/05，第十六版）；下半年投資展望（股票篇）：長多格局，看法一致（《經濟日報》，86/07/02，第七版）；政策面翻空為多，短線橫向整理居多，沒大跌疑慮，專家預期，多頭下月展開攻勢（《經濟日報》，86/08/18，第十六版）。

⑶民國八十九年三月至四月：外資看臺股，明年挑戰 12,500 點；分析師指出，未來六至十二個月，將出現大漲行情；基金經理人：臺股有機會重

登萬點（《工商時報》，89/03/22，第二、三版）；路透社最新調查顯示：多數亞洲券商看好今年亞洲股市，尤以韓股潛力最佳；臺股今年突破萬點，非夢事（《工商時報》，89/03/25，第一版）；專家預估配合除權行情提前發動外資搶補等利多，新總統就職前可能突破前波 10,393 高點（《經濟日報》，89/03/26，第一版）；投信券商看好第二季行情，五月二十日前的政治空窗期，有利除權行情發酵（《經濟日報》，89/04/02，第一版）；第二季高點應在 12,500 點，外資加碼及融資餘額增加，股市漲升兩大力道（《經濟日報》，89/04/03，第十八版）。

(4)民國九十三年二月至三月：於貽勳、朱成志、余逸玫、蔡明興、施惠國、顏鏘浚、林秋瑾、杜英宗、韋月桂、王錦樹、花旗、開發、聯合投信等十三個以上的專家或金融機構曾發表看好臺股後勢的觀點❷⁵⁵；專家看臺股，大行情可期（《經濟日報》，93/02/08，第三版）；選前行情調查：逾七成證券專家，看好大選行情（《經濟日報》，93/02/18，第二版）；14 家專業投資機構看好臺股後市（《工商時報》，93/03/01，第一版）。

(5)民國九十六年六月至七月：柯建維、新光投信、胡曼玲、瑞信證、葉公亮、朱成志、謝金河、ING 投信、程淑芬、鍾隆吉、陳忠瑞、沈文成、瑞銀、呂宗耀、柯之琛、張鵬、保德信投信、美林、葉公亮、廖繼弘、花旗環球、高盛證等二十一個以上專家或金融機構發表臺股利多之看法❷⁵⁶；瑞信證：有望上看 12,700（《經濟日報》，96/07/06，第 C2 版）；下半年行情不容小覷，布局臺股，傳產電子兩路進攻（《經濟日報》，96/07/15，第 B3 版）；瑞銀報告：臺股年底上看 12,000 點（《工商時報》，96/07/17，第 A1 版）。

---

❷⁵⁵ 本部分整理自本書前所摘錄之民國九十三年二月至三月《工商時報》及《經濟日報》之標題或報導。

❷⁵⁶ 本部分整理自本書前所摘錄之民國九十六年六月至七月《經濟日報》及《工商時報》之標題或報導。

4. 資金動能面

(1)民國七十九年二月：資金、人氣猶在，小型股在低檔盤整已久，上檔壓力已逐漸消化；中大型績優股受到高交易成本之影響，投資人惜售意味極濃，籌碼閉鎖效應明顯，股價易漲難跌（《工商時報》，79/02/05，第十四版）。

(2)民國八十六年七月至八月：不少存款族到期解約或提前解約，閒錢爭相投入股市，資金行情也是這一波股市多頭上攻的主力（《工商時報》，86/07/01，第十一版）；外資就臺股已經紛紛展開部署動作（《工商時報》，86/08/05，第十六版）；投資人多數獲利，對後市行情普遍持樂觀心態，且有愈來愈多的投資人相繼投入股海淘金（《經濟日報》，86/07/02，第七版）。

(3)民國八十九年三月至四月：摩根士丹利臺灣權值比重提高為 18.5%，外資將持續投入；不安心理消除，外資金額大舉匯入，單日匯入昨創近期大量，新臺幣有機會回復緩升格局（《工商時報》，89/03/23，第二、九版）；外資淨匯入已逼近 290 億美元；基本面樂觀、資金動能充足，法人咸認指數將再破萬，臺股可能攻占 10,393 高點（《工商時報》，89/03/29，第三版）；資金寬鬆、臺股萬點指日可期（《工商時報》，89/04/01，第十三版）；臺股可望納入金融時報指數，三月底或四月初舉行會議，臺股若中選將掀起歐系資金來臺熱潮（《經濟日報》，89/03/29，第一版）；外資還可匯入 2,306 億美元，須防衝擊股匯市；股市資金行情蠢動，看歷次經驗，新臺幣大升後，臺股漲幅都相當驚人（《經濟日報》，89/03/31，第三版）；股市重登萬點，週量 1.49 兆元創新高，量先價行，突破前波高點 10,393 指日可待（《經濟日報》，89/04/02，第一版）；資金行情蓄勢待發，游資指標大增，股市動能充沛（《經濟日報》，89/04/05，第十三版）。

(4)民國九十三年二月至三月：貨幣總計數攀升，股市銀彈充沛（《工商時報》，93/02/09，第二版）；外資匯入快又猛，臺股添柴火（《工商時報》，93/02/12，

第二版）；臺股上攻，銀彈充沛（《工商時報》，93/02/15，第一版）；FTSE
與道瓊指數合作，年底推出股票新分類系統，臺股可望吸引全球資金加
碼（《工商時報》，93/02/20，第二版）；MSCI 若調升臺股權重，外資加
碼將逾兆元（《工商時報》，93/02/27，第十八版）；6 兆游資亂竄，股債
齊揚，臺股市值首度突破 15 兆元（《工商時報》，93/03/02，第一版）；歐
美資金轉進臺股，外資買超創單日新高（《工商時報》，93/03/03，第一版）；
臺股二月，資金行情可望延燒，外資將持續匯入，電子與資產升值股將
是兩大布局主軸（《經濟日報》，93/02/01，第三版）；臺股資金行情，本
月仍有可為（《經濟日報》，93/02/04，第二十七版）；錢進股市，土洋資
金別苗頭（《經濟日報》，93/02/08，第三版）；僑資湧進卡位，臺股爆量
逾 2,000 億，資金狂潮洶湧，外資買超逾百億，2 兆元債券基金蠢動，專
家看好選後行情（《經濟日報》，93/02/13，第二版）；富邦投顧：6 兆活
存可望轉進股市（《經濟日報》，93/03/11，第二十六版）。

⑸民國九十六年六月至七月：5,000 億資金不走，瞄準臺股（《經濟日報》，
96/06/10，第 A3 版）；陸股最大外資重金押臺股（《經濟日報》，96/06/12，
第 A1 版）；2,000 億資金灌注臺股；政策作多，均線上揚，資金簇擁，緩
步盤堅；外資狂買，多頭氣勢不墜（《經濟日報》，96/06/24，第 A3、B1
版）；六月臺股基金績效奪冠，MSCI 調高權重效應發酵，漲幅達 7.92%
（《經濟日報》，96/07/03，第 B5 版）；央行力阻資金外流奏效，臺股一個
半月漲 14%，市值增 2.8 兆（《經濟日報》，96/07/10，第 A2 版）；1.5 兆
元資金等著買臺股：MSCI 調升權重，外資補足部位，資金大幅挹注；股
民樂觀以待，除權除息資金可望回流股市；匯率升值效應，滯留海外資
金，平添臺股動能（《經濟日報》，96/07/22，第 A1 版）；外資瘋臺股，
買超 230 億（《工商時報》，96/06/16，第 A1 版）；資金行情、股匯同步，
外資六月淨匯入 55 億美元（《工商時報》，96/06/29，第 B2 版）；7,600 億
股息，Q3 潛在買盤（《工商時報》，96/07/05，第 B2 版）；配合營造政策

利多，滿手現金伺機而動，攻萬點，四大基金銀彈上膛（《工商時報》，96/07/09，第 A3 版）；投資型保單千億轉抱臺股（《工商時報》，96/07/16，第 A1 版）；政院主導，資金行情走到選前（《工商時報》，96/07/19，第 A3 版）；外資暑假不打烊，七月買超達 971 億，創十年來單月同期新高，近可望配合內資火力，強攻萬點；全臺瘋基金，近三月吸金 5,000 億（《工商時報》，96/07/25，第 A3 版）；投信千億銀彈等買臺股，新募集基金有近 350 億元可望本週進場，另約 8 檔可投資臺股之基金排隊待核准，合計約 700 億元規模，下半年可望注入股市（《工商時報》，96/07/31，第 A3 版）。

◎臺股谷底期的價量變化與資訊失衡

㈠臺股谷底期的價量變化

1. 民國七十九年十月

　　單日收盤十月最低點數：2,560.47 (79/10/01)。

　　當月臺股日平均成交量：270.88 億元（波段次低量）。

　　波段最低單日融資餘額：118.51 億元 (79/10/04)。

2. 民國八十八年二月

　　單日收盤二月最低點數：5,474.79 (88/02/05)。

　　當月臺股日平均成交量：662.12 億元（波段最低量）。

　　波段最低單日融資餘額：3,275.17 億元 (88/02/10)。

3. 民國九十年九月及十月

　　單日收盤九月最低點數：3,493.78 (90/09/25)。

　　九月臺股日平均成交量：386.59 億元（波段最低量）。

　　九月最低單日融資餘額：1,140.30 億元 (90/09/25)。

　　單日收盤十月最低點數：3,446.26 (90/10/03)。

十月臺股日平均成交量：471.00 億元（波段第三低量）。

波段最低單日融資餘額：1,092.00 億元 (90/10/15)。

4. 民國九十一年九月及十月

單日收盤九月最低點數：4,185.95 (91/09/25)。

九月臺股日平均成交量：515.61 億元（波段最低量）。

九月單日最低融資餘額：1,889.04 億元 (91/09/30)。

單日收盤十月最低點數：3,850.04 (91/10/11)。

十月臺股日平均成交量：762.15 億元。

波段最低單日融資餘額：1,779.38 億元 (91/10/31)。

5. 民國九十二年四月及五月

單日收盤四月最低點數：4,139.50 (92/04/28)。

四月臺股日平均成交量：538.92 億元。

四月最低單日融資餘額：1,716.92 億元 (92/04/30)。

單日收盤五月最低點數：4,187.82 (92/05/02)。

五月臺股日平均成交量：471.48 億元（波段次低量）。

波段最低單日融資餘額：1,613.94 億元 (92/05/29)。

6. 民國九十三年七月及八月

單日收盤七月最低點數：5,325.68 (93/07/20)。

七月臺股日平均成交量：535.71 億元（波段最低量）。

七月單日最低融資餘額：2,655.71 億元 (93/07/30)。

單日收盤八月最低點數：5,316.87 (93/08/04)。

八月臺股日平均成交量：625.65 億元（波段次低量）。

波段最低單日融資餘額：2,540.35 億元 (93/08/19)。

㈡臺股谷底期的媒體資訊

1. 政治政策面

⑴民國七十九年十月：一九九○年八月二日，伊拉克入侵科威特，中東局勢未明，油價從八月十六日的每桶 28 美元漲至月中的每桶 46 美元❷❺❼。

⑵民國八十八年二月：封關前，穩定小組仍會護盤（《經濟日報》，88/02/02，第二版）；健全股市（行政院長）蕭萬長不再管股價漲跌（《經濟日報》，88/02/03，第二版）；證期會譴責空頭，監控異常交易（《經濟日報》，88/02/05，第十三版）。

⑶民國九十年九月及十月：美國發生九一一恐怖分子攻擊事件，美股崩跌；政府基金護盤，政策作多（《工商時報》，90/10/06，第十四版）；年底立委選舉變數，讓買盤明顯退出觀望（《工商時報》，90/10/08，第二十二版）。

⑷民國九十一年八月至十月：陳前總統水扁於九十一年八月二日在東京舉行之世界臺灣同鄉會第二十九屆年會上向與會人士提出一邊一國論❷❺❽；政府下令全面防堵通貨緊縮（《工商時報》，91/10/08，第一版）；李庸三（財政部長）證實，四大基金已經進場（《工商時報》，91/10/09，第二版）。

⑸民國九十二年三月至五月：美、英聯軍於二○○三年三月二十日起進軍伊拉克❷❺❾；SARS 及美伊戰事衝擊，亞股全倒（《經濟日報》，92/04/01，第十九版）；外資政府基金點火，中多格局加溫（《經濟日報》，92/04/12，第十七版）；陳水扁：抗疫，不排除發緊急命令（《經濟日報》，92/05/21，第四版）。

⑹民國九十三年七月及八月：經建會：央行最快本季升息，幅度不大（《經濟日報》，93/07/02，第二版）；政府基金護盤，外資翻紅買超（《經濟日報》，93/07/28，第 C1 版）；總統促公股行庫加速合併（《經濟日報》，

❷❺❼　請見維基百科網站，"Early 1990s recession"（http://en.wikipedia.org/wiki/Early_1990s_recession）與 "1990 oil price shock"（http://en.wikipedia.org/wiki/1990_spike_in_the_price_of_oil）。

❷❺❽　請參考維基百科網站，〈一邊一國〉（http://zh.wikipedia.org/wiki/%E4%B8%80%E9%82%8A%E4%B8%80%E5%9C%8B）。

❷❺❾　請見維基百科網站，"Iraq War"（http://en.wikipedia.org/wiki/Iraq_War）。

93/08/24，第一版）。

2. 經濟基本面

(1)民國七十九年九月及十月：景氣不振，上市公司營業能力大衰退（《經濟日報》，79/09/05，第十四版）；國內企業倒閉者、財務危機者已開始出現，顯示國內經濟情況依然不佳（《工商時報》，79/10/29，第十四版）。

(2)民國八十八年一月：上月 (87/12) 領先指標續下降，景氣對策信號呈藍燈，顯示未達谷底，復甦看下半年（《經濟日報》，88/01/23，第一版）。

(3)民國九十年九月及十月：受美股崩跌及全球股市普遍低落之影響，臺股買盤持續縮手（《經濟日報》，90/09/11，第十八版）；國內景氣持續疲弱，經濟成長率下跌，因受九一一事件及納莉風災之影響，全年經濟成長率可能再往下修正（《工商時報》，90/10/08，第二十二版）。

(4)民國九十一年九月及十月：八月失業率 5.35% 創歷史新高（《經濟日報》，91/09/24，第六版）；八月景氣信號綠中帶藍，復甦力道大減，廠商看景氣，多數仍悲觀（《經濟日報》，91/09/28，第二版）；通貨緊縮不除，經濟無力回天（《工商時報》，91/10/08，第二版）。

(5)民國九十二年四月及五月：美國《商業週刊》報導，SARS 亞洲新經濟危機，重創航空旅遊業，可能促使外資逃離，動搖亞洲經濟模式（《經濟日報》，92/04/20，第二版）；SARS 衝擊，商業營業額將減 600 億元，疫情擴大，經濟部估計第二季外銷接單減 400 億（《經濟日報》，92/05/12，第一版）；央行首度承認，我國面臨通縮風險（《經濟日報》，92/05/20，第二版）；四月景氣亮藍燈，十三個月來首見，經建會指廠商短期信心被煞，五月可能再亮藍燈（《經濟日報》，92/05/28，第四版）。

(6)民國九十三年七月及八月：價值型股票浮現，台積電及鋼鐵、航運、汽車零組件等部分個股，股價已落在長期投資區間（《經濟日報》，93/07/11，第一版）；臺股空襲，直打哆嗦，市場信心不足，與基本面脫勾（《經濟日報》，93/07/20，第 C2 版）；荷銀指景氣續揚，臺股多頭不變（《經濟日

報》，93/08/03，第 B5 版)。

3. 市場觀點面

⑴民國七十九年九月及十月：消息陰霾不除，難免探底，而投顧業面臨存
亡關頭 (《經濟日報》，79/09/10，第十四版)；大多數專家認為，大市帶
量反轉，形成頭部反轉當天的成交股數竟創次天量，上檔壓力極大，勢
需拉回作相當程度的整理，才有再漲的能力 (《工商時報》，79/10/29，第
十四版)。

⑵民國八十八年一月至三月：八十八年股市低點，九成券商認為在第二季，
高點可能落在頭尾二季 (《經濟日報》，88/01/21，第十七版)；臺股天黑
黑，但電子類股依舊亮晶晶 (《工商時報》，88/01/24，第十七版)；大盤
底部浮現，後市可樂觀期待 (《工商時報》，88/03/01，第二十二版)。

⑶民國九十年九月及十月：證金業者表示，臺股在低水位融資已盤整許久，
使得融資失去敏感性，未來臺股仍有探底的空間(《經濟日報》，90/09/11，
第十八版)；部分法人或投顧、投信業者認為臺灣景氣未見明顯翻揚跡象，
臺股短線或有反彈可期，但探底疑慮仍未解除，難以出現大漲格局 (《工
商時報》，90/10/08，第二十二版)。

⑷民國九十一年九月及十月：九月逢低布局,未來半年勝算大(《經濟日報》,
91/09/03,第二十三版);大盤再跌有限,布局趁早(《經濟日報》,91/09/13,
第二十三版);大盤仍有探底空間,操作不宜偏多(《工商時報》,91/10/02,
第十八版);融資餘額大幅減少,是臺股反彈契機(《工商時報》,91/10/06,
第十七版)。

⑸民國九十二年四月及五月：大眾投信陳冠升指出，大盤 4,400 點可逢低
布局，利空鈍化下檔風險有限，可能在 4,200 至 4,700 點整理 (《經濟日
報》，92/04/10，第三十三版)；融資減幅夠深，臺股後市看俏 (《經濟日
報》，92/04/11，第二十五版)；新光投信指臺股下半年有望攻上 6,200 點
(《經濟日報》，92/05/29，第三十三版)；臺股爆千億小漲，攻堅需巨量，

外資連續買超，上檔反壓重留下上影線，4,650 點賣壓不容忽視（《經濟日報》，92/05/31，第一版）。

(6)民國九十三年七月及八月：利空衝擊降低，臺股反彈行情可期（《經濟日報》，93/07/20，第 B5 版）；臺股短線整理，醞釀反彈（《經濟日報》，93/07/27，第 C1 版）；臺股峰迴路轉，資減價揚股出頭（《經濟日報》，93/08/06，第 C2 版）；科技股失色，大盤續整理（《經濟日報》，93/08/15，第 B1 版）；摩根指出，臺股將反彈 10% 至 12%，指數上看 6,300 點（《經濟日報》，93/08/25，第 C1 版）。

4. 資金動能面

(1)民國七十九年九月及十月：股市行情直直落，大多數投資人均遭受相當損失，連帶使得證券投資顧問業及股友社的會員，在不堪損失的情況下陸續離去（《經濟日報》，79/09/10，第十四版）；國內退票率增加，央行已有收緊銀根的傾向（《工商時報》，79/10/29，第十四版）。

(2)民國八十八年一月及三月：春節前盤勢恐續慘淡（《經濟日報》，88/01/21，第十七版）；期指成交量創今年新低，集中市場動能不足，行情膠著，自營商退場觀望，是期市同步萎縮原因之一（《工商時報》，88/03/09，第二十一版）。

(3)民國九十年九月及十月：受美股崩跌及全球股市低落影響，臺股買盤持續縮手，融資戶受斷頭所苦，授信機構為討債忙碌（《經濟日報》，90/09/11，第十八版）；央行日前祭出史上最大幅度降息利多，為臺股帶來多日榮景，惟法人認為對股市激勵效果有限（《工商時報》，90/10/08，第二十二版）。

(4)民國九十一年九月及十月：資金寬鬆，金融界預期利率仍有下跌空間（《經濟日報》，91/09/06，第七版）；連動債券熱賣，排擠資金（《經濟日報》，91/09/06，第九版）；外資近三月淨匯出 875 億元新臺幣（《經濟日報》，91/09/27，第二版）；三大法人賣超，4,000 關卡面臨苦戰（《工商時報》，

91/10/04，第二版)；央行承諾釋金，確保資金寬鬆(《工商時報》，91/10/09，第二版)；量先價行，臺股本週衝高有本錢(《工商時報》，91/10/20，第四版)。

(5)民國九十二年四月及五月：國際資金源源入，臺股反彈可期(《經濟日報》，92/04/01，第三十三版)；聯合投信指出，MSCI 四月底調高臺股權重後，估計將湧入 1,700 億資金 (《經濟日報》，92/04/10，第三十三版)；臺股融資續減，外資連十一天買超 325 億元，三大法人昨 (92/05/13) 日又買超逾 75 億元，籌碼漸從散戶流向法人，有利臺股回升 (《經濟日報》，92/05/14，第二版)。

(6)民國九十三年七月及八月： 錢進歐美，亞股買氣淡 (《經濟日報》，93/07/19，第 B1 版)；外資大買臺股 (《經濟日報》，93/08/20，第一版)；證券投資淨流出上季達 2,800 億 (《經濟日報》，93/08/21，第 A4 版)；外資連五日買超 235 億元，台塑四寶強勢除權 (《經濟日報》，93/08/25，第 C1 版)；外資歸隊大買超 150 億，MSCI 調升權重效應將延燒 (《經濟日報》，93/08/27，第 A2 版)。

◎特定個股的價量變化與資訊失衡

本單元所據以分析之報紙資訊，係以前述林京慧女士在其有關臺股股價頭部反轉與報章新聞釋出間之關聯性的研究論文中所整理之素材為基礎。所選擇之個股及其在臺股加權指數所占權重之排序及百分比，依序為：台積電 (排序第一 / 占 7.46%)、鴻海 (排序第二 / 占 6.94%)、國泰金 (排序第四 / 占 3.07%)、聯發科 (排序第七 / 占 2.62%) 及友達 (排序第十一 / 占 1.68%) ❷⁶⁰。以下本書將按時間先後，分別列出此 5 檔個股當其股價處於波段高檔時顯現資訊失衡之統計資料和在研究相關期間中之波段高點與回檔低點的價量數據，以方便讀者

❷⁶⁰ 本部分所選各股占臺股大盤指數之權重係依據臺灣證券交易所提供之民國九十六年八月三十一日之資料，請亦參考表 3–3。

進行對比和判斷❷。

㈠台積電

1. 股價高檔期間資訊報導之統計（93/01/03 至 93/04/26）

　　⑴利多消息：

　　　　《經濟日報》　　70 次 (58.33%)

　　　　《工商時報》　　39 次 (32.50%)

　　　　總計　　　　　109 次 (90.83%)

　　⑵利空消息：

　　　　《經濟日報》　　7 次 (5.83%)

　　　　《工商時報》　　4 次 (3.33%)

　　　　總計　　　　　11 次 (9.17%)

　　⑶多空消息比例：

　　　　《經濟日報》　　　　10：1

　　　　《工商時報》　　　9.75：1

　　　　總計　　　　　　9.91：1

2. 股價高檔及低檔期間之價量數據

　　⑴波段高點：

　　　　股票收盤股價：67.0 (93/03/05)。

　　　　日平均交易量：71,017 張 (93/03)。

　　⑵回檔低點：

　　　　股票收盤股價：40.9 (93/07/26)。

　　　　日平均交易量：49,878 張 (93/07)。

---

❷　　與此 5 檔個股相關之資訊報導來源同❷，而其價量部分之資訊來源為臺灣證券交易所
　　　網址上「交易資訊」欄下之「盤後資訊」下之「個股日成交資訊」。所有統計部分由作
　　　者自行為之，計算各個股票之股價跌幅時並未將除權因素考慮在內。

(3)變動量：

　　個股股價下跌幅度：–38.96%。

　　日交易量減少幅度：–29.77%。

㈡友　達

1. 股價高檔期間資訊報導之統計（93/02/08 至 93/06/11）

　　⑴利多消息：

　　　《經濟日報》　　55 次 (53.92%)

　　　《工商時報》　　21 次 (20.59%)

　　　總計　　　　　　76 次 (74.51%)

　　⑵利空消息：

　　　《經濟日報》　　17 次 (16.67%)

　　　《工商時報》　　 9 次　(8.82%)

　　　總計　　　　　　26 次 (25.49%)

　　⑶多空消息比例：

　　　《經濟日報》　　　　3.24：1

　　　《工商時報》　　　　2.33：1

　　　總計　　　　　　　　2.92：1

2. 股價高檔及低檔期間之價量數據

　　⑴波段高點：

　　　股票收盤股價：78.5 (93/04/19)。

　　　日平均交易量：127,569 張 (93/04)。

　　⑵回檔低點：

　　　股票收盤股價：43.9 (93/11/01)。

　　　日平均交易量：70,152 張 (93/11)。

　　⑶變動量：

個股股價下跌幅度：−44.08%。

日交易量減少幅度：−45.01%。

㈢鴻　海

1. 股價高檔期間資訊報導之統計（96/06/06 至 96/11/16）

⑴利多消息：

《經濟日報》　　38 次 (38.78%)

《工商時報》　　48 次 (48.98%)

總計　　　　　　86 次 (87.76%)

⑵利空消息：

《經濟日報》　　7 次　(7.14%)

《工商時報》　　5 次　(5.10%)

總計　　　　　　12 次 (12.24%)

⑶多空消息比例：

《經濟日報》　　　　5.43：1

《工商時報》　　　　9.60：1

總計　　　　　　　　7.17：1

2. 股價高檔及低檔期間之價量數據

⑴波段高點：

股票收盤股價：300.0 (96/06/21)。

日平均交易量：14,603 張 (96/06)。

⑵回檔低點：

股票收盤股價：54.0 (97/11/20)。

日平均交易量：46,757 張 (97/11)。

⑶變動量：

個股股價下跌幅度：−82.00%。

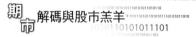
日交易量增加幅度：220.18%。

㈣國泰金

1. 股價高檔期間資訊報導之統計（96/06/16 至 96/12/11）

  (1)利多消息：

    《經濟日報》　　33 次 (42.86%)

    《工商時報》　　28 次 (36.36%)

    總計　　　　　　61 次 (79.22%)

  (2)利空消息：

    《經濟日報》　　13 次 (16.88%)

    《工商時報》　　 3 次　(3.90%)

    總計　　　　　　16 次 (20.78%)

  (3)多空消息比例：

    《經濟日報》　　　　2.54：1

    《工商時報》　　　　9.33：1

    總計　　　　　　　　3.81：1

2. 股價高檔及低檔期間之價量數據

  (1)波段高點：

    股票收盤股價：93.8 (96/07/24)。

    日平均交易量：31,376 張 (96/07)。

  (2)回檔低點：

    股票收盤股價：24.05 (98/03/09)。

    日平均交易量：118,361 張 (98/03)。

  (3)變動量：

    個股股價下跌幅度：−74.36%。

    日交易量增加幅度：277.23%。

㈤聯發科

1. 股價高檔期間資訊報導之統計（96/07/01 至 96/11/12）

⑴利多消息：

《經濟日報》　34 次 (44.16%)

《工商時報》　31 次 (40.26%)

總計　　　　65 次 (84.42%)

⑵利空消息：

《經濟日報》　6 次　(7.79%)

《工商時報》　6 次　(7.79%)

總計　　　　12 次 (15.58%)

⑶多空消息比例：

《經濟日報》　　　5.67 : 1

《工商時報》　　　5.17 : 1

總計　　　　　　5.42 : 1

2. 股價高檔及低檔期間之價量數據

⑴波段高點：

股票收盤股價：637.0 (96/11/01)。

日平均交易量：15,294 張 (96/11)。

⑵回檔低點：

股票收盤股價：181.5 (97/12/05)。

日平均交易量：9,846 張 (97/12)。

⑶變動量：

個股股價下跌幅度：−71.51%。

日交易量減少幅度：−35.62%。

從上述統計中可知，這 5 檔個股在其股價處於所觀察的高檔期間，全部都

發生過「看好」消息多於「看壞」消息的資訊失衡的情形。相較之下，以台積電相關的媒體報導最為明顯，其次依序為與鴻海、聯發科、國泰金和友達等公司相關的媒體資訊。當時如因受外圍媒體環境影響而「投資」上述 5 檔股票的一般大眾，除非在當時眼明手快，「投機性」地及時以更高價賣出，否則後來在少至四個月、多至近一年五個月的期間中，很可能都處於賠錢的狀態。對於那些在媒體大幅偏好報導下，卻毫不猶豫地賣出這 5 檔股票，並在日後因為有充裕機會低價回補而大賺其錢的高手，聰明的讀者，在下述的兩個答案中您會選擇哪一個呢？第一，這些獲利者沒有閱讀財經媒體的習慣或不具有閱讀能力，所憑者是一般大眾不具備的過人天賦；第二，他們是在專業資訊上具有獨到優勢的一群，所以老神在在，不受外在媒體大環境及從眾行為的影響而做到慎選資訊、精明投資。

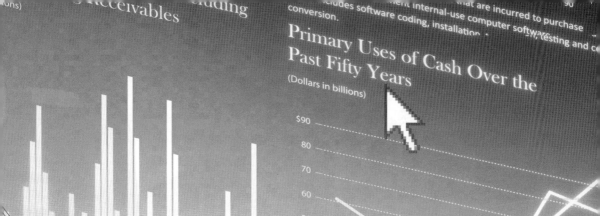

第五章
臺灣期貨交易所與資訊分配

第一節　臺灣期貨交易所的交易資訊

第二節　臺灣期貨交易所資訊解碼的邏輯
　　　　基礎

第三節　臺灣期貨交易所之資訊解碼與實
　　　　例印證

　　臺灣期貨交易所自民國八十七年七月二十一日起開始營運，其所推出的臺股期貨為臺灣第一個在集中交易市場買賣的衍生性商品，在剛推出的前五個多月總成交量僅 277,909 張，次一年度民國八十八年之全年度交易量為 1,077,672 張；民國九十年十二月二十四日臺指選擇權首度上市，而在民國九十一年其選擇權全年交易量即突破百萬而為 1,566,446 張。及至民國九十七年年底，臺灣期貨交易所推出的衍生性商品契約種類增至十九個，在期貨及選擇權之市場規模上均呈現驚人成長，該年度臺灣期貨交易所之總成交量為 136,719,777 張，其中各類期貨契約之總成交量為 37,724,589 張（占 27.59%），各類選擇權之總交易量則為 98,995,188 張（占 72.41%）。從民國八十八年至九十七年，臺灣期貨交易所之年度期貨成交量成長 35 倍；選擇權部分，自民國九十一年至九十七年的七年間成長 63 倍。就整體交易量而言，自成立以來至民國九十七年年底，臺灣期貨交易所之年度成交量成長近 492 倍，其於全世界衍生性商品集中交易市場之排行榜，亦從一九九八年的第五十四名升至二〇〇八年的第十七名，而在此十年間的穩健成長，使得臺灣的期貨交易由惡名昭彰的地下經濟，翻身成為國際衍生性商品市場中不可忽視的一員，並在價格發現、資訊揭露、效率提升、安全維護、公平促進等方面為臺灣經濟做出了重大貢獻❶。

　　歷經逾十年之發展，臺灣期貨交易所在商品之多元化上，亦累積了一定之成果。唯因受限於臺灣天然資源的缺乏，故而難以在商品期貨上有多面向之突破，是以至民國九十八年，在臺灣期貨交易所上市之二十種衍生性商品中除了以美元計價的黃金期貨、以新臺幣計價之黃金期貨和以新臺幣計價之黃金選擇權外，其餘的十七種契約都係植基於股價指數、長短期利率或個別股票的金融類衍生性商品，這些金融期貨的總交易量在民國九十七年占臺灣期貨交易所總交易量的 96.08%，其中又以臺指選擇權之 67.84%、臺股期貨之 14.50% 及小型臺指期貨之 6.63% 分居該年度總交易量百分比之前三名❷。

---

❶　本部分之原始資料來自於美國期貨產業協會之網站 (http://www.futuresindustry.org) 及臺灣期貨交易所之網站 (http://www.taifex.com.tw)。百分比之計算出自於作者。

　　臺指選擇權、臺股期貨及小型臺指期貨為臺灣期貨交易所分量最重的三種衍生性商品，而這三者又都以「臺灣證券交易所發行量加權股價指數」為其基礎標的。由於「臺股加權指數」之採樣包括了近700家上市公司，故而要判斷其上漲或下跌，似應著重於分析影響臺灣整體經濟之重要因素，才能收到以簡馭繁的效果。可惜，這樣的策略因臺灣股市所處的大環境中所存在的資訊失衡的問題而難以運用。那麼，除了本書前面已討論過的價量邏輯外，要從哪裏才能找到在買賣臺指選擇權和臺股期貨時應參考的重要資訊呢？俗語說得好：「解鈴還需繫鈴人」。因交易臺灣期貨交易所之獨家商品而產生的問題，還是要從臺灣期交所找答案。

第一節　臺灣期貨交易所的交易資訊

　　「凡走過必留下痕跡」，在臺灣期貨交易所公開、透明、即時的交易資訊公布系統之下，用這句話來形容臺灣期交所在揭露臺指選擇權和臺股期貨市場訊息上所發揮之重大作用，應當是十分貼切的。如果能夠適當解讀臺灣期交所每日在其期貨市場收盤後發布之交易資訊，不但能夠減少因臺灣股票市場中所存在的資訊失衡而產生的誤導，更可以發覺臺灣大盤在價格趨勢上所可能發生的重要轉折。

　　臺灣期貨交易所的市場資訊基本上是對外公開的。欲取得臺灣期交所公布的相關資訊，只需瀏覽臺灣期貨交易所的網站即可 ❸。在臺灣期貨交易所中文網站首頁所列出的資訊項目包括「公司簡介」、「商品」、「交易資訊」、「交易制度」、「結算業務」、「法令規章」、「統計資料」、「期貨商專區」、「交易人服務與保護」、「出版與研究」、「最新消息」等十一項。依作者多年學習之心得，其中

---

❷　原始資料來自於臺灣期貨交易所之網站 (http://www.taifex.com.tw)。百分比之計算由作者為之。

❸　臺灣期貨交易所網站之首頁有中文及英文兩個版本。本書中之資料引述都出自於中文版本。

以「交易資訊」項下所公布之資料，在判斷臺股指數未來之走勢上最具有參考價值。在點選「交易資訊」後會出現六個更為具體的資料選項，分別為：「盤後資訊」、「三大法人」、「大額交易人未沖銷部位結構」、「每日外幣參考匯率查詢」、「歷史交易資料申請」、「資訊廠商」等六項，其中又以前三項最為重要。以次，將分別予以說明。

一、盤後資訊

在「盤後資訊」項下有兩個選項，一個為「期貨」，另一個為「選擇權」。在「期貨」及「選擇權」兩項下又各自進一步分為五個資料類別，繼之，本書將依序就前述「期貨」及「選擇權」兩個選項下的五類資料予以簡述，同時亦將採用部分臺股期貨和臺指選擇權的實際交易資料配合說明。

㈠臺灣期貨交易所「期貨」之盤後資訊

臺灣期貨交易所公布之盤後資訊與期貨相關的五個資料類別包括：「期貨每日交易行情查詢」、「期貨每日交易行情下載」、「前30個交易日期貨每筆成交資料」、「前30個交易日期貨價差委託成交概況表」及「前30個交易日期貨價差每筆成交資料」。其中以透過查詢或下載而得以檢視之「期貨每日交易行情」在判斷各期貨價格之走勢上最具參考價值。

1. 期貨每日交易行情查詢

點選此一選項後得以瀏覽當日臺灣期貨交易所上市之各個種類期貨契約的交易行情，亦可在該網頁上輸入特定之年、月、日，以查詢過去之歷史交易資料。查詢時可以一次完整檢視各個種類期貨的交易資料，亦可以按查詢者之需要，選擇特定種類之期貨契約的交易記錄。是以，如要單獨搜尋臺指期貨之日交易記錄，只要在查詢網頁所提供之「契約」欄位中點選「臺指期貨」即可。由於臺灣期貨交易所推出的十二種期貨契約都可以進行買進與賣出同一種期貨但不同月份的價差交易，因此使得每一交易日每一種期貨契約都有單邊期貨交

易和雙邊價差交易的兩類盤後記錄。

在進行一次檢視時，各期貨契約交易記錄的排序依次為：「三十天期利率期貨」、「三十天期利率期貨價差行情表」、「十年期公債期貨」、「十年期公債期貨價差行情表」、「黃金期貨」、「黃金期貨價差行情表」、「櫃買期貨」、「櫃買期貨價差行情表」、「摩臺期貨」、「摩臺期貨價差行情表」、「小型臺指」、「小型臺指價差行情表」、「臺灣50指數期貨」、「臺灣50指數期貨價差行情表」、「電子期貨」、「電子期貨價差行情表」、「金融期貨」、「金融期貨價差行情表」、「臺幣黃金期貨」、「臺幣黃金期貨價差行情表」、「臺指期貨」、「臺指期貨價差行情表」、「非金電期貨」及「非金電期貨價差行情表」。

臺灣期交所公布之各期貨契約的當日或特定歷史日期之交易記錄包括：⑴契約的英文縮寫。⑵到期月份。⑶開盤價。⑷最高價。⑸最低價。⑹最後成交價。⑺漲跌價。⑻漲跌%。⑼成交量。⑽結算價。⑾未沖銷契約量。在上市月份上，各類期貨契約不盡相同。以臺指期貨契約為例，除了當月起的兩個連續月份外，另加上其後的三個接續的季月。例如當月是五月，與之連續的為六月，而其後接續的三個季月即為同年九月、十二月及次年三月。

至於各類期貨之價差行情表上之交易資料則包括：⑴期貨契約之英文縮寫。⑵到期月份（不同月份價差交易組合所涉及的兩個月份）。⑶各價差交易組合之開盤價。⑷最高價。⑸最低價。⑹最後成交價。⑺成交量。

一般而言，在上述公布的交易記錄中，以當月期貨契約的交易價格及各個上市月份期貨契約在交易量和未沖銷契約量（未平倉合約）的總量等資料，在判斷未來期貨價格的趨勢上效用最大。（請參考表 5-1 臺指期貨及臺指期貨價差行情表樣例中之格式及資料）

2. 期貨每日交易行情下載

在點選此一項目後所進入的網頁上，輸入「起日期」及「迄日期」之年月日後即可下載所需的每日期貨交易行情。下載資料的內容與直接瀏覽臺灣期貨交易所網站而查詢所得的資料大致相同，但卻另外提供了「最後買進價格」及

◑ 表 5-1 臺指期貨及臺指期貨價差行情表 (98/06/05)

臺指期貨

契約	到期月份	開盤價	最高價	最低價	最後成交價	漲跌價	漲跌 %	成交量*	結算價	未沖銷契約量*
TX	200906	6,811	6,827	6,735	6,790	▲ 5	▲ 0.07%	74,537	6,792	39,956
TX	200907	6,721	6,733	6,649	6,706	▲ 11	▲ 0.16%	474	6,704	2,068
TX	200909	6,600	6,600	6,510	6,567	▲ 7	▲ 0.11%	62	6,566	3,598
TX	200912	6,508	6,511	6,443	6,494	▲ 2	▲ 0.03%	60	6,494	1,538
TX	201003	6,465	6,469	6,400	6,452	▲ 12	▲ 0.19%	42	6,452	805
							小計	75,175		47,965

說明：＊含價差買賣申報之成交量或未沖銷契約量。

臺指期貨價差行情表（僅含價差對價差成交）

契約	到期月份	開盤價	最高價	最低價	最後成交價	成交量
TX	200906/200907	−90	−90	−91	−90	111
TX	200906/200909	−231	−230	−231	−230	5
TX	200906/200912	−298	−298	−298	−298	1
TX	200907/200912	−204	−204	−204	−204	1
					小計	118

資料來源：臺灣期貨交易所網站。

「最後賣出價格」兩項資料。下載時可以擷取所有期貨契約的全部交易資料，亦可以選擇特定期貨契約的個別資料。唯在下載所有期貨契約的交易記錄時，契約名稱上僅呈現臺灣期貨交易所各期貨契約的英文縮寫，同時在各契約交易資料公布的形式和順序方面，亦與上網查詢時所見者不同。

3. 前 30 個交易日期貨每筆成交資料

　　進入此項下之網頁後可以下載自最後一個交易日起算，逆推 30 個交易日各日的期貨每筆成交資料以及相關資料之說明。所公布資料之項目包括「交易日期」、「商品代號」、「交割年月」、「成交時間」、「成交價格」、「成交數量 (B+S)」等，如涉及跨月價差交易時另包括「近月價格」及「遠月價格」兩個項目。每筆成交資料的公布，係以各個期貨契約為單位，依其各自市場中每筆交易的時

間，從開盤至收盤，將一般期貨交易與跨月價差交易一併納入，按先後順序以秒為單位而呈現每筆的成交數量。在計算成交數量時，把同一筆交易買方購買的數量和賣方賣出的數量重複計算 (B+S)。是以在成交量總數上，會是從臺灣期貨交易所網站查詢或下載「期貨每日交易行情」時，所獲得數字的 2 倍。因為，後二者在計算成交量時，未重複計算買方和賣方之交易量。臺灣期貨交易所提供的各交易日之期貨每筆成交資料，至少有兩個重要用途。一是使期貨交易人在確認其期貨交易之成交價格、數量和時間時有一個可靠的依據。另一是經逐日累計後，我們可以發覺各月份期貨契約成交量最大的價格區間，而此類價格區間在判斷未來同一種期貨價格的主要支撐或壓力區時具有相當的啟發作用。

4. 前 30 個交易日期貨價差委託成交概況表

透過此一連結點所查詢之資料包括臺灣期貨交易所各期貨契約從最後交易日回溯起算的前 30 個交易日各日的價差交易買進和賣出 (B+S) 的成交總量。所公布的資訊在項目上包括：「交易日期」、「商品代號」、「價差委託成交量 (B+S)」、「市場總成交量 (B+S)」及「價差委託成交比率 (%)」。在臺灣期貨交易所進行之價差交易係在買進一個特定月份的期貨契約之同時，又賣出同一種類但月份不同的期貨契約的一種組合式交易。其目的可能是為了套利獲利，亦可能是在即期月份期貨部位快到期時，將之轉換成為次一個期貨交易月份的部位。此類之價差交易，特別是套利交易，因同時在期貨市場買進和賣出等量之同類期貨，故可以將從事價差交易的交易人對於期貨價格未來的漲跌判斷視為中性。反之，在價差交易以外的一般期貨交易，都可將之認定為具有投機性，亦即買方認為期貨會漲而買進，賣方認為會跌而賣出，買、賣雙方對期貨價格未來的走勢意見相反。基於這一個邏輯，我們可以從價差委託交易量占市場總成交量的比率來反向推斷期貨市場中持相反意見交易人所占的比重。

5. 前 30 個交易日期貨價差每筆成交資料

此一項下所蒐集之資料為自最後一個交易日起算，反推 30 個交易日各日的臺灣期貨交易所期貨價差交易的相關資料說明及每筆成交細目。所公布之資料

項目包括:「交易日期」、「商品代號」、「交割年月」、「成交時間」、「成交價格」、「成交數量 (B+S)」、「近月價格」、「遠月價格」等。所有成交資料,以秒為最小單位,依成交順序逐筆公布。其中屬於「價差對價差成交者」並加以註記。此類資料之主要功能在於使進行價差交易之期貨交易人得以確認其價差交易之成交價格、數量和時間。

(二)臺灣期貨交易所「選擇權」之盤後資訊

在此一選項之下亦包括五個資料類別,分別是:「選擇權每日交易行情查詢」、「選擇權每日交易行情簡表」、「選擇權每日交易行情下載」、「前 30 個交易日選擇權每筆成交資料」及「選擇權每日 Delta 值」。

1. 選擇權每日交易行情查詢

點選本項後直接進入的網頁上包括「選擇權每日交易行情查詢」輸入表及當日之「臺期選擇權 (TXO) 行情表」。前者上列有「年」、「月」、「日」及「契約」等之輸入項,以供查詢者查詢特定選擇權契約在特定年月日之選擇權之交易行情表。得以查詢的契約,依序包括按英語縮寫代號排列的六十種臺灣股票選擇權❹、櫃買選擇權、MSCI 臺指選擇權、電子指數選擇權、金融指數選擇權、黃金選擇權、臺指選擇權及非金電選擇權等。在所有選擇權中以臺指選擇權之交易量占大多數,以民國九十八年前七個月之每日平均交易量為例,臺指選擇權

---

❹ 臺灣期貨交易所推出 30 家股票,每一個股各兩種選擇權,總計六十種股票選擇權,包括: 南亞選擇權 (AF&CA)、中鋼選擇權 (AG&CB)、聯電選擇權 (AH&CC)、台積電選擇權 (AI&CD)、富邦金選擇權 (AJ&CE)、台塑選擇權 (AK&CF)、仁寶選擇權 (AL&CG)、友達選擇權 (AM&CH)、華映選擇權 (AN&CI)、華南金選擇權 (AO&CJ)、國泰金選擇權 (AP&CK)、兆豐金選擇權 (AQ&CL)、台新金選擇權 (AR&CM)、中信金選擇權 (AS&CN)、奇美電選擇權 (AT&CO)、統一選擇權 (AU&CQ)、遠紡選擇權 (AV&CR)、華新選擇權 (AW&CS)、日月光選擇權 (AX&CT)、中環選擇權 (AY&CU)、矽品選擇權 (AZ&CV)、佳世達選擇權 (BA&CW)、大同選擇權 (BB&CX)、南科選擇權 (BC&CY)、長榮選擇權 (BD&CZ)、陽明選擇權 (BE&DA)、華航選擇權 (BF&DB)、彰銀選擇權 (BG&DC)、新光金選擇權 (BH&DD)、永豐金選擇權 (BI&DE)。

即以 307,508 之日平均交易量居首，其後依序為股票選擇權（43,516 張）、黃金選擇權（30,133 張）、MSCI 臺指選擇權（5,224 張）、電子選擇權（3,436 張）、非金電選擇權（3,387 張）、金融選擇權（3,314 張）及櫃買選擇權（3,052 張）❺。

　　在各選擇權契約每日行情表上所揭露的資訊項目包括「契約」、「月份」、「履約價」、「買賣權」、「開盤價」、「最高價」、「最低價」、「最後成交價」、「結算價」、「漲跌價」、「漲跌 %」、「成交量」及「未沖銷契約量」。雖然臺灣期交所之各選擇權契約在上述行情表上之資訊項目均為一致，但是各種選擇權契約在「到期月份」、「履約價格間距」、「契約序列」、「每日漲、跌幅」等之具體契約規範上則未盡相同❻。表 5–2 所顯示者為臺指選擇權每日交易行情之報價樣例❼。

　　針對本書所討論的臺指選擇權而言，在民國九十八年五月下旬，因其五月份契約已於該月二十日（第三個星期三）期滿結算，故當時之「到期月份」為六月、七月、八月三個連續月份和接續的九月及十二月兩個季月等共計五個月份。在交易量及未平倉合約上均為最大的六月份臺指選擇權，從 3,600 點起至7,200 點，每隔 100 點的「履約價格間距」，推出一個買權及賣權的「契約序列」，共計三十七個序列。每日漲、跌幅之限制為前一日臺股加權指數收盤點數之7%。至於在每日各序列選擇權之行情報價上，則會因報價點數之大小，而使其權利金報價之單位有所差異。

2. 選擇權每日交易行情簡表

　　點選本項後所進入的網頁上包括「選擇權每日交易行情簡表資料查詢」輸入表及交易當日之「臺指選擇權 (TXO)（行情簡表）」。在前者上列有「年」、「月」、

---

❺　資料來源為民國九十八年八月一日臺灣期貨交易所中文網站首頁上「統計資料」選項下之「期貨交易量比較表」。

❻　有關臺灣期貨交易所各選擇權契約的交易規格詳情，請點選其中文網站首頁上「商品」項下所列之各選擇權契約。

❼　因實際交易行情資料太多，在此僅節錄臺指選擇權當月份（民國九十八年六月）各契約序列中較貼近民國九十八年五月二十一日（民國九十八年六月份期貨成為即期月份的第一日）臺股大盤指數收盤點數 (6718.81) 之臺指選擇權契約的交易行情報價。

◑ 表 5-2　臺指選擇權 (TXO) 行情表

臺指選擇權 (TXO) 行情表　　　　　　　　　　　　　　　　　　　**日期: 2009/05/21**

契約	月份	履約價	買賣權	開盤價	最高價	最低價	最後成交價	結算價	漲跌價	漲跌 %	成交量	未沖銷契約量
TXO	200906	6,300	Call	492	520	470	505	505	▼ −15	▼ −2.88%	244	1,730
TXO	200906	6,300	Put	169	169	132	137	137	▼ −17	▼ −11.04%	4,436	6,153
TXO	200906	6,400	Call	428	449	400	436	436	▼ −15	▼ −3.33%	634	4,604
TXO	200906	6,400	Put	189	192	161	166	166	▼ −17	▼ −9.29%	4,986	5,548
TXO	200906	6,500	Call	358	389	340	375	375	▼ −8	▼ −2.09%	1,804	3,181
TXO	200906	6,500	Put	230	230	196	204	204	▼ −13	▼ −5.99%	7,860	6,962
TXO	200906	6,600	Call	292	328	284	310	310	▼ −14	▼ −4.32%	3,405	8,021
TXO	200906	6,600	Put	271	274	234	240	240	▼ −21	▼ −8.05%	4,015	3,701
TXO	200906	6,700	Call	263	271	231	257	257	▼ −16	▼ −5.86%	5,820	5,898
TXO	200906	6,700	Put	306	324	279	287	287	▼ −19	▼ −6.21%	2,854	6,054
TXO	200906	6,800	Call	220	223	186	210	210	▼ −13	▼ −5.83%	10,490	9,310
TXO	200906	6,800	Put	372	377	330	340	340	▼ −21	▼ −5.82%	1,257	1,270
TXO	200906	6,900	Call	168	179	148	166	166	▼ −15	▼ −8.29%	6,094	6,700
TXO	200906	6,900	Put	421	437	387	393	393	▼ −17	▼ −4.15%	263	551
TXO	200906	7,000	Call	135	141	114	133	133	▼ −14	▼ −9.52%	8,525	13,319
TXO	200906	7,000	Put	489	505	457	461	461	▼ −14	▼ −2.95%	127	754

資料來源: 臺灣期貨交易所網站。

「日」及「契約」等之輸入項,以供查詢者查詢特定選擇權契約在特定年月日之交易行情簡表,而所得以查詢之契約種類及順序與前述進行選擇權每日交易行情查詢時相同,但是在各選擇權契約的行情簡表上所包括的資訊項目則與每日交易行情表上之項目略有差異。以臺指選擇權之行情簡表為例,其項目包括「類別」、「月份」、「履約價」、「最高」、「最低」、「最後成交價」、「結算價」、「漲跌」、「成交量」、「未平倉」等十項。簡表之選擇權交易行情資料僅包含當月份及次一月份。在揭露順序上,是先列出買權各契約序列之交易行情,繼之為賣權各契約序列之交易行情。表 5-3 為臺指選擇權 (TXO)(行情簡表)的樣例。

3. 選擇權每日交易行情下載

　　透過此一連結點所進入者為「選擇權每日交易行情資料下載」輸入表,此表上有所需下載資料的起始日期「年」、「月」、「日」及終止日期「年」、「月」、

◎ 表 5-3　臺指選擇權 (TXO)（行情簡表）

臺指選擇權 (TXO)（行情簡表）　　　　　　　　　日期：2009/07/31

類別	月份	履約價	最高	最低	最後成交價	結算價	漲跌	成交量	未平倉
買權	200908	6,100	935.0	935.0	935.0	975.0	▲ +55.0	1	279
	200908	6,200	865.0	785.0	785.0	860.0	▼ −5.0	8	529
	200908	6,300	780.0	685.0	685.0	770.0	▼ −45.0	26	992
	200908	6,400	690.0	595.0	650.0	650.0	▲ +35.0	36	712
	200908	6,500	610.0	510.0	565.0	565.0	▲ +40.0	103	2,343
	200908	6,600	530.0	428.0	471.0	471.0	▲ +28.0	363	3,585
	200908	6,700	440.0	350.0	411.0	411.0	▲ +47.0	546	4,490
賣權	200908	6,100	14.5	9.7	11.0	11.0	▼ −6.0	3,047	15,516
	200908	6,200	19.5	13.0	15.0	15.0	▼ −8.0	5,213	20,015
	200908	6,300	29.0	18.0	23.0	23.0	▼ −9.5	7,084	22,995
	200908	6,400	40.0	25.5	29.5	29.5	▼ −16.5	8,871	26,108
	200908	6,500	53.0	36.0	40.5	40.5	▼ −19.5	10,140	21,704
	200908	6,600	71.0	49.0	53.0	53.0	▼ −27.0	10,665	16,520
	200908	6,700	95.0	66.0	70.0	70.0	▼ −37.0	10,298	13,528

資料來源：臺灣期貨交易所網站。

「日」的輸入欄。資料搜尋者輸入起、迄之年月日後，再於「契約」之輸入欄選擇契約之種類，即可下載所需之交易行情。經下載所得之交易行情表上之項目包括「交易日期」、「契約」、「交割月份」、「履約價」、「買賣權」、「開盤價」、「最高價」、「最低價」、「收盤價」、「成交量」、「結算價」、「未沖銷契約數」、「最後買進價格」、「最後賣出價格」等十四項。其中除「最後買進價格」及「最後賣出價格」兩個項目外，在交易行情、契約序列及契約月份等方面之資料內容，均與從「選擇權每日交易行情查詢」輸入表查詢所得者相同。

4. 前 30 個交易日選擇權每筆成交資料

　　進入此項下之網頁後可以下載自最後一個交易日起算，逆推 30 個交易日各日的臺灣期貨交易所依契約英文代號順序，公布之各類選擇權契約所有交割月份各契約序列之買權和賣權從開盤至收盤逐秒的每筆成交的價格和數量的資

料。所公布資料之項目包括「交易日期」、「商品代號」、「履約價格」、「交割年月」、「買賣權別」、「成交時間」、「成交價格」、「成交數量」(B+S) 等。此一資料一則可供選擇權交易人用以確認其選擇權交易之成交價格、數量及時間，二則可藉各月份各序列選擇權成交量的大小來判斷未來臺股大盤指數之可能走向。

5. 選擇權每日 Delta 值

Delta 值是用以評量選擇權價格之敏感性 (sensitivity) 的一個數值。除了 Delta 之外，Gamma、Theta 及 Vega 亦具有類似的功能，而此四個字均源自於希臘。Delta 所衡量的是當一個選擇權的基礎商品 (underlying asset) 價格發生變動時，該選擇權的理論價格所相應而產生變動的敏感性。Gamma 用以評估當選擇權的基礎商品價格產生一個計價價位的變動時，其 Delta 值因之而生的變動率 (the rate of change)。Theta 是用以衡量選擇權權利金的時間價值因為時間的消逝而產生的耗損 (time decay)。Vega 則是用以衡量當選擇權基礎商品的價格波動率產生變動時 (change in volatility)，該選擇權的權利金相應所生變動的敏感性❽。

選擇權的 Delta 值介乎正 1 與負 1 之間。買權的 Delta 值為正，而賣權的 Delta 值為負。平價位選擇權的 Delta 值的數字部分一般在 0.50 左右，深入價內選擇權的 Delta 數字可能高於 0.80，而深入價外選擇權的 Delta 數字則可能小於 0.20。當選擇權高度深入價內或價內選擇權快到期時，其 Delta 數字將趨近於 1，此時買、賣此一選擇權在所需資金以及獲利和風險的考量上與直接買、賣其基礎商品之差別不大。Delta 的主要功能是在使期貨交易所及避險者在針對現貨部位避險時，能以之為依據，對於為了避險而建立的選擇權部位的數量加以適當的控制❾。

臺灣期貨交易所公布其所有上市選擇權契約的 Delta 值時，是依照各契約的英文縮寫順序揭露。就各單一選擇權契約而言，首先公布當月份買權各履約

---

❽ 請見 http://www.investopedia.com/articles/optioninvestor/04/121604.asp。

❾ 同❽。

價的 Delta 值，繼之為同月份賣權各履約價的 Delta 值，再繼之為以次各月份買權及賣權的 Delta 值。所公布之項目包括「商品」、「買賣權」、「到期月份」、「履約價格」及「Delta 值」。以下以臺指選擇權為例，加以說明。民國九十八年五月二十二日臺股加權股價指數收盤點數為 6,734.46，在當天，同年六月份臺股期貨的收盤點數為 6,692。臺灣期貨交易所以臺股加權指數現貨在該日的收盤點數為最即時的資料，來計算次一交易日 (98/05/25) 臺指選擇權各契約的 Delta 值。依據五月二十五日臺灣期交所公布之「選擇權每日 Delta 值」第 100 及 101 頁上之資料，臺指選擇權二○○九年六月份深入價內 5,200 買權之 Delta 值為 0.9834，趨近價平 6,700 買權之 Delta 值為 0.5304，而價外 7,200 買權之 Delta 值則為 0.2398。在同月份之賣權部分，極度深入價外 3,600 賣權之 Delta 值為 –0.0002，趨近價平 6,700 賣權之 Delta 值為 –0.4693，而價內 7,200 賣權之 Delta 值為 –0.7599 ❿。

二、三大法人交易情形統計

臺灣期貨交易所在此一部分所公布的資料關乎於臺灣本土期貨市場中三種重要參與者，依日期或週別所交易或持有期貨及選擇權契約的口數和金額。就判斷臺股加權指數或臺股期貨未來可能的發展方向而言，此一資料極具參考價值。此處所指的三大法人包括第一類自營商（期貨自營商及證券自營商）、第二類投信（證券投信基金及期貨信託基金）及第三類外資及陸資（含境內外外資機構法人和陸資）。

此三大類法人具有較高之專業性，因此他們在臺灣期貨交易所之交易活動值得留意和觀察。臺灣期貨交易所就三大法人之交易記錄所公布之資料，可以瀏覽其網頁查詢，亦可下載。由於此二者所公布之資料及統計大體相同，但以前者較為完整，故以下將僅就上網查詢所得之資料加以說明。

❿ 相關數據資料分別源自於臺灣證券交易所中文網站首頁之「交易資訊」下「盤後資訊」之選項及臺灣期貨交易所中文網站首頁之「交易資訊」下「盤後資訊」之選項。

臺灣期貨交易所每日收盤後所公布之與三大法人期貨交易情形相關之統計可分為期貨與選擇權交易統計之總表、區分期貨與選擇權二類之統計表、區分各期貨契約之統計表、區分各選擇權契約之統計表及選擇權買賣權分計統計表等五種。每一種統計表上之數據，又分為「交易口數與契約金額」及「未平倉口數與契約金額」兩類。查詢時可以依日期或依週別，分別將所需資料之年、月、日及契約種類輸入搜尋欄位即可。

㈠總 表

臺灣期貨交易所之期貨與選擇權交易統計總表上之資料僅包含其所推出之指數類期貨契約、選擇權契約及股票選擇權契約。十年期政府公債期貨、三十天期利率期貨、黃金期貨、新臺幣計價黃金期貨及黃金選擇權等並不在內。資料公布之順序首先為「交易口數與契約金額」，繼之為「未平倉口數與契約金額」。「交易口數」指的是自營商、投信和外資及陸資在統計當日或當週買進或賣出上述各類契約之總數；「未平倉口數」是指三大法人買進或賣出前述各類衍生性商品契約後，尚未進行反向沖銷以結算損益之留倉部位 (open interest)。在「契約金額」上，則係按照當日或當週之交易口數或未平倉口數依下列方式計算❶：

(1)期貨：以每筆交易價格乘以契約乘數再乘以交易口數後加總。

(2)選擇權：以每筆交易權利金乘以契約乘數再乘以交易口數後加總。

(3)未平倉契約金額以各期貨或選擇權序列結算當日之結算價格，乘以契約數再乘以未平倉口數後加總。

(4)美元計價商品（MSCI 臺指期貨及 MSCI 臺指選擇權）依上述方法計算後，再乘以當日美元匯率。

再者，「交易口數與契約金額」及「未平倉口數與契約金額」兩個統計表上的資料項目均為一致，都包括區別三大法人之「身分別」，顯示看好股市會漲的

---

❶ 資料來源為臺灣期貨交易所中文網站首頁「交易資訊」下之「三大法人」項下之「總表」。

「多方：口數／契約金額」，看壞股市會跌的「空方：口數／契約金額」，以及顯示多方部位減去空方部位後之「多空淨類：口數／契約金額」。在此，「多方」所指的是買進期貨、買進選擇權買權、賣出選擇權賣權之交易或未平倉口數及其契約金額，而「空方」則指賣出期貨、賣出選擇權買權、買進選擇權賣權之交易或未平倉口數及其契約金額。此外，統計表上所列的交易口數及未平倉口數即為實際上的成交數量，但在契約金額方面，則是以新臺幣百萬元為最小之計價單位。以下表5-4顯示者為查詢二〇〇九年六月五日之「總表」後所得之資料。

◎ 表5-4　期貨市場三大法人交易情形統計總表（依日期）

總表——依日期查詢

日期：2009/06/05

單位：口數；百萬元

身分別	交易口數與契約金額					
	多方		空方		多空淨額	
	口數	契約金額	口數	契約金額	口數	契約金額
自營商	185,919	25,356	189,385	25,237	−3,466	119
投信	540	433	560	374	−20	59
外資及陸資	15,991	5,215	16,447	4,590	−456	625
合計	202,450	31,004	206,392	30,201	−3,942	803

身分別	未平倉口數與契約金額					
	多方		空方		多空淨額	
	口數	契約金額	口數	契約金額	口數	契約金額
自營商	219,675	13,945	283,096	13,198	−63,421	747
投信	1,979	2,151	7,701	3,500	−5,722	−1,349
外資及陸資	144,996	35,510	153,966	40,489	−8,970	−4,979
合計	366,650	51,606	444,763	57,187	−78,113	−5,581

資料來源：臺灣期貨交易所網站。

(二)區分期貨與選擇權二類交易情形統計表

　　透過臺灣期貨交易所網頁在此一部分查詢所得之當日或當週的三大法人之交易資料，與「總表」上所公布者是同一筆資料。只不過「總表」上之「交易口數與契約金額」及「未平倉口數與契約金額」裡所統計的是將期貨與選擇權兩類契約的交易予以合併計算後所得的總和，但此一項下之「交易口數與契約金額」及「未平倉餘額」兩個統計表中，卻是將「期貨」與「選擇權」兩者各自獨立，而分別予以統計。統計表上所列之交易及未平倉口數亦即為實際上的成交數量，至於在契約金額的顯示上則是以新臺幣千元為最小之計價單位。除此之外，與「總表」的表格形式並無差異，表格下「備註」之說明內容亦為相同。表 5-5 為查詢所得之二〇〇九年五月十四日「期貨與選擇權二類」統計表之樣例。

◎ 表 5-5　期貨市場三大法人交易情形統計：期貨與選擇權二類（依日期）

期貨與選擇權
日期：2009/05/14

單位：口數；千元

	交易口數與契約金額								多空淨額			
	多方				空方							
	口數		契約金額		口數		契約金額		口數		契約金額	
身分別	期貨	選擇權	期貨	選擇權	期貨	選擇權	期貨	選擇權	期貨	選擇權	期貨	選擇權
自營商	32,299	287,724	28,671,049	748,847	35,788	280,629	31,848,666	760,214	-3,489	7,095	-3,177,617	-11,367
投信	400	50	504,137	25	1,900	97	2,334,708	1,645	-1,500	-47	-1,830,571	-1,620
外資及陸資	10,365	15,881	12,431,137	97,114	9,896	14,407	11,757,325	93,895	469	1,474	673,812	3,219
合計	43,064	303,655	41,606,323	845,986	47,584	295,133	45,940,699	855,754	-4,520	8,522	-4,334,376	-9,768

	未平倉餘額								多空淨額			
	多方				空方							
	口數		契約金額		口數		契約金額		口數		契約金額	
身分別	期貨	選擇權	期貨	選擇權	期貨	選擇權	期貨	選擇權	期貨	選擇權	期貨	選擇權
自營商	20,874	375,859	19,804,040	2,675,492	19,615	403,057	16,410,241	3,428,234	1,259	-27,198	3,393,799	-752,742
投信	2,309	25	2,592,118	56	4,023	4,430	4,966,405	14,427	-1,714	-4,405	-2,374,287	-14,371
外資及陸資	33,283	166,300	39,806,687	2,952,390	40,705	197,247	46,969,337	2,209,352	-7,422	-30,947	-7,162,650	743,038
合計	56,466	542,184	62,202,845	5,627,938	64,343	604,734	68,345,983	5,652,013	-7,877	-62,550	-6,143,138	-24,075

資料來源：臺灣期貨交易所網站。

㈢區分各期貨契約交易情形統計表

此一統計表之特色是將臺灣期貨交易所推出之各類指數類期貨契約當日或當週的交易情形個別統計並予公布，選擇權契約並不在內。所公布的指數類期貨契約依序為臺股期貨、電子期貨、金融期貨、小型臺指期貨、臺灣 50 期貨、MSCI 臺指期貨、櫃買指數期貨及非金電期貨。就交易量而言，以臺股期貨占最大宗，因此在臺股期貨契約交易口數和契約金額及未平倉口數和契約金額上所計算出的「多空淨額」對於臺股大盤後勢的走向，有重要的啟發意義。在表格的形式上，此一表格將「交易口數與契約金額」及「未平倉餘額」之統計資料一併納入，其餘的表格項目、計數和備註與「區分期貨與選擇權二類」之統計表相同。表 5–6 為臺灣期貨交易所公布之二○○九年七月三十日各類期貨契約的統計資料。

㈣區分各選擇權契約交易情形統計表

此一表格之形式與前述之「區分各期貨契約」的統計表大體一致，兩者間最大之差別為，本表中公布者為臺灣期貨交易所當日或當週各個選擇權契約交易情形的個別統計資料，故不包含期貨契約。所公布的選擇權契約共計七種，依序為臺指選擇權、電子選擇權、金融選擇權、股票選擇權、MSCI 臺指選擇權、櫃買指數選擇權及非金電選擇權，其中亦以臺指選擇權占最大量，並最具參考價值。表 5–7 為臺灣期貨交易所公布之二○○九年八月三日各類選擇權契約的統計資料。

㈤選擇權買賣權分計統計表

就瞭解臺灣本土期貨市場中三大法人整體之多空意向而言，此一表格上所刊載的統計資料是絕對不可以忽略的。本表在格式上與前述之「區分各選擇權契約」交易情形統計表頗為相近，所包括的七種選擇權契約亦為臺指選擇權、

○ 表 5-6　期貨市場三大法人交易統計情形：各期貨契約（依日期）

期貨契約
日期：2009/07/30

單位：口數；千元

序號	商品名稱	身分別	交易口數與契約金額 多方 口數	契約金額	空方 口數	契約金額	多空淨額 口數	契約金額	未平倉餘額 多方 口數	契約金額	空方 口數	契約金額	多空淨額 口數	契約金額
1	臺股期貨	自營商	18,778	26,077,284	18,993	26,374,922	-215	-297,638	5,568	7,715,916	9,289	12,927,390	-3,721	-5,211,474
		投信	435	604,872	312	432,341	123	172,531	2,034	2,832,142	2,297	3,196,944	-263	-364,802
		外資及陸資	4,743	6,589,225	5,825	8,082,568	-1,082	-1,493,343	26,138	36,366,414	21,033	29,236,112	5,105	7,130,302
2	電子期貨	自營商	678	758,604	733	821,682	-55	-63,078	1,910	2,148,632	678	761,914	1,232	1,386,718
		投信	3	3,375	4	4,487	-1	-1,112	284	319,557	55	61,886	229	257,671
		外資及陸資	398	445,102	392	438,441	6	6,661	2,731	3,072,433	4,113	4,627,948	-1,382	-1,555,515
3	金融期貨	自營商	400	331,213	570	471,992	-170	-140,780	979	808,344	313	258,269	666	550,075
		投信	3	2,478	0	0	3	2,478	131	108,180	0	0	131	108,180
		外資及陸資	167	138,176	189	156,109	-22	-17,933	1,992	1,644,994	4,649	3,839,064	-2,657	-2,194,070
4	小型臺指期貨	自營商	7,778	2,698,360	8,933	3,099,687	-1,155	-401,328	2,171	752,710	2,912	1,012,402	-741	-259,692
		投信	0	0	0	0	0	0	0	0	0	0	0	0
		外資及陸資	1,299	451,232	1,234	428,260	65	22,971	497	173,006	652	226,961	-155	-53,955
5	臺灣50期貨	自營商	0	0	0	0	0	0	27	12,979	0	0	27	12,979
		投信	0	0	0	0	0	0	0	0	0	0	0	0
		外資及陸資	0	0	0	0	0	0	0	0	0	0	0	0
6	MSCI臺指期貨	自營商	0	0	0	0	0	0	7	5,830	0	0	7	5,830
		投信	0	0	0	0	0	0	0	0	0	0	0	0
		外資及陸資	0	0	0	0	0	0	0	0	0	0	0	0
7	櫃買指數期貨	自營商	138	63,124	144	65,879	-6	-2,755	28	12,957	72	33,311	-44	-20,354
		投信	0	0	0	0	0	0	0	0	0	0	0	0
		外資及陸資	0	0	0	0	0	0	0	0	0	0	0	0
8	非金電期貨	自營商	357	293,479	373	306,545	-16	-13,066	208	171,539	147	121,206	61	50,333
		投信	0	0	0	0	0	0	21	17,333	0	0	21	17,333
		外資及陸資	19	15,637	63	51,817	-44	-36,181	91	75,108	198	163,293	-107	-88,185
	期貨小計	自營商	28,129	30,222,064	29,746	31,140,707	-1,617	-918,645	10,898	11,628,907	13,411	15,114,492	-2,513	-3,485,585
		投信	441	610,725	316	436,828	125	173,897	2,470	3,277,212	2,352	3,258,830	118	18,382
		外資及陸資	6,626	7,639,372	7,703	9,157,195	-1,077	-1,517,825	31,449	41,331,955	30,645	38,093,378	804	3,238,577
	期貨合計		35,196	38,472,161	37,765	40,734,730	-2,569	-2,262,573	44,817	56,238,074	46,408	56,466,700	-1,591	-228,626

資料來源：臺灣期貨交易所網站。

◉ 表 5-7　期貨市場三大法人交易情形統計表：各選擇權契約（依日期）

選擇權契約

日期：2009/08/03

單位：口數；千元

序號	商品名稱	身分別	交易口數與契約金額						未平倉餘額					
			多方		空方		多空淨額		多方		空方		多空淨額	
			口數	契約金額	口數	契約金額	口數	契約金額	口數	契約金額	口數	契約金額	口數	契約金額
1	臺指選擇權	自營商	89,948	413,891	102,774	473,680	-12,826	-59,789	186,351	1,301,420	197,925	1,406,515	-11,574	-105,095
		投信	1,118	9,061	350	1,959	768	7,103	2,693	11,957	2,782	11,715	-89	242
		外資及陸資	13,345	95,915	13,268	92,437	77	3,478	103,706	1,232,996	104,443	1,055,729	-737	177,267
2	電子選擇權	自營商	11,549	3,179	11,541	3,141	8	38	3,589	11,603	3,433	9,995	156	1,608
		投信	0	0	0	0	0	0	0	0	36	480	-36	-480
		外資及陸資	0	0	0	0	0	0	0	0	100	923	-100	-923
3	金融選擇權	自營商	1,442	2,893	1,464	2,963	-22	-70	2,575	8,144	2,676	8,356	-101	-212
		投信	0	0	0	0	0	0	0	0	0	0	0	0
		外資及陸資	0	0	0	0	0	0	0	0	0	0	0	0
4	股票選擇權	自營商	23,997	1,882	23,988	1,867	9	15	12,395	24,363	12,501	24,238	-106	125
		投信	0	0	0	0	0	0	0	0	0	0	0	0
		外資及陸資	0	0	0	0	0	0	0	0	0	0	0	0
5	MSCI臺指選擇權	自營商	7,650	211	7,650	211	0	0	770	1,545	770	1,545	0	0
		投信	0	0	0	0	0	0	0	0	0	0	0	0
		外資及陸資	0	0	0	0	0	0	0	0	0	0	0	0
6	櫃買指數選擇權	自營商	4,228	121	4,218	100	10	21	3,548	682	3,502	315	46	367
		投信	0	0	0	0	0	0	0	0	0	0	0	0
		外資及陸資	0	0	0	0	0	0	0	0	0	0	0	0
7	非金電選擇權	自營商	5,468	2,106	5,463	2,075	5	31	3,027	4,051	3,049	4,103	-22	-52
		投信	0	0	0	0	0	0	0	0	0	0	0	0
		外資及陸資	0	0	0	0	0	0	0	0	0	0	0	0
	選擇權小計	自營商	144,282	424,283	157,098	484,037	-12,816	-59,754	212,255	1,351,808	223,856	1,455,067	-11,601	-103,259
		投信	1,118	9,061	350	1,959	768	7,103	2,693	11,957	2,818	12,195	-125	-238
		外資及陸資	13,345	95,915	13,268	92,437	77	3,478	103,706	1,232,996	104,543	1,056,652	-837	176,344
	選擇權合計		158,745	529,259	170,716	578,433	-11,971	-49,173	318,654	2,596,761	331,217	2,523,914	-12,563	72,847

資料來源：臺灣期貨交易所網站。

電子選擇權、金融選擇權、股票選擇權、MSCI 臺指選擇權、櫃買指數選擇權及非金電選擇權。在查詢時可以選擇「全部」選擇權契約或特定選擇權契約的交易統計資料。雖然在此統計表中公布的選擇權契約種類與前述之統計表相同，但因在此表上進一步將「三大法人」在各選擇權契約的「買權」、「賣權」的交易口數和未平倉口數、相關之契約金額以及買賣差額等，分別予以統計及公布，使得我們可以對三大法人多、空雙方的在倉部位、決勝意志及損益評估有更清楚的認識，如能再配合觀察三大法人在臺股期貨契約上留倉部位的變化，便能避免對臺股大盤的漲跌產生方向性的誤判。以下表 5-8 所刊載者為二○○九年八月三日臺灣期貨交易所公布之臺指選擇權契約買賣權分計之統計數據。

三、大額交易人未沖銷部位結構

所謂大額交易人是指在臺灣期貨交易所之期貨市場或選擇權市場中之參與者，其所持有之未沖銷部位（亦稱未平倉合約）之數量在所有市場交易人中位列前十名。臺灣期貨交易所公布之「大額交易人未沖銷部位結構」統計表可供查詢，亦可供下載。因透過查詢所得之資料較為清楚易讀，且附有百分比統計，故而在後續之說明將以查詢所得之資料為依據。在點選此一部分「查詢」之連結點後，會進一步出現「期貨大額交易人未沖銷部位結構表」和「選擇權大額交易人未沖銷部位結構表」兩個選項，以下將分別予以說明。

㈠期貨大額交易人未沖銷部位結構表

本表上所公布之期貨依序包括在臺灣期貨交易所上市之臺股期貨、電子期貨、金融期貨、臺灣 50 期貨、MSCI 臺指期貨、櫃買指數期貨、非金電期貨、黃金期貨、臺幣黃金期貨、十年期公債期貨及三十天期利率期貨等十一大類，其中以臺股期貨占最大的比例。查詢本表之資料時需先輸入所需資料之年月日後，再選擇全部期貨契約或前述十一類期貨之任一種即可。本表上資料之項目包括「契約名稱」、「月份」、「買方」、「賣方」及「全市場未沖銷部位數」。「買

◑ 表 5–8　期貨市場三大法人交易情形統計：選擇權買賣權分計（依日期）

選擇權買賣權分計
日期：2009/08/03

單位：口數；千元

序號	商品名稱	買賣權別	身分別	交易口數與契約金額						未平倉餘額					
				買方		賣方		買賣差額		買方		賣方		買賣差額	
				口數	契約金額	口數	契約金額	口數	契約金額	口數	契約金額	口數	契約金額	口數	契約金額
1	臺指選擇權	CALL	自營商	51,128	244,473	56,649	241,969	−5,521	2,503	74,706	932,091	93,299	1,066,086	−18,593	−133,995
			投信	1,100	8,902	0	0	1,100	8,902	1,430	8,675	632	3,687	798	4,988
			外資及陸資	4,293	19,016	9,624	66,711	−5,331	−47,695	73,063	1,033,035	35,233	753,705	37,830	279,330
		PUT	自營商	46,125	231,711	38,820	169,419	7,305	62,292	104,626	340,429	111,645	369,328	−7,019	−28,899
			投信	350	1,959	18	159	332	1,799	2,150	8,027	1,263	3,282	887	4,745
			外資及陸資	3,644	25,725	9,052	76,898	−5,408	−51,173	69,210	302,024	30,643	199,961	38,567	102,063
2	電子選擇權	CALL	自營商	234	871	226	833	8	38	1,067	7,512	960	6,759	107	753
			投信	0	0	0	0	0	0	0	0	36	480	−36	−480
			外資及陸資	0	0	0	0	0	0	0	0	0	0	0	0
		PUT	自營商	11,315	2,308	11,315	2,308	0	0	2,473	3,236	2,522	4,090	−49	−854
			投信	0	0	0	0	0	0	0	0	0	0	0	0
			外資及陸資	0	0	0	0	0	0	100	923	0	0	100	923
3	金融選擇權	CALL	自營商	290	1,654	300	1,707	−10	−53	1,310	6,145	1,202	6,085	108	60
			投信	0	0	0	0	0	0	0	0	0	0	0	0
			外資及陸資	0	0	0	0	0	0	0	0	0	0	0	0
		PUT	自營商	1,164	1,256	1,152	1,239	12	17	1,474	2,271	1,265	1,999	209	272
			投信	0	0	0	0	0	0	0	0	0	0	0	0
			外資及陸資	0	0	0	0	0	0	0	0	0	0	0	0
4	股票選擇權	CALL	自營商	96	287	87	271	9	16	6,985	22,303	6,956	22,078	29	225
			投信	0	0	0	0	0	0	0	0	0	0	0	0
			外資及陸資	0	0	0	0	0	0	0	0	0	0	0	0
		PUT	自營商	23,901	1,596	23,901	1,595	0	1	5,545	2,160	5,410	2,061	135	99
			投信	0	0	0	0	0	0	0	0	0	0	0	0
			外資及陸資	0	0	0	0	0	0	0	0	0	0	0	0
5	MSCI臺指選擇權	CALL	自營商	0	0	0	0	0	0	260	1,370	260	1,370	0	0
			投信	0	0	0	0	0	0	0	0	0	0	0	0
			外資及陸資	0	0	0	0	0	0	0	0	0	0	0	0
		PUT	自營商	7,650	211	7,650	211	0	0	510	175	510	175	0	0
			投信	0	0	0	0	0	0	0	0	0	0	0	0
			外資及陸資	0	0	0	0	0	0	0	0	0	0	0	0
6	櫃買指數選擇權	CALL	自營商	18	58	8	36	10	21	191	641	52	248	139	393
			投信	0	0	0	0	0	0	0	0	0	0	0	0
			外資及陸資	0	0	0	0	0	0	0	0	0	0	0	0
		PUT	自營商	4,210	64	4,210	64	0	0	3,450	67	3,357	41	93	26
			投信	0	0	0	0	0	0	0	0	0	0	0	0
			外資及陸資	0	0	0	0	0	0	0	0	0	0	0	0
7	非金電選擇權	CALL	自營商	405	929	400	898	5	31	690	3,445	682	3,452	8	−7
			投信	0	0	0	0	0	0	0	0	0	0	0	0
			外資及陸資	0	0	0	0	0	0	0	0	0	0	0	0
		PUT	自營商	5,063	1,177	5,063	1,177	0	0	2,367	651	2,337	606	30	45
			投信	0	0	0	0	0	0	0	0	0	0	0	0
			外資及陸資	0	0	0	0	0	0	0	0	0	0	0	0

資料來源：臺灣期貨交易所網站。

方」及「賣方」兩項目下又各自再分為「前五大交易人合計」及「前十大交易
人合計」之部位數和百分比；在前五大交易人或前十大交易人中如有屬於「特
定法人」所持有之部位數或所占之百分比時，則外加括號而予註明。在公布統
計數字時，除列明當月份期貨的數據外，亦將各類期貨契約個別之所有月份期
貨契約未沖銷部位的加總予以公布。根據此表之資料，我們可以判斷期貨大額
交易人究竟是傾向看好或看壞臺股的後勢。表 5–9 所示者即為查詢後所得之二
○○九年八月三日臺灣期貨交易所「期貨大額交易人未沖銷部位結構表」之資
料，但因十年期公債期貨僅交易一張，而三十天期利率期貨則完全無交易，故
而兩者均未列入。

㈡選擇權大額交易人未沖銷部位結構表

在此一結構表中，按照先後順序列出了臺指買權、臺指賣權、電子指數買
權、電子指數賣權、金融指數買權、金融指數賣權、摩臺 (MSCI) 買權、摩臺賣
權、櫃買買權、櫃買賣權、非金電買權、非金電賣權、南亞及中鋼等 30 家股票
之六十種股票選擇權契約的買權和賣權、黃金買權及黃金賣權等一百三十四個
選擇權契約的大額交易人未沖銷選擇權部位的結構。本表之項目亦包括「契約
名稱」、「月份」、「買方」、「賣方」及「全市場未沖銷部位數」等五大項。「買方」
及「賣方」項下並均包括前五大交易人、前十大交易人及特定法人的部位數和
百分比的合計數據，而所公布的資料並分別列出各個選擇權契約當月份及所有
月份之買權或賣權的統計數字。查詢時，在輸入年月日後，繼之選擇全部資料
或個別選擇權契約，即可審視所需資料。在所有選擇權契約中以臺指買權和臺指
賣權占有最重要的地位。如能適當地解讀臺指買權和賣權之大額交易人未沖銷
部位之結構，將更容易判斷臺股大盤未來的可能走向。表 5–10 為臺灣期貨交易
所於二○○九年八月三日公布之選擇權大額交易人未沖銷部位結構表。臺指買
權及臺指賣權之全市場未沖銷部位數均遠遠超過其他各類臺灣期貨交易所的選
擇權產品，而臺指賣權之當日未平倉量又多於臺指買權逾 82,000 張，居第一位。

● 表 5–9　期貨大額交易人未沖銷部位結構表 (2009/08/03)

契約名稱	月份	買方				賣方				全市場未沖銷部位數
		前五大交易人合計（特定法人合計）		前十大交易人合計（特定法人合計）		前五大交易人合計（特定法人合計）		前十大交易人合計（特定法人合計）		
		部位數	百分比	部位數	百分比	部位數	百分比	部位數	百分比	
臺股期貨	2009 08	21,491 (20,096)	43.6% (40.8%)	25,243 (23,085)	51.3% (46.9%)	15,189 (12,875)	30.8% (26.1%)	22,177 (17,885)	45.0% (36.3%)	49,249
	所有月份	22,641 (20,761)	38.9% (35.6%)	28,283 (24,092)	48.6% (41.4%)	15,630 (15,630)	26.8% (26.8%)	25,543 (20,983)	43.9% (36.0%)	58,242
電子期貨	2009 08	2,848 (1,473)	49.6% (25.6%)	4,003 (2,628)	69.7% (45.8%)	3,040 (3,040)	52.9% (52.9%)	3,931 (3,755)	68.4% (65.4%)	5,743
	所有月份	2,883 (1,474)	49.2% (25.1%)	4,061 (2,652)	69.3% (45.2%)	3,040 (3,040)	51.9% (51.9%)	3,931 (3,755)	67.0% (64.0%)	5,863
金融期貨	2009 08	1,862 (1,495)	32.8% (26.3%)	2,450 (1,843)	43.1% (32.5%)	3,051 (3,051)	53.7% (53.7%)	4,152 (4,152)	73.1% (73.1%)	5,678
	所有月份	1,876 (1,495)	32.1% (25.6%)	2,464 (1,843)	42.1% (31.5%)	3,078 (3,078)	52.6% (52.6%)	4,179 (4,179)	71.5% (71.5%)	5,847
臺灣50期貨	2009 08	45 (0)	100.0% (0%)	45 (0)	100.0% (0%)	45 (0)	100.0% (0%)	45 (0)	100.0% (0%)	45
	所有月份	50 (0)	100.0% (0%)	50 (0)	100.0% (0%)	50 (0)	100.0% (0%)	50 (0)	100.0% (0%)	50
MSCI臺指期貨	2009 08	5 (0)	100.0% (0%)	5 (0)	100.0% (0%)	5 (0)	100.0% (0%)	5 (0)	100.0% (0%)	5
	所有月份	7 (0)	100.0% (0%)	7 (0)	100.0% (0%)	7 (0)	100.0% (0%)	7 (0)	100.0% (0%)	7
櫃買指數期貨	2009 08	48 (0)	55.2% (0%)	66 (0)	75.9% (0%)	69 (0)	79.3% (0%)	80 (0)	92.0% (0%)	87
	所有月份	67 (0)	49.6% (0%)	96 (0)	71.1% (0%)	90 (0)	66.7% (0%)	115 (0)	85.2% (0%)	135
非金電期貨	2009 08	266 (138)	72.1% (37.4%)	322 (159)	87.3% (43.1%)	251 (211)	68.0% (57.2%)	319 (211)	86.4% (57.2%)	369
	所有月份	276 (124)	62.6% (28.1%)	338 (150)	76.6% (34%)	295 (250)	66.9% (56.7%)	369 (250)	83.7% (56.7%)	441
黃金期貨	2009 08	1 (0)	100.0% (0%)	1 (0)	100.0% (0%)	1 (0)	100.0% (0%)	1 (0)	100.0% (0%)	1
	所有月份	2 (0)	100.0% (0%)	2 (0)	100.0% (0%)	2 (0)	100.0% (0%)	2 (0)	100.0% (0%)	2
臺幣黃金期貨	2009 08	193 (0)	56.9% (0%)	237 (0)	69.9% (0%)	210 (0)	61.9% (0%)	242 (0)	71.4% (0%)	339
	所有月份	427 (0)	55.6% (0%)	535 (0)	69.7% (0%)	440 (0)	57.3% (0%)	552 (0)	71.9% (0%)	768

資料來源：臺灣期貨交易所網站。

◎ 表 5–10　選擇權大額交易人未沖銷部位結構表 (2009/08/03)

契約名稱	月份	買方				賣方				全市場未沖銷部位數
		前五大交易人合計（特定法人合計）		前十大交易人合計（特定法人合計）		前五大交易人合計（特定法人合計）		前十大交易人合計（特定法人合計）		
		部位數	百分比	部位數	百分比	部位數	百分比	部位數	百分比	
臺指買權	2009 08	64,568 (17,433)	33.0% (8.9%)	89,886 (42,751)	45.9% (21.8%)	51,882 (6,720)	26.5% (3.4%)	75,544 (11,220)	38.6% (5.7%)	195,804
	所有月份	76,195 (28,508)	32.9% (12.3%)	111,053 (54,230)	47.9% (23.4%)	62,573 (0)	27.0% (0%)	94,537 (25,186)	40.8% (10.9%)	231,898
臺指賣權	2009 08	80,959 (46,314)	33.0% (18.9%)	105,265 (50,778)	42.9% (20.7%)	59,481 (0)	24.2% (0%)	88,705 (7,502)	36.1% (3.1%)	245,482
	所有月份	109,531 (52,265)	34.9% (16.6%)	155,229 (82,324)	49.4% (26.2%)	86,266 (0)	27.5% (0%)	119,690 (7,692)	38.1% (2.4%)	314,208
電子指數買權	2009 08	993 (0)	93.9% (0%)	1,045 (0)	98.8% (0%)	900 (36)	85.1% (3.4%)	999 (36)	94.4% (3.4%)	1,058
	所有月份	1,026 (0)	93.7% (0%)	1,078 (0)	98.4% (0%)	917 (0)	83.7% (0%)	1,036 (36)	94.6% (3.3%)	1,095
電子指數賣權	2009 08	1,013 (100)	95.6% (9.4%)	1,053 (100)	99.3% (9.4%)	888 (0)	83.8% (0%)	1,024 (0)	96.6% (0%)	1,060
	所有月份	2,466 (100)	95.3% (3.9%)	2,578 (100)	99.7% (3.9%)	2,047 (0)	79.1% (0%)	2,522 (0)	97.5% (0%)	2,587
金融指數買權	2009 08	1,243 (0)	88.8% (0%)	1,333 (0)	95.3% (0%)	1,101 (0)	78.7% (0%)	1,303 (0)	93.1% (0%)	1,399
	所有月份	1,243 (0)	87.7% (0%)	1,334 (0)	94.1% (0%)	1,119 (0)	79.0% (0%)	1,321 (0)	93.2% (0%)	1,417
金融指數賣權	2009 08	972 (0)	97.7% (0%)	993 (0)	99.8% (0%)	737 (0)	74.1% (0%)	917 (0)	92.2% (0%)	995
	所有月份	1,416 (0)	95.5% (0%)	1,479 (0)	99.8% (0%)	963 (0)	65.0% (0%)	1,296 (0)	87.4% (0%)	1,482
摩臺選買權	2009 08	260 (0)	100.0% (0%)	260 (0)	100.0% (0%)	260 (0)	100.0% (0%)	260 (0)	100.0% (0%)	260
	所有月份	260 (0)	100.0% (0%)	260 (0)	100.0% (0%)	260 (0)	100.0% (0%)	260 (0)	100.0% (0%)	260
摩臺選賣權	2009 08	110 (0)	100.0% (0%)	110 (0)	100.0% (0%)	110 (0)	100.0% (0%)	110 (0)	100.0% (0%)	110
	所有月份	510 (0)	100.0% (0%)	510 (0)	100.0% (0%)	510 (0)	100.0% (0%)	510 (0)	100.0% (0%)	510
櫃買買權	2009 08	174 (0)	87.4% (0%)	197 (0)	99.0% (0%)	196 (0)	98.5% (0%)	199 (0)	100.0% (0%)	199
	所有月份	174 (0)	87.4% (0%)	197 (0)	99.0% (0%)	196 (0)	98.5% (0%)	199 (0)	100.0% (0%)	199
櫃買賣權	2009 08	171 (0)	97.2% (0%)	176 (0)	100.0% (0%)	167 (0)	94.9% (0%)	176 (0)	100.0% (0%)	176
	所有月份	3,446 (0)	99.9% (0%)	3,451 (0)	100.0% (0%)	3,337 (0)	96.7% (0%)	3,451 (0)	100.0% (0%)	3,451
非金電買權	2009 08	523 (0)	75.7% (0%)	687 (0)	99.4% (0%)	575 (0)	83.2% (0%)	681 (0)	98.6% (0%)	691
	所有月份	523 (0)	75.6% (0%)	687 (0)	99.3% (0%)	576 (0)	83.2% (0%)	682 (0)	98.6% (0%)	692
非金電賣權	2009 08	676 (0)	97.8% (0%)	691 (0)	100.0% (0%)	604 (0)	87.4% (0%)	679 (0)	98.3% (0%)	691
	所有月份	2,126 (0)	89.6% (0%)	2,372 (0)	100.0% (0%)	2,035 (0)	85.8% (0%)	2,308 (0)	97.3% (0%)	2,372

資料來源：臺灣期貨交易所網站。

🔖 第二節　臺灣期貨交易所資訊解碼的邏輯基礎

　　繼前一節說明如何在臺灣期貨交易所網站搜尋其所公布之盤後交易行情及主要市場參與者之交易部位後，本節將繼之說明本書作者在進一步解讀這些資料前，所構建的一些系統性的邏輯論證。既然稱之為邏輯論證，就不可能將之視為數學公式或統計模式般地直接運用於未來市場行情的預測。不過只要人類行為模式的本質不致於變化太快，依本書作者逾二十五年之衍生性商品市場的參與經驗與研究心得，能夠或多或少掌握「投機市場」中商品價格變動的可能解釋，是長期在此一市場中維持生存、投機獲利和投資致富的重要前提。再者，因本書主要目的在於分析臺股指數及臺股大盤的價量變化，故而從此處開始，在結合臺灣期貨交易所的交易資訊來支持本書中的論點時，焦點將會集中在臺股期貨及臺指選擇權兩種契約，時機適當時亦會將臺灣證券集中交易市場之價量資訊一併納入。

　　在分析類似證券或期貨等投機市場的走勢趨向時需要從四個面向去考慮：價格、數量、時間和空間。價格指的是市場參與者互相買賣後所形成的交易價格，這些價格可以讓我們知道買、賣雙方進場時的損益兩平點，以及未來市場行情發生變化時，買方和賣方獲利或受損之程度。數量包含了市場交易者特定期間內（如每天）的交易量和期貨市場所獨有的未平倉合約；從交易量和未平倉量上可以推估參與投機的買方或賣方所具有之判斷力和意志力的強度，所投入金錢和資源的規模，所獲得利潤或損失之多寡以及所承受風險之程度大小和時間長短。時間給予了價格變化的機會，提高了市場投機者獲利或虧損的不確定性，加深了市場參與者的恐懼或貪念，強化了獲利者的自信心，但卻動搖了受損者的自持力。價格的變化、數量的消長、時間的消逝，為投機市場技高一籌的競技者提供了充分的機會（空間）來搜括戰果，卻亦為不諳投機市場價量邏輯的羔羊群，設下了無邊無底的賠錢窟。

　　既然如此，怎樣才可以獲得足以幫助我們在價格、數量、時間和空間等四

個面向上形成適切判斷的正確資訊呢?就參與臺灣期貨交易所之衍生市場而言，前一節所介紹之「盤後資訊」、「三大法人交易情形統計」、「大額交易人未沖銷部位結構」等都屬於不可忽視的重要資訊。當然這些資訊的本身不會直接告訴我們未來臺股大盤的漲跌趨勢，但是如果能將臺灣期貨交易所揭露的價量資訊與可以反覆驗證的邏輯推論系統相結合，就能大為提高判斷相關市場未來價格變化的可能性。在此，讓我們先來認識一下所有價量邏輯中最基本也最重要的移動平均線理論。

一、商品價格與移動平均線

移動平均線對股市或期市的投機者而言，是一個不可或缺的分析工具。然則，使用移動平均線卻不明白其後的邏輯，恐怕在做實際判斷時的信心及效果上都會大打折扣。移動平均線是以股市或期市的交易價格為其形成之基礎，而此類投機市場的價格又受到市場供需之影響，是以，從移動平均線之變化應可判斷市場供需之消漲。臺灣期貨交易所每日公布之「盤後資訊」即包括當月份期貨契約之開盤價、最高價、最低價、最後成交價及結算價，其中結算價係用以決定當日所有市場參與者之損益基準，加以臺股期貨到期時會與臺股加權指數接軌，並使不同月份之臺股期貨的每日結算價間，維持一定之持續性，故而頗適宜作為構成移動平均線的原始素材。繼之，讓我們先來探討一下移動平均線的邏輯基礎。

㈠市場供需與移動平均線

在自由競爭的市場中，需求大於供給則價格上漲，反之，供給大於需求時，價格下跌。在自由的投機市場中，這個經濟的基本法則也一體適用，故而當投機的買方整體力量大於投機的賣方時，會使所涉及的投機商品價格上揚。相對地，當賣方的能量超過買方時，該投機商品的價格也就易跌難漲。這一個既簡單又易於瞭解的道理，為從移動平均線判斷股市或期市未來的趨向提供了重要

的理論基礎。

　　經濟學中，邊際成本與平均成本的區別可以說是一個基本常識。邊際成本指的是生產者生產最後一個單位之財貨所付出的成本；平均成本則是將從過去到現在每生產一個單位財貨的邊際成本加總後除以所生產財貨單位的總數後得到的平均值。當自由競爭的市場達到柏拉圖最適境界 (Pareto Optimality)，邊際成本等於邊際利益，並因此形成了最有效率的價格。從上面的陳述我們可以瞭解邊際成本和邊際利益具體顯現的形式就是市場價格。借用這樣的觀點，我們或許可以將股市或期市等投機市場中最後一天的成交價格視之為「邊際價格」，而將從現在向前回溯的特定期間（如 5 日或 10 日）中的各日收盤價的平均值視為「平均價格」，而移動平均線就是由既往的各個平均價格所形成的價格曲線。

　　移動平均線代表的是投機市場中的歷史價格，或許有人會問歷史的價格對於判斷未來的價格會具有參考價值嗎？在回答這個問題前，我們有必要進一步深思移動平均線的本質。不錯，在形式上移動平均線是一種對投機市場中過去交易價格的記錄，但是本質面上它所反映的卻是在零和的投機戰場中，買、賣雙方均投入了大量的金錢、資源和精力以相互對抗的結果，而在自由競爭的投機市場中，勝利的一方通常亦是合於市場供需法則的一方。換言之，在股市或期市的投機市場中當追逐股票或期貨的資金相對多於市場中所賣出的股票或期貨時，相關股票和期貨的價格自然上漲，反之，就會下跌。從相對應的另一個角度來看，投機市場中商品價格的持續上漲，就意味著在該商品的基本面上是需求大於供給，而當此一商品價格跌跌不休時，其基本面上自當是供過於求。當然，一日行情的漲跌不足以作為推論基本面榮枯的基礎，但是如果我們所依據的是較長期間的「平均價格」及其漲跌趨勢，在判斷市場基本面的供需上自然也就大幅提高了其可靠性。於此讓我們將前面的邏輯再重新整理如下。

　　基本面的供需變化影響商品價格的漲跌，商品價格的漲跌反映基本面的供需變化，而移動平均線則為商品價格漲跌的持續記錄。故當移動平均線的平均值愈來愈大時即表示商品之需求大於供給，其價格繼續上漲的可能很大，所以

此時基本的投機策略是尋求較好的價格而買進商品（逢低承接）；當移動平均線
的平均值愈來愈小時即代表商品之供給大於需求，其價格反覆探底的機率很高，
是以宜選擇商品價格較高時趁機出貨。在投機市場中經年從事交易的人往往用
移動平均線的升降和形態來判斷價格漲跌的趨勢，當所用的各期間之移動平均
線均為上揚時則視為象徵漲勢的多頭排列，又當各期間之移動平均線都下傾時
則意味著此一均線組合屬於跌勢市場中的空頭排列。基於投機市場所具有之零
和遊戲的本質，買、賣雙方中之獲勝的一方自然會設法鞏固現狀並擴大戰果，
直到敗方在面臨資產即將耗竭之際（如無力繳交期貨市場之追加保證金），驚惶
失措的反向沖銷、認賠投降為止。在此同時勝利的一方趁著對手潰敗退場之際，
相對地承接敗方認賠的買單或賣單，進而軋平部位，獲利出場。正因為如此，
我們常常會聽到投機市場的老手告誡初入門者要以趨勢為友，順勢操作，直到
趨勢逆轉為止。如與前述的討論相對應，投機市場之優勢主導者之鞏固現狀、
擴大戰果導致了既有趨勢的延續，而當他們大肆搜括，從容退場之際，亦即現
有趨勢將要反轉之時。

究竟趨勢的逆轉有無跡象可資觀察呢？一如移動平均線可以幫助我們判斷
價格的趨勢一樣，這一個問題也可以從移動平均線的分析中找答案。

(二)移動平均線的種類及其構建

移動平均線依其構建方式的不同可大致分為簡單移動平均線 (simple
moving average, SMA)、加權移動平均線 (weighted moving average, WMA) 及指
數移動平均線 (exponential moving average)，其中以簡單移動平均線最易瞭解且
便於計算和使用，以下，謹舉一例加以說明❷。

---

❷　在簡單移動平均線的計算下，每日市場的成交價格所占的權值分量是相同的，而加權
　　移動平均線則依照市場成交價格所發生的時間先後給予不同的權重，時間愈近的權值
　　愈高，時間發生愈早的權值愈低，時間回溯超越一定期間的權值為零。指數移動平均
　　線在計算時亦給最近的成交價格予最高的權值，但同時亦認為只要是發生過的歷史價
　　格，無論時間多久都應納入以計算移動平均線，只不過時間愈久權值愈低，在權值減少
　　的幅度上則呈現一定的指數關係。

移動平均線可以幫助我們判斷市場的供需和價格的走勢，亦可以在配合觀察投機市場的交易量和未平倉量的情況下，當現有的價格趨勢進行調整或方向逆轉時，給予市場參與者必要的警告。前曾述及我們可以把最後一日市場交易的價格視為「邊際價格」，並將特定期間各交易日收盤價加總後的平均值當作「平均價格」。在同一均線組合系列中的不同期間系列所涉及的期間有短有長，如「5 日期間」、「10 日期間」、「20 日期間」等。將最後一日的成交價與「5 日期間」的平均價相配對，前者是邊際價格，而後者是平均價格；將「5 日期間」的均值與「10 日期間」的均值相配對後，前者可視為「邊際價格」，後者則為「平均價格」（兩個 5 日期間均值的平均價格）。在解釋了上述的定義後，讓我們看一看這樣的區分到底有甚麼實益。

在構建移動平均線時，每一個新的「邊際價格」都是計算「平均價格」時的最新元素。當任何一組均線結構呈現多頭排列時，只要新的「邊際價格」持續上漲，這個均線組合的多頭排列就不可能改變。讓我們借助以下的例證來增進對此的瞭解。

假設某一個美國上市股票第 1 個交易日的收盤價是 51 美元，至第 14 個交易日為止每日結算時都漲 1 美元，因此形成了以下的價格序列：51、52、53、54、55、56、57、58、59、60、61、62、63、64。此一價格序列從第 5 個交易日開始會產生第一個「5 日期間」的平均值，其數值等於 53〔= (51 + 52 + 53 + 54 + 55) ÷ 5〕，直至第 14 個交易日收盤為止，所有「5 日期間」的平均值包括 53、54、55、56、57、58、59、60、61、62，將上述平均值連成一條線就形成了一個持續上揚的 5 日移動平均線。在「10 日期間」的部分，第一個平均值產生於第 10 個交易日收盤後，而等於 55.5 美元〔= (51 + 52 + … + 60) ÷ 10〕，如逐日計算到第 14 個交易日收盤為止，所得之「10 日均線」的各平均值依日期先後為 55.5、56.5、57.5、58.5 及 59.5，將其連成一線，即為 10 日移動平均線。

如將「5 日期間」及「10 日期間」的平均值系列相互比較，在表 5–11 前段中我們可以發現從第 10 個交易日收盤起，構成「5 日期間」移動平均線的各平

均值在價格持續上漲的過程中，都會大於構成「10 日期間」移動平均線各個相對應的平均值。例如，在第 11 個交易日收盤後，「5 日期間」移平均線之數值為 59，大於同一交易日之「10 日期間」移動平均線之 56.5，以此類推。

在第 14 個交易日後，若是該商品的價格仍然每日上漲 1 美元，則「5 日移動平均線」所產生的平均值會一直大於「10 日移動平均線」所產生的平均值。假如將這樣的關係表現在座標圖上或繪成技術分析的圖形，我們便會清楚地看到「5 日平均線」一直維持在「10 日平均線」的左上方。

從這個例子中我們可以明白多頭的均線結構在邊際價格持續上漲的情況下是不會改變的。當然在現實生活中商品價格並非只漲不跌，可是在該商品價格的移動平均線已經形成多頭排列後，其價格在短期間暫時地回軟是不一定會改變原有的上升趨勢。不過，如果此一商品的邊際價格在短期間內大幅回落，或是於較長期間在高檔價格區向下調整，就可能漸次破壞原有的多頭均線結構，進而將漲勢轉化為跌勢。同樣地，在已經形成的跌勢下，如若邊際價格暴漲或漸次盤堅，原有的空頭移動平均線的架構亦會改變成多頭形態。

表 5–11 中的 5 日移動平均線及 10 日移動平均線的各個平均值相互對照下的消漲，即呈現了因為邊際價格的變化而扭轉了平均價格的趨勢。

在表 5–11 中，從第 1 日起至第 14 日，價格趨勢上漲，此期間各日之邊際價格大於 5 日均值，而 5 日均值大於 10 日均值。但是因第 15 個交易日之收盤價比第 14 個交易日大幅下跌 26 美元而至 38 美元，致使在第 15 個交易日收盤時，當日之邊際價格小於 5 日均值，而 5 日均值小於 10 日均值，並因而改變了原有的多頭均線結構。此後至第 24 日，邊際價格雖有小幅上落，但 5 日均值始終小於 10 日均值，故可視之為移動平均線之空頭排列。第 26 日後又因邊際價格重拾升軌，再次形成了邊際價格大於 5 日均值，且 5 日均值大於 10 日均值之情況，並同時將此前的空頭均線改變為多頭。圖 5–1 顯示了將表 5–11 中的邊際價格、5 日均值、10 日均值轉換成價格曲線後所形成的包括邊際價格曲線、5 日移動平均線及 10 日移動平均線的三線價格圖形。

◖ 表 5-11　上漲趨勢與下跌趨勢中之邊際價格及平均價格

趨勢	交易日	邊際價格	5 日均值	10 日均值	趨勢	交易日	邊際價格	5 日均值	10 日均值
▲	1	51			▽	18	39	43.6	52.3
▲	2	52			▽	19	40	38.8	50.4
▲	3	53			▽	20	39	39.0	48.3
▲	4	54			▽	21	37	38.8	45.9
▲	5	55	53.0		▽	22	38	38.6	43.5
▲	6	56	54.0		▽	23	39	38.6	41.1
▲	7	57	55.0		▽	24	40	38.6	38.7
▲	8	58	56.0		▲	25	41	39.0	39.0
▲	9	59	57.0		▲	26	42	40.0	39.4
▲	10	60	58.0	55.5	▲	27	43	41.0	39.8
▲	11	61	59.0	56.5	▲	28	44	42.0	40.3
▲	12	62	60.0	57.5	▲	29	45	43.0	40.8
▲	13	63	61.0	58.5	▲	30	46	44.0	41.5
▲	14	64	62.0	59.5	▲	31	47	45.0	42.5
▽	15	38	57.6	57.8	▲	32	48	46.0	43.5
▽	16	38	53.0	56.0	▲	33	49	47.0	44.5
▽	17	39	48.4	54.2					

　　從圖 5-1 中之價格曲線的相互比較可知，直至第 14 個交易日為止，由於 5 日移動平均線的均值始終大於 10 日移動平均線的均值，是以 5 日移動平均線一直在 10 日移動平均線的左上方。但自第 15 個交易日起，則剛好相反，並因此使得 5 日移動平均線從原來位於 10 日移動平均線的左上方，掉頭向下穿透 10 日移動平均線，乃致易位至 10 日均線之左下方，而類似此一狀況的均線組合形態的改變，技術分析上稱之為「死亡交叉」。相反地，在下跌的趨勢中，5 日移動平均線原本應在 10 日移動平均線的左下方南向測底，但是如果後續各交易日的邊際價格大幅或持續上漲，如同表 5-11 中第 26 日至第 33 日的價格變化，都可使 5 日移動平均線反轉穿越至 10 日移動平均線的左上方而向北攀升，像這樣的形態被稱之為「黃金交叉」（請參考圖 5-1）。

　　移動平均線的多頭排列或空頭排列，象徵著投機市場是處於漲勢或跌勢。

黃金交叉和死亡交叉則為構成趨勢逆轉的指標之一。若能經常掌握趨勢並覺察
其轉折,在投機市場中縱然不能百戰百勝,但要做到百戰不殆,應非難事。

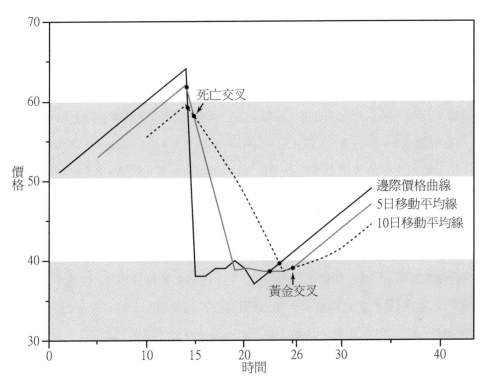

◑ 圖 5-1　黃金交叉與死亡交叉示意圖

㈢移動平均線與趨勢的變化

在股票和期貨的技術分析中,常將「黃金交叉」視為是投機市場參與者的
一個買進股票或期貨的機會,而「死亡交叉」則代表市場對投機者所給予的賣
出訊號。這種觀點的引申含意是股市或期市在「黃金交叉」出現之後價格會上
漲,但在「死亡交叉」後價格會下跌。像這樣子的推論,其實是倒果為因的。
在股市或期市中最後一個交易日的邊際價格如果持續上漲,就會使短、中、長
各個期間(如 5 日、10 日、20 日)之平均價格亦隨之上漲。因邊際價格只反映

最後一個交易日的漲、跌幅，而平均價格則表現在較長的期間之中，各個交易日的價格之上漲或下跌相加總和的平均值，所以邊際價格的變動幅度會大於平均價格的平均值之變動幅度，而短期平均價格之平均值的變動幅度會大於中、長期的平均價格之平均值的變動幅度。此種關係從下面的例子中就可以看出來。

假設在過去 10 個交易日某股票的各日收盤價按時間先後順序為 8 元、8 元、8 元、8 元、8 元、8.1 元、8.2 元、8.3 元、8.4 元及 8.5 元，如今日之收盤價為 9 元而上漲 0.5 元，則此一股票之 5 日移動平均線之平均值僅上揚 0.18 元 $\{=[(8.2 + 8.3 + 8.4 + 8.5 + 9) \div 5] - [(8.1 + 8.2 + 8.3 + 8.4 + 8.5) \div 5]\}$，其 10 日移動平均線之平均值則上漲更少僅為 0.1 元 $\{=[(8 + 8 + 8 + 8 + 8.1 + 8.2 + 8.3 + 8.4 + 8.5 + 9) \div 10] - [(8 + 8 + 8 + 8 + 8 + 8.1 + 8.2 + 8.3 + 8.4 + 8.5) \div 10]\}$。

正因為邊際價格的漲、跌幅度大於平均價格，所以當邊際價格持續上漲一段時期後，5 日移動平均線會排列在 10 日移動平均線的左上方，而 10 日移動平均線會排列在 20 日移動平均線的左上方，形成多頭漲升架構；如邊際價格長期下跌，5 日移動平均線會排列在 10 日移動平均線的左下方，而 10 日移動平均線會排列在 20 日移動平均線的左下方，形成空頭下跌的格局。

移動平均線代表著投機市場中買方買進或賣方賣出的損益兩平點。當買方整體力量在一段期間內始終大於賣方時就會形成移動平均線的多頭排列，同時若邊際價格仍繼續上漲，便會產生最近期的邊際價格遠大於移動平均線的平均價格的情形，其所意味的是市場參與者所投機之股票或期貨的最近期價格已高於先前買方買進和賣方賣出的平均價格，在此狀況下買方整體獲得利潤而賣方整體蒙受損失。如果此時因上漲的價格吸引了新的賣方和一部分原有的買方因要實現所獲得之利潤而賣出已持有之股票或期貨，就可能暫時改變市場的供需狀況，並使相關之股票或期貨的價格回轉下跌，等到價格下跌至呈現多頭排列的移動平均線（亦即買方整體之平均成本）時，已經獲利之買方在資金更為充裕的狀態下，為了維護自身的利益會再次入市買進股票或期貨，並進一步推升價格以擴大其利潤，如此周而復使，便會使股票或期貨的價格反覆上漲，假如

因此又能促成更多旁觀的投機者加入既存買方的陣容，就會延長價格上漲的期間和增加價格上漲的幅度。

反過來，在邊際價格一直下跌而移動平均線形成空頭排列時，其所代表的是市場之供給大於需求，故而將使商品之邊際價格繼續下跌，直至部分市場參與者逢低買進造成反彈，但當價格回升至空頭排列之移動平均線時，原具主導地位之賣方便會加大賣壓，拓展戰果，並使相關股票和期貨的價格輾轉下調。

基於這樣的論述，我們可以將股市和期市中商品價格的變動，化為兩個簡單的結論。第一、商品價格的趨勢一旦形成就會持續，直到有死亡交叉或黃金交叉等跡象顯示其逆轉為止。第二、漲勢中的移動平均線對於商品的價格會形成支撐，而跌勢中的移動平均線對於商品的價格會造成壓力。是以，在股市或期市等投機市場中想要獲利，宜遵守一個至為重要的法則：順著趨勢而行。漲勢時當邊際價格回檔至移動平均線附近時買進，而後趁邊際價格升離移動平均線時高價賣出；跌勢時藉邊際價格反彈至移動平均線時賣出，然後於邊際價格墜離移動平均線時低價補回。

在投機市場中，移動平均線代表著買方或賣方中究竟何者掌握了優勢。跟著勝方走，在錯綜複雜的股市或期市裡固然是投機者明哲保身的金科玉律，但是當資金雄厚且具資訊優勢的勝方獲利了結而致趨勢改變時，搭乘順風車的一般投機者自然亦不能無所警覺，而黃金交叉和死亡交叉就是趨勢改變的警訊之一。

在上漲趨勢進行了一段期間之後，早前先知先覺低價進場的買方獲利匪淺，故而逐漸在相對高價區賣出手中持有的投機商品，在此同時偏高的價格又會吸引更多的投機者加入賣方的陣營，使得原有的漲勢面臨考驗，如果這樣的情形一時不止，邊際價格將會繼續下跌，並且導致原來多頭排列下，短、中、長期三條移動平均線之中在最左上方的短期移動平均線反轉向下，穿過中、長期的移動平均線而變更其位置至前二者的左下方，若是買、賣雙方攻守易位改為由賣方掌握優勢，中期移動平均線便會隨短期移動平均線之後，亦轉換至長期移

動平均線的左下方而構成所謂的「三線死亡交叉」，同時形成了短期移動平均線在最左下方，中期移動平均線處於中間，而長期移動平均線在最右上方的空頭布陣。

　　從相反的角度來說，當股市或期市維持一段跌勢之後，在初跌段或跌勢中期即已建立賣出部位的控盤族群，趁低回補賣出的股票或期貨以實現利潤，同時偏低的市場價格吸引了新進場的買盤，兩者合流反轉了投機市場中原有供給大於需求的形勢，經過一段時間的低檔振盪盤堅後，使原有的短期移動平均線在最左下方，中期移動平均線在中間，長期移動平均線在最右上方，三者同時向右下方探底的空頭排列逐漸逆轉成為短期移動平均線在最左上方，中期移動平均線居中位，而長期移動平均線在最右下方，三線同時向右上揚的多頭格局，並因此形成了「三線黃金交叉」（請參考圖 5-2 及圖 5-3）❸。

　　從以上的說明，我們可以瞭解為甚麼「黃金交叉後價格會上漲；死亡交叉後價格會下跌」是倒果為因了。比較嚴謹的邏輯論證應當是在跌勢近乎尾聲時，投機市場由供給大於需求轉變為需求大於供給，因為需求大於供給所以邊際價格上漲，邊際價格的持續上漲形成了各期平均價格移動平均線的黃金交叉，黃金交叉之後只要需求仍然大於供給,邊際價格及各期平均價格自然會繼續上漲，直等到漲勢耗竭市場再次回復到供給大於需求並使邊際價格下跌而形成死亡交叉，在死亡交叉後若供給仍然大於需求，邊際價格和各期平均價格當然仍會維持跌勢，除非投機市場又一次供需易勢而呈現黃金交叉，如此周而復始，毫無例外。對於想要在投機市場中獲利，而又不想將問題複雜化的交易人而言，這個規律是極為重要的。

---

❸　圖 5-2 及圖 5-3 中自 2008/04/17 至 2008/06/18 及 2009/01/05 至 2009/03/12 之臺股加權指數之每日收盤指數（邊際價格）之資料源自於臺灣證券交易所中文網站首頁「交易資訊」下之「TWSE 自行編製指數」下之「加權股價指數歷史資料」；此二圖中之 5日、10 日及 20 日移動平均線之各個均值，係由作者自行計算。圖 5-2 及圖 5-3 之均線結構則係依據前述之資料繪製而成。

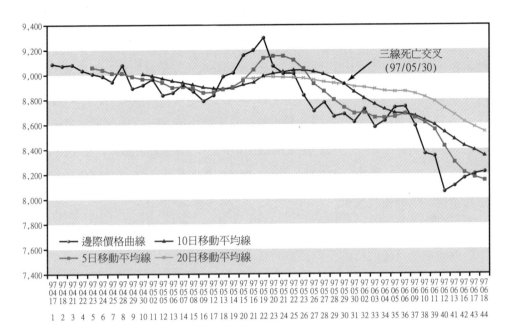

◎ 圖 5-2　臺股加權指數走勢（97/04/17 至 97/06/18）暨三線死亡交叉圖

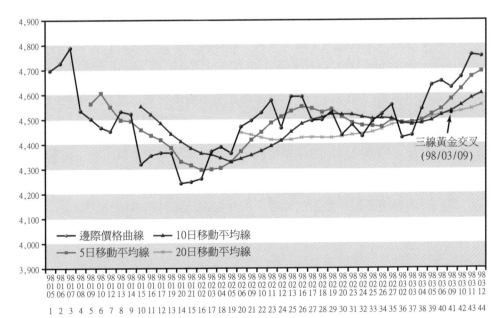

◎ 圖 5-3　臺股加權指數走勢（98/01/05 至 98/03/12）暨三線黃金交叉圖

　　具體來說，既然「黃金交叉」代表投機市場中的需求大於供給，而「死亡交叉」代表供給大於需求，我們只要在所欲交易的投機商品之移動平均線的各種組合（如 5 日均線、10 日均線、20 日均線所構成之三線組合）中適當加以選擇，並等到此一組合形成黃金交叉後買進，形成死亡交叉後賣出，如此重複操作，長期下來即可獲利。這樣的操作策略並不能保證每一次的買賣都會賺錢，但是如果所選擇的組合適當，每次賠錢的數額小，賺錢的數額大，正所謂：「賠錢幾條蟲，賺錢一條龍」。所賺的一次大錢，就會將數次小額失利操作的損失總額抵銷後，仍然留有盈餘。

　　交易人在選擇移動平均線的組合前有兩個基本認識是不可缺少的。第一，不同時間單位（如分、時、日、週）移動平均線的結構改變是有先後順序的關係。在跌勢之中，以分鐘（如 15 分鐘或 30 分鐘）為基礎的移動平均線組合未形成黃金交叉之前，其相關小時線（如 5 小時或 10 小時）的移動平均線組合是不會形成黃金交叉的。小時線的平均線組合未形成黃金交叉之前，其相關日（如 5 日或 10 日）平均線的組合亦不會出現黃金交叉。當然，日平均線的黃金交叉必然也產生在週（如五週或十週）移動平均線的黃金交叉之前。在觀察不同時間單位的死亡交叉時，其各時間單位死亡交叉形成的先後順序與黃金交叉相同。所以在投機市場進行實際交易時，欲掌握趨勢改變的先機，交易人應先分析分鐘移動平均線或小時移動平均線是否出現黃金交叉或死亡交叉的訊號，但在確定長期趨勢是否逆轉時，則應以日移動平均線或週移動平均線所顯示的黃金交叉或死亡交叉為依據。

　　第二，因為邊際價格變動的幅度大於移動平均線所代表的平均價格，當移動平均線形成黃金交叉後，交易人買進的邊際價格會高於短期移動平均線往上穿過較長期移動平均線的黃金交叉點，而在死亡交叉後賣出的邊際價格亦會低於短期移動平均線反轉向下跌破較長期間移動平均線所形成的死亡交叉點。是以在驗證所選擇的移動平均線的時間基礎單位（如分、時、日、週）和不同時期移動平均線各系列的參數是否有助於獲利時（如 5 小時、10 小時、20 小時和

5 日、10 日、20 日等），應以高於黃金交叉點的邊際價格為買價及以低於死亡交叉點的邊際價格為賣價而做進一步的判斷。如果根據所選的移動平均線的系列組合，回溯性的觀察所欲投資的股票或期貨的歷史價格，若發現每次形成黃金交叉後買進，死亡交叉後賣出，長期下來獲利大於損失的話，在實際進行交易時就可以採用這一組移動平均線的系列組合，直到其效能降低後再從新觀察並選用新的一個系列組合。

　　經常在投機市場進出的老手都會知道，利用移動平均線的黃金交叉和死亡交叉進行交易，在商品價格進行橫向盤整而非明顯的處於漲勢或跌勢之時，常會面臨兩個陷阱。

1. 黃金交叉與死亡交叉過於頻繁

　　黃金交叉和死亡交叉發生的次數過於頻繁（特別是在以分鐘或小時為單位的極短期均線組合上），遂使交易人在顧忌交易成本下未能嚴格遵守黃金交叉買進、死亡交叉賣出的機械法則，乃致於前九次遵守交叉訊號後，因行情反覆而落得頻頻受損，及至第十次真正有效的黃金交叉或死亡交叉訊號出現後，卻由於猶豫不決，錯過了獲得可觀利潤的大好良機。為了避免類此的人性弱點，電腦程式交易便成了一個替代方案。

2. 價格走勢混沌不明

　　是當多數市場參與者情緒不穩、商品價格走勢混沌不明或從事投機的買、賣雙方交戰激烈之時，投機市場中的邊際價格，在短期間內會產生暴漲和暴跌交互替換的現象。此時短線的黃金交叉和死亡交叉會成為道道地地的「落後指標」，失去了指引價格趨勢的作用。面對這種情況，較好的因應方式包括「邊際價格上漲時賣出，下跌時買進」（俗稱買黑賣紅）、「在支撐區買進，在壓力區賣出」及「採用較長期間的均線交叉指標，進行長期投資」等。

二、交易量和未平倉量的資訊解碼

　　繼價格之後，次一個交易人不可忽視的資訊是衍生市場中因商品的買賣而

產生的數量記錄，包括交易量和未平倉量（亦稱存倉量）。衍生市場中的期貨交易所屬於集中交易市場，所推出的期貨契約或選擇權契約都是標準化、規格化的商品，並且有最基礎的交易單位。比如說紐約商業交易所 (**NYMEX**) 的原油期貨一個基礎單位是千桶，報價是一桶等於若干美元，每次買進或賣出一個基礎單位的名目總值是千桶乘上當時每桶原油期貨的市價。期貨市場中人往往將一個基礎單位的期貨契約稱為 1 張期貨，並以此來計算該期貨商品的交易量或存倉量，至於該商品原來的計數單位則不特別強調。又以臺灣期貨交易所的臺股期貨為例，每張期貨的總值是臺股期貨指數乘上新臺幣 200 元。至於臺指選擇權契約每張的總值則是新臺幣 50 元乘上不同履約價的買權或賣權在市場中的成交價。進一步，本書將從期貨的交易量和存倉量、選擇權的交易量和存倉量及專業投資人之交易量和存倉量部位等三個面向，來說明在解讀臺灣期貨交易所公布之交易量或存倉量時，所當參考的理論邏輯。

㈠期貨的交易量和存倉量

在集中交易的衍生性商品市場中，期貨的交易量和存倉量是逐日計算的。當一個交易人在期貨市場中買進 1 張期貨時，必定同時有另一個交易人賣出 1 張期貨，雙方經期貨交易所撮合成交後，由期貨結算機構介入交易，同時成為買進期貨交易人的賣方及賣出期貨交易人的買方，以保證買、賣雙方契約的履行。由於同一筆交易必然存在相對的買方及賣方，因此在計算期貨市場每日成交量時僅計算買方或賣方單邊的交易總量。存倉量（未平倉量）代表的是期貨交易人買進或賣出期貨後，並未反向沖銷以結算損益，乃致仍有留倉的部位曝露在價格變動的風險之下。以下再舉一例加以說明。

假設在七月三日某甲於期貨市場中買入期貨 1 張，而某乙賣出期貨 1 張，後來期貨價格上漲，在當日收盤前某甲低價買進，高價賣出，獲利了結；某乙低價賣出，高價買回，認賠出場。若當日市場中並無其他交易人，在收盤後計數時，某甲及某乙各買、賣一次，總計整個市場買進兩次、賣出兩次，但因僅

計算單邊，故該日之交易量為 2 張。同時因為甲、乙在收盤前均已結算損益並無留倉部位，所以當日之未平倉合約數為 0。又假設某甲及某乙在當天收盤前均仍保留原有倉位並未軋平，則收盤後該日之交易量為 1 張，而未平倉量亦為 1 張。

另一種可能的情形是，在甲、乙進行交易之後，新的交易人丙、丁分別進場，甲將原來買進的部位賣給丙使丙成為新的買方，乙將原來賣出的部位向丁買回並使丁成為新的賣方，其結果讓當天的交易量增為 3 張，又因甲、乙均已了結原有倉位，市場中僅存丙（新的買方）、丁（新的賣方），所以未平倉量仍為 1 張。可是，如果新進場的丙和丁是相互買賣交易，而甲、乙亦仍維持原有部位，如此到了當天收盤後，交易量及未平倉量各為 2 張。

從上面的例子中我們可以瞭解在原有的買、賣雙方建立並維持其部位後，又有新的買方及賣方進場時，交易量和未平倉量都會增加，此時表示買、賣雙方整體的歧見在增加，當交易量和未平倉量反乎尋常的擴增時，買方或賣方其中之一必定錯得很嚴重，此時相伴隨的往往是相關衍生性商品價格的持續上漲或持續的下跌。在這樣的情況下，過大的未平倉量表示，違反價格趨勢而一直頑固持有賠錢部位的投機客所賠的錢是愈來愈多，並使其在受到因期貨交易的無限風險而產生的極度恐慌心理，以及賠錢後所肇致的大量追繳保證金的雙重壓力下，被迫認賠平倉。於此同時，順著市場供需趨勢而與賠錢族群反向操作的專業投資人趁機獲利下車，好整以暇地計劃下一個戰役的攻防策略，而賺賠雙方的各自出場，自然使期貨市場原有的存倉量為之減少。

當專業投資人大有斬獲之際，經常亦是衍生性商品價格超漲或超跌之時。如當時之商品價格處於漲勢，則很可能已是漲勢的末端，具資訊優勢而長期參與衍生市場的專業投資人一方面將早前低價買進的衍生性商品契約，在逆勢操作而賠錢的業餘族群被強迫高價回補時，出清存貨。另一方面撤出原來的買方陣容而轉換為賣方，並趁著一時受到外界資訊誤導的投機大眾盲目追逐高價的同時，漸次建立準備長期持有的賣方部位。在這一個過程中，其所參與的期貨

市場中的未平倉合約表面上的總數也許變動不大，但是在裡子內，專業投資人漸漸從未平倉合約的買方更易為賣方。

相對地，在期貨商品價格跌勢趨於尾聲時，專業投資人亦用類似的策略，藉低價買回原來高價賣出的空單以實現利潤，其後更進一步加碼布局多單並從未平倉合約中的賣方轉化為買方。於前述專業投資人由多翻空或由空轉多的過程中如果能夠觀察出個蛛絲馬跡，在衍生性商品投資時的勝算將大為增加。關於此點，如欲探究端倪，自不能不先對交易量和存倉量的特性和關係有所瞭解。

在衍生性商品市場中，交易量和存倉量基本上都表徵著意見及利益相反的買、賣雙方在相互抗爭時所具有的意志強弱和所投入的資源多寡。在配合了觀察邊際價格的變化後，我們有可能判斷出買方或賣方究竟何者是順應了期貨市場中的供需趨勢。為了解釋這一個觀點，讓我們先看一下臺灣期貨交易所公布的一些臺股期貨交易量和存倉量的數據。表 5-12 所顯示的是從民國九十八年六月十九日至六月二十六日的 6 個交易日每日收盤後的交易量和未平倉合約餘額。自表 5-12 的資料中可知，從民國九十八年六月二十二日至六月二十六日，臺股期貨一星期的總交易量為 503,644 張，在未平倉餘額上，六月二十六日較六月十九日（前一星期五）減少了 56 張。從此判斷在這個星期中，絕大多數臺股期貨的交易人都是在交易當日或當週結算損益，並無留倉部位，因此使未平倉餘額不增反減。對這些在場內並不欲建立留倉部位的投機客而言，最重要的是其參與交易當日的市場收盤時的結算價。如果結算價在當日成交價格區間偏向高位，則表示當日低價買進的買方能量較大，逼使當日低價賣出而又不願持倉過夜的賣方在臨收盤前高價認賠回補，並同時使原先之買方得以高價賣出而落袋為安。反過來若是當日收盤結算價處於低位時，則意味著賣方獲利並迫使進行一日投機的買方高價買進，低價砍單，落得倉徨了結，損手出場。

雖然當日沖銷的投機客促成了臺股期貨絕大部分的成交量，但因他們的損益取決於一日之行情，故而臺股期貨未來長期的走勢未必是他們考量的重點。基於這個原因，我們在依據數量資料判斷期貨商品的價格趨向時，還是應更側

◑ 表 5–12　　臺股期貨（二〇〇九年七月份）結算行情暨交易量與存倉量
（2009/06/19 至 2009/06/26）

日期	星期	結算價	漲跌	交易量	存倉量
06/19	五	6,138	54	91,917	49,365
06/22	一	6,209	71	97,205	48,750
06/23	二	6,070	−139	83,437	50,761
06/24	三	6,306	236	143,884	50,544
06/25	四	6,388	82	102,369	49,865
06/26	五	6,388	0	76,749	49,309
06/22 至 06/26 交易總量		–	–	503,644	–
06/19 至 06/22 存倉量差額		–	–	–	−56

說明：原始資料來源為臺灣期貨交易所，後經作者整理。

重於未平倉合約餘額上的數量變化。任何一張期貨契約的未平倉餘額都有相對應的買方和賣方，這些未平倉合約的持有人由於擁有未沖銷部位，故而仍然曝露在期貨商品價格變動的風險之下，因此在市場參與者中，他們是最有誘因及需要去分析商品價格的未來變化，並且會在對一己意見的確信之下，增加其所持有的未平倉合約。

市場的未來價格受到現時價格的影響。認為明日的價格會上漲的市場參與者，有可能在今日買進期貨，甚或建立新的多頭未平倉合約，由於他們認為未來的市場價格會高於目前的價格，所以在今日便樂於以較高的價格入市，而較高的市場價格會吸引更多新的賣方入場並建立新的未平倉合約。所以當市場需求大於供給時，衍生性商品的價格會因之上漲，上漲的價格一則強化買方的信心並促使其增持未平倉部位，另則引誘更多的賣方相對承接買方所建立的新部位，遂使整體市場之未平倉部位隨著價格的上漲而增加。

如果供需情勢持續不變，便可能導致期貨市場未平倉合約的總數在價格上漲的趨勢下，越累積越多，直到在資訊、判斷和獲利上均占優勢的買方了結原有部位並同時翻多為空、反向操作為止。在這一個過程中，期貨市場每日依市價計算保證金的制度，會使得順勢建立未平倉部位的買方資產總值愈來愈大，

而逆勢的賣方資產持續減少。及至部分賣方成員之保證金淨值低於期貨交易所訂定之維持保證金水平時，受損頗重的賣方會被迫用高價買進期貨，軋平早前以低價賣出所建立的未平倉部位，並使期貨商品價格展開最後一波凌厲升勢，亦為處於優勢的買方提供了絕佳的高價賣出、平倉獲利的機會，期貨市場中此一商品的未平倉合約總數也因原有市場中買、賣雙方的同時離場而為之減少。

相反地，當期貨市場中某商品之供給大於需求時，其價格會呈現下跌趨勢，賣方會基於確保利潤和擴大獲利而增加賣出的未平倉合約，買方受到市場中日趨便宜的價格吸引亦同步增加了所持有的未平倉合約，在供給大於需求情勢不變的情況下，期貨商品的存倉量亦可能在價格下跌中繼續增加，直至已進場的買方被迫以低價賣出早前高價買進期貨時所建立的未平倉部位，而同一時間賣方低價回補其在期貨商品處於高價時期因賣出期貨而取得的未平倉合約。結果，賣方獲利，買方受損，該期貨契約之未平倉量亦因買、賣雙方的沖銷原有部位而為之減少。

基於前述期貨商品價格漲跌與其未平倉量增減的互動關係，期貨市場中遂出現了以下的說法：「期貨商品價格持續上漲而且其未平倉合約數量同時增加時，此一期貨商品未來之價格會繼續上漲」及「期貨商品價格反覆下跌而其未平倉合約數量亦同時增加時，此一期貨商品未來之價格會持續下跌」。這種的觀點，在邏輯的論述上雖然仍不嚴謹，卻是期貨市場中投資人輾轉相傳的重要法則。

㈡選擇權的交易量和存倉量

臺指選擇權為歐式選擇權，到期才能行使，是以在權利存續期間不會產生因選擇權權利之行使而轉換成臺指期貨的問題。臺指選擇權在買、賣雙方經期貨交易所撮合成交後，亦是由期貨結算機構承接雙方之部位以確保契約之履行。臺指選擇權分為買權和賣權。買權和賣權之買方為有限風險，賣方則承擔無限風險。在計算成交量和存倉量時，買權和賣權分別計算，然後予以加總，至於

計算成交量和存倉量之原則與臺指期貨相同。

1. 選擇權存倉量啟發效用大於交易量

在判斷市場未來走向時，期貨的交易量與存倉量均有相當之參考價值，就選擇權而言，其存倉量對於臺指期貨或現貨可能趨勢的啟發效用遠大於選擇權的交易量。此中原因在於期貨的買、賣雙方均為無限風險，雙方的利害關係及市場判斷完全相反，而且同一時間市場只有一個成交價格，所以在判斷雙方盈虧現狀和專業水準時相對比較容易。選擇權因分買權、賣權，再各分不同之履約價格，操作策略上更是複雜而多變化，要直接從交易量上分析交易者的市場觀點，難度極高。更何況交易量大的選擇權的履約價，往往是價外選擇權，權利金少且風險小，故而能吸引較多之交易行為，是以其交易量未必與市場參與者對未來商品價格走勢的看法有直接關係。

選擇權的存倉量在實質意義上與期貨並不一致。期貨的交易策略非買即賣，非常單純，持有期貨存倉量的買方和賣方必然是利害相反、意見相左。選擇權不論買權或賣權都各有一系列之履約價，交易人可以就不同之履約價之買權或賣權，同時或分別採取買進和賣出的策略，是而在分析市場投機者之意向時，必需更為細緻。比如說，在一個看多的選擇權價差交易中，交易人買進一個價內買權，又同時賣出一個價外買權，依其意見臺股指數未來應會上漲，但超過其所賣出之價外買權的履約價的機會不大。就此人而言，在價內買權的未平倉合約上處於買方，而在價外買權上卻居於賣方，故而只看買權的總存倉量時，就無法知悉其既是買方，又是賣方。基於類此的原因，依據選擇權的存倉量研判市場行情時，應從買權和賣權不同履約價的個別存倉量著手。

2. 選擇權買賣雙方歧見最大之處

選擇權雖因操作策略複雜，其存倉量之意含不似期貨般單純，但整體性而言仍屬投機性，只要是投機性工具，分析的重點就應置於買、賣雙方歧見最大之處，唯在此所謂的買、賣雙方是指某一特定買權履約價的買方和此一買權履約價的賣方，或是某一賣權履約價的買方和同一賣權履約價的賣方。突顯選擇

權買、賣雙方歧見的重要指標有兩個：一是買權或賣權個別履約價的存倉量，存倉量愈大的履約價表示買、賣雙方對此履約價的歧見愈大；二是買權或賣權特定履約價的權利金，權利金愈高的愈代表交易人（特別是買方）的成本高，願意付出高成本的投機者，一則擁有可觀資金，二則應具相當確信，其意見實不可輕估。由於這兩個指標中的後者與下一單元所討論之專業交易人之交易量和存倉量密切相關，在此將僅就臺指選擇權特定履約價具有大存倉量之涵義加以說明。

選擇權之買方與賣方因具有不對稱風險，故兩者之專業程度或有所差別。選擇權之買方為有限風險（特別是價外選擇權），且於繳交權利金後不會再有追繳保證金的壓力，故而較受到資金少，專業程度較低的投機者的偏好。選擇權的賣方雖可收受保證金，卻需繳交一筆為數更大的原始保證金及將來可能需要的追加保證金，再加以需承擔無限風險，是以如非資金充沛、專業紮實的投機者，一般不願輕易涉險。所以在選擇權市場中，有賣方專業水準平均高於買方的說法。這樣的觀點其實有些弔詭，因為選擇權之買權及賣權均有買方和賣方，認為選擇權之基礎商品價格會上漲的人可以買進買權或賣出賣權，而認為價格會下跌的人可以買進賣權或賣出買權，在此情況下，賣權之賣方和買權之賣方均為賣方，究竟何者較為專業呢？要澄清這個疑惑，我們須先明白，解讀選擇權存倉量的基本邏輯。

期貨的存倉量愈大，表示買、賣雙方的歧見愈大，其中一方必然是錯的。這樣的準則也適用於選擇權。因此，我們第一步所要做的是找出存倉量最大的買權履約價和賣權履約價。選擇權從上市至下市結算有一定之生命週期，當選擇權仍為遠月份契約時，交易量及存倉量一般很小，故無法作準，是而最好是等某一月份的選擇權契約剛轉為即期月份，再確定存倉量最大之買權履約價和賣權履約價。

當然，經常有數個臨近的買權或賣權的履約價存倉量差不多，但卻都高於其他履約價的情況，而有時最大存倉量的履約價會隨著時間的進行而改變。凡

此，只代表市場參與者（看漲者或看跌者）在商品價格漲跌的判斷上有程度上的差別，並不會改變同一買權履約價或同一賣權履約價的買方和賣方意見相反的本質。具有最大存倉量的即期選擇權契約的買權履約價或賣權履約價，在此一月份之選擇權剛開始成為即期契約時，通常都會是比較深入價外的選擇權。

以一個價外選擇權的買權為例，就該選擇權交易時之買方而言，必須要基礎商品的價格漲至該價外買權之履約價以上時，買方在結算時才會有收益，同時其收益須大於其所給付之權利金及手續費時才有利潤。當買方進行交易之時，發生如此理想結果之可能性雖然較低，在考量該價外買選權利金較少且為有限風險之情況下，買方之行為合理。就賣方而言，雖然是無限風險且所收之權利金較少，但考量未來之風險相對也較小，賣方之行為也是合理。正因為在此一選擇權交易之初，買、賣雙方都認為自己之行為合理才會促成交易。

可是看似雙方合理之行為，在該價外買權累積大量存倉量後就變得極其不合理。當此一買權到期時，如基礎商品之價格低於其履約價時，買方損失全部權利金，反之，當基礎商品之價格高於其履約價時，賣方所損失之金額可能為其所收受之權利金之數倍甚或數十倍。投機市場中選擇權零和遊戲的本質，使得買、賣雙方在選擇權到期時必定有一方是錯的。上述的推論同樣也適用於一個價外選擇權的賣權，但買、賣雙方的獲利或受損是取決於該賣權到期時，基礎商品的價格是否跌至此一賣權的履約價之下，如否，則該賣權之買方全軍覆沒，如是，則該賣權之賣方很可能損失慘重。

因為這個緣故，我們可以進一步推論，具有大量存倉量的特定買權履約價或賣權履約價選擇權的賣方因未來可能遭致巨額損失，他們在建立部位之初應當是小心判斷過的，而他們的集體意見，自然也可以作為其他投機者的參考。基於此，我們在投機市場從事交易之商品（如臺指期貨）若是有選擇權且市場規模龐大時，無論我們是否交易該項選擇權產品，都不能不瞭解具有最大存倉量之買權履約價或賣權履約價之價位所在。

投機市場參與者對基礎商品行情之判斷會影響其選擇權倉位之布局，而其

所布局之選擇權倉位又會進一步影響其後續之市場操作。比如說，具有最大存倉量之買權履約價的賣方，在基礎商品價格快漲至該履約價時，為避免重大損失，理當盡力賣出基礎商品以壓制其價格，如果賣方成功了，基礎商品之市價在此一選擇權契約結算前，自然不致於高過該買權的履約價。但若賣方失敗了，一則為了減少損失，二則有追繳保證金的壓力，極可能會大量買回其賣出的買權或基礎商品，並使其價格在短期內暴漲。反過來，在基礎商品價格下跌時，具有最大存倉量賣權履約價之賣方，亦會極力穩住市場價格，若其得逞，基礎商品之價格在選擇權結算前，便會維持在該履約價之上，若其敗陣，會被迫賣出基礎商品或買回所賣出的賣權而致基礎商品價格產生暴跌的現象。所以，當基礎商品價格逼近具有大存倉量之買權履約價或賣權履約價時，屬於選擇權賣方的市場參與者絕對要作好風險的管控。

選擇權與投機行為關係密切，但即使是投機行為亦受到市場供需情勢的規範。當投機市場之供需況狀不明朗時，選擇權的基礎商品價格在此段期間中很可能在某一價格區間內上下盤整，此時對行情判斷正確的人如果採取空頭勒式策略 (short strangle) 而賣出在價格盤整區間之外的價外買權和價外賣權，俟選擇權到期時便可穩收權利金，其結果不論是此等買權的賣方或賣權的賣方，都較其相對的買方技高一籌。在市場供過於求之趨勢明朗，基礎商品價格處於跌勢時，具有最大存倉量的賣權履約價極可能就是當時賣出基礎商品並且掌握優勢的一方所要打穿的價位，這些市場主控者一但成功，該賣權履約價的賣方往往會被迫回補，並遭致相當損失。很明顯地，此時賣權的買方和買權的賣方的投機功力要高於賣權的賣方及買權的買方。可是，如果投機市場明顯處於求多於供，在基礎商品市場已占優勢的買方，常會以具有最大存倉量的價外買權之履約價為其攻陷的目標，極盡全力地推升基礎商品的價格，並在該買權履約價之賣方潰不成軍之時，展示獲勝者之智慧與實力。若此處之所言成為事實，這時選擇權賣權的賣方和買權的買方當然也技優於賣權的買方及買權的賣方。

由此看來，買、賣選擇權在投機市場中欲能獲利，首要還是能判斷基礎商

品之價格趨勢。歷經好一番鋪陳，又回到了投機市場中最具挑戰性的課題。需要考量的因素太多也太複雜，不如化繁為簡，畢竟問題的答案也只是在商品價格會漲或會跌兩者中選擇其一而已。依作者個人多年研究臺股指數之心得，當日線之簡單移動平均線呈現穩定之多頭排列後(如 5 日移動平均線在 10 日均線之上，而 10 日均線在 20 日均線之上，共向右上方揚升時)，宜擇機買進買權或賣出價外賣權；當日線之簡單移動平均線呈現穩定之空頭排列時，則當買進賣權或賣出價外買權；當日線之簡單移動平均線與週線之簡單移動平均線走勢相反時，則可考慮在最大存倉量價外買權履約價及價外賣權履約價的價格區間之外建立適度的空頭勒式部位。

　　唯此處有兩點需特別加以說明的。第一，前述的 5 日、10 日及 20 日的數字選擇，僅係用於舉例，在未來實際交易時，借助於現有的電腦交易軟體，交易人可依一己之觀察自訂參數並加以修正。第二，無論基於何種策略成為價外選擇權之賣方時，千萬不可過度槓桿操作，以免一旦判斷錯誤，不可收拾。

㈢專業投資人之交易量和存倉量

　　專業投資人顧名思義就是以參與市場投機為其專業之交易人。此類投機市場之參與者無論在專業資訊、資金規模、操作技能各方面均較一般投機客有相對之優勢，此一專業族群整體而言其投機行為具有相當之理性，長期下來應能獲致合理之利潤，是以其交易活動可視為投機市場（買低賣高）中之投資行為（本於理性）。

　　當然，專業族群在從事投機交易時看法也未必一致，甚或相反，如何分析誰是專業中之專業呢？這是一個非常有趣，卻難以回答的問題。與其花費九牛二虎之力去尋求結論，不如再將複雜問題簡單化，反過來瞭解在投機市場中，比較不專業的人在做些什麼，避免與不專業的投機客站在同一陣線，是欲在投機市場中長期獲利最重要的法則，而若能掌握專業族群整體之投資傾向，在零和投機市場中為其敵手的一般投機族群的市場偏好，當然也就一目瞭然了。

　　臺灣期貨交易所於每日期貨市場收盤後都會公布當日之專業交易族群的投資動向。其中一個是「期貨市場三大法人交易情形統計」，另一個是「大額交易人未沖銷部位結構」。本章前文中曾介紹所謂三大法人包括第一類自營商（期貨自營商及證券自營商）、第二類投信（證券投信基金及期貨投信基金）及第三類外資（含境內外外資機構法人）及陸資（自二〇〇九年五月十三日起計入）。此三大法人在臺灣期貨市場中與一般投機大眾相比較，專業優勢明顯，是以其整體之投機偏好，值得密切觀察。當然，在實際交易時，三大法人彼此間及其各自類別之成員間，操作策略未必一致，甚或相反，是以我們需從事後依市場實際的價格，回溯性的分析三者中何者之績效最佳以及同一專業類別中多方和空方的勝負盈虧，進以發覺表現最突出的一群，然後加入其陣營並仿用其策略。

　　臺灣期貨交易所公布之與期貨市場三大法人交易情形相關之統計資料包括「交易人每月交易量彙總表」、「期貨與選擇權交易統計總表」、「區分期貨與選擇權二類統計表」、「區分各期貨契約統計表」、「區分各選擇權契約統計表」及「選擇權買賣權分計統計表」等六種。

　　如以判斷三大法人在臺指期貨或臺指選擇權的投機偏好為主要目的，上述六種統計資料中所涉及之統計時期愈長的、項目區分較不明確的（如將期貨與選擇權或買權與賣權混合統計）在效用上便較不明顯。其道理非常單純，在有恆心的持續觀察下，時期較短的資料（如每日）及項目區分愈細的統計，更能清楚地顯示三大法人操作的軌跡、意向、策略和盈虧。舉例而言，本書作者曾依據「交易人每月交易量彙總表」中之資料彙整自民國八十九年一月至九十八年五月間，每一個月月底之期貨自營商、證券自營商、證券投信及外資和陸資等法人機構當月份各別或整體買進臺股期貨和賣出臺股期貨數量間的差額（如買進總張數多於賣出總張數 5,000 張），並試圖分析此一差額是否有助於解釋後續月份臺股指數現貨之漲跌，結果是徒勞無功。無庸置疑地，本書作者之學能不足，並不代表他人亦會面臨同樣的困境。此處所要說明的是，假如我們將時間和精力轉移至較為具體細緻的資料，對自我研判臺股指數未來趨勢的自信心，

應當會大為提升。這些資料包括「區分各期貨契約統計表」及「選擇權買賣權
分計統計表」。

　　臺灣期貨交易所公布之「區分各期貨契約統計表」分為依日期及依週別兩
種。為求能更具體瞭解三大法人之操作情形，應特別重視依日期而公布之臺灣
期貨交易所各期貨契約之逐日統計資料。該表上之期貨契約種類包括臺股期貨、
電子期貨、金融期貨、小型臺指期貨、臺灣 50 期貨、MSCI 臺指期貨、櫃買指
數期貨及非金電期貨。

　　其中臺股期貨在交易量與存倉量上均占有最重要的地位，並且與臺股加權
指數之關係最密切。基於複雜問題簡單化之原則，本書採用臺股期貨之統計資
料作為進一步邏輯推論之基礎。表 5–13 所顯示者為民國九十八年七月十六日
三大法人在臺股期貨契約上的交易口數與契約金額以及未平倉餘額。選擇這一
天的主要原因是，在當天臺灣期貨交易所民國九十八年八月份的臺股期貨和臺
指選擇權開始成為即期月份，而從當日開始至八月十九日到期為止，該月份的
臺股期貨和臺指選擇權成為所有市場參與者的主戰場。

◑ 表 5–13　期貨市場三大法人交易情形統計

期貨契約
日期：2009/07/16

單位：口數；千元

序號	商品名稱	身分別	交易口數與契約金額						未平倉餘額					
			多方		空方		多空淨額		多方		空方		多空淨額	
			口數	契約金額	口數	契約金額	口數	契約金額	口數	契約金額	口數	契約金額	口數	契約金額
1	臺股期貨	自營商	14,535	19,563,133	14,475	19,472,944	60	90,190	4,513	6,012,738	7,215	9,670,311	−2,702	−3,657,573
		投信	233	313,449	430	578,514	−197	−265,065	1,872	2,510,352	2,602	3,487,921	−730	−977,569
		外資及陸資	4,496	6,050,227	4,532	6,099,204	−36	−48,977	24,601	32,964,023	21,231	28,419,140	3,370	4,544,883
	期貨小計	自營商	14,535	19,563,133	14,475	19,472,944	60	90,190	4,513	6,012,738	7,215	9,670,311	−2,702	−3,657,573
		投信	233	313,449	430	578,514	−197	−265,065	1,872	2,510,352	2,602	3,487,921	−730	−977,569
		外資及陸資	4,496	6,050,227	4,532	6,099,204	−36	−48,977	24,601	32,964,023	21,231	28,419,140	3,370	4,544,883
	期貨合計		19,264	25,926,809	19,437	26,150,662	−173	−223,852	30,986	41,487,113	31,048	41,577,372	−62	−90,259

資料來源：臺灣期貨交易所網站。

　　基於這樣的資料，我們可以首先分析在交易口數上三大法人個別上是買進的口數多，還是賣出的口數多。依本表中之資料可知，在當日自營商臺股期貨之買超為 60 張，投信賣超 197 張，外資賣超 36 張，而總計三大法人之交易狀況為賣超 173 張。單由本表之臺股期貨交易量之資料，我們或可以將之解讀為市場上之專業族群在當日小幅偏空臺股期貨。

　　在未平倉餘額方面，自營商之淨賣出尚未回補之臺股期貨契約為 2,702 張，投信之淨賣出餘額為 730 張，外資及陸資之未平倉餘額則為淨買入 3,370 張，三大法人之淨賣出臺股期貨之未平倉餘額為 62 張，光從數字上看似乎亦表示整體市場氣氛少許看空。不過，我們可以覺察到，從未平倉合約的餘額判斷，外資及陸資整體上較看好臺股期貨後勢，而自營商和投信則較看壞，究竟應較重視何者呢？

　　依本書作者之研習心得，雖然在過去之績效表現上，三大法人有各領風騷之時，但若此三者之交易部位和未平倉餘額相互矛盾時，應試圖逐日分析其各自在特定期貨月份間之盈虧情形而選擇跟從三者中之績效表現較好者。如無法判斷何者較具優勢時，可依照複雜問題簡單化之原則，以此三大法人在多、空部位抵銷後，所顯示之相對的整體投資偏好，為判斷未來市場走勢之參考。唯在分析三大法人所持有之期貨部位時，宜將大額交易人買方和賣方在臺股期貨的部位一併納入，以便相互對照。總之，實際在臺股期貨市場操作時，必須持續觀察三大法人於臺股期貨交易量和未平倉餘額上的統計和變化，久而久之，必能增強投機市場參與者，掌握臺股指數漲跌趨勢的能力。

　　顯示三大法人在臺指期貨市場投資偏好的另一個極為重要的統計資料，是臺灣期貨交易所公布之三大法人按交易日期之「選擇權買賣權分計」統計表。將三大法人在臺指選擇權買權和賣權的部位分別觀察，可以更清楚地認識到在臺股指數和臺股期貨價格變動的過程中，三大法人的多方和空方所涉及之資金，所造成之損益及所採取之行動，進而在判斷究竟是買方或賣方占了上風後，再採取與之同向的投資策略。表 5-14 為民國九十八年七月十六日之「三大法人選

擇權買賣權分計」統計表。

◎ 表 5–14　期貨市場三大法人交易情形統計

選擇權買賣權分計
日期: 2009/07/16

單位: 口數; 千元

序號	商品名稱	買賣權別	身分別	交易口數與契約金額						未平倉餘額					
				買方		賣方		買賣差額		買方		賣方		買賣差額	
				口數	契約金額	口數	契約金額	口數	契約金額	口數	契約金額	口數	契約金額	口數	契約金額
1	臺指選擇權	CALL	自營商	41,026	263,956	37,554	249,901	3,472	14,055	49,057	675,928	50,704	717,044	−1,647	−41,116
			投信	230	1,791	10	53	220	1,739	500	4,600	42	265	458	4,335
			外資及陸資	4,371	44,893	3,209	29,515	1,162	15,378	44,959	684,743	16,432	462,287	28,527	222,456
		PUT	自營商	33,220	174,648	33,854	185,028	−634	−10,381	45,422	247,971	52,743	276,810	−7,321	−28,839
			投信	420	3,628	220	871	200	2,757	420	3,624	220	836	200	2,788
			外資及陸資	6,350	44,149	5,599	42,023	751	2,127	43,995	228,082	15,390	150,388	28,605	77,694

資料來源: 臺灣期貨交易所網站。

　　首先從交易量上可以看出自營商、投信、外資及陸資等三大法人對於買權 (call) 之買超，分別為 3,472 張、220 張及 1,162 張。在賣權 (put) 方面，自營商之賣超為 634 張，但投信和外資及陸資均為買超，分別為 200 張及 751 張。依臺指選擇權部位之全盤而觀察，三大法人稍稍看好臺股指數之後勢。

　　繼之，本書將進一步解析三大法人當日之未平倉餘額。前面曾提及民國九十八年七月十六日起，九十八年八月份臺股期貨成為即期月份，臺指選擇權亦係如此。因此，此一日臺股期貨市場收盤後的臺指選擇權的未平倉餘額與三大法人未來一個月的獲利或損失關係密切，是以三大法人在交易戰場的布陣，相當程度反映了他們對未來一個月臺股指數走向的看法。從表 5–14 可知三大法人之中，在臺指選擇權的倉位上，自營商和外資及陸資均遠遠超過投信，因此討論之重心將置於自營商和外資及陸資兩個類別。就臺指選擇權的買權而言，買方陣營裡自營商的倉位為 49,057 張，契約金額總值為 675,928,000 元。由於在報價上臺指選擇權個位數上的 1 點等於新臺幣 50 元，故將上述總金額除以

50 元後可以算出自營商買進買權所持有之總點數共約為 13,518,560 點，再除以自營商之倉位總數 49,057 張，可估出當時自營商買方每買 1 張臺指選擇權所付出的權利金的平均成本約為 275.57 點。運用同樣的方法可計算出自營商買權賣方每賣出 1 張臺指選擇權買權，所收到的平均權利金為 282.84 點 (= 717,044,000 ÷ 50 ÷ 50,704)。將自營商買權之買方及買權之賣方相互比較後，我們發現自營商陣營中所存在看好及看壞未來臺股指數的兩派，實力相若，但臺指選擇權買權的賣方在未平倉買權之總張數、每張平均點數及契約總金額上均較臺指選擇權買權的買方聲勢略勝一籌。

　　至於外資及陸資屬於臺指選擇權買權的買方之留倉總數為 44,959 張，平均每張之買進成本為 304.6 點，涉及之資金總額為 684,743,000 元；處於臺指選擇權買權賣方的空單總數為 16,432 張，賣出所得之權利金平均每張為 562.67 點，權利金收益合計為 462,287,000 元。將外資與陸資在臺指買權未平倉部位上之對立雙方相較後，明顯可知臺指買權之買方總倉位為賣方的 2.74 倍，而總金額方面買方亦為賣方之 1.48 倍，是以從臺指買權部位上可推論外資及陸資整體上看好臺股後勢。

　　再從三大法人持有臺指賣權之部位來分析。自營商歸於臺指賣權之買方的總倉位為 45,422 張，平均成本每張為 109.19 點，契約總金額為 247,947,000 元；自營商同屬於賣權賣方之倉位總數為 52,743 張，每張平均收益為 104.97 點，所收權利金共計 276,810,000 元。

　　由此看來，自營商在臺指賣權上也是壁壘分明。兩者相對照，自營商賣權之賣方在未平倉合約總數及所涉及之資金上都多於賣權之買方。據此推論，自營商似是較看好臺股後勢。然而這個結論與前段觀察自營商所持有之臺指買權存倉量後所得之結論不一致。既然如此，讓我們轉而分析外資及陸資在臺指賣權之部位，以便減少疑惑。從表 5–14 中可知外資及陸資持有之臺指賣權之買進倉位有 43,995 張，每張均價 103.69 點，總金額 228,082,000 元；兩者合共持有之臺指賣權之賣出倉位共 15,390 張，均價 195.44 點，總收益 150,388,000 元。

無疑地，外資和陸資在臺指賣權買方上的存倉量和契約金額又多於二者在臺指賣權賣方上持有的部位及金額。這樣看來，外資和陸資整體似乎又偏向於看壞臺股後勢，如此豈不是同從外資及陸資所擁有之臺指買權部位上所引導之看法相互衝突。如何釐清這種混沌的局勢呢？讓我們再一次將複雜問題簡單化。

分析投機市場時，將複雜情勢簡單化，有三個重要方法：⑴找出專業族群的相對偏好。⑵避免與多數的散戶同一陣線。⑶借助於其他重要價格指標，如移動平均線、趨勢線或艾利特波浪理論。

基於第一個方法，我們可以將表 5–14 中代表看多及看空臺股指數的契約金額的差額予以加總。比如說，三大法人買進臺指買權之契約金額大於賣出買權之金額所產生之差額，代表看多，小於時之差額表示看空；三大法人買進臺指賣權之金額大於賣出臺指賣權之金額所產生之差額代表看空，小於時之差額代表看多。經加總後，代表看多臺股指數差額之總值為 185,675,000 元 (= 222,456,000 + 4,335,000 − 41,116,000)，代表看空之總差額為 51,643,000 元 (= 77,694,000 + 2,788,000 − 28,839,000)，看多之契約金額比看空之金額超出 134,032,000 元。是以，相對而言，我們宜解讀為三大法人整體偏多。

第二，要推知散戶的投機傾向，就不能不看臺灣期貨交易所每日所公布的「大額交易人未沖銷部位結構」統計表。被歸類為大額交易人之市場參與者通常在資金、資訊、人脈、網絡及操作上都遠勝於一散戶，而其利潤亦多來自散戶之損失，是而仿照他們的策略，就能避免與一般投機大眾一同敗陣了。從臺灣期貨交易所之網站點選「大額交易人未沖銷部位結構」連結點後，可以進一步分別查詢「期貨大額交易人未沖銷部位結構表」及「選擇權大額交易人未沖銷部位結構表」。表 5–15 中所顯示者，即為民國九十八年七月十六日收盤後，臺灣期貨交易所公布的當日臺股期貨之「期貨大額交易人未沖銷部位結構表」。

從本表中可知，在臺股期貨的多倉部位上，前十大交易人所持有的二〇〇九年八月的買單占該月份期貨全市場未沖銷部位的 60%，其所持有的全部臺股期貨多單占所有月份臺股期貨未平倉量總數的 56.4%。相較之下，臺股期貨賣方

◎ 表 5-15　期貨大額交易人未沖銷部位結構表

2009/07/16

契約名稱	月份	買方				賣方				全市場未沖銷部位數
		前五大交易人合計（特定法人合計）		前十大交易人合計（特定法人合計）		前五大交易人合計（特定法人合計）		前十大交易人合計（特定法人合計）		
		部位數	百分比	部位數	百分比	部位數	百分比	部位數	百分比	
臺股期貨	2009 08	21,463 (20,109)	51.6% (48.3%)	24,970 (23,124)	60.0% (55.6%)	12,077 (10,308)	29.0% (24.8%)	18,412 (13,242)	44.3% (31.8%)	41,595
	所有月份	22,232 (20,404)	45.5% (41.7%)	27,600 (24,367)	56.4% (49.8%)	12,956 (12,956)	26.5% (26.5%)	21,240 (14,598)	43.4% (29.8%)	48,909

資料來源：臺灣期貨交易所網站。

中，前十大交易人所持有之賣單，僅占八月份期貨存倉量之 44.3% 及所有月份總存倉量之 43.4%。當日，在臺股期貨市場中，屬於「大額交易人」中前十大的市場參與者，在二〇〇九年八月臺指期貨未平倉合約買方所占之百分比較賣方多 15.7%，買單之留倉量總數比賣單多 6,558 張。就所有月份之臺股期貨來看，買方所占比率較賣方多 13%，總存倉量則多 6,360 張。基於此，我們可以推論臺股期貨之大額交易人，整體上在民國九十八年七月十六日時，判斷臺股指數會繼續上漲。「大額交易人」的反面為「非大額交易人」。於常態情形之下，此一類別應當包括較多之非專業之投機市場參與者。依據投機市場之買、賣雙方意見相反之根本邏輯，大額交易人偏多之情況下，散戶必然偏空。

　　表 5-16 所揭示者為臺灣期貨交易所公布之民國九十八年七月十六日之「臺指選擇權大額交易人未沖銷部位結構表」。從該表中可以發現「大額交易人」於二〇〇九年八月臺指買權買方所占之百分比及未平倉量總數均大於臺指賣權之買方。此類別之交易人中，臺指買權之買方之存倉量所占比率較臺指買權之賣方多 20%，買權買方之總倉位則較買權賣方多 20,325 張；臺指賣權買方存倉量之百分比超過臺指賣權賣方 19.2%，賣權買方之未平倉總量較賣權賣方多 18,437 張。由這些數字來分析，大額交易人在二〇〇九年八月臺指選擇權之整體部位亦屬於偏多操作。

　　綜合前述對三大法人及大額交易人於民國九十八年七月十六日在臺股期貨

◉ 表 5–16　選擇權大額交易人未沖銷部位結構表
2009/07/16

契約名稱	月份	買方				賣方				全市場未沖銷部位數
		前五大交易人合計（特定法人合計）		前十大交易人合計（特定法人合計）		前五大交易人合計（特定法人合計）		前十大交易人合計（特定法人合計）		
		部位數	百分比	部位數	百分比	部位數	百分比	部位數	百分比	
臺指買權	2009 08	43,374 (10,189)	42.6% (10.0%)	57,571 (24,386)	56.5% (23.9%)	29,745 (2,000)	29.2% (2.0%)	37,246 (6,383)	36.5% (6.3%)	101,924
	所有月份	52,889 (22,488)	42.5% (18.1%)	72,268 (31,946)	58.1% (25.7%)	42,044 (5,200)	33.8% (4.2%)	52,927 (12,928)	42.5% (10.4%)	124,442
臺指賣權	2009 08	35,454 (21,510)	37.1% (22.5%)	48,126 (27,737)	50.3% (29.0%)	20,708 (0)	21.7% (0%)	29,689 (3,485)	31.1% (3.6%)	95,587
	所有月份	62,929 (44,315)	44.5% (31.3%)	84,213 (49,877)	59.5% (35.3%)	41,610 (3,400)	29.4% (2.4%)	53,853 (7,777)	38.1% (5.5%)	141,445

資料來源：臺灣期貨交易所網站。

及臺指選擇權所持有部位的整體性分析，我們在當時操作同年八月之臺指期貨
及臺指選擇權時，宜選擇時機買入臺指期貨，買進臺指買權或賣出臺指賣權。
不過針對二○○九年八月以後的臺指期貨及臺指選擇權的價格趨勢，仍需繼續
觀察，不宜遽下定論。因為在表中，如以大額交易人在臺指買權及臺指賣權之
所有月份的部位為比較依據，我們不難察覺到屬於「前十大交易人」的臺指賣
權的買方在百分比和總倉位兩項，都超過了臺指買權的買方；臺指賣權的賣方
在百分比上亦小於臺指買權的賣方，在總倉位上則僅比後者多出 926 張。簡要
的說，就二○○九年八月以後月份之臺指選擇權而言，大額交易人整體上已有
往看空未來臺股指數的方向轉變的跡象。發現類此的預警，臺股期貨及臺指選
擇權市場做多之交易人，一定要密切注意，萬萬不可掉以輕心。

　　最後，讓我們來瞭解一下在民國九十八年七月十六日收盤後，臺股加權指
數移動平均線的均線結構。依據臺灣雅虎網站有關臺灣股票集中市場大盤走勢
技術分析於同年七月三十一日之網頁內容，臺股大盤指數至七月十六日止之 5
日移動平均線之均值為 6,692 點，20 日為 6,552 點，60 日為 6,478 點，5 日之均
值大於 20 日，20 日之均值大於 60 日，呈多頭排列，為後續臺股指數及臺股八
月份期貨的漲勢提供了些想像空間❶❹。

三、從時間和空間的觀點解讀投機市場的價量資訊

投機市場的參與者今日之買進或賣出，均係以未來之能夠反向操作為獲利之前提。隨著時間的進行，市場的供需產生轉變，導致商品價格亦相應的或漲或跌，若再依特定的時間單位（如每日、每週）將商品成交的價格予以記錄則會形成空間的軌跡。從價格隨時間而產生的變化記錄，我們可以判斷市場參與者盈虧的數額和比率。由於人類的本能行為具有重複性，投機市場的價格變化亦因之形成能經得起時間考驗的特定型模。凡是能瞭解這種型模的市場參與者，便大幅提高其投機獲利的可能性。自二十世紀以來，主張類似觀點中最出名的人，可說是非艾利特 (Ralph Nelson Elliott) 莫屬。艾利特是一個美國人，在一九三〇年代初期於生病之中悟出了「波浪理論」(The Wave Principle)，自此受到了許多投機市場之參與者和研究者的重視，而本書作者即為其中之一。

㈠艾利特波浪理論 (Elliott Wave Principle)

艾利特認為人類的行為因受到自然法則 (Nature's Law) 的規範，在型模 (pattern)、時間 (time) 及比率 (ratio) 三者上均具有明顯的特性，而三者中又以型模最為重要。

依據艾利特的見解，人類行為在型模、時間及比率上所呈現的特性均遵照費氏數列的法則[15]。費氏數列亦被稱之為斐波納契數列，係於十三世紀初時由當時著名之義大利數學家斐波納契 (Fibonacci) 在其一二〇二年出版之 *Liber*

---

[14] 此處有關臺股加權指數移動平均線之資料係於民國九十八年七月三十一日，瀏覽臺灣雅虎之網址 (http://tw.stock.yahoo.com/t/idx.php) 所得。當日臺股加權指數之收盤為 7,077.71 點，漲 50.6 點；臺股期貨八月份契約收盤為 7,028 點，漲 66 點。上述收盤資料分別參考自臺灣證券交易所及臺灣期貨交易所之網站。

[15] 請見 Ralph Nelson Elliott, "Nature's Law: The Secret of the Universe," manuscript typewritten in 1946, reprinted with the sponsorship of the Institute for Economic and Financial Research, USA, pp. 1–14.

Abaci (*Book of Calculation*) 一書中，將西元六世紀時已為印度數學家所知曉的數字序列介紹給西方。這個數字序列的排序如下：0、1、1、2、3、5、8、13、21、34、55、89、144 …。在這個數列中前兩個數字的和構成了緊接的第三個數字，而前一個數字除以後一個數字的商大體為 0.618，後一個數字除以前一個數字的商則大體為 1.618，這樣的比例關係被稱之為黃金分割率 (golden ratio) ⓰。

　　借用了斐波納契的數字序列，艾利特發展出了一套波浪理論。他認為這一套理論在觀察和判斷基於人類的活動 (human activities) 所產生的社經運作的未來趨向上有很大的價值。這些社經運作具體的指標包括股票價格、債券價格、黃金價格、商品價格及不動產價格等等。根據艾利特的見解，股票等市場可以分為牛市和熊市，而牛市和熊市相互交替，牛市之後為熊市，熊市結束，牛市又起，如此周而復始，循環不已。牛市時的上升波段分為五個大波段 (major waves)，包括第 I 大波 (major wave I)、第 II 大波 (major wave II)、第 III 大波 (major wave III)、第 IV 大波 (major wave IV) 及第 V 大波 (major wave V)。繼牛市的五個波段之後，緊接著為下跌波段的熊市，熊市僅分為三個大波段，分別為 A 大波 (major wave A)、B 大波 (major wave B) 及 C 大波 (major wave C) ⓱。

　　牛市時，其中的第 I 大波、第 III 大波、第 V 大波等上升波又各再分為五個中波 (intermediate waves)：i 中波 (intermediate wave i)、ii 中波 (intermediate wave ii)、iii 中波 (intermediate wave iii)、iv 中波 (intermediate wave iv) 及 v 中波 (intermediate wave v)。至於牛市中的第 II 大波及第 IV 大波兩個下跌的波浪則僅各自再分為 a 中波 (intermediate wave a)、b 中波 (intermediate wave b) 及 c 中波 (intermediate wave c) 等三個次級波浪。熊市中的 A 大波及 C 大波的下跌波亦各再分為 i、ii、iii、iv、v 等五個中波，而在熊市中上升的 B 大波僅分為 a 中波、b 中波與 c 中波。

⓰　請參考維基百科，"Fibonacci" (http://en.wikipedia.org/wiki/Fibonacci)。

⓱　R. N. Elliott, *ibid.*, pp. 4–6, 10–12.

其次，牛市中第 I、第 III、第 V 大波等三個上漲波浪中，所各自衍生出的五個中波之中的 i 中波、iii 中波、v 中波亦屬於上升波，並各再細分為 1 微波 (minor wave 1)、2 微波 (minor wave 2)、3 微波 (minor wave 3)、4 微波 (minor wave 4) 及 5 微波 (minor wave 5)；第 I、第 III 及第 V 大波中各自的 ii 中波及 iv 中波則屬下跌波，並再進一步區分為(a)微波、(b)微波及(c)微波。至於牛市中屬於下跌波浪第 II 及第 IV 大波細分出來的 a 中波與 c 中波，亦均進而區分為 1 微波、2 微波、3 微波、4 微波及 5 微波；此二大波中之 b 中波則分為(a)微波、(b)微波及(c)微波。

熊市中的 A 大波及 C 大波兩個波段中的 i 中波、iii 中波、v 中波屬於下跌波，亦再各細分為 1 微波、2 微波、3 微波、4 微波及 5 微波；此二大波浪各自的 ii 中波及 iv 中波則為上升波，並均再細分為(a)微波、(b)微波及(c)微波；熊市中 B 大波的 a 中波及 c 中波亦各再細分為 1 微波、2 微波、3 微波、4 微波及 5 微波，B 大波中的 b 中波則再分成(a)微波、(b)微波及(c)微波。

依據艾利特波浪理論的計算，一個完全的市場循環包括一個上升波段、一個下跌波段，總計為二個波段。上升波段包含 5 大波，下跌波段為 3 大波，合計 8 大波。上升波段的五個大波中，第 I、第 III、第 V 均為漲波並各含 5 中波，第 II、第 IV 為跌波各含 3 中波，合計 21 中波；下跌波段的三個大波中，A 大波及 C 大波為跌波，各次分為 5 中波，B 大波為漲波僅有 3 中波，合計 13 中波。若將上升波段及下跌波段中所包含的中波一併計算，一個完整的市場循環具有 34 中波。假如再將所有的中波分解為微波，同一上升波段計含 89 微波，下跌波段則包括 55 微波，總計 144 微波。我們如將上述統計各種波段的數字排列起來，就會得到以下的數列：1、1、2、3、5、8、13、21、34、55、89、144。這個序列與斐波納契的數字序列相互吻合，並因此成為艾利特主張股票、黃金、商品等市場的漲跌規律會遵循斐波納契數字序列的主要依據（請參考圖 5–4）。

艾利特波浪理論自問世以來，引起許多爭議。質疑者認為艾利特波浪理論缺乏客觀性，並可能因為不同使用者的主觀見解而產生不同的解讀。支持者則

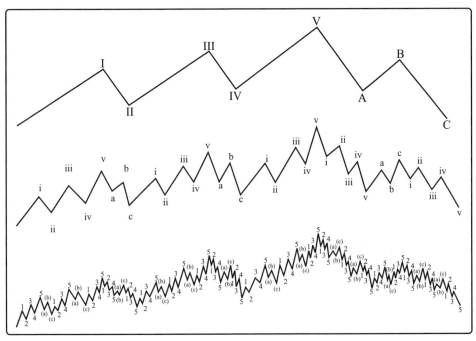

說明：本圖參考艾利特之原圖而繪製。

◎ 圖5–4　艾利特波浪理論示意圖

主張艾利特波浪理論反映了群眾心理及基於群眾心理所產生的價格型模，這種歷史型模在未來會重複出現，雖然重複的樣態並不完全一致，因此，只要依據艾利特波浪理論，對過去市場價格的變化，下足了觀察和研究的功夫，就可以大為提高對未來市場價格走勢的判斷能力❶。

　　就本書作者而言，基於既往十餘年之學習、觀察與心得，艾利特波浪理論對於想在投機市場中採取長期策略並趨吉避凶的投資人而言，是一個不可或缺的分析工具。熟悉艾利特波浪理論，既可避免犯下逆勢操作的重大錯誤，亦可不至於淪為從眾行為中的最後一批老鼠。以下論述之內容即為作者在多年研習艾利特波浪理論後，所形成的觀點與見解，希望有助於讀者對艾利特波浪理論

---

❶　Glenn Neely, *Mastering Elliott Wave* (Brightwaters, N.Y.: Windsor Books, 1990), pp. 1–1 to 1–6.

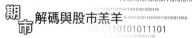
的瞭解與批判。

㈡艾利特波浪理論的解析與運用

艾利特波浪理論有兩個核心，一個是波段的規模，另一個是漲跌的形態。前面曾提及艾利特將波浪分為大波 (major wave)、中波 (intermediate wave) 和微波 (minor wave)。這些不同規模波浪的構成要素，其實就是特定的市場在過去一定時間內持續的價格記錄。就具投機性且採集中交易的證券或期貨市場而言，最基本也是最重要的價格記錄應是每日的收盤價，但是在觀察較長期間（如數年或數十年）的價格變化時，日收盤價的資料筆數太多，依此所繪製之價格圖形無法清楚地呈現在單一電腦螢幕或單頁紙張上。因此在分析長期波段時可選擇週收盤價或月收盤價，而所謂週收盤價和月收盤價就是指每一單週或每一個月最後交易日的收盤價。

由於僅採用收盤價不能顯示過去各個不同期間市場價格變化的全貌，因此有許多的市場分析者，依其習慣和偏好在其所選擇之特定期間中，會採用因商品的交易形成的開盤價、最高價、最低價及收盤價等四筆價格而繪成的柱狀圖 (bar chart) 或燭狀圖 (candle chart)。前者風行於歐美，後者則較普及於亞洲的中國大陸、臺灣、香港及日本等地區。

柱狀圖及燭狀圖在繪製時需具備縱座標及橫座標，縱座標註記交易價格及交易數量，橫座標顯示交易時間，依據證券市場或期貨市場之交易價格製作圖形時，通常會採用每一個交易時段的開盤價、最高價、最低價和收盤價。就日線圖之構製而言，首先在橫座標上找到對應的時間單位（如某年、某月、某日），然後在這個時間單位的正上方再依縱座標註明代表當日最高交易價格和最低交易價格的兩個價格點，並將兩個點從上到下連成一條角度與時間座標垂直的直線，繼之在此一直線的左側方隔少許空間標示出代表當天開盤價的價格點，在右側方亦隔相同空間標示出代表當天收盤價的價格點，再用與橫座標平行的短線，將這兩個價格點分別與由當日最高價及最低價所形成的直線連起來，便完

成了當日市場交易價格的重點記錄，此後每一個交易日收盤後重複同一個步驟，便形成了柱狀圖（請參考圖5-5）。

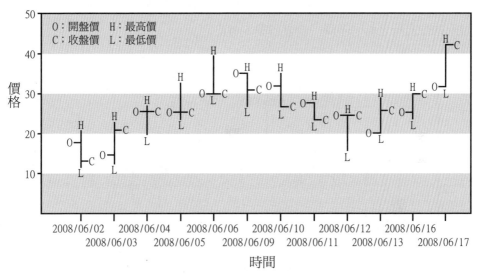

說明：本圖中的英文字母及其註記，目的在於說明，在實際的柱狀圖中並不存在。

◎ 圖5-5　集中交易市場價格記錄柱狀圖

　　關於燭狀圖部分，其所記錄的交易資料與柱狀圖相同，亦為所觀察之交易期間內的開盤價、最高價、最低價和收盤價，但在繪製形式上與柱狀圖有所不同。燭狀圖在註記時，首先在相對應的時間單位上方用兩條相同長度的細小橫線分別標明該交易時段內之開盤價和收盤價，然後用一條直線連接前述兩條橫線的左端，再用另一條直線連接這兩條橫線的右端，形成了一個矩形，之後，依據表示價格的縱座標，註明代表該段交易期間內的最高成交價格的價格點，並從這個點往下畫一條與上述矩形上沿相交並垂直的直線，繼之，再於找到代表該期間內最低成交價格的價格點後，向上拉出一條與上述矩形下沿相交的垂直線，如此，便完成了該段交易期間之燭狀圖的製作。如果碰到同一期間之開盤價或收盤價就等於最高價或最低價時，就省略了最後一個下引或上拉直線的步驟。再者，當收盤價高於開盤價時，燭狀圖中之矩形整體為紅色，如所繪製

之圖形並非彩色時，則該矩形之周線為黑色，柱體為白色；當開盤價高於收盤價時，無論是否用彩色繪圖，燭狀圖之整體均為黑色。此種繪圖方式因使用紅燭或白燭（開低走高）與黑燭（開高走低）來突顯該段交易期間內價格之漲跌，因此亦有人稱之為陰陽圖（請參考圖5–6）。

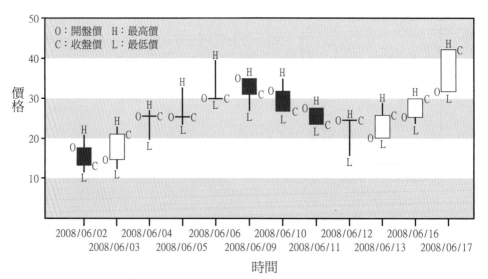

說明：本圖中的英文字母及其註記，目的在於說明，在實際的燭狀圖中並不存在。

◑ 圖 5–6　集中交易市場價格記錄燭狀圖

　　在實際分析市場價格時，有艾利特波浪理論的支持者主張所採用的價格資料一定要包括市場交易時段中所產生的最高價和最低價，不能僅用收盤價，否則便無法掌握商品實際交易及價格變化的全貌[19]。從這個觀點看，無論是使用柱狀圖或燭狀圖，都應當能達成同樣的目的。

　　依據艾利特波浪理論，在漲勢之初的第 I 大波中的 i 中波，商品之市場價格會以五個微波形式上升，第一個漲勢完結後的 ii 中波是含有三個微波的下跌波段，再來的 iii 中波亦是具有五個微波的上升波，其後的 iv 中波又回復成三個微

---

[19]　C. M. Flumiani, *The Wave Principle* (Albuquerque, N.M.: The American Classical College Press, 1973), p. 11.

波的下跌波，最後 v 中波則再以五個微波向上攀升，並因此形成了包含了五個中波的第 I 大波（上升波）。究竟上述呈上升趨勢的第 I 大波的 v 中波何時結束呢？

艾利特波浪理論提供了一個簡要的法則：即當市場價格出現包括五個微波的下跌波時，則代表第 I 大波的上升趨勢已告一段落，繼之是包括三個中波而轉折向下的第 II 大波（下跌波），這五個下跌的微波即屬於第 II 大波的 a 中波，再來應當是在跌勢中以三個微波而呈現反彈的 b 中波，然後將是以五個微波波浪而下跌的 c 中波。

基於同樣的思維，在牛市上升的過程中，以中波所構成的波段如果形成漲 5 波（第 I 大波）、跌 3 波（第 II 大波）、漲 5 波（第 III 大波）、跌 3 波（第 IV 大波）、漲 5 波（第 V 大波）的波浪形態，就意味著牛市上升波浪後勢有限，而熊市下跌波浪即將來臨。確認熊市來臨的第一個訊號即是，在商品價格下跌時出現了包含了五個中波的跌波（A 大波）。若是真的如此，之後應能見到具有三個中波的反彈波（B 大波）及進一步以五個中波擴大下跌幅度的末跌波（C 大波）。是以，藉著觀察市場價格所形成的波浪形態究竟是 5–3–5–3–5 的漲升波，還是 5–3–5 的下跌波，投資人可以對市場的漲跌趨勢有著更清楚的認識。

運用艾利特波浪理論判斷某一時點之市場商品價格，在漲波或跌波中所處之階段時，一定要具備長期的視野。故而在分析時宜採用較長期間的價格圖形如月線圖或週線圖為最基礎的依據。例如，先從月線圖研判長期的價格波浪形態及發展階段，然後用週線圖歸納中期的商品價格可能的漲跌趨向，最後用日線圖來決定具體的買進或賣出所交易的商品的價格和時機。當然，也有人用小時圖，甚至分鐘圖作為艾利特波浪理論的分析對象。

一般而言，在投機市場中短線進出，長期下來要能獲利難度非常之高。是以對大多數投資人來說，能夠適切地運用艾利特波浪理論，以增加其對長期價格波浪形態的瞭解，無論在避免損失或增加獲利上都會有相當的功效。比方說，發覺週線圖已趨近 5–3–5–3–5 漲波的第五個波段的尾聲時，千萬要能耐得住外

界一片欣欣向榮的影響，而不從眾競逐股票或期貨，自然可免於高檔套牢的痛苦。相對地，當週線圖顯示 5-3-5 的跌波快告一段落時，則宜擇時機進場買進所屬意的投資標的，如此縱然不是買在最低價，未來之獲利應是合理的預期。依作者多年之研究心得，如果各種分析投機市場之工具中真有所謂的「領先指標」，艾利特波浪理論理當是其中之一。

艾利特波浪理論對於識者而言，雖有助於其判斷投機市場之商品價格的漲跌趨勢和發展階段，但因有關波浪的形態辨認、波段計算及波段是否完結上，往往會見人見智，因此使波浪理論的實際效用受到很大的質疑和挑戰。關於此點，依作者之經驗，如能借助與移動平均線性質類似的趨勢線的配合使用，便可大幅減少使用艾利特波浪理論時的可能的解釋空間，並對判斷商品價格波浪之完成和轉折產生很大的助益。

本書前曾屢次提及艾利特波浪理論的精髓在於漲勢為 5 波、跌勢為 3 波，商品價格上漲時可依上漲的價格波浪形態繪製上升趨勢線，同理價格下跌時亦可繪製下降趨勢線。在價格上升的過程中，上升趨勢線應能發揮支撐商品價格的作用，但如果商品的價格明顯跌到上升趨勢線之下，我們便可以假設此一上升波段已經結束，繼之而來的是一個下跌的新波段。當然，在商品價格下跌的過程中，下降趨勢線應會對價格的反彈上漲產生壓制的作用，是以，如商品價格顯然已漲到下降趨勢線之上時，我們即應認知到原有的下跌波浪已告終了，新的漲升波即將開始。以下讓我們用一個圖例（圖 5-7）來說明艾利特波浪理論和趨勢線的配合運用。

利用價格圖形來分析商品價格是處於漲勢或跌勢時，其實方法很單純。如果依照圖 5-7 價格圖形的顯示，商品的價格隨著波浪的發展是低點愈來愈高，而高點亦是愈來愈高時，即為漲勢。更明確的說，在典型的 5 波的漲升波中，第 ii 波（二中波）的最低價高於第 i 波（一中波）的最低價，而第 iv 波（四中波）的最低價高於第 ii 波（二中波）的最低價，同時，第 iii 波（三中波）的最高價高於第 i 波的（一中波）最高價，且第 v 波（五中波）的最高價高於第 iii 波

（三中波）的最高價。

如圖 5–7 所示，在漲升波中的第 i 波的上升趨勢線，是藉著在逐漸升高的一連串的燭型柱中，將兩個或以上燭型柱的最低價連在一起，而形成的一條向右上方傾斜的直線（一中波），當後續記錄價格的燭狀柱下跌至這條上升趨勢線之下，並維持一段時間後，就表示一中波已經結束。繼之，我們可以在逐漸下降的各個燭型柱中，將兩個以上的燭狀柱的最高價連成一條向右下傾斜的下降趨勢線（二中波）。一直等到後來的燭狀柱再次突破這條下降趨勢線並繼續上升時，我們便可用前述的方法繪製三中波的上升趨勢線，並依後續的價格變化，設法將四中波和五中波的趨勢線予以界定。

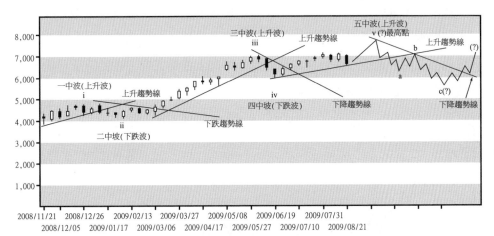

說明：臺股期貨價格資料來源為臺灣期貨交易所網站，圖形由作者自行繪製。

◑ 圖 5–7　臺股期貨週線燭狀圖（2008/11/17 至 2009/08/21）暨趨勢分析圖

圖 5–7 繪製之時間為二〇〇九年八月二十四日，以該圖所顯示之臺股期貨週線接續圖（2008/11/17 至 2009/08/21）來判斷，臺股期貨已接近完成包含五個中波的上升波段，是以投資人在此時宜有耐性，避免追高，以靜待可能隨之而來的以三個中波構成的下跌波段。如果前述的預測正確，在這 3 波的下跌波浪進行中，首先以 5 波段下跌的 a 波的最低價格應低於前一個上漲波浪（五中波）所形成的上升趨勢線，其次以 3 波段反彈的 b 波之最高點應低於前一個五中波

的最高點，最後以 5 波段承續跌勢的 c 波之最低點亦應低於前述 a 波的最低點。在此一狀況下，如將前一個上漲波段的五中波的最高點與下跌波浪 b 波的最高點連成一線，便形成了下降趨勢線。下降趨勢線確立後，只要商品價格維持在低於下降趨勢線之下，我們即可認定下跌波浪仍在進行，直到後來因臺股期貨之邊際價格（週收盤價）漲至下降趨勢線之上時，才轉而判斷其價格趨勢可能重拾升軌。果若如此，前述 c 波的最低點同時亦成為下一個漲升波浪之中第 i 波（新的一中波）的最低點。反覆運用這樣的方法辨認波段，應可大為降低在計算波浪時，潛在的不確定性。

　　再者，艾利特波浪理論的另一個重要的功能，是有助於將經濟基本面與商品價格的波浪發展的可能形態相互印證，以推測商品價格的合理走勢。在投機市場情勢混沌未明之際，常讓人難以判斷商品價格未來可能的發展。這時，我們可以依艾利特波浪理論分別勾劃商品價格向上波動或向下波動時所可能形成的波浪路徑和最終價格（圖 5-8）。

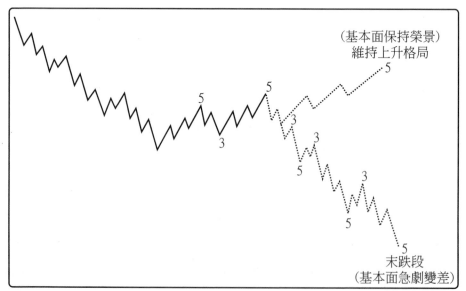

◑ 圖 5-8　藉基本因素輔助判斷價格波浪可能之走勢圖例

由於，商品價格往上或往下發展會導致兩種截然不同的結果，並形成強烈的對比。在此情況下，我們可以根據對未來經濟基本面的合理預期，在兩種就未來商品價格發展趨勢具有極大差異的假設中，選出機遇率較高的一個。比方說，當商品價格呈現 5 波上漲、3 波下跌、5 波上漲之 5-3-5 走勢時，其後，有兩個可能的發展，一個是價格繼續上漲，最後維持 5-3-5-3-5 的上升格局，另一個是前述的 5-3-5 波浪形態代表一個反彈波，隨之而來的應是下一個 5-3-5-3-5 的末跌段。在這上升或下跌兩種不同的波浪結構的假設下，該項商品的價格會有天壤之別。是以，如果我們判斷，經濟基本面在未來會保持穩健的發展勢頭，商品價格向上揚升的可能性就相對較大。反之，若未來經濟基本面不乏負面因素，商品價格的走勢就很可能繼續向下探底。因此，運用艾利特波浪理論推演未來可能的價格變化並與合理預期的基本因素相互對照，對於市場參與者可產生撥雲見日、指點迷津的功效。

㈢艾利特波浪理論與資訊失衡

艾利特波浪理論中有一個非常重要的推理前提，亦即市場價格是人類行為的結果，而人類的行為受其心理面之影響。因為人類的心理面的運作，特別是群眾心理，有其同質性及重複性，故使溯源於人類群眾心理的市場價格在變化上呈現一定之規律[20]。無疑地，這個前提是艾利特波浪理論的根本基石，可惜許多艾利特波浪理論的擁戴者都將之視為自然的規律和當然的道理，並未進一步探究其內涵及原因，以致使其對於艾利特波浪理論一直處於「知其然，卻不知其所以然」的境況。針對此點，本書作者試圖藉一己「同理心」之運用，提出若干解釋投機市場中具重複性的從眾行為之原因，並以之就教於高明。

群眾行為匯聚眾人之能量，感染力強，故易影響社會成員產生從眾行為。

---

[20]　R. N. Elliott, *ibid*., p. 5.

　　C. M. Flumiani, *ibid*., p. 7.

　　G. Neely, *ibid*., p. 1-1.

投機市場不確定性高，跟著個人感官所最易意識到的投機大眾，採取同樣或類似的投機取向，可以增加當事人心理的安全感。這兩個論點雖然說明了一部分的個別人士為什麼會有從眾的行為，卻不足以解釋何以廣大的群眾，在未必能彼此互相聯繫的情況下，同時在投機市場之中從事相近的投機行為。

股票和期貨等投機市場是民主政治、資本主義下的典型產物。在這種制度之下，大眾媒體被視為是社會的公器，深受群眾的信賴，其影響力無遠弗屆，足以在同一時間將信息傳輸至各個角落並可使群眾產生相近之認知或引發類似之行為。大眾媒體對一般公眾具有影響，可以說是一個具有重複性的因果關係，以前如此，現在如此，未來也當如此。因此，欲使互不相識的廣大群眾，競相進入投機市場並產生從眾行為，最有效的中介網絡莫過於大眾媒體。

股票和期貨等投機市場具有零和遊戲之本質並與專業領域之知識密切相關。在此種市場中欲能長期獲利，必定在專業資訊上具有相對優勢。專業資訊之取得，通常是與技術深度、資本規模或政商人脈息息相關，這些條件往往非一般投機大眾所具備。專業資訊之內涵所包括的亦不僅限於技術知識、產業供需、公司治理等經濟面因素，其他諸如國家政策、政經網絡、媒體運作、群眾行模等亦均包括在內。

由於專業資訊之擁有或需經歷長年努力、或需耗費相當資本，具有專業資訊的族群必然是社會中的少數，在身處你勝我負的投機市場中，將其所知之專業知識透過大眾媒體公諸於社會，理當不是其價值的偏好和行為的常態。相反地，此一族群中人可能相互凝聚，並以一般資訊不足之投機大眾為其蠶食鯨吞之對象，以獲取可觀利潤。欲達此目的，他們必須要確定在適當時機（如高檔出貨時），一般投機大眾會和他們站在對立面。

欲達到這個目的，基於他們在知識、資金、人脈、網絡上的優勢，透過影響大眾媒體的報導內容，引發社會大眾的從眾行為，不失為一個頗具效用的策略。本於前述的邏輯，當艾利特波浪理論所指的群眾心理在投機市場發揮作用並影響價格波浪的進行時，投機市場的內、外環境應當是有跡可尋的。專業資

訊取得的多寡和時機是個相對的問題。投機市場中的參與者，會因其所備具的專業知識之程度不同，而在不同的時點加入投機市場。

以下，本書作者試將投機市場參與者之專業程度加以區分，並配合艾利特波浪理論的形態，探討不同專業程度參與者之可能入市和離場的時機。

1. 第 I 波──先知先覺

投機市場中之競技者，可依其掌握專業資訊之深淺程度和其獲悉資訊之先後時機依序分為先知先覺者、即知即覺者、後知後覺者和錯知錯覺者。當投機市場之商品價格處於低價區，一般大眾或是興趣乏然，或是戒慎恐懼，對投機市場裹足不前之時，先知先覺者已挾其在專業資訊上之巨大優勢，覺察到日漸增長之市場需求並悄然進場布局，形成了艾利特波浪理論下的第 I 波。

2. 第 III 波──即知即覺

及至商品價格因需求增加而上漲，先知先覺者的賣出一部分的既有倉位以實現利潤及因商品價格的上漲而吸引更多的賣方，導致了艾利特波浪理論中漲升波段中的第 II 波（回檔波）。此時，先知先覺者的行動及市場供需變化的漸趨明確，引起了即知即覺者的注意，並因此加入了前者的陣容，促成了漲升波的第 III 波。

3. 第 V 波──後知後覺

其後，市場價格的上升，誘發兩者局部地獲利了結及新賣方的加入，並形成了漲升波中向下調整的第 IV 波。值此前後，後知後覺者亦意識到投機市場的變化而加入了買方的陣容，共同營造了為漲升波末段的第 V 波。

4. 第 V 波波頂──錯知錯覺

至第 V 波的波頂，錯知錯覺者或因缺乏適當解讀媒體的能力，或因受到從眾行為的感染，前仆後繼的湧入市場承接先知先覺者、即知即覺者甚或後知後覺者所拋出的部位。這群錯知錯覺者人數眾多，聲勢浩大，惜因違背經濟之常理在價超所值的情況下，搶購供給漸次增加的投機商品，終致一而再，再而衰，三而竭。在缺乏組織和協調下，兵敗山倒，互相踐踏（俗稱多殺多），投機市場

之商品價格亦從此急轉直下，為艾利特波浪理論中三波段的下跌波引發了開端。

如前所述，在艾利特波浪理論中的下跌波區分為 A 下跌波、B 反彈波及 C 下跌波。A 波之起點為前一階段漲升波第 V 波的波頂，亦即先知先覺者大舉出脫存貨的價位區。當 A 波下跌至一定程度會促成部分高價賣出者的回補及吸引新的買方，故導致 B 波的反彈。彈升的價格又會誘使更多的即知即覺者或後知後覺者，隨先知先覺者之後轉為賣方，並使投機市場的商品價格受到進一步的壓制而形成 C 波的末跌段。在 C 波成形的過程中，市場反應失當或缺乏風險管控的後知後覺者和錯知錯覺者，或因內心的恐懼，或因資金的匱乏，在倉皇敗逃中，將手中的投機商品又轉而賣回給胸有成足、低價承接的先知先覺的優勢族群，並為下一個階段的漲升波揭開了序幕。

基於綜合前章針對市場資訊失衡之探討及本章有關波浪理論之分析，本書認為在判斷艾利特波浪理論下之波浪形態和波段發展時，投機市場中可以觀察到的群眾行為及媒體報導均是不可忽略的重要指標。更具體的說，當投機市場經歷一定期間之上漲，以致引起公眾媒體大幅偏好的報導及群眾一窩蜂爭相搶購時，極可能就是艾利特波浪理論下漲升波的第 V 波段；當投機市場由漲勢逆轉，長驅直下相當時日，以致使大多數投機客在悲觀的媒體氣氛下被迫平倉，認賠離場，往往亦正是艾利特波浪理論中下跌波的 C 波段即將完結之際。

資訊失衡是艾利特波浪理論具有廣泛適用性的重要前提之一。不過，不同的投機市場，因參與者間專業資訊差異程度以及市場開放程度的不同，可能會使在辨識艾利特波浪理論下波段形態時的難易度有所差異。在一個以一般大眾為主要參與者且偏向於地方性的投機市場，不同族群間專業知識程度差異大，對照性強，如果再加上境外資金流通受限制，市場參與者的行為模式便較易於觀察，將艾利特波浪理論用於判斷商品價格的漲跌形態和發展階段的難度也較低。

如果投機市場具高度的國際性，市場參與者間專業程度差異小，資金進出自由且規模龐大，則艾利特波浪理論運用的難度相對提高，24 小時交易的外匯

市場即為一例。

臺灣本土的證券市場及所衍生出來之臺指期貨市場，雖因近年來臺灣國際化的努力而使外資所占之比重漸次增加，但因市場資訊失衡程度較大，散戶投機者人數過多，資金進出仍有管制，政府政策深具影響力等因素，使得最具有專業資訊之族群得以保持其與一般投機大眾間的優勢差距，再加以其善於判斷非專業族群之認知習慣和行為模式，故相對增加了臺灣股票市場和臺股期貨市場的價格波動形態與艾利特波浪理論的吻合性。希望本章對於艾利特波浪理論的介紹和說明，有助於讀者未來對臺灣股票和臺指期貨漲跌趨勢的瞭解與判斷。

第三節　臺灣期貨交易所之資訊解碼與實例印證

期貨交易所之運作具有外部經濟效益 (external economy)，是以在配套條件成熟之下，政府制定相關法規政策以促進期貨交易所之設立，在調整市場失靈上具有重大功效。臺灣期貨交易所之成立即係基於此因，而在臺灣交易所對社會得以產生的貢獻中，交易資訊的揭露可以說是其中之首要。集中市場的交易資訊為一公共財，其確實、即時、透明的公之於眾，對於經濟效益之提升及交易公平之維護影響至巨。是以，在不涉及洩漏具體市場參與者之財務私密的情況下，凡有助於促進全體市場參與者判斷市場供需情勢的統計性資料，均不宜秘而不宣，以免有違於集中交易市場成立之根本目的。

臺灣期貨交易所基於市場之運作，所公布之資訊相當豐富，並各有其服務之對象。唯如針對未來臺股大盤加權指數、臺股期貨、臺指選擇權之行情判斷而言，仍以臺股期貨及臺指選擇權之市場成交價格、成交數量及未平倉合約餘額三者為最重要。可是在這些並無明顯因果關係的原始數據中，要如何的採樣及用何種分析方法才能獲致最有用的結論呢？據實而言，本書作者並無答案。不過，基於個人多年之研習心得，將複雜問題簡單化，在就臺股期貨市場未來之會漲或會跌兩者中選擇其一時，確實有助於提升臺股市場中置身其境者之分析功力。讓我們從三個實例中印證一下，到底借助⑴找出專業族群的相對偏好。

(2)避免與多數散戶同一陣線。(3)觀察移動平均線、趨勢線或艾利特波浪理論等三個方法,能發揮哪些的作用吧!

　　本節中所選擇的三個實例,分別建立在世界金融風暴前後,臺股市場發生重要轉折或變化期間,臺灣期貨交易所公開公布的交易資料之上。這三個期間分別為:(1)民國九十六年四月十九日至民國九十六年八月十五日。(2)民國九十六年八月十六日至民國九十七年七月十六日。(3)民國九十七年七月十七日至民國九十八年七月十四日。

一、民國九十六年四月十九日至民國九十六年八月十五日之實例分析

　　臺灣股價加權指數在此波金融海嘯中第一次重大的轉折發生在民國九十六年七月二十六日。當日臺股指數開盤 9,739.76,盤中最高 9,807.91,最低 9,566.42,收盤 9,566.42,下跌 173.71 點,成交量 3,215.59 億元,創歷史記錄。本波漲勢之起漲點可回溯至民國九十年十月三日 3,446.26 的臺股收盤指數,而在民國九十六年七月二十六日後,臺股加權指數急劇下跌,第一波跌勢的最低點為同年八月十七日的 7,987.61,當日收盤指數為 8,090.29[21]。

　　根據本書第四章所引述的資料,民國九十六年六月至七月間臺灣之平面媒體無論在政治政策面、經濟基本面、市場觀點面及資金動能面都相當看好臺股後勢。在這一片榮景之中,後繼的全球金融危機真的是事先毫無跡象的突然發生嗎?在當時,除了本書前章中所探討的投機市場資訊失衡下的價量邏輯能夠對一般大眾提出警示外,到底臺灣期貨交易所的公開交易資訊,是否也揭露了一些重要的蛛絲馬跡呢?

(一)期貨交易資訊解碼

---

[21]　資料來源為臺灣證券交易所中文網站首頁「交易資訊」下之「TWSE 自行編製指數」下之「發行量加權股價指數歷史資料」。

　　臺灣期貨交易所公布的「期貨市場三大法人交易情形統計」始於民國九十六年七月二日，其正式在臺灣期交所網站上線之日期為民國九十七年四月七日。換言之，在民國九十六年七月臺股指數發生重要轉折的月份，這個資料尚未對外公開。而在此一統計公布後，一度還引起某些外資的關切，幸賴臺灣期貨交易管理機構基於公共利益，堅持原則，終使此一措施得以貫徹。因此，在這部分的討論，本書將側重於臺灣期交所公布之從民國九十六年七月二日至九十六年八月十七日間，各交易日的「期貨市場三大法人交易情形統計」的資料，並將之與同期間有關「期貨大額交易人未沖銷部位結構表」及臺灣期貨市場和臺灣證券交易所之交易行情等資料相結合，進一步依本書中所提出之解碼邏輯，探討這些資訊在分析臺股加權指數未來趨勢時之功效。

　　不過，為了使讀者對此一期間前後，臺股期貨交易及臺股加權指數之變化有更多瞭解，繼之，本書將先行討論整理自民國九十六年四月十九日至八月十五日間，與「期貨大額交易人未沖銷部位結構表」及臺灣期貨交易和臺灣證券交易相關之統合資料❷。表 5-17 所顯示者為前述期間各個期貨月份（民國九十六年五月份至八月份）成為即期月份後的第 1 個交易日（如四月十九日）及最後交易日（如五月十六日）時，買方前十大交易人及賣方前十大交易人之存倉量之部位數合計及其各自所占全市場未沖銷部位數百分比，以及各該交易日之存倉量、期貨收盤指數和現貨收盤指數。該表中第一列 (96/04/19) 之後的各存倉量數據，代表的是民國九十六年五月份臺股期貨成為即期月份後第 1 個交易日收盤後，與該月份期貨相關之存倉量，第二列 (96/04/19) 後的各存倉量數據，則是當時所有上市之期貨月份存倉量之總和，其餘以此類推。

　　從表 5-17 中可知，在該表中每一個即期期貨月份的第 1 個交易日收盤後（如 04/19、05/17、06/21、07/19），如果當日「買方前十大法人合計」之所有月份的存倉量是大於「賣方前十大法人合計」之所有月份的存倉量時（如五月

---

❷　臺灣期貨交易所公布之「期貨大額交易人未沖銷部位結構表」在網站上線的時間為民國九十四年一月二日，公布之資料則回溯至民國九十三年七月一日。

◎ 表 5–17　臺股期貨大額交易人買方和賣方存倉量差額及臺股收盤指數對照簡表（96/04/19 至 96/08/15）

日期	期貨月份	買方前十大交易人合計	賣方前十大交易人合計	存倉量	期貨收盤指數	現貨收盤指數
96/04/19	96 年 5 月份	21,170 (50.3%)	16,590 (39.4%)	42,070	7,839	7,888.63
96/04/19	所有月份	21,777 (48.2%)	17,171 (38.0%)	45,208	–	–
96/05/16	96 年 5 月份	10,485 (68.8%)	10,685 (70.1%)	15,234	7,991	7,988.57
96/05/16	所有月份	22,197 (42.8%)	19,533 (37.7%)	51,814	–	–
96/05/17	96 年 6 月份	15,764 (46.1%)	12,813 (37.5%)	34,193	8,015	8,037.96
96/05/17	所有月份	16,509 (44.5%)	13,368 (36.0%)	37,107	–	–
96/06/20	96 年 6 月份	22,640 (75.8%)	21,871 (73.2%)	29,881	8,770	8,755.88
96/06/20	所有月份	34,962 (49.2%)	33,307 (46.9%)	71,025	–	–
96/06/21	96 年 7 月份	20,774 (46.8%)	17,562 (39.6%)	44,365	8,862	8,851.99
96/06/21	所有月份	22,072 (45.1%)	19,103 (39.1%)	48,896	–	–
96/07/18	96 年 7 月份	22,627 (61.9%)	29,429 (80.6%)	36,530	9,480	9,485.35
96/07/18	所有月份	40,007 (44.2%)	56,059 (62.0%)	90,453	–	–
96/07/19	96 年 8 月份	25,527 (46.5%)	36,249 (66.1%)	54,866	9,419	9,473.31
96/07/19	所有月份	27,122 (44.8%)	39,477 (65.1%)	60,601	–	–
96/08/15	96 年 8 月份	18,950 (79.9%)	16,023 (67.6%)	23,714	8,570	8,593.04
96/08/15	所有月份	29,190 (44.6%)	42,252 (64.6%)	65,383	–	–

資料來源：臺灣期貨交易所網站及臺灣證券交易所網站。

份、六月份、七月份臺股期貨），到了各該月份最後交易日收盤後（如 05/16、06/20、07/18），不論是臺股期貨收盤指數或臺股加權現貨收盤指數，都高於其在第 1 個交易日的收盤價。反之，若當月份期貨（如八月份期貨）第 1 個交易日收盤後之統計顯示「賣方前十大法人合計」之所有月份的存倉量是大於「買方前十大法人合計」之所有月份的存倉量時，到了最後交易日之臺股期貨收盤指數或臺股現貨收盤指數，都會低於同月份期貨第 1 個交易日的收盤指數。此一現象與本書前述之推論原則相一致。

　　同一期間，臺指選擇權大額交易人在臺指買權或臺指賣權的未平倉餘額上的買賣差額，可由表 5–18 中之資料而得以瞭解。在二〇〇七年五月份、六月份、七月份之臺指選擇權成為即期月份的第 1 個交易日結算後，臺指買權的買方前

十大交易人合計的所有月份的未平倉餘額均大於臺指買權的賣方前十大交易人。另一方面，臺指賣權的買方前十大交易人的存倉量亦均大於臺指賣權的賣方前十大交易。這樣的結果，大為增加了我們在判斷上的難度。明顯地，臺指選擇權大額交易人的未平倉餘額只反映了他們所擁有的倉位總數，無法使我們直接觀察出買權及賣權的買、賣雙方所持有最多倉位的臺指選擇權的履約價格、成交均價及操作策略，並因此降低了此一資料相對的參考價值。

不過，從二〇〇七年八月份臺指選擇權的統計中，我們可以發覺在該年七月十九日收盤後，臺指買權買方的前十大交易人的存倉量合計反過來小於臺指買權賣方的前十大交易人，而臺指賣權買方的前十大交易人的總存倉量則仍大於臺指賣權的賣方。在這個月份，臺指選擇權的大額交易人不論在買權或賣權方面，整體上都看空臺股期貨後勢。與前三個期貨月份的數據相比較，這是個重大的轉變。若再加上表 5–17 中所顯示的在二〇〇七年七月十九日臺股期貨結算後，臺股期貨賣方前十大交易人的未平倉總額亦從連續數個月小於買方前十大交易人，變為大於後者的未平倉總額，有注意及此的市場參與者，在當時縱然未必敢下趨勢即將逆轉的結論，但如能知所警覺而獲利了結或避免追高，也許可以因此避免隨之而來的一場世界性的金融劫難。

在對民國九十六年七月臺股變盤前後數月，臺股期貨和臺指選擇權大額交易人之部位以及臺股期貨市場和臺股加權指數之重要市場資訊具有基本之認識後，讓我們回過頭來，再細部分析一下從民國九十六年七月二日至八月十七日間，臺股期貨市場三大法人及大額交易人之買、賣倉位差額及相關市場交易行情之變化吧！依據表 5–19 之資料，從民國九十六年七月二日起至七月十八日（臺股期貨九十六年七月份之最後交易日），隨著臺股加權指數和期貨指數的上漲，臺股期貨所有月份的存倉量亦從 61,496 張增加至 90,453 張的最高峰。同月十九日，臺股期貨即期月份轉為九十六年八月份，並因九十六年七月份期貨的下市，使臺股期貨的存倉量減至 60,601 張，但隨之在臺股加權指數和臺股九十六年八月份期貨於該月二十六日，分別寫下了盤中 9,807.91 及 9,829 的波段最

◎ 表 5–18　臺指買權及臺指賣權之買方和賣方存倉量差額對照簡表
（96/04/19 至 96/08/15）

日期	期貨月份	選擇權種類	買方前十大交易人合計	賣方前十大交易人合計	存倉量
96/04/19	96 年 5 月份	臺指買權	99,536 (52.1%)	92,474 (48.4%)	191,152
96/04/19	所有月份	臺指買權	125,187 (55.7%)	108,749 (48.4%)	224,885
96/04/19	96 年 5 月份	臺指賣權	134,098 (63.7%)	97,201 (46.2%)	210,407
96/04/19	所有月份	臺指賣權	154,443 (63.4%)	109,198 (44.8%)	243,533
96/05/16	96 年 5 月份	臺指買權	143,710 (38.9%)	195,881 (53.0%)	369,823
96/05/16	所有月份	臺指買權	283,008 (48.0%)	253,183 (43.0%)	589,164
96/05/16	96 年 5 月份	臺指賣權	190,287 (48.5%)	213,264 (54.4%)	391,992
96/05/16	所有月份	臺指賣權	363,145 (57.5%)	267,361 (42.3%)	631,922
96/05/17	96 年 6 月份	臺指買權	161,420 (69.8%)	84,758 (36.6%)	231,399
96/05/17	所有月份	臺指買權	194,741 (71.1%)	108,406 (39.6%)	273,918
96/05/17	96 年 6 月份	臺指賣權	191,059 (73.2%)	120,376 (46.1%)	260,879
96/05/17	所有月份	臺指賣權	214,893 (73.8%)	130,267 (44.7%)	291,378
96/06/20	96 年 6 月份	臺指買權	190,392 (75.8%)	139,680 (55.6%)	251,306
96/06/20	所有月份	臺指買權	396,275 (75.9%)	260,021 (49.8%)	522,328
96/06/20	96 年 6 月份	臺指賣權	257,261 (48.7%)	253,681 (48.0%)	528,529
96/06/20	所有月份	臺指賣權	409,923 (51.8%)	339,721 (42.9%)	791,259
96/06/21	96 年 7 月份	臺指買權	180,210 (68.6%)	135,514 (51.6%)	262,606
96/06/21	所有月份	臺指買權	224,857 (70.9%)	163,312 (51.5%)	316,940
96/06/21	96 年 7 月份	臺指賣權	146,085 (51.9%)	134,773 (47.8%)	281,725
96/06/21	所有月份	臺指賣權	178,308 (55.0%)	144,345 (44.5%)	324,394
96/07/18	96 年 7 月份	臺指買權	150,778 (47.7%)	148,801 (47.1%)	315,984
96/07/18	所有月份	臺指買權	251,202 (48.9%)	233,326 (45.4%)	513,993
96/07/18	96 年 7 月份	臺指賣權	206,699 (44.0%)	229,257 (48.8%)	469,456
96/07/18	所有月份	臺指賣權	358,943 (51.8%)	304,396 (43.9%)	693,043
96/07/19	96 年 8 月份	臺指買權	95,725 (43.1%)	115,656 (52.1%)	222,016
96/07/19	所有月份	臺指買權	128,449 (48.2%)	138,914 (52.1%)	266,741
96/07/19	96 年 8 月份	臺指賣權	152,226 (63.7%)	100,043 (41.9%)	238,812
96/07/19	所有月份	臺指賣權	194,714 (66.9%)	116,587 (40.0%)	291,188
96/08/15	96 年 8 月份	臺指買權	116,968 (25.9%)	241,917 (53.5%)	451,785
96/08/15	所有月份	臺指買權	188,770 (32.6%)	280,755 (48.5%)	578,576
96/08/15	96 年 8 月份	臺指賣權	211,693 (67.3%)	138,564 (44.1%)	314,513
96/08/15	所有月份	臺指賣權	318,470 (69.3%)	191,685 (41.7%)	459,494

資料來源：臺灣期貨交易所網站。

高點後，增加至 78,500 張。其後，臺股市場崩跌，臺股期貨所有月份的存倉量亦於民國九十六年八月十七日減至 46,123 張。

民國九十六年七、八月間，在臺股現貨和期貨指數遽漲暴跌的過程中，如參考表 5-19 中之數據，自營商整體於七月二日所持有之臺股期貨淨多單為 15,025 張，至七月十八日隨臺股市場上漲，淨多單增至 20,490 張，七月十九日臺股期貨九十六年七月份結算後，自營商淨多單降至 3,564 張，毫無疑問地，自營商整體獲利。外資部分，七月二日時其整體持有之淨空單為 6,558 張，七月十八日收盤後，增至 22,226 張淨空單，七月十九日臺股期貨即期月份換為九十六年八月份後，淨空單劇減為 4,600 張，故此可知外資認賠。投信方面，其七月二日、七月十八日、七月十九日之臺股期貨淨空單分別為 6,102 張、5,430 張及 4,942 張，據此推測，投信整體在小部分倉位上承受損失，大部分的倉位轉至新的期貨月份，準備拉長戰線，以待日後決戰。這樣的情勢，在七月二十六日後，有了重大的轉變。

民國九十六年七月二十五日，臺股期貨九十六年八月份結算價 9,739，臺指現貨收盤為 9,740.13，當日自營商整體之臺股期貨淨多單為 10,253 張，及至八月十日，八月份期貨以 8,800 點結算，臺股加權指數收報 8,931.31 點，自營商之整體部位翻轉為淨空單 714 張，本波跌勢操作中，自營商整體蒙受相當損失。外資整體方面，七月二十六日臺股期貨九十六年八月份以 9,546 點結算後，其淨空單增至 17,413 張。次日，臺股八月份期貨開盤價 9,320、最高價 9,346、最低價 8,961、收盤價 8,981，外資之淨空單增至 25,110 張，至八月七日，臺股加權指數收 8,862.31 點，臺股八月份期貨則以當日之最低成交價 8,767 點結算，外資在此期間逐步獲利了結，故使其整體之臺股期貨淨空單減至 12,049 張。在表 5-19 所分析的期間內，三大法人中以投信整體之表現相對較好。七月二十六日時，投信於臺股期貨所有月份之淨空單達到 5,278 張之波段最大量，爾後因實現利潤而漸次減少，至八月十七日臺股期貨九十六年九月份以 7,885 點收盤後，降至 1,842 張[23]。

---

[23] 臺股市場資訊來自於臺灣期貨交易所網站及臺灣證券交易所網站。

◎ 表5-19　三大法人及大額交易人臺股期貨未平倉多空淨額及臺股市場行情對照表
（96/07/02 至 96/08/17）

日期	期貨月份	臺股未平倉餘額多空淨額					未平倉餘額	期貨收盤指數	現貨收盤指數
		自營商	投信	外資	總計	前十大交易人			
96/07/02	96 年 7 月份	15,025	−6,102	−6,558	2,365	−3,237	61,496	8,895	8,939.49
96/07/03	96 年 7 月份	19,753	−5,696	−7,244	6,813	−833	65,683	8,972	8,996.20
96/07/04	96 年 7 月份	23,253	−5,530	−10,093	7,630	−2,318	70,910	9,053	9,068.98
96/07/05	96 年 7 月份	24,073	−5,469	−11,282	7,322	−3,047	72,962	9,123	9,148.78
96/07/06	96 年 7 月份	23,527	−5,382	−11,925	6,220	−6,467	73,342	9,142	9,188.31
96/07/09	96 年 7 月份	25,635	−5,420	−11,416	8,799	−5,539	75,781	9,376	9,369.84
96/07/10	96 年 7 月份	24,146	−5,316	−17,011	1,819	−11,145	79,318	9,336	9,384.73
96/07/11	96 年 7 月份	19,755	−5,010	−18,722	−3,977	−15,089	78,231	9,226	9,290.95
96/07/12	96 年 7 月份	21,637	−5,322	−15,571	744	−11,446	77,349	9,323	9,354.41
96/07/13	96 年 7 月份	23,466	−5,489	−16,151	1,826	−9,721	79,750	9,458	9,471.30
96/07/16	96 年 7 月份	20,589	−5,367	−18,104	−2,882	−11,722	82,097	9,372	9,417.32
96/07/17	96 年 7 月份	22,572	−5,528	−20,001	−2,957	−12,419	88,433	9,524	9,509.73
96/07/18	96 年 7 月份	20,490	−5,430	−22,226	−7,166	−16,052	90,453	9,480	9,485.35
96/07/19	96 年 8 月份	3,564	−4,942	−4,600	−5,978	−12,355	60,601	9,419	9,473.31
96/07/20	96 年 8 月份	4,830	−4,560	−706	−436	−9,536	63,145	9,545	9,585.90
96/07/23	96 年 8 月份	6,449	−4,474	−5,944	−3,969	−10,705	67,019	9,549	9,621.57
96/07/24	96 年 8 月份	8,639	−4,139	−6,732	−2,232	−10,944	68,784	9,674	9,744.06
96/07/25	96 年 8 月份	10,253	−4,113	−12,411	−6,271	−14,757	75,958	9,739	9,740.13
96/07/26	96 年 8 月份	7,385	−5,278	−17,413	−15,306	−20,063	78,500	9,546	9,566.42
96/07/27	96 年 8 月份	3,329	−3,617	−25,110	−25,398	−23,958	77,492	8,981	9,162.28
96/07/30	96 年 8 月份	538	−3,770	−23,687	−26,919	−25,452	71,378	8,990	9,072.57
96/07/31	96 年 8 月份	3,113	−3,801	−15,121	−15,809	−18,173	61,737	9,176	9,287.25
96/08/01	96 年 8 月份	−3,573	−3,342	−16,939	−23,854	−17,028	63,902	8,695	8,891.88
96/08/02	96 年 8 月份	−837	−3,227	−13,274	−17,338	−14,339	56,475	8,880	8,950.57
96/08/03	96 年 8 月份	−1,231	−3,321	−10,507	−15,059	−12,298	55,191	8,985	9,057.82
96/08/06	96 年 8 月份	323	−3,188	−12,650	−15,515	−13,064	55,417	8,860	8,941.73
96/08/07	96 年 8 月份	−629	−3,322	−12,049	−16,000	−12,713	55,747	8,767	8,862.31
96/08/08	96 年 8 月份	2,347	−2,949	−9,276	−9,878	−10,872	52,113	9,078	9,099.46
96/08/09	96 年 8 月份	1,798	−2,977	−5,761	−6,960	−7,779	49,557	9,136	9,182.60
96/08/10	96 年 8 月份	−714	−2,614	−7,784	−11,112	−10,391	51,109	8,800	8,931.31
96/08/13	96 年 8 月份	−835	−2,843	−6,371	−10,049	−9,574	51,120	8,925	8,938.96
96/08/14	96 年 8 月份	−2,984	−2,576	−8,745	−14,305	−11,629	56,424	8,885	8,910.99
96/08/15	96 年 8 月份	−8,422	−2,820	−8,594	−19,836	−13,062	65,383	8,570	8,593.04
96/08/16	96 年 9 月份	−5,882	−2,376	−13,133	−21,391	−16,472	45,472	8,154	8,201.37
96/08/17	96 年 9 月份	−5,350	−1,842	−16,719	−23,911	−19,334	46,123	7,885	8,090.29

資料來源：臺灣期貨交易所網站及臺灣證券交易所網站。

　　分析完了前述三大法人之部位和損益後，繼之探討的是同期間臺股期貨市場內大額交易人的存倉量變化和可能的投機盈虧。從民國九十六年四月十九日至六月二十一日間，臺股期貨市場大體維持買方前十大交易人的未平倉合約多於賣方前十大交易人的狀況，但自六月二十二日起情勢反轉，當日結算後賣方前十大交易人在臺股期貨所有月份的未平倉量多出買方前十大交易人 615 張，該日臺股期貨九十六年七月份結算點數為 8,825，臺股加權指數收 8,846.39 點。其後，大額交易人整體在臺股市場本波漲勢的末端，藉著市場投機大眾的最後衝刺，漸漸地將低價買進的期貨高價賣出，落實利潤，並且進一步地建立新的臺股期貨的空單，遂使臺股期貨市場中賣方前十大交易人與買方前十大交易人間的差距愈拉愈大，俟民國九十六年七月二十六日，賣方前十大交易人之未平倉餘額比買方多出 20,063 張，而在七月三十日當天臺股期貨九十六年八月份以 8,990 點結算後，賣方多於買方的差額進一步擴大至 25,452 張。及至八月七日，臺股八月份期貨以 8,767 點結算，臺股期貨賣方前十大交易人大量低價回補，鎖定利潤，並使臺股期貨大額交易人整體在臺股期貨所有月份之淨空單減至 12,713 張。

　　依上述的交易記錄來看，臺股期貨大額交易人中，只要是從民國九十六年六月二十二日起以各交易日之結算價賣出臺股期貨並持續持有空單，直至八月七日臺股期貨收盤時回補的，全部是獲利出場，其中若是在七月二十五日及二十六日才建立新的空單部位的，更是收益豐富。相對地，在此一臺股趨勢逆轉過程中，因未能發覺臺股期貨市場大額交易人整體投機取向的轉變，而在臺股期貨或現貨市場高價搶進的一般投機客，恐怕就損失不貲了。

　　民國九十六年八月七日之後，臺股市場雖曾有小幅反彈，但大體上仍是反覆測底，並在八月十六日臺股期貨之即期月份轉為九十六年九月份後，於次日錄得此波下跌過程中臺股期貨即期月份的盤中最低價 7,810 點，同時亦寫下了 7,885 點的波段最低收盤價❷❹。此外，在八月十七日臺股期貨結算後，大額交易

❷❹　臺股加權指數資訊來自臺灣證券交易所網站。

人未平倉餘額的淨空單續增至 19,334 張，而臺股期貨市場三大法人整體之淨空單亦同步增至 23,911 張。照說專業交易人一致看空臺股期貨，臺灣股市理應持續下跌，可是這樣的推論忽略了臺股期貨市場中的另一個重要的交易統計，亦即臺股期貨市場所有月份未平倉餘額的增減。本書前此討論期貨市場之價量邏輯中曾提及，在趨勢進行中如未平倉合約增加，則表示原趨勢很可能會繼續維持，直到未平倉餘額於暴增後再持續減少為止。

臺股期貨市場從民國九十六年六月二十二日至七月三十一日的價量變化，即為一例。從反向而論證，在趨勢發展的過程中，期貨市場的存倉量若為之減少，原有趨勢即可能面臨調整或逆轉。自表 5–19 中，我們可以看出當臺股現貨指數和期貨指數的收盤價分別從七月二十五日的 9,740.13 及 9,739 的波段高點，於 17 個交易日內，在八月十七日收盤後雙雙跌至過去三個月來的最低價時，臺股期貨所有月份的未平倉總數亦自 75,958 張，暴減 39.28% 而至 46,123 張。在下跌趨勢中，期貨存倉量驟降，到底後來臺股發生了甚麼變化呢？且容本書另說分明。

㈡選擇權交易資訊解碼

分析完了臺股期貨存倉量的增減與臺股指數漲跌間可能的關聯後，討論重心將轉移至臺指選擇權的存倉量在判斷臺股後勢方面，所具有的啟示空間。前曾述及臺指選擇權具有最大存倉量的往往是價外選擇權。逆勢操作而建立的具有較大存倉量的價外選擇權，經常是順應市場趨勢一方的攻擊目標。如果攻擊者成功了，違反市場趨勢而賣出價外選擇權的投機者，會在損失慘重的情況下被迫回補，並導致期貨市場的暴漲或暴跌，但反過來，若是這些價外選擇權的賣方，能夠在選擇權到期前成功地抵禦對手的攻擊，選擇權買方的權利金，便會全數付諸流水。

表 5–20 中所整理的是從民國九十六年六月二十一日至七月二十七日，特定臺指買權的存倉量和結算價以及臺股期貨和現貨市場的價格記錄。基於臺灣

股價加權指數從民國九十六年四月十九日收盤的 7,888.63 點，一路漲至六月二十一日的 8,851.99 點，我們可以將當時臺灣股市的趨勢視為漲勢。因此，表 5-20 中價外臺指買權的買方屬於順勢操作者，而該表所列各系列價外臺指買權的賣方則為逆勢。從表 5-20 的資料可知，自民國九十六年六月二十一日至七月二日，臺股加權指數在 130 點左右的區間，狹幅盤整。在七月二日收盤時，臺股加權指數報 8,939.49 點，當日臺指選擇權九十六年七月份存倉量最大的兩個價外選擇權分別為 9,200 買權及 9,300 買權。在這 9 個交易日中，由於臺股加權指數的變動幅度不大，使得 9,200 的買權及 9,300 買權的權利金在七月二日臺股期貨市場收盤後分別縮為 33 點及 17 點，但是這兩個價外選擇權的存倉量卻同步從六月二十一日的 20,989 張和 18,611 張，暴增至 45,739 張及 51,381 張。未幾，臺股加權指數大幅上漲，及至七月十八日時以 9,485.35 點收盤。此期間臺指選擇權九十六年七月份 9,200 買權及 9,300 買權的最高結算價分別為 330 點及 233 點，顯然是早前以低價賣出上述兩個買權的賣方被強迫回補的結果，並因之使這兩個系列臺指買權的存倉量到了七月十八日臺股期貨市場收盤後各驟減至 17,711 張及 13,940 張。

　　七月十九日，臺股期貨九十六年七月份以 9,459 點結算，九十六年七月份 9,200 買權及 9,300 買權的買方大獲全勝，而臺股期貨和臺指選擇權的即期月份則更新為九十六年八月份。其後，由於臺股加權指數及臺股期貨漲勢加劇，使得臺指選擇權的權利金，因其基礎商品價格波動率的加大，亦大幅擴增。在七月二十五日臺股現貨和期貨指數雙雙創下波段收盤高價後，臺指買權九十六年八月份存倉量最大的三個履約價位變為 9,800 買權（31,550 張）、9,900 買權（33,875 張）及 10,000 買權 (46,719 張)，其各自當日的結算價依序分別為 175 點、131 點和 99 點。可是，這一次臺指買權的買方和買權的賣方之境遇與上個月份完全不同。

　　九十六年八月份臺指 9,800、9,900、10,000 買權的買方，當臺股期貨九十六年八月份於八月十六日以 8,391 點結算後，全軍覆沒❷。從民國九十六年七

◑ 表 5-20　特定臺指選擇權之存倉量和結算價及臺股期貨和現貨收盤指數一覽表
（96/06/21 至 96/07/18）

履約價位		8,900 買權		9,000 買權		9,100 買權		9,200 買權		9,300 買權		收盤價	
日期	月份	存倉量	結算價	存倉量	結算價	存倉量	結算價	存倉量	結算價	存倉量	結算價	期貨	現貨
96/06/21	96/07	20,258	182.0	31,403	135.0	18,318	95.0	20,989	66.0	18,611	41.0	8,862	8,851.99
96/06/22	96/07	21,828	163.0	31,229	122.0	25,766	84.0	25,036	58.0	29,054	37.5	8,825	8,846.39
96/06/23	96/07	21,499	128.0	35,156	91.0	27,679	63.0	28,939	40.5	33,144	26.5	8,770	8,812.91
96/06/25	96/07	20,863	185.0	34,405	137.0	27,990	101.0	29,392	68.0	39,926	46.5	8,913	8,939.19
96/06/26	96/07	21,769	148.0	34,632	105.0	32,106	73.0	34,712	49.5	44,441	31.5	8,840	8,865.75
96/06/27	96/07	24,334	109.0	39,888	75.0	35,014	48.0	39,578	30.0	48,195	18.5	8,776	8,844.22
96/06/28	96/07	24,720	126.0	39,873	85.0	38,595	57.0	40,955	32.5	48,215	19.5	8,838	8,892.83
96/06/29	96/07	26,970	104.0	41,703	62.0	41,386	39.5	45,997	19.0	49,797	10.0	8,808	8,883.21
96/07/02	96/07	27,846	134.0	43,562	90.0	45,079	57.0	45,739	33.0	51,381	17.0	8,895	8,939.49
96/07/03	96/07	22,659	173.0	37,655	119.0	42,559	79.0	53,314	49.0	56,548	28.0	8,972	8,996.20
96/07/04	96/07	19,968	225.0	31,546	157.0	38,118	108.0	49,494	71.0	57,919	45.5	9,053	9,068.98
96/07/05	96/07	19,236	283.0	28,735	207.0	34,636	148.0	46,315	96.0	59,774	64.0	9,123	9,148.78
96/07/06	96/07	18,075	292.0	28,064	223.0	31,785	155.0	41,986	106.0	62,040	69.0	9,142	9,188.31
96/07/09	96/07	14,985	520.0	24,412	427.0	25,080	346.0	30,830	274.0	36,116	203.0	9,376	9,369.84
96/07/10	96/07	14,562	458.0	23,343	375.0	21,247	284.0	29,508	210.0	32,829	149.0	9,336	9,384.73
96/07/11	96/07	13,962	335.0	23,012	251.0	20,812	180.0	32,483	116.0	34,175	72.0	9,226	9,290.95
96/07/12	96/07	13,759	444.0	22,402	344.0	19,809	262.0	29,940	180.0	33,383	116.0	9,323	9,354.41
96/07/13	96/07	13074	570.0	20,271	465.0	17,216	369.0	27,741	273.0	24,957	187.0	9,458	9,471.30
96/07/16	96/07	12,296	478.0	19,451	378.0	17,219	291.0	24,338	195.0	22,207	115.0	9,372	9,417.32
96/07/17	96/07	11,760	635.0	18,128	525.0	16,467	433.0	19,892	330.0	18,130	233.0	9,524	9,509.73
96/07/18	96/07	10,306	575.0	16,631	476.0	15,769	369.0	17,711	275.0	13,940	170.0	9,480	9,485.35

履約價位		9,400 買權		9,500 買權		9,600 買權		9,700 買權		9,800 買權		收盤價	
日期	月份	存倉量	結算價	存倉量	結算價	存倉量	結算價	存倉量	結算價	存倉量	結算價	期貨	現貨
96/06/21	96/07	5,352	27.0	3,726	16.5	1,898	10.0	—	—	—	—	8,862	8,851.99
96/06/22	96/07	14,769	24.0	7,262	15.0	6,799	9.9	1,138	6.8	822	4.4	8,825	8,846.39
96/06/23	96/07	17,562	16.0	9,349	10.5	6,864	6.9	1,919	4.2	1,316	3.0	8,770	8,812.91
96/06/25	96/07	25,120	29.5	12,862	21.0	9,136	13.0	3,219	11.0	2,086	6.0	8,913	8,939.19
96/06/26	96/07	28,145	20.0	15,536	12.0	11,336	7.7	3,911	4.6	3,438	3.0	8,840	8,865.75
96/06/27	96/07	28,438	9.7	14,864	5.5	11,682	3.5	4,185	2.0	3,517	1.7	8,776	8,844.22
96/06/28	96/07	26,865	10.0	14,331	5.6	11,709	3.4	4,418	2.2	3,962	1.5	8,838	8,892.83
96/06/29	96/07	26,289	7.2	13,848	3.2	12,119	1.8	4,543	1.4	4,423	0.9	8,808	8,883.21
96/07/02	96/07	26,607	9.6	14,328	4.4	11,915	1.7	4,545	0.6	4,569	0.5	8,895	8,939.49
96/07/03	96/07	27,593	15.5	15,159	8.7	12,003	4.1	4,853	2.5	4,794	1.1	8,972	8,996.20
96/07/04	96/07	36,638	25.0	19,262	13.5	13,150	7.5	5,655	4.1	5,618	2.4	9,053	9,068.98
96/07/05	96/07	37,188	38.5	21,343	23.0	14,594	12.0	5,808	6.9	6,304	3.9	9,123	9,148.78
96/07/06	96/07	37,157	40.0	23,185	22.0	16,711	12.5	6,013	7.5	7,658	4.9	9,142	9,188.31
96/07/09	96/07	36,333	143.0	25,358	94.0	22,914	66.0	14,239	42.0	11,965	25.0	9,376	9,369.84
96/07/10	96/07	33,710	103.0	35,275	70.0	34,513	44.0	19,849	25.5	18,631	15.5	9,336	9,384.73
96/07/11	96/07	37,770	41.0	41,776	24.5	37,610	13.5	19,206	7.5	20,240	3.6	9,226	9,290.95
96/07/12	96/07	45,124	71.0	47,368	39.0	39,060	19.5	18,569	10.0	22,716	5.0	9,323	9,354.41
96/07/13	96/07	32,360	118.0	42,276	65.0	37,014	32.5	23,093	15.0	21,679	6.2	9,458	9,471.30
96/07/16	96/07	31,816	58.0	39,702	24.5	31,434	9.0	23,386	3.5	20,734	2.0	9,372	9,417.32
96/07/17	96/07	27,955	142.0	34,767	69.0	30,543	24.0	22,089	7.0	20,299	0.9	9,524	9,509.73
96/07/18	96/07	23,329	78.0	29,170	18.0	33,249	1.0	23,176	0.1	20,072	0.1	9,480	9,485.35

（96/07/19 至 96/07/27）

履約價位		9,100 買權		9,200 買權		9,300 買權		9,400 買權		9,500 買權		收盤價	
日期	月份	存倉量	結算價	存倉量	結算價	存倉量	結算價	存倉量	結算價	存倉量	結算價	期貨	現貨
96/07/19	96/08	3,542	392.0	5,889	329.0	6,857	265.0	17,714	205.0	18,544	161.0	9,419	9,473.31
96/07/20	96/08	3,405	488.0	5,741	410.0	6,671	338.0	17,053	271.0	17,209	215.0	9,545	9,585.90
96/07/23	96/08	3,404	500.0	5,483	428.0	6,568	359.0	16,665	283.0	18,881	228.0	9,549	9,621.57
96/07/24	96/08	3,205	610.0	5,237	530.0	6,843	442.0	16,391	365.0	16,761	297.0	9,674	9,744.06
96/07/25	96/08	3,061	665.0	4,994	575.0	6,768	482.0	16,419	414.0	17,799	342.0	9,739	9,740.13
96/07/26	96/08	2,943	500.0	4,889	430.0	6,671	359.0	16,182	286.0	17,798	229.0	9,546	9,566.42
96/07/27	96/08	3,372	223.0	6,398	185.0	10,545	152.0	23,124	119.0	27,115	96.0	8,981	9,162.28
履約價位		9,600 買權		9,700 買權		9,800 買權		9,900 買權		10,000 買權		收盤價	
日期	月份	存倉量	結算價	存倉量	結算價	存倉量	結算價	存倉量	結算價	存倉量	結算價	期貨	現貨
96/07/19	96/08	18,976	122.0	16,943	90.0	31,659	65.0	26,090	43.0	25,948	28.0	9,419	9,473.31
96/07/20	96/08	21,219	169.0	16,943	127.0	33,431	91.0	30,593	63.0	32,146	44.5	9,545	9,585.90
96/07/23	96/08	23,859	178.0	19,507	136.0	35,517	102.0	35,284	75.0	41,243	51.0	9,549	9,621.57
96/07/24	96/08	20,298	237.0	18,220	185.0	30,233	142.0	31,448	105.0	45,896	75.0	9,674	9,744.06
96/07/25	96/08	21,003	278.0	21,587	225.0	31,550	175.0	33,875	131.0	46,719	99.0	9,739	9,740.13
96/07/26	96/08	20,737	175.0	20,998	138.0	37,420	104.0	33,886	76.0	52,156	54.0	9,546	9,566.42
96/07/27	96/08	34,525	71.0	28,964	59.0	44,350	43.0	36,511	34.0	57,394	28.0	8,981	9,162.28

資料來源：臺灣期貨交易所網站及臺灣證券交易所網站。

月十八日到七月十九日，僅僅是一日的差別，同樣是具有最大存倉量的臺指買權的買方，為甚麼卻有天壤之別的遭遇呢？難道是一天前還聰明有餘的買方，到了後一天變得愚不可及？或者是九十六年七月份臺指買權的買方及九十六年八月份臺指買權的買方，是屬於資訊失衡環境下的兩個不同族群呢？對臺灣本土的衍生性商品具有興趣而又不能合理回答這些問題的投機大眾，在實際參與臺股期貨或臺指選擇權市場之前，尚請三思。

　　依本書作者的判斷，當時臺股投機市場專業最高的族群，挾其資訊上之優勢，在臺指現貨市場拉高出貨，同步軋空臺股期貨，並迫使臺指買權的賣方認賠而高價回補，促成了臺股加權指數在民國九十六年七月的最後一個漲波；藉此機會，此一族群一方面在臺股期貨翻多為空，另一方面大量賣出臺指買權或買進臺指賣權。只是，這個解釋縱然合理，仍不免於受到「事後合理化」的質疑。設身處地地回想，於臺股市場情勢一片大好，而臺股各期價格之移動平均

㉕　臺股期貨九十六年八月份結算價之資料來源為臺灣期貨交易所中文網站首頁「結算業務」下之「最後結算價一覽表」。

線又尚未形成死亡交叉之際，是否有其他分析工具，可令投資大眾心生預警呢？在那一段期間，投資人如果能試著運用一下艾利特波浪理論，應當能得到一些重要的啟發吧！

　　圖 5–9 顯示的是運用艾利特波浪理論分析臺股加權指數月線燭狀圖後的圖示結果，分析期間介於民國九十年十月至民國九十八年七月。在世界金融風暴前，臺股加權指數曾歷經六年的漲波，其起漲月份即為民國九十年十月，該月份中，臺股加權指數開盤為 3,623.67 點、最高 4,104.21 點、最低 3,436.25 點、收盤則為 3,903.49 點。依照本書中提及之趨勢線的畫法，臺股加權指數在六年的升勢中，可分為 I、II、III、IV、V 等五個大波的上升波段。第 I 大波為上漲波，始於民國九十年十月至民國九十一年四月間 6,484.93 的盤中最高點；第 II 大波回檔波，於民國九十二年四月創下當月盤中最低之 4,044.73 點後，反轉開始了第 III 大波的上升波；第 III 大波升勢近一年，止於民國九十三年三月 7,135.00 的盤中最高點，該月中臺灣進行總統選舉，在兩顆子彈事件之前，隨著臺股加權指數的上漲，臺灣股市出大量，事件後臺股暴跌引發了第 IV 大波的下調；第 IV 大波歷時略逾一年，在民國九十四年四月間，回測臺股加權指數 5,500 點的價位，終能穩住陣腳而進一步展開了第 V 大波的凌厲漲勢；第 V 大波上漲長達兩年六個多月，其中在民國九十六年七月二十六日盤中，見到臺股加權指數過往七年的最高值 9,807.91 點。該月份，在一般大眾與相關媒體多為看好的情況下，臺灣股市締造了 50,317 億元的歷史上最大的月交易量。若依據前文對艾利特波浪理論的說明，這已經是在過熱的臺灣股市中第一個提醒投資者，過去牛市中五波浪的上升波段將要結束的重要警示。

　　如圖 5–9 所示，隨後的八月份臺股加權指數回調，但在觸及上升波段中第 V 大波的上升趨勢線時獲得支撐，並在民國九十六年十月再次試圖進攻萬點大關，不幸失敗後臺指大幅滑落，至十一月底以 8,586.40 點收盤時，跌破了前述的上升趨勢線，亦為臺股加權指數已經進入熊市初期，提供了第二個訊號❷❻。

---

❷❻　臺股加權指數相關之價量資訊來源為臺灣證券交易所網站。

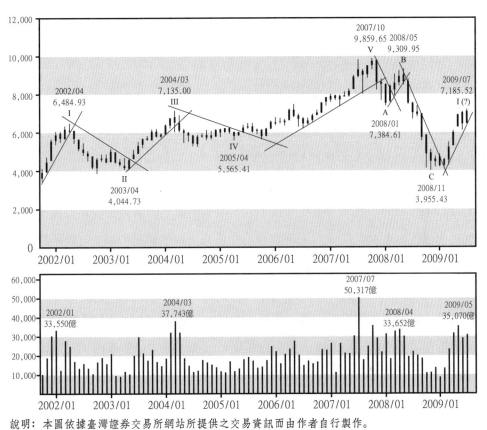

說明：本圖依據臺灣證券交易所網站所提供之交易資訊而由作者自行製作。

◑ 圖 5-9　依艾利特波浪理論分析臺股加權指數月線燭狀圖之示意圖（90/10 至 98/07）

　　此一熊市中，依本書作者之解讀，A 波為起跌波介於民國九十六年十月至民國九十七年一月之間，B 波為跌勢中的反彈波介於民國九十七年一月至民國九十七年五月間，而 C 波則為末跌波介於九十七年五月至民國九十七年十一月。至於，從民國九十七年十二月起上漲迄民國九十八年七月的這個漲升波，是否屬於下一個長期牛市中，將要完成的第 I 大波的上升波浪呢？且讓我們拭目以待！

二、民國九十六年八月十六日至民國九十七年七月十六日的實例分析

　　本部分做如此之時點切割，主因是配合臺股盤勢的發展。自民國九十六年七月二十六日臺股大盤從急漲而遽轉直下，至八月十七日以 8,090.29 點收盤為止，臺股在 16 個交易日內回檔近 17%。在八月十六日結算後，雖然三大法人及大額交易人之期貨淨空單合計仍高達 37,863 張，但臺股期貨之未平倉合約卻從七月二十六日的 78,500 張，在八月十六日臺股期貨之即期月份更易為九十六年九月份後，減至 45,472 張。未平倉合約在價格下降的過程中減少，表示原來在高價賣出臺股期貨的聰明人，有一些趁低買回，再加以臺指 8,100 點一則觸及臺股原有之長期上升趨勢線，再則又是整數的心理支撐關卡，是以隨後臺股加權指數及臺股期貨的雙雙反彈並不令人意外，但在民國九十六年十月三十日中竟然再創下了盤中 9,859.65 的高點。然則，反彈過程中，當臺股期貨即期月份換至九十六年十月份及十一月份時，其未平倉合約竟然更形萎縮，加以三大法人及大額期貨交易人始終保持大量的期貨淨空單，在他們整體一致看空的情況下，臺股加權指數反覆下調，至民國九十七年七月中得以暫時喘定。當月十六日為臺股期貨九十七年七月份之最後交易日，收盤結算價為 6,679 點，同日之臺指加權指數則收報 6,710.64 點。

　　本書在處理第一階段之實例分析時，採用了臺股期貨和臺指選擇權的日資料，進行了細部的動態分析。其考量，一則是基於前一時期為臺股處在資訊失衡環境下關鍵的轉折時期，深具探討價值，故藉細部分析來佐證本書所曾討論過的價量邏輯，並使讀者在更為清楚本書之觀點後，進而檢驗其可信度。另一則是基於臺灣期貨交易所提供之三大法人臺指期貨及選擇權部位之資料始於民國九十六年七月二日，在不具足夠長期資料之情況下，以日資料來充實討論的內容。

　　從作者的角度而言，動態性的細部分析，能更加清楚地傳達本書的觀點和

邏輯，進而有助於讀者的回饋與批評，但對冀望藉本書之內容而有助於其投資決策之市場參與者而言，此種多面向的歸納路徑，或許顯得太過複雜，而令其懷疑本書作者是否在自說自話或是看圖說故事。因此之故，為了要印證本書前述之，將複雜問題簡單化的判斷臺股走勢的三大原則之具體功效，在本部分和下一階段的實例分析中，作者將試圖機械性地運用臺灣期貨交易所之相關資料，以減少因人而異的解讀空間。同時為了提高討論的效率，本書將盡可能的將原始資料予以整合。

　　表 5-21 所列者為本書所彙整之，自民國九十六年八月十六日至九十七年七月十六日，臺灣期貨交易所三大法人及前十大交易人在臺股期貨未平倉餘額多空淨額上的統計數字，所涉及的期貨月份始於民國九十六年九月份，終於九十七年七月份。節錄於該表的資料，包括每一個相關期貨月份成為即期月份後第 1 個交易日以及最後交易日收盤後，三大法人及前十大交易人在臺股期貨未平倉部位的多、空淨額。以民國九十六年九月份之臺股期貨為例，其成為即期期貨月份的第 1 個交易日為民國九十六年八月十六日，該日收盤後，自營商賣出臺股期貨（所有月份）的未平倉部位比買進臺股期貨的未平倉部位多出 5,882 (-5,882) 張，投信賣多於買 2,376 張，外資賣多於買 13,133 張，三大法人賣出臺股期貨之留倉部位比買進臺股之留倉部位總計多 21,391 張，同時賣方前十大交易人的期貨（所有月份）未平倉空單比買方前十大交易人的期貨多單亦超出 16,472 張。從「三大法人」及「前十大交易人」的一致立場，我們可以解讀為，在九十六年九月份剛成為即期期貨月份的第一天，臺灣期貨市場裡的專業人士整體上是不看好臺股後勢的。表 5-21 中的民國九十六年九月十九日是臺股期貨九十六年九月份的最後交易日，所列相關資料為當日收盤後，在臺股期貨未平倉餘額之多空淨額。由於自次一交易日 (96/09/20) 開始，九十六年九月份之臺股期貨即已下市，故依該日之數據而推斷未來的市場，便不具有太大的意義。相對更值得重視的，是「三大法人」及「前十大交易人」於民國九十六年九月二十日，在臺股期貨九十六年十月份轉為即期月份的第一天，所呈現的臺股期

貨未平倉餘額的多空淨額。如依前述原則而解讀表 5-21 中的資料，可以看出在該表所列的各期貨月份成為即期月份的第 1 個交易日 (96/08/16、96/09/20/、96/10/18/、96/11/22、96/12/20、97/01/17/、97/02/21/、97/03/20、97/04/17、97/05/22、97/06/19) 之中，僅在民國九十七年二月二十一日當天，三大法人及大額交易人加總之後的臺股期貨的未平倉餘額 1,605 (= 3,792 − 2,187) 是屬於淨多單的，其餘各日均是淨空單。如果我們認為在各即期月份期貨的第 1 個交易日，三大法人及大額交易人整體的傾向，代表臺股期貨市場中具有專業資訊優勢的族群的判斷，便可以依照他們的淨部位來同向操作。這樣的投機策略，績效如何呢？

　　表 5-22 為依照表 5-21 之統計資料，於民國九十六年八月十七日至九十七年七月十七日間，在臺股期貨進行機械性投機的績效統計表。進行投機時所遵守的原則很簡單：在每個相關臺股期貨成為即期月份的第 1 個交易日收盤後，如果三大法人及大額交易人全體加總後的未平倉淨額是空單大於多單時，就假設具資訊優勢的專業交易人整體看壞臺股後勢，並根據此一判斷在次一交易日以開盤價賣出臺股期貨即期月份之期貨 1 張，然後一直持有該部位，直到此一即期月份之期貨下市時，買回該部位以結算損益；反之，若三大法人及大額交易人全體加總後的未平倉淨額是多單大於空單時，則在次一交易日買進即期月份之臺股期貨 1 張，並一直持有該部位，直到此一即期月份之期貨下市時，賣出該部位以結算損益。

　　舉例來說，表 5-21 中之資料顯示，民國九十六年八月十六日是臺股期貨九十六年九月份轉為即期月份的第一日，該日收盤後，三大法人臺股期貨（所有月份）未平倉餘額之淨空單為 21,391 張，大額交易人（買方及賣方前十大交易人）之淨空單為 16,472 張，專業族群之淨空單總數為 37,863 張。因此，在次一交易日 (96/08/17) 即依開盤價賣出臺股期貨九十六年九月份 1 張，成交價格為 8,101 點，及至民國九十六年九月二十日，該月份之期貨下市時，以 8,999 點之最後結算價買回，此次之操作損失 898 點。又如，民國九十七年二月二十一日為臺股期貨九十七年三月份轉為即期月份的第一日，該日收盤後，三大法人臺

◐ 表 5–21　三大法人及大額交易人臺股期貨（即期月份第 1 個易日及最後交易日）

未平倉多空淨額及臺股市場行情對照表（96/08/16 至 97/07/16）

日期	期貨月份	臺股期貨未平倉餘額多空淨額				前十大交易人	未平倉餘額	期貨收盤指數	現貨收盤指數
		自營商	投信	外資	總計				
96/08/16	96 年 9 月份	−5,882	−2,376	−13,133	−21,391	−16,472	45,472	8,154	8,201.37
96/09/19	96 年 9 月份	3,319	−3,423	−2,308	−2,412	−8,453	51,744	8,923	8,926.38
96/09/20	96 年 10 月份	472	−3,162	1,072	−1,618	−3,647	31,255	9,016	8,983.03
96/10/17	96 年 10 月份	1,251	−2,178	−4,330	−5,257	−8,139	46,468	9,555	9,562.16
96/10/18	96 年 11 月份	1,219	−2,216	−3,226	−4,223	−5,646	35,498	9,677	9,637.07
96/11/21	96 年 11 月份	−16,662	−5,296	8,489	−13,469	2,424	61,994	8,436	8,484.11
96/11/22	96 年 12 月份	−1,501	−5,180	−7,471	−14,152	−6,615	36,936	8,468	8,499.37
96/12/19	96 年 12 月份	−7,670	−4,673	7,851	−4,492	−840	49,526	8,014	8,014.31
96/12/20	97 年 1 月份	−3,032	−5,240	2,842	−5,430	−5,487	39,089	7,844	7,857.08
97/01/16	97 年 1 月份	622	−4,842	3,362	−858	−6,140	60,879	8,152	8,179.54
97/01/17	97 年 2 月份	1,493	−6,801	−4,935	−10,243	−10,667	50,737	8,081	8,101.63
97/02/20	97 年 2 月份	315	−6,750	5,950	−485	−2,074	52,371	7,877	7,894.47
97/02/21	97 年 3 月份	749	−6,567	9,610	3,792	−2,187	45,534	8,027	8,085.93
97/03/19	97 年 3 月份	2,046	−6,315	386	−3,883	−3,578	56,257	8,172	8,179.35
97/03/20	97 年 4 月份	1,887	−4,606	−226	−2,945	−3,185	45,065	8,336	8,337.62
97/04/16	97 年 4 月份	9,233	−3,680	−5,316	237	−2,376	68,911	9,084	9,066.04
97/04/17	97 年 5 月份	3,735	−2,981	−2,155	−1,401	−3,164	55,376	9,064	9,090.43
97/05/21	97 年 5 月份	−995	−3,790	−17,228	−22,013	−13,538	75,615	8,999	9,015.57
97/05/22	97 年 6 月份	−2,180	−3,471	−13,745	−19,396	−17,323	62,106	9,015	9,008.03
97/06/18	97 年 6 月份	−12,571	−5,498	5,224	−12,845	−3,794	72,193	8,216	8,217.58
97/06/19	97 年 7 月份	−6,426	−6,405	−3,289	−16,120	−6,832	53,896	7,889	8,047.74
97/07/16	97 年 7 月份	−15,290	−4,052	1,874	−17,468	823	86,454	6,679	6,710.64

資料來源：臺灣期貨交易所網站及臺灣證券交易所網站。

股期貨（所有月份）未平倉餘額之淨多單為 3,792 張，大額交易人（買方及賣方前十大交易人）之淨空單為 2,187 張，專業族群之淨多單總數為 1,605 張。因此，在次一交易日 (97/02/22)，以 7,950 點之開盤價買進臺股期貨九十七年三月份 1 張，後於三月二十日，臺股期貨九十七年三月份下市結算時以 8,171 點賣出，獲利 221 點。

　　在表 5–22 所列各期貨月份，依照前段的說明在臺股期貨市場進行投機，十

◎ 表5-22　依據專業交易人臺股期貨未平倉淨額投機臺股期貨績效評估表
（96/08/17 至 97/07/17）

日期	期貨月份	開盤價	結算價	交易指令	交易盈虧
96/08/17	96 年 9 月份	8,101		賣出	
96/09/20	96 年 9 月份		8,999	買入	−898
96/09/21	96 年 10 月份	9,021		賣出	
96/10/18	96 年 10 月份		9,596	買入	−575
96/10/19	96 年 11 月份	9,620		賣出	
96/11/22	96 年 11 月份		8,445	買入	1,175
96/11/23	96 年 12 月份	8,498		賣出	
96/12/20	96 年 12 月份		8,026	買入	472
96/12/21	97 年 1 月份	7,813		賣出	
97/01/17	97 年 1 月份		8,268	買入	−455
97/01/18	97 年 2 月份	7,901		賣出	
97/02/21	97 年 2 月份		7,987	買入	−86
97/02/22	97 年 3 月份	7,950		買入	
97/03/20	97 年 3 月份		8,171	賣出	221
97/03/21	97 年 4 月份	8,398		賣出	
97/04/17	97 年 4 月份		9,178	買入	−780
97/04/18	97 年 5 月份	9,083		賣出	
97/05/22	97 年 5 月份		8,887	買入	196
97/05/23	97 年 6 月份	9,000		賣出	
97/06/19	97 年 6 月份		8,069	買入	931
97/06/20	97 年 7 月份	7,910		賣出	
97/07/17	97 年 7 月份		6,885	買入	1,025
	平均成本	8,481	−	盈虧總計	1,226
	損益比率	14.46% (= 1,226 ÷ 8,481 × 100%)			

說明：本表係依據臺灣期貨交易所之原始資料而計算。

一個月下來總計獲利 1,226 點。如果在該表所列期間，將每個期貨月份第 2 個交易日依開盤價買、賣臺股期貨的點數，予以加總後再除以 11，所得之平均值為 8,481 點。我們可將此一點數視為是當時投機臺股期貨的平均成本，然後再將所得利潤 1,226 點除以 8,481 點，便得到了 14.46% 的投資報酬率，再換算成

年報酬率後為 15.77%。

　　民國九十六年七月起後一年，全球金融風暴的衝擊逐漸擴大，在這一段期間若能獲得 15.77% 的投資報酬，是頗為難能可貴的。不知道像這樣的績效表現，能不能說服讀者相信，三大法人及大額交易人中間，有一批強者中之強者，他們在臺股期貨的投機市場中，確實是具有專業資訊上的優勢。

　　三大法人及大額交易人在臺指選擇權未平倉餘額上的傾向，是除了臺股期貨之外，另一個可能幫助我們判斷未來臺股走勢的資訊。表 5–23 之中所顯示的，是三大法人及大額交易人於民國九十六年八月十六日至民國九十七年六月十九日期間，在該表所列各期貨月份成為即期月份的第 1 個交易日收盤後，所持有的臺指買權及臺指賣權未平倉餘額的統計資料。

　　為了突顯表列之數字與判斷未來市場走向的關係，凡是可以被解讀為看好臺股的，即以正值之形式呈現，如 4,792；凡是可被視為看壞臺股的，則在數字之外加註括號，如 (31,017)，當不含括號的數字總值大於包含在括號內的數字總值時，三大法人在臺指選擇權的部位被視為看多，反之，視為看空。

　　在大額交易人方面，若臺指買權之買方前十大交易人之未平倉餘額的張數大於臺指買權之賣方前十大交易人時，屬於看多，反之則看空；當臺指賣權之買方前十大交易人之未平倉餘額的張數大於臺指賣權之賣方前十大交易人時，屬於看空，反之為看多。

　　在決定專業族群整體性的市場偏好時，若三大法人看多，大額交易人在臺指買權之部位看多，大額交易人在臺指賣權之部位亦看多時，則認定臺指選擇權市場之專業族群一致看多；若三大法人看空，大額交易人在臺指買權之部位看空，且大額交易人在臺指賣權之部位同時看空時，則反過來認定臺指選擇權市場之專業族群一致看空。又設若三大法人看多，而大額交易人在臺指買權之部位和臺指賣權之部位僅其中之一看多，而另一看空時，則解讀為臺指選擇權市場之專業族群整體偏多；但是若三大法人看空，而大額交易人在臺指買權之部位和臺指賣權之部位，亦是一個看多，另一個看空時，則可認為臺指選擇權

● 表 5-23　三大法人及大額交易人臺指買權及臺指賣權（即期月份第 1 個交易日）未平倉多空淨額及臺股市場行情對照表（96/08/16 至 97/06/19）

日期	期貨月份	選擇權種類	三大法人未平倉餘額 買賣差額（千元）	大額交易人未平倉餘額 買方前十大交易人	大額交易人未平倉餘額 賣方前十大交易人	存倉量	期貨收盤指數	現貨收盤指數
96/08/16	96 年 9 月份	臺指買權	1,606	111,848 (56.3%)	111,635 (51.1%)	198,801	8,154	8,201.37
96/08/16	96 年 9 月份	臺指賣權	(1,295,855)	167,528 (78.0%)	91,575 (42.7%)	214,677		
96/09/20	96 年 10 月份	臺指買權	(52,248)	66,527 (49.8%)	69,340 (51.9%)	133,688	9,016	8,983.03
96/09/20	96 年 10 月份	臺指賣權	(150,752)	83,167 (69.8%)	49,308 (41.4%)	119,189		
96/10/18	96 年 11 月份	臺指買權	199,230	66,288 (42.2%)	59,436 (37.9%)	157,020	9,677	9,637.07
96/10/18	96 年 11 月份	臺指賣權	(319,216)	135,920 (73.9%)	76,282 (41.5%)	183,817		
96/11/22	96 年 12 月份	臺指買權	(31,017)	79,367 (38.9%)	101,473 (49.7%)	204,289	8,468	8,499.37
96/11/22	96 年 12 月份	臺指賣權	(372,881)	114,345 (70.5%)	66,359 (40.9%)	162,189		
96/12/20	97 年 1 月份	臺指買權	44,511	78,549 (52.0%)	71,816 (47.5%)	151,070	7,844	7,857.08
96/12/20	97 年 1 月份	臺指賣權	(325,198)	78,633 (78.1%)	53,226 (52.9%)	100,622		
97/01/17	97 年 2 月份	臺指買權	81,259	110,093 (57.8%)	95,259 (50.0%)	190,568	8,081	8,101.63
97/01/17	97 年 2 月份	臺指賣權	(528,534)	81,294 (78.0%)	38,755 (37.2%)	104,271		
97/02/21	97 年 3 月份	臺指買權	299,424	118,885 (66.9%)	76,661 (43.1%)	177,772	8,027	8,085.93
97/02/21	97 年 3 月份	臺指賣權	(199,570)	64,716 (63.9%)	40,636 (40.1%)	101,324		
97/03/20	97 年 4 月份	臺指買權	37,227	109,456 (53.0%)	105,921 (51.3%)	206,382	8,336	8,337.62
97/03/20	97 年 4 月份	臺指賣權	(271,238)	64,573 (56.9%)	48,032 (42.4%)	113,391		
97/04/17	97 年 5 月份	臺指買權	311,129	117,240 (65.8%)	73,069 (41.0%)	178,120	9,064	9,090.43
97/04/17	97 年 5 月份	臺指賣權	(279,391)	112,544 (66.0%)	55,284 (32.4%)	170,513		
97/05/22	97 年 6 月份	臺指買權	142,470	131,075 (58.0%)	97,406 (43.1%)	225,853	9,015	9,008.03
97/05/22	97 年 6 月份	臺指賣權	(457,908)	150,963 (67.6%)	67,435 (30.2%)	223,456		
97/06/19	97 年 7 月份	臺指買權	4,792	84,426 (41.6%)	104,480 (51.4%)	203,161	7,889	8,047.74
97/06/19	97 年 7 月份	臺指賣權	(616,863)	115,636 (68.4%)	64,136 (37.9%)	169,114		

說明：原始資料之來源為臺灣期貨交易所網站及臺灣證券交易所網站。

市場之專業族群整體偏空。

　　舉例而言，在民國九十六年八月十六日結算後，經本書作者依據臺灣期貨交易所公布之原始資料計算後，三大法人買入臺指買權的金額比賣出臺指買權的金額多出 1,606,000 元，因其臺指買權之買方所付之權利金總額略多於臺指買權的賣方所收之權利金總額，故可視為三大法人在臺指買權之部位上稍稍偏多；當日在臺指賣權部位上，三大法人整體買進臺指賣權所付之權利金比其賣出臺指賣權所收之權利金多出 1,295,855,000 元，此一差額隱含著三大法人整體在其

臺指賣權部位上看壞臺股後勢，所以在此數字前後加上括號，因前、後兩個數字以括號內之數字較大，故三大法人為看空。同一日，臺指買權的買方前十大交易人所持有之未平倉餘額（所有月份）為 111,848 張，占臺指買權未平倉總數的 56.3%，超過了臺指買權的賣方前十大交易人的 101,635 張及所占比率 51.1%，故此，可將大額交易人在臺指買權的部位解釋為看好臺股後勢；另一方面，臺指賣權的買方前十大交易人所持有之未平倉餘額（所有月份）為 167,528 張 (78.0%)，大幅超過臺指賣權的賣方前十大交易人的 91,575 張 (42.7%)，此處，大額交易人在臺指賣權的整體部位又需反過來當作看壞臺股。總結專業族群於民國九十六年八月十六日在臺指選擇權的部位，從數字的表面上判斷，三大法人及大額交易人之部位整體偏空。不料，至民國九十六年九月二十日，臺股期貨九十六年九月份下市結算當日，臺股期貨指數及臺股加權指數雙雙上漲，分別收於 9,016 點及 8,983.03 點。

　　如準照前述的原則，在表 5–23 所列各臺指選擇權月份成為即期月份的第 1 個交易日結算後，分析三大法人及大額交易人在臺指選擇權的未平倉部位餘額，我們可以將專業族群在臺指選擇權的部位傾向，做如下的簡要推論：九十六年九月份為整體偏空，九十六年十月份為一致看空，九十六年十一月份為整體偏空，九十六年十二月份為一致看空，九十七年一月份為整體偏空，九十七年二月份為整體偏空，九十七年三月份為整體偏多，九十七年四月份為整體偏空，九十七年五月份為整體偏多，九十七年六月份為整體偏空，及九十七年七月份為一致看空。

　　此一系列之推論與根據表 5–21 中三大法人及大額交易人臺股期貨未平倉多空淨額所得之系列推論，僅在九十七年五月份之契約上有所不同，專業族群整體在該月份臺指期貨成為即期月份的第 1 個交易日後，三大法人的臺指期貨淨空單為 1,401 張，大額交易人之淨空單為 3,164 張，全體之淨空單為 4,565 張（請見表 5–21），是以，他們對臺股的後勢判斷，宜詮釋為看空，故與從他們在同期間臺指選擇權的部位所引申出的看法相反。再者，若進一步依據專業族

群在臺指選擇權成為即期月份後第 1 個交易日的臺指選擇權的結算部位是看多或看空，而於第 2 個交易日用開盤價買進或賣出臺股期貨後，再於各該月份期貨下市結算時賣出或買進當月份期貨，以沖銷原有之期貨部位，則在表 5-22 所列期間，投機臺股期貨市場的收益為 834 點，全期間的投機獲利率為 9.83% (= 834 ÷ 8,481 × 100%)，換算成年報酬率後達 10.72%，略遜於表 5-22 中所計算出來投機績效。

　　討論了臺灣本土期貨市場中之專業族群在臺股期貨和臺指選擇權的未平倉部位所具有的涵意後，下一步要驗證的是同一期間中，由臺股期貨和現貨價格所形成的均線結構的變化。表 5-24 所顯示者，民國九十七年四月十七日起至六月十八日止，臺股期貨各即期月份（97/05 及 97/06）之每日收盤後之結算價，依據日結算指數而計算出來的 5 日均值、10 日均值及 20 日均值，以及臺股加權指數同一期間各交易日的收盤點數和據此所計算的 5 日均值、10 日均值及 20 日均值，而這兩種臺股指數，無論是期貨或現貨，其第一個 5 日均值產生在四月二十三日，第一個 10 日均值產生在四月三十日，第一個 20 日均值則產生在五月十五日。

　　根據表 5-24 中所統計之臺股期貨及現貨指數各期移動平均線數值的比較可以看得出來，在臺股期貨部分，從五月十五日至五月二十二日，5 日移動平均線的均值始終大於 10 日均值和 20 日均值，從五月十九日至五月二十八日，10 日移動平均線的均值一直大於 20 日的均值，但自五月二十三日開始，5 日移動平均線的均值變得小於 10 日均值，同時在五月二十九日，臺股即期月份之價格均線結構發生重大變化，當日收盤後，即期臺股期貨之結算價（邊際價格）小於 5 日均值，5 日均值小於 10 日均值，而 10 日均值亦同時小於 20 日均值，因此形成了 5 日移動平均線、10 日移動平均線及 20 日移動平均線的三線死亡交叉。三線死亡交叉意味著臺股期貨市場從需求大於供給轉變為供給大於需求，臺股即期月份的期貨價格自然當繼續下跌。至於在臺股加權指數（臺股現貨指數）上，從五月十六日至五月二十三日，5 日移動平均線的均值始終大於 10 日

◐ 表 5–24　臺股期貨及臺股加權指數收盤價及 5 日、10 日、20 日均值一覽表
（97/04/17 至 97/06/18）

日期	期貨收盤	5 日均值	10 日均值	20 日均值	現貨收盤	5 日均值	10 日均值	20 日均值
97/04/17	9,064				9,090.43			
97/04/18	9,081				9,074.34			
97/04/21	9,084				9,083.32			
97/04/22	9,029				9,037.25			
97/04/23	8,984	9,048.40			9,008.49	9,058.77		
97/04/24	8,979	9,031.40			8,990.33	9,038.75		
97/04/25	8,986	9,012.40			8,947.83	9,013.44		
97/04/28	9,090	9,013.60			9,079.60	9,012.70		
97/04/29	8,925	8,992.80			8,891.74	8,983.60		
97/04/30	8,933	8,982.60	9,015.50		8,919.92	8,965.88	9,012.33	
97/05/02	9,003	8,987.40	9,009.40		8,963.63	8,960.54	8,999.65	
97/05/05	8,849	8,960.00	8,986.20		8,837.07	8,938.39	8,975.92	
97/05/06	8,869	8,915.80	8,964.70		8,857.37	8,893.95	8,953.32	
97/05/07	8,918	8,914.40	8,953.60		8,926.34	8,900.87	8,942.23	
97/05/08	8,893	8,906.40	8,944.50		8,866.62	8,890.21	8,928.05	
97/05/09	8,773	8,860.40	8,923.90		8,792.39	8,855.96	8,908.25	
97/05/12	8,860	8,862.60	8,911.30		8,830.05	8,854.55	8,896.47	
97/05/13	9,030	8,894.80	8,905.30		8,989.53	8,880.99	8,887.47	
97/05/14	9,059	8,923.00	8,918.70		9,018.42	8,899.40	8,900.13	
97/05/15	9,182	8,980.80	8,943.60	8,979.55	9,157.18	8,957.51	8,923.86	8,968.09
97/05/16	9,246	9,075.40	8,967.90	8,988.65	9,197.41	9,038.52	8,947.24	8,973.44
97/05/19	9,373	9,178.00	9,020.30	9,003.25	9,295.20	9,131.55	8,993.05	8,984.48
97/05/20	9,073	9,186.60	9,040.70	9,002.70	9,068.89	9,147.42	9,014.20	8,983.76
97/05/21	8,999	9,174.60	9,048.80	9,001.20	9,015.57	9,146.85	9,023.13	8,982.68
97/05/22	9,015	9,141.20	9,061.00	9,002.75	9,008.03	9,117.02	9,037.27	8,982.66
97/05/23	8,784	9,048.80	9,062.10	8,993.00	8,834.73	9,044.48	9,041.50	8,974.88
97/05/26	8,696	8,913.40	9,045.70	8,978.50	8,707.83	8,927.01	9,029.28	8,962.88
97/05/27	8,772	8,853.20	9,019.90	8,962.60	8,778.39	8,868.91	9,008.17	8,947.82
97/05/28	8,644	8,782.20	8,978.40	8,948.55	8,665.73	8,798.94	8,972.90	8,936.52
97/05/29	8,717	8,722.60	8,931.90	8,937.75	8,684.92	8,734.32	8,925.67	8,924.77
97/05/30	8,649	8,695.60	8,872.20	8,920.05	8,619.08	8,691.19	8,867.84	8,907.54
97/06/02	8,701	8,696.60	8,805.00	8,912.65	8,724.47	8,694.52	8,810.76	8,901.91
97/06/03	8,538	8,649.80	8,751.50	8,896.10	8,579.43	8,654.73	8,761.82	8,888.01
97/06/04	8,592	8,639.40	8,710.80	8,879.80	8,627.80	8,647.14	8,723.04	8,873.08
97/06/05	8,723	8,640.60	8,681.60	8,871.30	8,738.46	8,657.85	8,696.08	8,866.68
97/06/06	8,753	8,661.40	8,678.50	8,870.30	8,745.35	8,683.10	8,687.15	8,864.32
97/06/09	8,528	8,626.80	8,661.70	8,853.70	8,587.96	8,655.80	8,675.16	8,852.22
97/06/10	8,339	8,587.00	8,618.40	8,819.15	8,370.00	8,613.91	8,634.32	8,821.24
97/06/11	8,317	8,532.00	8,585.70	8,782.05	8,345.59	8,557.47	8,602.31	8,787.60
97/06/12	8,038	8,395.00	8,517.80	8,724.85	8,062.31	8,422.24	8,540.05	8,732.86
97/06/13	8,042	8,252.80	8,457.10	8,664.65	8,105.59	8,294.29	8,488.70	8,678.27
97/06/16	8,133	8,173.80	8,400.30	8,602.65	8,169.77	8,210.65	8,433.23	8,622.00
97/06/17	8,146	8,135.20	8,361.10	8,556.30	8,201.79	8,177.01	8,395.46	8,578.64
97/06/18	8,216	8,115.00	8,323.50	8,517.15	8,217.58	8,151.41	8,354.44	8,538.74

說明：本表之期貨收盤價及現貨收盤價之資料來源分別為臺灣期貨交易所及臺灣證券交易所,各個
　　　日均值之部分, 由作者計算。

均值和 20 日均值，從五月十九日至五月二十九日，10 日移動平均線的均值一直大於 20 日的均值，但 5 日移動平均線的均值自五月二十六日，開始小於 10 日移動平均線的均值，而 5 日、10 日、20 日的三線死亡交叉則在五月三十日才出現（請見表 5–24）。

再者，如果依據移動平均線結構的變化來對照臺股期貨和現貨兩者間的升水或貼水的關係，我們可以發現在臺股期貨形成三線死亡交叉（五月二十九日）之前的 29 個交易日中，僅有 11 個交易日 (37.93%)，臺股期貨對現貨呈貼水，可是自發生三線死亡交叉當日起算至六月十八日的 15 個交易日之中，有 12 個交易日 (80%) 臺股期貨指數對臺股加權指數呈現貼水，簡言之，該期間臺股期貨下跌的幅度相對大於現貨，就市場的預測而言，這是臺股市場可能要進一步下跌的前兆。在民國九十七年五月二十九日臺股期貨即期月份的期貨價格構成了 5 日、10 日、20 日的三線死亡交叉之後，臺股期貨指數及臺股加權指數均持續下跌，並在民國九十七年十一月二十日，同時錄得了此波跌勢中的最低收盤價。當日臺股期貨即期月份 (97/12) 以 3,902 點結算，臺股加權指數則收於 4,089.93 點 ❷。

再者，由於文字的敘述未必能清楚說明臺股期貨指數在當時的各個移動平均線的實際變化，本書特將表 5–24 中與臺股期貨相關之收盤價及各期均值，用圖 5–10 為更具體的呈現，盼能藉此加深讀者之印象。至於與臺股加權指數現貨資料相關之圖形，已在圖 5–2 中予以繪製，於茲不贅。

三、民國九十七年七月十七日至民國九十八年七月十四日的實例分析

民國九十七年七月十七日為臺股期貨九十七年八月份成為即期月份後的第 1 個交易日，當日該月份期貨之收盤結算價為 6,798 點，上漲 259 點，臺股加權指數上漲 263.87 點，收於 6,974.51 點，而其後一個半月臺股曾有小幅度的反彈。

❷　臺股市場資訊來自於臺灣期貨交易所網站及臺灣證券交易所網站。

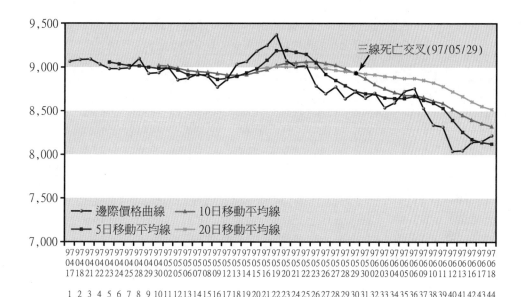

● 圖 5–10　臺股即期月份期貨指數走勢（97/04/17 至 97/06/18）暨三線死亡交叉圖

民國九十七年九月初，臺灣股市受到外在大環境的影響，重拾跌勢，到了十一月二十一日，臺指加權指數並曾在盤中出現 3,955.43 點的臺股六年來的最低價。在全球經濟及股市一片悲觀的氣氛下，出乎大多數人的意料，臺股就此開始築底，歷經了四個月的低檔整理洗盤，自民國九十八年三月起，臺灣股市展開了一波凌厲的漲勢，在民國九十八年六月一日臺股加權指數盤中再次向上突破 7,000 點，當日收盤報 6,954.10 點。若從民國九十七年十一月二十日的前一波段最低收盤 4,089.93 點起算，漲幅達 70.03%。用暴跌急漲來形容臺灣股市過去一年多的變化，應當是頗為貼切，在像這樣的一個常常令人跌破眼鏡的股海波動中，瞭解臺股期貨市場中專業族群的動向，對我們到底有無幫助呢？

　　表 5–25 列出了，經本書作者彙整，自民國九十七年七月十七日至九十八年七月十四日，臺灣期貨交易所三大法人及前十大交易人在臺股期貨未平倉餘額多空淨額上的統計數字，所涉及的期貨月份始於民國九十七年八月份，終於九十八年七月份。

◎ 表 5-25　三大法人及大額交易人臺股期貨（即期月份第 1 個交易日及最後交易日）
未平倉多空淨額及臺股市場行情對照表（97/07/17 至 98/07/14）

| 日期 | 期貨月份 | 臺股期貨未平倉餘額多空淨額 | | | | | 未平倉餘額 | 期貨收盤指數 | 現貨收盤指數 |
		自營商	投信	外資	總計	前十大交易人			
97/07/17	97 年 8 月份	−4,693	−3,229	−2,738	−10,660	−5,777	55,572	6,798	6,974.51
97/08/20	97 年 8 月份	−7,883	−4,185	583	−11,485	−790	60,404	7,037	7,040.90
97/08/21	97 年 9 月份	−7,622	−4,100	2,093	−9,629	−798	50,580	6,875	6,918.48
97/09/17	97 年 9 月份	−14,066	−6,344	16,732	−3,678	2,202	74,070	5,766	5,800.87
97/09/18	97 年 10 月份	−3,772	−7,160	3,393	−7,539	−1,229	53,313	5,522	5,641.95
97/10/15	97 年 10 月份	9	−14,341	14,498	166	4,816	73,849	5,245	5,246.26
97/10/16	97 年 11 月份	−1,859	−12,158	12,661	−1,356	−572	55,300	4,978	5,075.97
97/11/19	97 年 11 月份	−8,199	−31,669	49,523	9,655	27,774	93,055	4,263	4,284.09
97/11/20	97 年 12 月份	167	−33,443	41,412	8,136	18,202	76,836	3,902	4,089.93
97/12/16	97 年 12 月份	−5,251	−8,575	19,654	5,828	5,507	64,745	4,589	4,616.89
97/12/17	98 年 1 月份	−93	−7,785	12,498	4,620	5,154	48,934	4,625	4,648.02
98/01/20	98 年 1 月份	−2,156	−21,578	32,335	8,601	7,622	81,993	4,242	4,242.61
98/01/21	98 年 2 月份	−75	−22,048	34,206	12,083	4,037	70,447	4,135	4,247.97
98/02/17	98 年 2 月份	−1,712	−20,624	43,328	20,992	17,039	93,841	4,492	4,491.78
98/02/18	98 年 3 月份	−3,612	−19,027	41,106	18,467	13,827	75,307	4,424	4,498.37
98/03/17	98 年 3 月份	9,013	−16,021	25,370	18,362	8,139	91,810	5,057	5,041.39
98/03/18	98 年 4 月份	560	−14,355	29,530	15,735	9,476	59,517	5,028	5,047.54
98/04/14	98 年 4 月份	9,287	−4,604	10,372	15,055	14,781	67,410	5,858	5,892.68
98/04/15	98 年 5 月份	247	−2,904	15,971	13,314	14,820	47,053	5,860	5,875.19
98/05/19	98 年 5 月份	4,384	−1,613	432	3,203	4,503	63,404	6,690	6,655.59
98/05/20	98 年 6 月份	138	−1,371	4,550	3,317	8,106	40,392	6,669	6,703.62
98/06/16	98 年 6 月份	−1,293	−3,227	−137	−4,657	7,733	67,638	6,208	6,220.81
98/06/17	98 年 7 月份	−3,255	−3,559	2,595	−4,219	4,374	47,937	6,141	6,195.91
98/07/14	98 年 7 月份	541	−1,469	524	−404	8,568	61,559	6,578	6,639.41

資料來源：臺灣期貨交易所網站及臺灣證券交易所網站。

　　從表 5-25 中之數據我們可以發覺，在臺股期貨九十七年八月份、九月份、十月份、十一月份等四個月份的臺股期貨，成為即期月份的第 1 個交易日（97/07/17、97/08/21、97/09/18、97/10/16）收盤結算後，三大法人在臺股期貨（所有月份）未平倉餘額上都是淨空單，同時賣方前十大交易人之未平倉餘額亦均多於買方前十大交易人。總結地說，專業族群整體的取向，在這四個臺股期貨

月份剛開始的時候，都是一致看壞臺股的後勢。可是，專業族群的態度從民國九十七年十一月下旬開始，發生了方向性的重大轉變。依表 5–25 之資料顯示，從臺股期貨九十七年十二月至九十八年六月份等七個期貨月份，三大法人在各期貨月份的第 1 個交易日 (97/11/20、97/12/17、98/01/21、98/02/18、98/03/18、98/04/15、98/05/20) 結算時，其所持有之臺股期貨（所有月份）未平倉的買、賣淨額都從前幾個月的淨空單，一反而為大量的淨多單，買方前十大交易人之未平倉餘額也都同步地超過賣方前十大交易人。幾乎是突然之間，臺股期貨市場的資訊優勢者，改變了先前的立場，竟然又一致性地追捧臺股期貨了。然則，在表 5–25 上的最後一個期貨月份 (98/07) 的第 1 個交易日 (98/06/17) 收盤後，三大法人在臺股期貨之整體部位又一次出現 4,219 張的淨空單，大額交易人方面則仍繼續維持 4,374 張的淨多單，兩者相抵後為 155 張淨多單，基於差額不大，而且三大法人和大額交易人兩個群體意見相反，在這個期貨月份開始時，專業族群對臺股未來漲跌的整體判斷可視為中性。

參照表 5–25 中之資料，我們再一次地依據前述機械性的原則來建立臺股期貨市場中的投機部位：在某一月份之臺股期貨成即期月份的第 1 個交易日收盤結算後，若三大法人和大額交易人所持有之臺股期貨未平倉餘額呈現淨空單，在次一交易日，便以開盤價賣出臺股即期月份期貨 1 張，直到該即期月份期貨下市結算時，反向買回，平倉出場；反之，若三大法人和大額交易人所持有之臺股期貨未平倉餘額呈現淨多單，在次一交易日，便以開盤價買入臺股即期月份期貨 1 張，直到該即期月份期貨下市結算時，反向賣出，並沖銷原有部位；若是發生了類似前述九十八年七月份的情形，專業族群之整體傾向趨於中性時，則退出臺股期貨市場，在該期貨月份保持不作為。

表 5–26 為遵循上述機械性的原則，從民國九十七年七月十八日至民國九十八年六月十七日投機臺股各即期月份期貨的績效評估表。因為在九十七年八月份、九月份、十月份、十一月份等四個即期月份，專業交易人一開始均一致看空臺股期貨，所以在各該月份期貨成為即期月份後的第 2 個交易日

(97/07/18、97/08/22、97/09/19、97/10/17) 各賣出臺股即期月份期貨 1 張，其後分別於各該月份期貨下市當日 (97/08/21、97/09/18、97/10/16、97/11/20) 以結算價買入，軋平原有部位。又由於三大法人和大額交易人在從九十七年十二月份開始的七個即期月份的第 1 個交易日，都從他們整體在臺股期貨未平倉部位的淨多單，顯示了看好臺股後勢的意向，是以按照原則即應於各該月份期貨成為即期月份後的第 2 個交易日 (97/11/21、97/12/18、98/02/02、98/02/19、98/03/19、98/04/16、98/05/21)，以開盤價各買進臺股即期月份期貨 1 張，等到各該即期月份期貨下市當日 (97/12/17、98/01/21、98/02/18、98/03/18、98/04/15、98/05/20、98/06/17)，再以結算價賣出，平倉出場。至於九十八年七月份臺股期貨，在專業族群意見中性的情況下，不投機進場，故無損益記錄。本於這種跟著專家走的簡單投機策略，十一個月下來獲利 5,083 點，除以每月平均成本 5,386 點，投機收益 94.37%，換算成年報酬率為 102.95%。同樣的問題於此再問一次：不知道像這樣的績效表現，能不能說服本書的讀者，在臺股期貨市場中存在一批專家中的專家，他們在有關臺股市場（甚或全世界金融市場）之專業資訊方面，確實是具有獨到的優勢。

接下來，討論的重點是三大法人和大額交易人，於民國九十七年七月十七日至民國九十八年六月十七日間，在相關臺股期貨成為即期月份期貨的第 1 個交易日結算後，所持有的臺指選擇權（所有月份）的未平倉多空淨額以及當期間他們整體的部位偏好，在判斷臺股未來的趨勢上所可能發揮的功效。表 5–27 中所列者為此一期間，三大法人及大額交易人在各相關即期期貨月份第 1 個交易日結算後，所持有之臺指買權及臺指賣權未平倉部位的多空淨額及各該日臺股市場之期貨結算和現貨收盤行情。

依據本表的資料，來分析三大法人及大額交易人整體的市場偏好時，所採用的標準與前一個單元相同。就三大法人的部位而言，其在臺指選擇權（買權或賣權）的未平倉部位的契約淨值（千元），凡是可以被解讀為看好臺股的，即以正值之形式呈現，如 26,638；凡是可被視為看壞臺股的，則在數字之外加註

◎ 表 5–26　依據專業交易人臺股期貨未平倉淨額投機臺股期貨績效評估表
（97/07/18 至 98/06/17）

日期	期貨月份	開盤價	結算價	交易指令	交易盈虧
97/07/18	97 年 8 月份	6,860		賣出	
97/08/21	97 年 8 月份		6,990	買入	−130
97/08/22	97 年 9 月份	6,845		賣出	
97/09/18	97 年 9 月份		5,559	買入	1,286
97/09/19	97 年 10 月份	5,806		賣出	
97/10/16	97 年 10 月份		5,069	買入	737
97/10/17	97 年 11 月份	4,894		賣出	
97/11/20	97 年 11 月份		4,127	買入	767
97/11/21	97 年 12 月份	3,880		買入	
97/12/17	97 年 12 月份		4,667	賣出	787
97/12/18	98 年 1 月份	4,680		買入	
98/01/21	98 年 1 月份		4,258	賣出	−422
98/02/02	98 年 2 月份	4,199		買入	
98/02/18	98 年 2 月份		4,514	賣出	315
98/02/19	98 年 3 月份	4,411		買入	
98/03/18	98 年 3 月份		5,067	賣出	656
98/03/19	98 年 4 月份	5,045		買入	
98/04/15	98 年 4 月份		5,860	賣出	815
98/04/16	98 年 5 月份	5,999		買入	
98/05/20	98 年 5 月份		6,697	賣出	698
98/05/21	98 年 6 月份	6,629		買入	
98/06/17	98 年 6 月份		6,203	賣出	−426
	平均成本	5,386	–	盈虧總計	5,083
	損益比率	94.37% (= 5,083 ÷ 5,386 × 100%)			

說明：本表係依據臺灣期貨交易所之原始資料而計算。

括號，如 (584,285)，當不含括號的數字總值大於包含在括號內的數字總值時，三大法人在臺指選擇權的部位被視為看多，反之，視為看空。

　　至於在大額交易人方面，如果臺指買權的買方前十大交易人之未平倉餘額的張數大於臺指買權的賣方前十大交易人時，視為看多，反之為看空；當臺指

◑ 表 5-27　三大法人及大額交易人臺指買權及臺指賣權（即期月份第 1 個交易日）
未平倉多空淨額及臺股市場行情對照表（97/07/17 至 98/06/17）

日期	期貨月份	選擇權種類	三大法人未平倉餘額 買賣差額（千元）	大額交易人未平倉餘額 買方前十大交易人	賣方前十大交易人	存倉量	期貨收盤指數	現貨收盤指數
97/07/17	97 年 8 月份	臺指買權	26,638	156,207 (54.1%)	173,404 (60.1%)	288,519	6,798	6,974.51
97/07/17	97 年 8 月份	臺指賣權	(584,285)	82,165 (68.7%)	61,829 (51.7%)	119,665		
97/08/21	97 年 9 月份	臺指買權	(43,771)	118,783 (45.7%)	171,688 (66.1%)	259,824	6,875	6,918.48
97/08/21	97 年 9 月份	臺指賣權	(284,954)	64,304 (55.6%)	52,803 (45.7%)	115,554		
97/09/18	97 年 10 月份	臺指買權	(47,491)	89,688 (39.5%)	130,261 (57.3%)	227,344	5,522	5,641.95
97/09/18	97 年 10 月份	臺指賣權	117,653	67,170 (69.8%)	56,009 (58.2%)	96,276		
97/10/16	97 年 11 月份	臺指買權	124,650	88,579 (51.2%)	91,419 (52.8%)	173,017	4,978	5,075.97
97/10/16	97 年 11 月份	臺指賣權	42,772	51,231 (61.7%)	43,262 (52.1%)	83,069		
97/11/20	97 年 12 月份	臺指買權	(42,543)	79,597 (41.3%)	115,722 (60.0%)	192,878	3,902	4,089.93
97/11/20	97 年 12 月份	臺指賣權	(5,045)	63,050 (66.1%)	65,178 (68.3%)	95,417		
97/12/17	98 年 1 月份	臺指買權	105,602	63,149 (57.7%)	57,613 (52.7%)	109,393	4,625	4,648.02
97/12/17	98 年 1 月份	臺指賣權	(46,779)	45,036 (58.7%)	40,666 (53.0%)	76,725		
98/01/21	98 年 2 月份	臺指買權	(10,302)	59,925 (43.9%)	84,403 (61.8%)	136,479	4,135	4,247.97
98/01/21	98 年 2 月份	臺指賣權	18,573	70,165 (60.9%)	70,733 (61.4%)	115,257		
98/02/18	98 年 3 月份	臺指買權	148,571	110,446 (64.3%)	87,878 (51.2%)	171,730	4,424	4,498.37
98/02/18	98 年 3 月份	臺指賣權	(96,942)	93,745 (66.6%)	68,973 (49.0%)	140,803		
98/03/18	98 年 4 月份	臺指買權	295,497	84,509 (66.7%)	59,090 (46.6%)	126,734	5,028	5,047.54
98/03/18	98 年 4 月份	臺指賣權	(30,459)	78,571 (58.6%)	63,423 (47.3%)	134,178		
98/04/15	98 年 5 月份	臺指買權	160,675	84,591 (67.1%)	72,295 (57.3%)	126,072	5,860	5,875.19
98/04/15	98 年 5 月份	臺指賣權	(34,322)	84,553 (59.2%)	71,066 (49.7%)	142,880		
98/05/20	98 年 6 月份	臺指買權	110,251	84,411 (70.9%)	73,061 (61.9%)	118,973	6,669	6,703.62
98/05/20	98 年 6 月份	臺指賣權	87,031	91,544 (60.1%)	90,410 (59.4%)	152,297		
98/06/17	98 年 7 月份	臺指買權	44,189	65,229 (53.5%)	62,594 (51.3%)	121,917	6,141	6,195.91
98/06/17	98 年 7 月份	臺指賣權	(148,501)	71,611 (66.7%)	47,437 (44.2%)	107,322		

說明：原始資料之來源為臺灣期貨交易所網站及臺灣證券交易所網站。

賣權的買方前十大交易人之未平倉餘額的張數大於臺指賣權的賣方前十大交易人時，視為看空，反之為看多。

　　在判斷專業族群整體性的市場意見時，若三大法人看多，大額交易人在臺指買權之部位看多，同時大額交易人在臺指賣權之部位也看多時，則認定臺指選擇權市場之專業族群一致看多；若三大法人看空，大額交易人在臺指買權之

部位看空，且大額交易人在臺指賣權之部位亦為看空時，當然即應認定臺指選擇權市場之專業族群一致看空。然則，若是三大法人看多，而大額交易人在臺指買權和臺指賣權的部位僅有其中之一是看多，而另一個卻看空時，則將臺指選擇權市場專業族群之意見歸類為整體偏多；相反地，若是三大法人看空，而大額交易人在臺指買權之部位和臺指賣權之部位，亦是一個看多，另一個看空時，則認定臺指選擇權市場之專業族群整體偏空。但若三大法人看多，而大額交易人在臺指買權和賣權的部位都看空時，專業族群的整體意見則視為中性；反過來，假如三大法人看空，大額交易人在臺指買權和賣權的部位卻都看多時，其整體意見也以中性看待。

根據這些簡單的標準，我們可以將三大法人及大額交易人，在九十七年八月份至九十八年七月份的十二個臺股期貨成為即期月份後的第 1 個交易日的臺指選擇權的未平倉部位做如下的歸納：九十七年八月份為一致看空，九十七年九月份為一致看空，九十七年十月份為中性意見，九十七年十一月份為中性意見，九十七年十二月份為整體偏空，九十八年一月份為整體偏多，九十八年二月份為整體偏多，九十八年三月份為整體偏多，九十八年四月份為整體偏多，九十八年五月份為整體偏多，九十八年六月份為整體偏多及九十八年七月份為整體偏空。

依照上述的歸納，凡是一致看空或整體偏空的即期期貨月份，即於第 2 個交易日以開盤價賣出臺股即期月份期貨 1 張，並在該即期月份期貨下市時，用結算價買回以定損益；凡是一致看多或整體偏多的即期期貨月份，則於第 2 個交易日以開盤價買入臺股即期月份期貨 1 張，並在該即期月份期貨下市時，用結算價賣出以定損益；凡屬中性意見的即期期貨月份，於該期貨月份下市前，則不在臺股期貨市場進行任何交易。

表 5-28 為採用此一策略，交易前述的十二個臺股期貨即期月份的績效評估表。從該表之統計可知，全期十二個月共計獲利 1,373 點，平均每月投機成本為 5,468 點（以實際交易的十個月計算），年投資報酬率為 25.03%，這樣的投

資績效雖然也差強人意，但卻僅有表 5–26 所載投資報酬率的 26.52%，兩相比較，還是三大法人和大額交易人在臺股期貨即期月份第 1 個交易日結算後的臺股期貨（所有月份）未平倉部位的淨額具有更大的參考價值。

◐ 表 5–28　依據專業交易人臺指選擇權未平倉淨額投機臺股期貨績效評估表（97/07/16 至 98/07/15）

日期	期貨月份	開盤價	結算價	交易指令	交易盈虧
97/07/18	97 年 8 月份	6,860		賣出	
97/08/21	97 年 8 月份		6,990	買入	−130
97/08/22	97 年 9 月份	6,845		賣出	
97/09/18	97 年 9 月份		5,559	買入	1,286
97/09/19	97 年 10 月份	無部位		無	
97/10/16	97 年 10 月份		無部位	無	0
97/10/17	97 年 11 月份	無部位		無	
97/11/20	97 年 11 月份		無部位	無	0
97/11/21	97 年 12 月份	3,880		賣出	
97/12/17	97 年 12 月份		4,667	買入	−787
97/12/18	98 年 1 月份	4,680		買入	
98/01/21	98 年 1 月份		4,258	賣出	−422
98/02/02	98 年 2 月份	4,199		買入	
98/02/18	98 年 2 月份		4,514	賣出	315
98/02/19	98 年 3 月份	4,411		買入	
98/03/18	98 年 3 月份		5,067	賣出	656
98/03/19	98 年 4 月份	5,045		買入	
98/04/15	98 年 4 月份		5,860	賣出	815
98/04/16	98 年 5 月份	5,999		買入	
98/05/20	98 年 5 月份		6,697	賣出	698
98/05/21	98 年 6 月份	6,629		買入	
98/06/17	98 年 6 月份		6,203	賣出	−426
98/06/18	98 年 7 月份	6,130		賣出	
98/07/15	98 年 7 月份		6,762	買入	−632
	平均成本	5,468	−	盈虧總計	1,373
	損益比率	25.03% (= 1,373 ÷ 5,486 × 100%)			

說明：本表係依據臺灣期貨交易所之原始資料而計算。

在這個段落的結尾，讓我們再一次地熟悉價格移動平均線的特性和作用。表 5–29 列出了自民國九十八年一月五日起至三月十二日止，臺股期貨各即期月份 (98/01、98/02、98/03) 之每日收盤後之結算價，根據日結算價而計算的 5 日均值、10 日均值及 20 日均值，以及臺股加權指數同期間各交易日的收盤指數和據此所計算出的 5 日均值、10 日均值及 20 日均值。臺股期貨和現貨兩種指數的第一個 5 日均值都產生在民國九十八年一月九日，第一個 10 日均值產生在一月十五日，而第一個 20 日均值則產生在二月六日。

本於表 5–29 中統計之臺股期貨及現貨指數各期移動平均線數值變化的比較可以觀察出，在臺股期貨部分，從民國九十八年一月十五日至二月六日，5 日移動平均線的均值始終小於 10 日均值，從二月六日至二月十二日，10 日移動平均線的均值一直小於 20 日均值，但自二月十三日開始，5 日移動平均線的均值變得大於 10 日均值，而同時 10 日均值亦大於 20 日均值，並因此形成了表 5–29 所觀察期間中，第一次臺股期貨價格的三線黃金交叉❷❽。

然而未幾因臺股盤整回檔，使臺股期貨的價格均線一度於三月三日翻轉為三線死亡交叉，其後有賴當時專業族群在臺股期貨的大量買超，得以重振旗鼓，並於三月十日二度形成三線黃金交叉❷❾。至於臺股加權指數與此相對應的三線黃金交叉則提早一天發生，出現在三月九日（請參考圖 5–3 及表 5–29）。在臺股加權指數及期貨指數先後轉變為多頭均線架構後，臺灣股市逐步攻堅，並在

---

❷❽ 表 5–29 中民國九十八年一月二十一日及二月十八日之臺股期貨收盤價格為最後成交價。未採用各該日結算價之原因是此二日分別為臺股期貨九十八年一月份及九十八年二月份的最後結算日，其結算價係依臺灣證券交易所於當日交易時間收盤前 30 分鐘內所提供臺股加權指數之簡單算術平均價訂之，此一結算規定係自民國九十七年十二月十七日起實施。唯依本書作者之意見，此種平均價格未必能針對性地反映此二日臺股期貨收盤時之市場狀況，故而改用各該日之最後成交價來計算各期移動平均線之均值。除此二日外，表 5–29 中其餘各日的期貨收盤價，都是當日的結算價。

❷❾ 依據表 5–25 中之資料可知，三大法人及大額交易人在民國九十八年二月十八日，臺股期貨九十八年三月份成為即期月份的第一日，即雙雙在臺股期貨未平倉餘額上呈現大量淨買超，這種情況一直維持到民國九十八年四月中。

◎ 表 5-29　臺股期貨及臺股加權指數收盤價及 5 日、10 日、20 日均值一覽表
（98/01/05 至 98/03/12）

日期	期貨收盤	5 日均值	10 日均值	20 日均值	現貨收盤	5 日均值	10 日均值	20 日均值
98/01/05	4,669				4,698.31			
98/01/06	4,704				4,727.26			
98/01/07	4,755				4,789.84			
98/01/08	4,455				4,535.79			
98/01/09	4,422	4,601.00			4,502.74	4,650.79		
98/01/10	4,376	4,542.40			4,467.53	4,604.63		
98/01/12	4,423	4,486.20			4,453.90	4,549.96		
98/01/13	4,517	4,438.60			4,532.36	4,498.46		
98/01/14	4,509	4,449.40			4,521.47	4,495.60		
98/01/15	4,235	4,412.00	4,506.50		4,320.77	4,459.21	4,555.00	
98/01/16	4,324	4,401.60	4,472.00		4,353.70	4,436.44	4,520.54	
98/01/17	4,345	4,386.00	4,436.10		4,366.10	4,418.88	4,484.42	
98/01/19	4,359	4,354.40	4,396.50		4,366.76	4,385.76	4,442.11	
98/01/20	4,242	4,301.00	4,375.20		4,242.61	4,329.99	4,412.79	
98/01/21	4,254	4,304.80	4,358.40		4,247.97	4,315.43	4,387.32	
98/02/02	4,159	4,271.80	4,336.70		4,259.98	4,296.68	4,366.56	
98/02/03	4,277	4,258.20	4,322.10		4,372.81	4,298.03	4,358.45	
98/02/04	4,352	4,256.80	4,305.60		4,389.97	4,302.67	4,344.21	
98/02/05	4,271	4,262.60	4,281.80		4,363.25	4,326.80	4,328.39	
98/02/06	4,439	4,299.60	4,302.20	4,404.35	4,471.25	4,371.45	4,343.44	4,449.22
98/02/09	4,454	4,358.60	4,315.20	4,393.60	4,494.59	4,418.37	4,357.53	4,439.03
98/02/10	4,497	4,402.60	4,330.40	4,383.25	4,526.10	4,449.03	4,373.53	4,428.97
98/02/11	4,553	4,442.80	4,349.80	4,373.15	4,575.95	4,486.23	4,394.45	4,418.28
98/02/12	4,443	4,477.20	4,369.90	4,372.55	4,466.42	4,506.86	4,416.83	4,414.81
98/02/13	4,568	4,503.00	4,401.30	4,379.85	4,592.50	4,531.11	4,451.28	4,419.30
98/02/16	4,570	4,526.20	4,442.40	4,389.55	4,591.26	4,550.45	4,484.41	4,425.49
98/02/17	4,492	4,525.20	4,463.90	4,393.00	4,491.78	4,543.58	4,496.31	4,427.38
98/02/18	4,517	4,518.00	4,480.40	4,393.00	4,498.37	4,528.07	4,507.15	4,425.68
98/02/19	4,471	4,523.60	4,500.40	4,391.10	4,528.87	4,540.56	4,523.71	4,426.05
98/02/20	4,365	4,483.00	4,493.00	4,397.60	4,436.94	4,509.44	4,520.28	4,431.86
98/02/23	4,427	4,454.40	4,490.30	4,402.75	4,477.78	4,486.75	4,518.60	4,438.06
98/02/24	4,380	4,432.00	4,478.60	4,404.50	4,430.18	4,474.43	4,509.01	4,441.27
98/02/25	4,468	4,422.20	4,470.10	4,409.95	4,493.74	4,473.50	4,500.78	4,447.62
98/02/26	4,478	4,423.60	4,473.60	4,421.75	4,518.56	4,471.44	4,506.00	4,461.41
98/02/27	4,512	4,453.00	4,468.00	4,434.65	4,557.15	4,495.48	4,502.46	4,476.87
98/03/02	4,330	4,433.60	4,444.00	4,443.20	4,425.83	4,485.09	4,485.92	4,485.17
98/03/03	4,367	4,431.00	4,431.50	4,447.70	4,435.34	4,486.12	4,480.28	4,488.29
98/03/04	4,512	4,439.80	4,431.00	4,455.70	4,541.42	4,495.66	4,484.58	4,495.86
98/03/05	4,597	4,463.60	4,443.60	4,472.00	4,637.20	4,519.39	4,495.41	4,509.56
98/03/06	4,630	4,487.20	4,470.10	4,481.55	4,653.63	4,538.68	4,517.08	4,518.68
98/03/09	4,623	4,545.80	4,489.70	4,490.00	4,628.24	4,579.17	4,532.13	4,525.36
98/03/10	4,655	4,603.40	4,517.20	4,497.90	4,671.02	4,626.30	4,556.21	4,532.61
98/03/11	4,758	4,652.60	4,546.20	4,508.15	4,759.96	4,670.01	4,582.84	4,541.81
98/03/12	4,748	4,682.80	4,573.20	4,523.40	4,754.65	4,693.50	4,606.44	4,556.22

說明：本表之期貨收盤價及現貨收盤價之資料來源分別為臺灣期貨交易所及臺灣證券交易所，各個
日均值之部分，由作者計算。

突破重重壓力區後，於民國九十八年九月十八日收在 7,526.55 點❸。此外，有關移動平均線結構的變化和臺股期貨和現貨兩者間的升水或貼水的關係，由於單單從表 5-29 中所列之資料，無法進一步判斷，故而不予贅述。

　　專業族群的市場部位必然建立在其對市場未來的趨勢判斷之上，而他們的市場觀點亦往往植基在能夠確實反映市場供需的專業資訊之上。市場商品價格的漲跌，取決於市場供需的變化，商品價格移動平均線的構建為自由市場無形之手的有形記錄。當專業族群的整體市場判斷和商品價格移動平均線方向一致時，即已為投機市場參與者，在商品未來的價格漲跌趨勢上，提供了非常重要的市場訊息。既然如此，讓我們再來認識一個依表 5-29 中之資料而繪製的三線黃金交叉的圖形吧！希望用這樣的方式結束本章，能夠有助於讀者在日後參與臺股期貨和臺指選擇權市場時，更容易地掌握到獲利的契機！

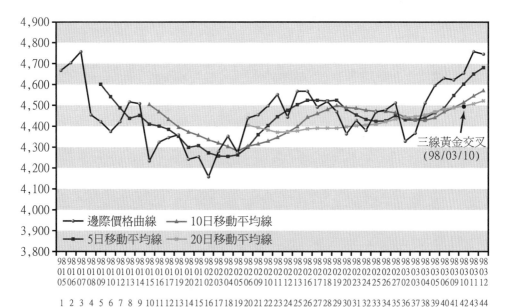

◉ 圖 5-11　臺股即期月份期貨指數走勢（98/01/05 至 98/03/12）暨三線黃金交叉圖

---

❸　有關臺股加權指數之資料來源為臺灣證券交易所網站。

第六章

結　論

第一節　股市羔羊

第二節　期市解碼

第三節　金錢之吻──理明、德行、利至

　　資訊失衡為長期以來，存在於臺灣股市交易環境中的一個大問題。可惜由於規範上所面臨的高難度，始終未見政府相關單位制定有效的平衡措施，遂使投資大眾必須自求多福，以免在投機的競技場中淪為羔羊。自力救濟的方法雖然可能因人而異，但若能就臺灣期貨交易所公布的資訊適切解碼，在分析臺股大盤可能的趨向上，不失為一個效益明顯的參考方案。然而，瞭解市場並不等於實際獲利，投機而不得其「道」，終將使投機者破財傷身、美夢成空。有鑑於此，本章特以股市羔羊、期市解碼及金錢之吻為主軸，為本書之論述做一總結。

第一節　股市羔羊

　　集中交易證券市場之存在，其初始目的是在集資企業及投資大眾間，提供一個兼具公平、效率、安全的資本募集和證券交易的交換平臺。同時藉著證券交易所的強化價格揭露和減少資訊差距的功能，促進資本的形成和流通，激勵產業的競爭和創新，為社會大眾增加投資管道，為國家經濟開創國際新局。另一方面，證券交易所為來自五湖四海而身分各異的財富追求者，營造了一個合法的投機環境，在其中你勝我負，各憑本領。這群投機者整體而言具高度從眾性，確實規模難以事先預測，他們的參與提升了股市的流動性，減少了企業的集資成本，但亦為股市的價格波動和財富的重新分配，暗埋了終將引發的隱性風暴。

　　臺灣證券交易所自民國五十年成立以來，已近半個世紀。歷經多年的努力，對我國證券市場的紀律化、效率化、國際化貢獻良多，並使我國證券市場成為全球金融產業鏈中的重要環節。雖說如此，由於我國證券交易內、外環境中長期以來所存在的資訊失衡（資訊不對稱）的問題，激化了我國股票價格的非理性波動和社會財富的惡質重分配，乃使我國證券交易市場在追求公平、效率和安全的目標上，仍多未盡完美之處。

　　未免淪於空泛之論，在本書中特別就過去二十年間，幾次臺股大盤指數發生劇烈波動時期，大眾媒體的報導傾向和臺指加權指數的變動，加以觀察、分析和比較，從而印證在臺灣證券交易的外在大環境中是否存在資訊失衡的現象，

若是，其程度究竟如何？依據作者過去多年之研究，臺灣股市發生大幅度波動的前後時期，當報紙報導的內容可被解讀為相當看好臺股大盤時，臺股指數的高點也就為期不遠；反之，當報紙報導整體偏空時，臺股指數往往也就快觸底轉向了。易言之，在臺灣股市處於峰頂或谷底時期，外在相關環境經常存在著資訊失衡或資訊遲延的現象。兩者相較之下，又以臺股在偏高價位區時，所發生的資訊失衡更為明顯。

臺灣股市長期以來存在資訊失衡的問題與其所具有的投機性關係密切。證券集中交易場所兼具交換市場和投機市場的雙重功能。證券交易中的初級市場，性質上較屬於交換市場，需要集資的企業與意圖投資的公眾，在初級市場以股權和資金相互交換，雙方各取所需，並使初級市場中的參與者得以互利雙贏。進行證券交易的次級市場雖然也存在著企業以股權、股息和股利與社會大眾交換資金的使用，但在更多的情形下，次級市場的參與者是以「買低賣高」或「賣高買低」而賺取差價為其主要目的。任何一個股票交易必然同時存在著買方和賣方，若雙方的企圖都是欲藉低買高賣來賺取利潤時，其相互間必然產生了你贏我輸的零和關係。就買方而言，因判斷股價未來會上漲而買入；就賣方而言，因相信股價未來會下跌而賣出。是故股票的成交是建立在雙方對股價未來走勢的歧見之上，而任何一方的獲利是以他方的犯錯及損失為前提。除非我們能夠在事前確知其中一方一定是對的，否則雙方的行為均難以避免地具備了投機性。基於此因，本書將主要以「先買低，後賣高」或「先賣高，後買低」而獲取利益的行為視之為投機行為，並將供社會大眾進行投機活動的場所，稱之為投機市場。

在投機市場中買、賣雙方對未來市場價格的意見是相反的。買方認為其買價並未充分反映經濟效率，而市場中未來最有效率的價格會是高於其買價，故使其具有獲得超額利潤的機會；賣方亦認為其賣價並未充分反映經濟效率，但卻相信市場中未來最有效率的價格會是低於其賣價，並使其因之有低價回補的獲利可能。這種買、賣雙方對未來市場價格相反的判斷是一種本質性的矛盾，不會因日後市場在充分自由競爭下所導致價格的漲跌而改變。其彼此間唯一的

共識，就是兩者間的買賣價並非反映市場效率的價格。從這個角度看，原本適用於交換市場中的「邊際成本＝邊際利益＝交易價格＝市場效率」的系列等式，似乎無法充分解釋投機市場中的價格內涵。

再者，投機市場的存在也使得柏拉圖最適境界 (Pareto Optimality) 的定義在適用上產生了侷限性。柏拉圖最適境界意指社會資源的分配到達了一種最有效率的狀態，在此種狀態之下，任何一個成員福祉的增加，都必然會造成其他成員福祉的減少。就交換市場而言，這樣的定義相當適切。然而在投機市場中，任何一筆買賣成交後，當市場價格偏離原有的成交價後，如買方獲利，賣方必然受損，若賣方獲利，買方必然受損。難道說，投機市場中的任何一個交易價格，都屬於柏拉圖最適境界？肯定不是！那麼，在交換市場中應如何對效率加以定義呢？對於這個問題，作者並無答案。相信，若是由有興趣的經濟學家來解答，必然更具說服力和權威性。

投機市場中的成交價格建立在買、賣雙方對未來市場價格走勢相反的看法之上。市場中的成交量愈大，表示買、賣雙方整體的歧見愈大，其中一方必然是錯的，而且錯得很嚴重。投機市場中的參與者在市場的進出，於常態之下，應當與其所據以投機的市場資訊關係密切。在雙方判斷相反的情況下，其所各自秉持的市場資訊自然會有品質高下之分。在任何一個市場領域中，都會有專業族群和非專業族群之分，投機市場似無例外的理由。專業族群所擁有的專業資訊在質量上理當遠勝於非專業族群垂手可得的公眾資訊或誤導資訊。

專業資訊之累積與技術深度、資本規模或政商人脈關係密切，這些條件實非一般公眾所具備。專業資訊之內涵不僅包括技術知識、產業供需、公司治理等企經面因素，其他如國家政策、政經網絡、媒體運作、群眾行模等亦同屬之。由於專業資訊之取得或需經歷長年努力、或需耗費相當資本，其擁有者必然是社會中的少數，在零和遊戲的投機戰場中，將其所知之專業知識藉大眾媒體公諸於眾，必然違反自利的誘因而非其行為的常態。相反地，此群政經精英可能凝聚成強固的利益團體，並以缺乏專業資訊之投機大眾為其蠶食鯨吞的對象，

以求獲取可觀利潤。欲達此目的，他們需要確定在適當時機（如高檔出貨時或低檔進貨時），投機大眾會和他們保持相反的立場。此時，憑藉他們的資訊優勢，透過各種管道影響公眾媒體的報導內容，引發社會大眾、市場羔羊的從眾行為，實是一個頗具效用的征戰策略。

　　基於這個系統性的邏輯推論，本書再回過頭來，就臺灣股市在所觀察的高峰期和谷底期的各個期間中的價量變化以及當時外在媒體報導的整體氣氛，做一個統整性的說明和分析。在民國七十九年一月及二月、民國八十六年七月及八月、民國八十九年一月至四月、民國九十三年二月和三月及民國九十六年六月及七月等五個臺股高峰期，臺灣股市外在環境的專業媒體在政治政策面、經濟基本面、市場觀點面、資金動能面等各面向都不乏看好臺股後勢的報導。在上述期間，往往亦見臺灣股市中的散戶人心振奮、萬頭鑽動，所組成的螞蟻雄兵，一時之間莫之能禦。本書因此推論當時散戶從眾性的競逐股票與外在的媒體報導間存在高度的因果關係。更由於投機大眾的爭先恐後，臺灣股市在民國七十九年二月、民國八十六年七月、民國八十九年一月、民國九十六年七月，先後四度創下單月日平均成交量的歷史記錄。民國九十三年三月中，臺股單月日平均成交量雖未創歷史記錄，卻亦締造了該波波段的最大量。

　　臺股爆大量表示買、賣雙方對臺股的後勢判斷意見強烈相反。既然在上述期間散戶站在買方，與報紙報導逆向操作且身分隱匿的專業族群必然居於賣方。雙方鬥法，結果如何？無一例外的，臺股五次在高峰區創出巨量後，均因後繼無力而大幅回檔，其各自下跌的期間及比率（以日收盤價計算）依時序分別為：民國七十九年二月十日至民國七十九年十月一日，臺股加權指數下跌 79.51%；民國八十六年七月三十一日至民國八十八年二月五日，臺股加權指數下跌45.61%；民國八十九年二月十七日至民國九十年十月三日，臺股加權指數下跌66.22%；民國九十三年三月四日至民國九十三年七月二十日，臺股加權指數下跌 24.29%；民國九十六年七月二十四日至民國九十七年十一月二十日，臺股加權指數下跌 58.03%。看到了這樣的統計，專業族群與投機散戶間，孰為獵獸，

孰為羔羊，實是不言可喻。

至於臺股處於谷底期時的資料，本書彙整了包括民國七十九年十月，民國八十八年二月，民國九十年九月和十月，民國九十一年九月和十月，民國九十二年四月和五月以及民國九十三年七月和八月等六個期間的臺股價量資訊及相關媒體報導。在這六個期間臺灣股市的交易量明顯萎縮，單月之日平均交易量介乎270.88 億元 (79/10) 月至 662.12 億元 (88/02) 之間。其中有四個期間見到波段最低交易量，兩個期間出現波段次低量。交易量急遽減少的原因，很可能是以前在臺股處於高峰期買進的投機散戶相繼認賠殺出，而其餘社會大眾眼見他人的慘痛教訓，心生警惕而裹足不前。在此六個時期的媒體報導，在經濟基本面上可說是全面利空，在政治政策面、市場觀點面、資金動能面則是好壞雜陳，並不似股市在高峰期時，幾乎是全面利多。這種現象印證了經濟數據往往是落後指標的市場觀點。在類似這種經濟不振、股市低迷、散戶退場、群眾畏懼的大環境中，是哪些人大揀便宜、逢低進場、悄悄布局、逆轉跌勢呢？本書判斷，幕後的主導者為臺灣股市中的專業族群。這樣的結論，不知讀者會不會覺得過於武斷？

在個股方面，本書在參考並整理了林京慧女士的相關研究報告後，發覺在特定期間台積電 （93/01/03 至 93/04/26）、友達 （93/02/08 至 93/06/11）、鴻海 （96/06/06 至 96/11/16）、國泰金 （96/06/16 至 96/12/11）、聯發科 （96/07/01 至 96/11/12） 等 5 檔股票處於高價區時，其外在的媒體報導環境，亦顯示了資訊失衡的跡象，其中又以關係台積電和鴻海的消息最為明顯。這五個期間與本書所觀察臺股處於高峰的期間 （93/02 至 93/03 及 96/06 至 96/07） 全部有重疊之處，而這 5 檔股票在本書第三章所列之臺股加權指數各股權重前百名排行表中 （參見表 3–3），分居第一、第二、第四、第七及第十一，五者之權重合計共占臺股加權指數權值的 21.77%。由此看來，分析占臺股權值較重的個股之價量變化，對於臺股大盤走勢的推斷，確實有所助益。

股市中所發生的資訊失衡現象，其實並不是哪一個國家獨有的特色。只不過，在散戶較多的國家比較明顯而已，而臺灣股市的資訊失衡往往於總統選舉

前會更形惡化。與股市的內線交易相比較，資訊失衡環境下的資訊誤導其實是一個更值得政府關切的問題。內線交易涉及的通常僅是因內線消息而獲利的少數人，與內線交易無關的投機大眾未必會損失慘重。借助大眾媒體的影響力所導致的資訊誤導卻可能使無數不具資訊優勢的散戶在股海浮沉時血本無歸。資訊誤導的媒介經常是真實的數據或消息，但在公布於眾前，早已為專業族群所知悉並得以提前布局，及至投機大眾基於所公布的消息而入市或出市時，這群具資訊優勢者再反向操作以獲取超額利潤，就一般大眾而言，當然就成了超額損失。資訊誤導的規範並非易事，一則是舉證困難，再則是可能涉及干預媒體自由。具有資訊優勢的族群，對此一政府困境，想來是深有所知。正因如此，對臺灣股市具有興趣的投機大眾，實應勤研價量邏輯，慎選媒體資訊，自立自強，再謀定而後動。

❧ 第二節　期市解碼

民國八十七年七月二十一日，臺灣第一個本土期貨集中交易市場，同時也是目前唯一的，臺灣期貨交易所開業營運。在兼籌並顧安全、效率、公平、專業、創新的五大組織目標下，臺灣期貨交易所的發展歷程在全球期貨市場中令人留下了深刻的印象。自其成立以來至民國九十七年年底，臺灣期貨交易所之年度整體交易量成長將近 492 倍，在全世界衍生性商品集中交易市場之排行榜，也從一九九八年的第五十四名竄升至二○○八年的第十七名。二○○四年間，更膺選為 Asia Risk 的年度風雲交易所。臺灣期貨交易所的穩健成長，使得臺灣的期貨市場由惡名昭彰的地下經濟，蛻變為國際衍生性商品市場中的重要成員，並在價格發現、資訊揭露、效率提升、安全維護、公平促進等方面為臺灣經濟作出了重大貢獻。

植基在臺灣本土的政經特色之上，十餘年來，臺灣期貨交易所在商品多元化方面累積了相當的成果。至目前為止，共計推出二十種衍生性商品。其中十七種契約係衍生於股價指數、長短期利率或個別股票的金融類商品，在民國九十七年，

這些金融期貨的交易量占臺灣期貨交易所年度總交易量的 96.08%。另外三個為貴金屬類衍生性商品，分別包括以美元計價的黃金期貨，以及用新臺幣計價的黃金期貨和黃金選擇權。所有商品中，仍然是用臺股加權指數作為基礎標的金融類衍生契約，最具重要性，並分居前三名。民國九十七年，此三者占臺灣期貨交易所該年度總成交量之百分比依序為臺指選擇權之 67.84%、臺股期貨之 14.50% 及小型臺指期貨之 6.63%。正因為如此，本書於探討臺灣期貨交易所在揭露市場效率價格及減少臺股資訊失衡所發揮之功能時，便以這個區塊為研究重點。

　　臺灣期貨交易所公布之資訊相當完備，在其中文網站首頁所列出的資訊項目包括「公司簡介」、「商品」、「交易資訊」、「交易制度」、「結算業務」、「法令規章」、「統計資料」、「期貨商專區」、「交易人服務與保護」、「出版與研究」、「最新消息」等十一項。其中以「交易資訊」項下之「盤後資訊」、「三大法人」、「大額交易人未沖銷部位結構」等，最具參考價值。「盤後資訊」的觀察重點包括臺股期貨即期月份在每一個交易日盤後的開盤價、最高價、最低價、最後成交價、漲跌價、漲跌 %、成交量、結算價及未沖銷契約量，以及臺指選擇權即期月份之臺指買權和臺指賣權之各個履約價在每一個交易日結算後的開盤價、最高價、最低價、最後成交價、結算價、漲跌價、漲跌 %、成交量及未沖銷契約量。

　　依據臺股期貨即期月份每一交易日的結算價，或者與其相對應的臺股加權指數（臺股現貨）同一交易日的收盤價，我們可以構建顯示臺股價格變化和漲跌趨勢的移動平均線組合圖。在繪圖的過程中，臺股市場各個交易日的期貨結算價和現貨收盤價可被視為邊際價格，以一系列持續的邊際價格，我們不難計算出不同長短期間的移動平均值（如 5 日、10 日、20 日），進一步將之繪成各期的移動平均線。在期間組合的選擇上，由於電腦交易資訊平臺的成熟發展，我們可以試用各種不同的期間組合，再依個人的判斷選擇其中最適者，並在市場情勢改變下，予以更易。

　　價格移動平均線的組合形態為自由市場無形之手的有形記錄。當市場需求大於供給時，商品之價格移動平均線的組合會呈現短期（5 日）移動平均線在最

上，中期（10日）移動平均線在中間，而長期（20日）移動平均線在最下，三條線在價格圖形上一致往右上方延伸的形狀。類此的圖形被稱為多頭排列的移動平均線，此時順勢而行，趁著商品價格回檔時低價買進，俟後再圖高價賣出，為簡易質樸的投機策略。反之，當市場供給大於需求時，商品之價格移動平均線的組合會呈現短期（5日）移動平均線在最下，中期（10日）移動平均線在中間，而長期（20日）移動平均線在最上，三條線在價格圖形上一致往右下方延展的形狀。此種圖形則被稱為空頭排列的移動平均線，此時亦當順勢而為，趁著商品價格反彈時高價賣出，及至價格續跌時再予買回，觀念簡單，操作容易。

又當商品價格趨勢逆轉時，若是由漲勢轉變為跌勢，價格移動平均線會顯現「死亡交叉」，若是由跌勢變為漲勢，價格移動平均線必出現「黃金交叉」。死亡交叉表示在商品價格漲到不合理之高價區後，市場由需求大於供給漸次易勢為供給大於需求，商品價格後續的演變理當是下跌的機率大於上漲，是以可於死亡交叉形成後，以次一交易日的邊際價格賣出，而後順勢而行，以待更低之價格出現時予以買回。另一方面，黃金交叉的出現意味著商品價格跌到不合理之低價區後，市場由供給大於需求逐漸轉變成為需求大於供給，商品價格在未來上漲的可能性大於下跌，因此宜於黃金交叉成形後，在次一日用邊際價格買進，繼之遵循漲勢，並耐心等候適當的高價出現時，再賣出軋平，獲利了結。

再者，商品價格漲至不合理的高價區，或跌至不合理的低價區，往往有相當之醞釀期間，並非數朝數夕之事。因此，極短期（如分鐘線圖或小時線圖）並不適合作為判斷的基礎。經過仔細地觀察比較之後，就日均線的三線組合（如10日移動平均線、20日移動平均線、50日移動平均線）予以審慎選擇，是使用價格移動平均線時的基本要求。以週移動平均線為基礎的趨勢持續或趨勢逆轉的均線結構，是具有長期投資傾向的市場參與者絕對不可以忽略的價格指標。所謂長期並非指在建立市場部位之後，就長期置之不理，一廂情願地認為，隨著時間的消逝，利潤自然而來；長期投資若是逆勢，部位持有愈久，損失愈大。市場往往是在逆勢投機者承受不了長期或巨額損失的壓力而認賠出場後，才重

現光明。別人不說，這種慘痛的教訓，對於作者並不陌生。

　　正確的長期投資，是指依照長期的漲跌趨勢（如週移動平均線），在投機市場中進行操作及拋補。長期趨勢呈現上漲，基本的操作策略是價格在漲勢中回跌至趨勢線或移動平均線時買進，然後耐心持有，一直等到價量指標釋出賣出訊號，包括，商品價格持續上漲後在高價區爆巨量並同時大跌、日移動平均線出現三線死亡交叉，或是商品價格波浪已走完第五波上漲波等。上述三者若是同時出現，依作者之見，更是要趕緊退場，確保盈餘。

　　若是長期趨勢呈現下跌，基本的操作策略是價格於跌勢中反彈至趨勢線或移動平均線時賣出，再靜心等候，一直到價量指標提示買進訊號，包括，商品價格持續下跌後在低價區爆巨量並同時大漲、日移動平均線出現三線黃金交叉，或是商品價格波浪已走完第三波下跌波等。又若此三者一時並見，及時低價回補鎖定利潤，絕非下策。

　　價格移動平均線的使用，固然可以大為提高投機市場參與者的勝算，但就怕天有不測風雲，凡事若能防範萬一，久戰就能立於不殆。有志於投機市場的競技者，宜時時戒慎恐懼，並認知個人智識的侷限，而能善設停損點，以便在商品價格發生意料之外的變化時，能夠降低損失，留得青山。切忌因過往傑出的投機績效，志得意滿，信心爆膨，全身家當，訴諸一戰。此種硬仗一生往往只得一敗，果若其然，數十年之努力，可於一夕之間付諸流水。屆時，在常態下再有用的均線理論，也變成了害人傾家蕩產的罪魁禍首了。

　　其次，基於期貨市場為具有「零和遊戲」本質的投機市場，在其中，期貨和期貨選擇權的買、賣雙方往往是對市場價格的後勢持有相反看法的對立兩造，我們在分析時，應當特別側重產生巨額交易的時機以及相關價量，並藉持續的觀察來判斷市場參與者的投機盈虧及部位消長。同時，由於許多臺股期貨和臺指選擇權的投機者往往是在短期內即沖銷部位，結算損益，未必關心臺灣股市的長期走向，因此在判斷臺股期貨未來較長期的漲跌時，我們絕對不能忽視臺股期貨和臺指選擇權之價格變化與其存倉量增減之間的互動關係。就臺股期貨

市場而言，有心者不時可以發現如下的大數法則：「期貨商品價格持續上漲，且其未平倉合約數量同時增加時，此一期貨商品未來之價格會繼續上漲，直到該商品價格暴漲而未平倉合約於暴增後又陸續減少為止」；「期貨商品價格反覆下跌而其未平倉合約數量亦同時增加時，此一期貨商品未來之價格會持續下跌，直到該商品價格暴跌而未平倉合約於劇增後又陸續減少為止」。

　　在臺指選擇權方面，存倉量最大的買權履約價或賣權履約價，均代表著選擇權買方和選擇權賣方歧見最大的價格區位，一般而言，會是價外選擇權。順著價格趨勢而於漲勢時買進買權、賣出賣權，或於跌勢時買進賣權、賣出買權，長期下來必然可以獲得超額利潤。商品價格呈現漲勢時具有最大存倉量的價外買權，以及商品價格處於跌勢時具有最大存倉量的價外賣權，往往是掌握價格趨勢的優勢族群所要刻意攻陷的目標，逆勢操作而賣出買權或賣權者，因需承受無限風險及保證金追繳下的斷頭壓力，一定要嚴設停損，萬萬不可掉以輕心。

　　再者，臺股期貨和臺指選擇權的追繳保證金，常會使當時因過度進行槓桿操作而承受到保證金追繳壓力的一方，在短期間內必須賠錢回補超額的部位，而無暇顧及其原有部位是否與未來較長期間的價格趨勢相吻合。類此的潛在困境，於臺股價格趨勢將變而未變之際，掌握資訊優勢的專業族群在臺股期貨或臺指選擇權市場，可能會趁機夾空單或洗多單。在夾空單過程中，空方為減少損失被迫買回臺股期貨或臺指買權時，會使臺股期貨對臺股加權指數呈現短期升水的現象，而具專業資訊優勢的族群，便藉此機會在臺股期貨上賣得更高的價格。與此同時，利用臺股期貨指數對臺股加權指數暫時升水的現象，誘使臺灣證券交易市場的投資大眾，誤以為臺股會繼續上漲而高價追買股票，俾使「有心人士」能夠達到在臺股現貨市場和期貨市場同步出貨的目的。本書第三章第三節第二部分末段所指民國九十六年七月間臺股期貨曾對臺股現貨呈現升水，但其後未久，臺股指數反而大跌的情形，依作者的判斷，就是植因於此。同時，本書第五章第三節第一個時期的實例分析，也為本段的觀點提供了更為具體的邏輯論證。相對地，在洗多單時則可能會使臺股期貨對現貨暫時貼水，但後來

卻爆出臺股指數由跌反漲的戲劇化情節。

除了與前段所述相似的狀況外，一般而言，當臺股期貨對現貨持續貼水，即表示臺股期市賣壓沉重，臺灣股市未來很可能下跌，本書第五章第三節的第二個實例分析，即為佐證。同理，當臺股期貨對現貨持續升水，即表示臺股期市買力不絕，而臺灣股市未來理當繼續上升。總結地說，在臺股期貨對現貨出現持續性的升水或貼水之後，究竟臺股現貨市場是否會隨之上漲或下跌，並不是一個僅看表面現象就可以遽下定論的問題。一定要在對臺股現貨和期貨市場整體的價量情境，作過更深入細緻的分析後，才能獲得較為可靠的結論。

艾利特波浪理論是另一個可以用來分析臺股期貨和現貨價量資訊的重要工具。艾利特波浪理論認為市場價格是人類行為的結果，而人類的行為反映其心理面之影響，同時人類的心理運作，特別是群眾心理，具有同質性及重複性，故使基於人類群眾心理及行為而產生的市場價格在變化上呈現了可以觀察出的穩定規律。依本書之見，因為群眾之本能及從眾行為具有重複性，故使在投機市場中，依據專業資訊之多寡而區分出來的先知先覺、即知即覺、後知後覺、錯知錯覺等四大族群，參與及退出投機市場的各別時機和先後次序，同樣具有重複性，並為艾利特波浪理論提供了一個合理的邏輯解釋。

艾利特波浪理論有兩個核心，一個是價格漲跌的形態，另一個是波浪變動的規模。艾氏認為股票價格、債券價格、黃金價格、商品價格及不動產價格等，都有牛市和熊市之分。而牛市和熊市相互交替，牛市之後為熊市，熊市結束，牛市又起，周而復始，循環不已。他指出一個完整的市場價格的漲跌循環包括一個上升波段和一個下跌波段。上升波段含 5 大波，下跌波段則為 3 大波，一共 8 大波，大波之下再分中波，中波之下又分微波。上升波段的 5 大波合計 21 中波，下跌波段的 3 大波僅含 13 中波，合共 34 中波。若將所有的中波分解為微波，同一上升波段共計 89 微波，下跌波段則含有 55 微波，總計 144 微波。這些數字從小到大與斐波納契數字序列相互吻合。基於艾利特波浪理論對價格漲跌形態的特殊描繪（如 5-3-5-3-5 或 5-3-5），我們可以分析臺股期貨和現貨

價格的發展階段，並在與價格移動平均線和趨勢線配合運用的情況下，計算價格所屬的波段及判斷目前的價格趨勢是否逆轉。至於在波浪變動規模的觀察上，需注意在價格漲、跌進程中，所存在的合理空間或時間的比例關係。精要地說，就是：漲得高，掉得深；升得長，跌得久。因為如此，在使用艾利特波浪理論分析價格趨勢時，宜以長期（如週線）的柱狀圖或燭狀圖為素材，以避免犯上逆勢而行或勢改而不知的重大錯誤。至於較短期間（如小時）的價格波浪，則可用於決定在臺股市場投機時的買賣價格和出入時機。在市場價格的未來走向處於混沌未明之時，將市場基本因素與艾利特波浪理論的運用相互結合，可以提高投機市場參與者正確判斷未來臺股市場價格趨向的機率。基於前述的準則，作者推測：民國九十年十月至民國九十六年十月，臺股市場完成五漲波的牛市上升波；民國九十六年十月至民國九十七年十一月間，臺股價格波動構建了含有三個跌波的熊市下跌波；民國九十七年十二月迄今（民國九十八年九月中旬），次一牛市的第Ⅰ大波尾聲已近，回檔之日為期不遠。這種白紙黑字的大膽預測到底對或不對？時間到了，自有分曉。

　　臺灣股市交易環境中的資訊失衡及臺股期市交易過程中的複雜變化，提高了市場參與者欲憑藉一己之力判斷未來臺股走勢的挑戰性。與其費盡心思蒐集各種真正可靠的市場資料或試用不同高深難解的交易指標，不如反璞歸真地去分析一下臺股期貨市場中的專業族群的整體市場偏好，然後簡單明瞭地跟著專家走。

　　臺灣期貨交易所於每日市場結算後都會公布當日之專業交易族群在臺股期貨及臺指選擇權的投機部位，包括「期貨市場三大法人交易情形統計」以及「大額交易人未沖銷部位結構」。三大法人指的是「自營商」、「投信」和「外資及陸資」，與此三者相關的資料中以按日期公布之臺股期貨契約和臺指選擇權買賣權分計兩種統計資料，最具參考價值。分析的重點應置於三大法人看好臺股後勢之多方和看壞之空方，在臺股期貨未平倉契約口數的多空淨額及臺指選擇權未平倉契約權利金總值上的買賣差額。相比之下，若多方在臺股期貨未平倉契約口數淨額及臺指選擇權權利金買賣差額上都勝過空方，就表示三大法人整體對

臺股後勢看好；反之，若空方壓過多方，則解讀為三大法人整體對臺股後勢看壞。在「大額交易人未沖銷部位結構」項目上，本書選擇了臺股期貨及臺指選擇權之買方前十大交易人及賣方前十大交易人，兩者間未平倉契約口數的差額，為推論臺股後勢的依據。大額交易人的相對族群為投機市場中無組織的散戶。在零和遊戲中，與多數散戶同一陣線，長期下來，獲利的可能微乎其微。將臺股期貨和臺指選擇權市場之買方前十大交易人和賣方前十大交易人的未平倉部位相互抵銷後，若淨額屬於買方，就表示多數散戶站在賣方，但若淨額屬於賣方，即等同多數散戶歸屬買方。

　　本於化繁為簡的交易哲學，在臺股期貨及臺指選擇權市場投機時宜遵循三個原則：(1)找出專業族群的相對偏好。(2)避免與多數的散戶同一陣線。(3)借助於其他重要價格指標，如移動平均線、趨勢線或艾利特波浪理論。將前述原則回溯性地運用於本書所區分的三個期間後，可以產生顯著的作用。

　　在民國九十六年四月十九日至民國九十六年八月十五日之間，這些原則足以使知所警惕的市場參與者於當時發覺，專業交易人已經一致性地從看多臺股後勢逆轉為看空，並從而避過世界金融風暴前奏的傷害，在此一期間，臺股曾暴跌逾 1,600 點，但於碰到長期上升趨勢線及期貨存倉量驟減後，強力反彈。市場參與者如未及注意，恐怕難免在信心和金錢上同時受創。

　　從民國九十六年八月十六日至民國九十七年七月十六日，依機械性的原則，遵照臺股期市專業交易族群整體的偏好而進行臺股期貨的買賣，在全世界金融市場哀鴻遍野的情況下，仍能獲得 14.46% 的年報酬率，又若能結合艾利特波浪理論和三線死亡交叉，在當時應可於 8,600 點以上布局臺股即期期貨的空單，及至臺股即期期貨於民國九十七年十一月二十日以 3,902 點結算時，獲利逾 50%。

　　自民國九十七年七月十七日至民國九十八年七月十四日，同樣地依據專業交易族群在臺股期市的整體部位偏好而照表操課，更加將年報酬率提升至 102.95%。此期間，臺指加權指數和臺股期貨指數，因專業族群自臺股期貨九十七年十二月份起一致翻空為多，終於在民國九十八年三月九日和十日，相繼出

現三線黃金交叉,並為臺股加權指數後續的突破 7,000 點大關,提供了先兆。

對於在前述的後兩個時期,依照機械性的原則操作,在兩年中所產生的 108.83% 報酬率 (14.46% + 94.37%) 的驚人績效,在各種可能的解釋中,本書作者認為,仍以臺股期貨市場中確實存在一批具有資訊優勢的專業族群的觀點,最具說服力。當然,如此的結論難脫先入為主的色彩。是以,特此竭誠歡迎學術界主張隨機漫步理論 (Random Walk Theory) 無所不在的先進學友惠予指導,並使本書作者得以茅塞頓開。

第三節 金錢之吻──理明、德行、利至

有錢,不等於無所不能;沒錢,肯定是萬萬不能。「君子愛財,取之以道」,啟示了世人:即使人格高尚如君子者,亦未必能免於戀財情懷,只不過取之以道,而非斂之以盜 (似某些名人)。如果不是認為鍾情財富為人類的正常本性,本書的撰寫便會顯得了無意義。那麼,怎樣做才算是「取之以道」呢?「道」可以視之為道德,可以視之為哲學,可以視之為理性,也可以視之為方法。

從道德的觀點而言,君子取財一定本於對社會所做的具體貢獻,例如,實質性地生產財貨或提供服務。換言之,君子財富的累積係來自於交換市場。在買低賣高的投機市場中獲取利益,將自己的福祉建立於他人損失之上,恐怕是對道德有所執著的君子,不欲,不會,也不恥於從事的行為。在此,本書的作者必須坦白承認,這樣的標準超越了作者的格局,是以本書在詮釋「投機之道」時,將從哲學、理性和方法三個角度予以切入。

「金錢之吻」就是將「投機之道」加以包裝和渲染之後所形成的哲學性概念。作者構思這個用語的本意是因其便於記憶。其實「金錢之吻」是由兩個英文的縮寫系列所構成。這兩個英文縮寫為 KISS 和 MONEY。KISS 代表的是 "Keep It Simple and Stupid",其意是指在投機市場交易時,應近乎愚笨地謹守幾個簡單原則,千萬不要自命不凡。不過其原文雖然用 "Stupid",卻頗有中文「大智若愚」的涵義。是以,本書將之轉語為 "Keep It Simple and Smart"。MONEY

則是指五個在投機時宜時時把持的投資修為的重點，包括：Mind、Order、Neutrality、Essence 及 Yourself。KISS MONEY 整體而言，含括了在參與市場投機時所應熟悉的哲學思維、理性認知及操作方法。

一、KISS

KISS 與本書中屢次提及的化繁為簡旨趣相通。在投機市場交易其實只有買進和賣出兩個選擇，由於投機市場所具零和遊戲的本質，我們若能發覺買方和賣方何者掌握專業資訊的優勢並與價格的趨勢同步，然後跟著去做就行了。就臺股市場而言，探究臺股期貨市場中專業交易族群整體的偏好，是一個相對簡單而又能掌握重點的分析策略。依據本書所做的回溯性統計，如按照專業族群於即期月份第 1 個交易日結算後，在臺股期貨未平倉合約餘額上所呈現的淨多單或淨空單，而於次一交易日以開盤價買進或賣出即期月份臺股期貨，長期下來獲利驚人。對於臺灣股市的投資者而言，能夠瞭解臺股期貨指數的可能走向，自然也提高了買賣個股（特別是占高權重的臺股）的勝算。這種近乎愚蠢、機械化的期貨操作，其實是建立在上述能適切掌握市場走勢的簡要價量邏輯之上。從某個角度說與知難行易有些相近。本書中所提的價量指標如移動平均線、趨勢線、艾利特波浪理論及交易量和存倉量都是足以直接觀察市場活動的分析路徑，邏輯清楚、運用簡單，有助於使用者在學習的過程中明確地瞭解所犯的錯誤，並從漸次的修正中，體會出回歸簡要原則的重要性和大智慧。繼之，讓我們來解析一下 MONEY 的構成要素。

二、MONEY

1. M; mind

理性 (mind) 指的是市場的道理，也指決策的理性。理性分析投機市場的理論和方法不一而足，但作者的強項僅在於價量邏輯和投機行為，本書中所分享者，乃係在個人有限智慧下，二十餘年來的學習心法及決策理性。雖不敢誇稱

必然有供他人參考之價值，對作者而言過去數年間，在判斷世界主要金融市場的走勢上，確實發揮了一定的作用，可惜因修為尚未到家，一九九七年以來，兩次因全球金融風暴而產生的衝擊，作者都未能適切掌握和因應，以致落得身心受創。然而，這兩次的教訓給作者的啟發，不是理性無用論，而是更應積極淬礪自身的理性內涵，進一步做到知行合一。

　　理性是一個「成之於中」的特質，雖然不易清楚地描述，一個具有理性內涵的投機市場參與者常會有一些「形之於外」的行為或作為可以觀察。理性投機者大部分的時間都能保持個人的判斷和心緒的穩定，不會因市場價格的漲跌而三心二意或忐忑不安。理性投機者依理而行，故而在進入市場之前會制定投資計劃並遵照實行，除非因強而有力的理由，不會輕易改變。理性投機者清楚地瞭解個人智識的侷限，在其計劃中必然包括判斷錯誤時的風險管控和認賠機制，因嚴格執行計劃而導致的損失，不但不是恥辱，反而是展現投機理性的最高表現。理性投機者除了明瞭市場供需、價量邏輯、教戰手冊之外，必定也重視資金管理，並會極力避免過度的槓桿操作，以防一次失手，滿盤皆輸。他（她）一定會嚴守紀律！

2. O; order

　　投機紀律 (order) 是一個說時容易，做時難的要求。其所以難，是因大部分的紀律規範是違反一般人的本能行為。本書曾指出專業族群獲得超額利潤的主因之一是，他們善於觀察社會大眾本能行為的共通性，並且利用群眾的弱點反向操作，謀取暴利。是以，在市場投機時，紀律的第一個要求，是要能夠做到有定見，但不頑固。散戶在投機市場中的從眾性，是其從螞蟻雄兵變為待宰羔羊的主因。當大多數的個別散戶因缺乏定見，藉著與明顯可見的投機大眾相互結合以提高自信、強化聲勢之時，要能夠不受廣大群眾能量的影響，意識到這是股市動能衰竭的前兆，並且堅持一己的理性判斷而反向思考，其實是很難做到的事。只有長期在思維和情緒上自我訓練的人，才能將其原有之從眾本能，轉化為「眾人皆醉，我獨醒」的專業本能。面對群眾能堅持己見的人，在市場

之前絕不頑固。無論個人原先的市場觀點如何，一旦市場的走勢與一己之判斷不同，便即時修正，必要時立即停損。在投機市場經驗豐富的老手都知道：「市場永遠是對的！」無法認知此點而堅持己見的人，遲早會被市場所淘汰。

投機紀律的第二個要求就是投機的決策和行動必須建立在經長期學習而形成的理性基礎之上。如果缺乏這個基礎，投機人士在交易進行中，常會因獲利或受損的不同情況而顯得很興奮、很沮喪、很貪婪、很憂慮、很急燥或很冷漠。總之，在市場投機時不能長期維持平常心理和平靜心情，就表示紀律訓練有待加強。紀律要求的第三個重點是按照交易計劃，嚴格執行風險管控。投機後處於賠錢狀態，對一般的投機大眾來說不僅產生金錢上的損失，同時亦涉及自尊心的傷害，以致於有很多人因不能接受而不願認賠，結果愈賠愈多，不可收拾。一個有紀律的專業投機者，在心理上接受個人的侷限性，將認賠停損視為是專業理性和專業能力的高度表現，因此在實現停損時會毫不猶豫，在操作獲利時亦會隨市場變化調整停損，以確保利潤。在此一紀律原則下，一個好的交易計劃，必定設計有執行停損的保險機制，而在落實停損下，長期仍能獲利的投機方案，才是投資人身旁貨真價實的金雞母。最後一個，但重要性卻絕不稍減的紀律原則，便是前已說明的重視資金管理，極力避免過度的槓桿操作。

3. N; neutrality

MONEY 的第三個英文字母 N，代表的是投資人宜以開放中性的心態和觀點去分析市場和進行交易，切忌事前預存定見或因既有的部位而產生偏見。其實在討論理性時，對於這一個概念已經有所陳述，然則因事關許多投機大眾的通病，故在此有進一步說明的必要。未經理性和紀律訓練的投機客，通常是在兩種影響下，在其進入市場之前或之後，對市場未來的走勢產生了既定的看法。第一種是習慣性。例如，許多缺乏經驗的投資人，不習慣在手上沒有股票的時候，用融券的方式賣出股票，然後再俟機低價回補。他們通常想等到低價時買入，未來再高價賣出。這樣使得他們在股市處於跌勢時，仍抱著一種希望股市上升的心態，並因此喪失了更客觀的分析股市走向的誘因和能力。第二種是外

在環境的影響，亦即本書曾多次討論的從眾性。基於從眾行為帶來的安全感，以中性的態度去分析市場往往變得沒有必要，這時就有點像是宋朝蘇軾在〈題西林壁〉詩中所說的：「不識廬山真面目，只緣身在此山中。」

另外兩種連專業投機人都常因之喪失客觀分析能力的因素，是投機過程中所承擔的損失或所滋生的利潤。投機後產生損失，對當事人的自信心和自我意識都會產生一定程度的挑戰和傷害，在當時當下並非每一個人都能夠接受，其結果是這位受損的投機者希望或幻想市場價格，在未來終將會往有利於自己的方向發展，並因之失去了理性觀察市場的能力，直到其承受不了因持續的錯誤所增加的損失為止，才不得不收拾殘局，痛心檢討。在此我們可以推論，不能善於處理損失的投機者，是很難具備客觀分析市場的能力。

投機損失固然可以動搖我們市場判斷的客觀性，投機利潤也是如此。對於專業投機人而言，一連串的賺錢交易所帶來的，自然是財富和信心的增加，不過亦可能因之使當事人過度自信，失去了謙虛為懷的學習特質，誤以為自身對市場變化瞭若指掌而未能有紀律的認真觀察，遂致多年令響，一日之間付諸流水。依作者之心得，不能在市場之前時時戒慎恐懼，並以初學者自居的市場老手，終難免於受到市場的殘酷教訓。

4. E; essence

第四個英文字 E，指的是投機市場的本質，經濟供需的本質，價格變化的本質和人性行模的本質。影響投機市場價格變化的因素中有理性的，如供需消長，亦有非理性的，如從眾行為。投機市場中，價格變化莫測，環境光怪陸離，如果不是對影響市場價格變化的本質性原因，成竹於胸，隨時都可能迷失方向，進退失據，落得買也賠錢、賣也賠錢，並產生了一種市場好像把我們當作特定的敵人而刻意宰制的畏戰心理。

從理性面去掌握整體經濟、特定產業或個別公司的供需本質，並因而對未來相關市場的價格走勢作出適切的分析，是屬於經濟學家、專業族群或投資實業家的擅長，亦是作者亟待充實之知識領域。雖然所知不多，作者敢於此斷言，能夠

確實瞭解市場供需基本因素的學者專家，就具有判斷合理市場價格的能力，而當市場價格偏離（高於或低於）合理價格時，賺取超額利潤的機會也就相應而生。

相對於理性面的本質性因素，本書所側重的是從非理性面及反向思考，去歸納在判斷投機市場的價格演變時，有哪些本質性的考量，可以幫助我們達到去蕪存菁、化繁為簡、掌握過去、研判未來的目的。以次所列者，為本書討論之重點，其中包括：投機市場中從眾行為的環境、原因、特徵和行模；大眾媒體的報導和其與臺灣股市價量變化間的可能關係；投機市場的成交價格代表著買、賣雙方的歧見，而非共識，成交量愈多，歧見愈大；臺股期貨市場的未平倉合約，是判斷買、賣雙方歧見的一手資料；洞悉了專業族群的整體傾向，就瞭解了市場的可能趨向；避免與多數的散戶同一陣線，為投機獲利的主要捷徑；價格移動平均線為市場無形之手的有形記錄；市場價格漲得高、掉得深，升得久、跌得長。

5. Y; yourself

Yourself 是金錢之吻的壓軸概念。這個字是從第二者的觀點出發的，以投機市場參與者的角度來說其實是 oneself，中文的引申涵義即是「知己」。投機市場是一個零和戰場，在其中沒有永遠的朋友，只有永遠的敵人，而這個敵人就是投機客面對明鏡時的鏡中人。投機市場中沒有常勝將軍，只有不死老兵，當然是身價不菲的老兵。這些老兵不是沒犯過錯誤，而是犯錯時能盡量減少損失，日後再俟機而起。人在修正錯誤的時候最大的敵人，就是自己。在四面殺伐的投機戰場中，要減少錯誤、修正錯誤，參戰者需能不時反思個人的認知習性、行為模式、情緒特質、抗壓能力、專業強項、家庭互動、工作特性、財務狀況及生活環境等在其遂行零和對抗時，到底是相對優勢，還是致命缺點，進而強化專業直覺，減少本能反應，趨吉避凶，選擇戰場。

金錢之吻表達的是一種對財富傾心而不濫情的意境，是一種「任憑錢海三千，我只取一瓢飲」的戀財而不貪財的知足心態。唯有如此才能達到理性分析、嚴守紀律、取而不貪的「理明、德行、利至」的自然境界。若是智不及此，在投機戰場中一心追錢逐利、悖理而行，終難免受殘於金錢之刎，而後悔莫及！

經濟學　　　　　　　　　　　　　　　王銘正／著

　　作者大量利用實務印證與鮮活例子，使讀者可以清楚瞭解本書所要介紹的內容。在全球金融整合程度日益升高之際，國際金融知識也愈顯重要，因此本書也用了較多的篇幅介紹「國際金融」知識，並利用相關理論說明臺灣與日本的「泡沫經濟」以及「亞洲金融風暴」。本書也在各章的開頭列舉該章的學習重點，有助於讀者一開始便對每一章的內容建立起基本概念，並提供讀者在複習時自我檢視學習成果。

國際金融──全球金融市場觀點　　　　何瓊芳／著

　　本書以全球金融市場之觀點，經由金融歷史及文化之起源，穿越金融地理之國際疆界，進入國際化之金融世界作一全面分析。特色著重國際金融理論之史地背景和應用之分析工具的紮根，並全面涵蓋金融市場層面。2008 年金融海嘯橫掃全球，本書將金融海嘯興起之始末以及紓困方案之理論依據納入當代國際金融議題之內，俾能提供大專學生最新的國際金融視野，並對金融現況作全盤瞭解。